川越泰博編

様々なる変乱の中国史

汲古書院

様々なる変乱の中国史　目次

様々なる変乱の中国史

序　語

戦後日本に夢を与え続けた歌姫─美空ひばりの実像に迫る『戦後─美空ひばりとその時代』、民族差別の中の孤独な戦い─歪められた「金嬉老事件」の真実に迫る『私戦』、そして東京オリンピック（昭和三十九年）を翌年に控えた高度成長期の真っ只中に起き、日本全土を震撼させた「吉展ちゃん誘拐事件」を極貧と障碍への差別の中に育った犯人小原保の側から描いた『誘拐』等数々の優れたノンフィクション作を残された本田靖春氏（一九三三─二〇〇四）は、自分に課したテーマについて、時間にとらわれずに納得がいくまで取材を尽くし、そうして得たファクトをたっぷりしたスペースの中で丹念に積み上げて、一つの事件の全体像を描かれている。そして、わかりやすい言葉で書かれたノンフィクションの傑作の数々を世に送られた（本田氏の主要な作品は『本田靖春集（全五巻）』旬報社、二〇〇一年─二〇〇二年に纏められている）。

「語られる言葉は私たちのものであっても、体験は私たちのものではない。」

これは、その本田氏が残された箴句である。

我々歴史学研究に関わる者にとっても、この箴句は無縁のものではない。史料群から発掘した歴史上の様々な出来事を、できる限り生のままの形で描こうとしても、言葉という媒体を通過すれば、かなり別様のものに変形される。

過去を語る媒体としての史料もまた過去の諸々を伝えるのに言葉という媒体を用いる以上、そこに記された事実は生のままということは、決してない。言葉に限らず、いかなる媒体であれ、それを通過すれば、出てくるものは、必ず形を持つ。なぜならば、媒体自身がひとつの形態であるからである。したがって、史料はその存在自体が貴重であるわけではない。それでも史料を通して、過去に迫ろうとするのであれば、その歴史的環境を十分に踏まえて、しかるべき問いを投げかけることで、史料が内包している臨場感を喚起してくれる。

歴史学は史料との対話といわれるが、その問いの投げかけを積み重ねることで、ようやく過去の反応が濃淡、強弱の幾重にもなす層を区別、峻別しながら、史実の断片を拾い出し、これ以上詳しくできないほど、丁寧かつ綿密に跡づけることがその使命である。

本書『様々なる変乱の中国史』は、中国史上において無数に起きた変乱―戦争、反乱、事変、外征等の検討解明を通して、大小様々な変乱が中国歴史の歯車の一つとして組み込まれる過程を明らかにするという趣旨によって編まれた。

変乱は、いろいろ複合的な背景・要因で起こるものであるから、その複合的な絡み方を政治的経済的外交的等の複眼的視野から検討しなければ、その変乱発生の必然の接点を解きほぐすことはできない。本書においては、かかる視点から、既知の事実についても、新しい照明を当て、新しい視界のなかで、隠れた意味合いを発見するということに力め、変乱の結果生じた歴史的影響力の深刻度から逆算しないまでも、それぞれの変乱の必然の太い綱を探りだそうとするものである。

本書に収録された諸論文は、如上の視点から、それぞれがこれまで蓄積してきた研究を踏まえて、中国の歴史に絡む様々な「変乱」の態様を検討し、それが歴史上になにをもたらし、いかなる転換を生み出したか、歴史的文脈のなかに位置づけることに力めた。これによって、従来、比較的大掴みな一般論的理解のみに終わっていた当該「変乱」もその地域的・時期的特徴を具体的に把握することができるであろう。

本書においては、通史的理解を容易にするために、各論文は時代順に配列した。全体的理解に資するために、以下、各論文が問題とし闡明せんとするところを簡単に紹介することにする。

大原信正「反董卓同盟の成立」

後漢王朝の崩壊とそれに代わる曹魏王朝の誕生に至る政治過程は、中国史上における一つの画期であった。当該期の主役たる曹操像は、曹魏王朝誕生という結果と後世の評価によって導かれているところが少なからずあり、後漢末から曹魏へと至る政治過程の実態を知るには、曹操が後に華北を平定し魏王国を建てるといった結果に左右されることなく、当時の社会状況自体を冷静に眺め情勢を慎重に見極める必要がある。本論文は、中期以降、種々の政治混乱が噴出し衰頽へと向かっていった後漢王朝の崩壊過程を、その直接原因となったとされる董卓の専横と軍閥割拠を中心に検討するにあたり、軍閥割拠を生み出した要因の一つである反董卓同盟の成立を軸に検討した。この反董卓同盟は、献帝の初平元年（一九〇）に複数の州郡官等が董卓討伐を掲げて挙兵し、成立した。これを受けて董卓は同年二月に長安遷都を行い、献帝をはじめ諸官僚や洛陽の民衆を長安へ徙し、洛陽を焼き払った。その後、翌年四月に董卓が長安へ入ったことを契機に、同盟内に山東の支配権をめぐる内部抗争が起こり、加えて軍糧が底を衝いたことも相まって同盟は瓦解し、ここから軍閥割拠が始まることとなる。この同盟は著名な割にその成立過程やその内部構造などに立ち入って論じた研究は極めて少なく、現段階ではその実態は不分明なところが多いのである。しかしながら、反董卓同盟とそれに引き続いて起こる軍閥割拠は、後漢王朝崩壊の直接の原因の一つであり、当該同盟の存在意義は極めて大きい。これをどのように理解するのかが後漢王朝崩壊過程を探る上で重要な鍵を有している。かくして、反董卓同盟の成立過程を詳細に分析し、従来とは異なる筆者独自の見解を提示したのが本論文である。

前島佳孝「隋の滅亡と禅譲革命」

二二〇年の漢魏交替より九六〇年の北宋成立に至るまで、王朝交替の形式が禅譲であったことは、それによる王朝交替が新たな王朝の正当性を裏付ける大きな要素であったことを物語っている。漢魏交替—北宋成立の間において成立した唐が隋から禅譲の形式をとることによって隋から中国の支配権を受け継いだことは周知の事柄である。しかしながら、隋末唐初は混乱を極めた時代であり、それに応じて群雄が各地に政権を立て、隋の皇帝と並称するものもいた。一般的に認知されたところでは、大業十三年（六一七）に李淵が恭帝を擁立した時点で、年号が大業から義寧に替わり、その翌年、長安での禅譲革命よって隋は滅んだというのが通説である。確かに、隋末唐初期は中国史上でも稀有な混乱の時期であり、唐はこの全国的な混乱を勝ち抜いて中国を統一し、さらには世界的帝国とまで称される繁栄を築いたが、その成立までの政治的状況は、盤根錯節していたのであり、通説的理解だけでは、生起された様々な事象は絵解きできないのである。本論文では、当時、恭帝以外にも隋の皇帝が存在したことや皇帝に即位させられた隋の宗室たちを一括して取り上げ、相互に比較することによって、その拠って立つところを明確にし、複数回現れる禅譲のあり方を示すことで隋の滅亡と禅譲との関わりを論じ、分裂しつつも隋を続けたそれぞれの勢力の立ち位置を示した。

大室智人「北宋における南方産馬の軍事利用—広南西路の買馬を中心に—」

契丹や西夏といった周辺諸国家との間に取り囲まれた北宋は、その一時代を通して緊張した国際関係を強いられた。そのような地政的環境にある北宋は、当然のことながら、常に軍事力の充実について注意を払う必要があった。軍事力は直接的な戦争の手段、実行力であると同時に、戦争を惹起する原因ともなり得る。北宋の国家方針や当時の国際情勢を概括的に眺めた場合、北宋が国家を保つ上では、いずれにせよ軍事力の比重は大きく、常に強化策を採らざるを得なくなる。軍事力を背景として時に威圧的な外交交渉も辞さない契丹や、直接的に軍事力を用いて北宋に譲歩を迫る西夏といった周辺諸国に対し、特に真宗朝以降、規定路線となった専守防衛方針を貫徹するためには、軍事力の拮抗あるいは優越を実現して、敵の攻撃を防御、あるいは未然の抑止を行なわなければならず、また西夏に対した初期、あるいは神宗朝期に強く主張されたように、対外積極・強硬策を採ることがあれば、当然敵対する勢力を打倒し得る軍事力を備える必要が存するためである。したがって、北宋は軍事力の量・質両面に亘る充実を目指し、有形無形を問わず様々な課題を解決するべく試行し続けた訳であるが、特に対外積極策を志向した神宗朝期に、北宋軍全体の制度、運用思想が変革される中において、南方地域、とりわけ広南西路では騎兵運用の実用化を目指す試みが行なわれていた。本論文は、狄青・郭逵の戦例と、その周辺で行なわれた議論の変遷を辿ることによって、北宋朝廷が広南西路で買馬を開始した背景と意図、並びにそこで集められた馬の特徴を明らかにし、北宋騎兵に南方地域で求められた特性と、北宋の軍事体制上より見たその意義について論じ、北宋という国家に求められる軍隊の特徴は、全てにおいて一面的・均質なものではなく、各方面の実情に沿い、実戦能力を備えた合理的な軍隊であり、広南西路の買馬は、南方における騎兵の常時運用を目指し、特に熙寧・元豊という神宗朝の対外積極策という国策にも支えられた、北宋の急速な軍事力強化策の一端と捉えている。

川越泰博「謀反は作られる―明宣徳朝の諸王政策によせて―」

中国歴代皇帝の主要な統治方法は郡県制であったが、その皇帝支配体制にあって、皇帝の諸子や一族（内戚）をどのように遇するか、歴代それぞれ固有の制度を施行してきた。明代の諸王封建制は、洪武帝が洪武二年（一三六九）にその制度を定めたとき、それと並行して、諸王の官職・制度や服務の規律等を規定したことで、その大綱が決まり、それが永久に改易してはならない祖法として律令とならべて重視し、後世の子孫に敬守継承されていった。しかしながら、明朝の諸王政策は、従来、宣宗朝以来、優遇活用主義から圧迫徒食主義へと一大転換をとげたとされる。「宣宗朝以来」とは、宣徳元年（一四二六）に起きた永楽帝第二子漢王高煦の叛乱に端を発してという意味である。優遇活用主義から徒食主義への一大転換という見解は、宣宗宣徳帝の諸王政策に限定すれば、正鵠を射ているが、諸王政策自体を明代史の中で位置づけると十全ではない。明朝の諸王政策は政治状況に絡んで、明初の厳重主義から緩和＝優遇活用主義へ、さらに圧迫主義に変転していった。圧迫主義に転換した宣徳朝による顕著な諸王禁圧政策の一つに王府護衛の削減問題がある。本論文は、宣徳帝が削減の対象とした全ての王府の護衛についてその経緯を探り、それらをほぼ貫く太い綱を剔出し、宣徳帝による王府護衛政策の実相に迫るものである。

奥山憲夫「変・乱の背後で—軍士の私役と売放—」

東アジア一帯に明朝の武威を耀かせた成祖永楽帝が崩御してから英宗が土木堡で壊滅的な敗北を喫するまで、わずか二五年の歳月を閲したにすぎなかった。それは、比較的短期間の間に、明軍が急速に弱体化したことを物語っている。この間、制度そのものに大きな変更はなされていないので、衰退の原因は明軍の内部に求める必要がある。かかる視点から、永楽朝と英宗朝との間の宣宗朝の明軍に注目した本論文は、皇帝と軍との関係を宣宗朝における武臣の犯罪と宣宗の対応を軸に検討する。宣宗朝において武臣が告発された罪状は多岐にわたるが、武臣による軍士の私役と売放は、軍士の逃亡、兵力の減少に直結する不正である。一六世紀以後に起きる様々な変乱・反乱では生活に困窮した軍士・余丁、あるいは大量に逃亡した軍士が大きな役割を果たしているが、本論文は、そのような病弊を生み出した背景の一つとして、武臣の犯罪に視点をおく。

荷見守義「辺境紛争と統治―万暦九年の遼東鎮―」

明朝の北辺防衛体制は所謂「九辺鎮」と呼ばれ、東北の遼東鎮から西北の甘粛鎮まで防衛拠点を横列させて、主にはモンゴルのウリャンハ部・タタル部・オイラト部、東北にあってはジュシェンの南下から領土を防衛することを目的とした。この北辺の防衛線はもともと洪武年間に朱元璋による明朝建国後の北伐において形成されたものであった。この頃の北元（タタル部）の勢力は相当に弱体化していたため、洪武年間の防衛線は後代のものよりはずっと北にあった。ところが、建文元年（一三九九）に勃発した靖難の役において、寡兵で戦わざるを得なかった燕王（のちの永楽帝）が北平行都司の中核部隊である大寧の大部隊をそっくり引き抜いて自軍の補強に使ったことなどから防衛線に大きな穴が空き、ウリャンハ部の南下を許してしまった。戦後、永楽帝は北平行都司を内徙し、大寧の地をウリャンハ部に割譲せざるを得なかった。これ以降、明朝の北辺防衛線は現在の長城線で固定されることになり、その防衛拠点となるのが九辺鎮であった。本論文は、九辺鎮の東端にあたる遼東鎮において万暦九年（一五八一）におけるモンゴル・ジュシェンの侵攻と撃退、及びモンゴル・ジュシェンによる夜不収などの略取に関わって、鎮の防衛網はどのように情報をやりとりして対処していたのかを、複数の明朝档案を分析しつつ詳細に検討し細かい現場の動きを捕捉し、鎮全体についての動きを把握しようとしたものである。

道上峰史「明末奢安の乱再考」

「北虜南倭」の言葉が表象するように、明朝は外患に苦しめられた王朝であった。ところが中期以後になるとそれらに加えて内憂にも苦しんだ。西南地域では正徳年間（一五〇六―一五二一）以後、苗をはじめとした土司が支配する地域での反乱が激化していった。特に四川・湖広・貴州三省が隣接する地域の反乱は苛烈を極め、「万里長城」との対比で「南方長城」と称される軍事防衛施設を設置するまでに至っていた。この苗による騒乱は、万暦年間（一五七三―一六二〇）に「南方長城」が完成すると、小康状態とはなったものの、「万暦三大征」で名高い、明朝の西南地域支配を揺るがす大反乱である楊応龍の乱が発生し、四川・貴州・湖広が甚大な害を被ったことはよく知られている。本論文が取り上げる奢安の乱は、楊応龍の乱の規模を更に大きくしたもので、影響を与えた地域は四川・貴州・湖広・雲南四省に亘り、乱は約九年間に及んだ。本論文では、楊応龍の乱から崇禎四年（一六三一）に雲南阿迷州の土司普名声が起こした反乱までの流れの中に奢安の乱を位置づけ、この反乱の連鎖が、明朝の弱体化だけでなく、土司同士の婚姻関係や、勢力図の変化によって生じた可能性まで言及し、明末西南地域で起きた奢安の乱がもつ歴史的意義を明らかにした。

塚瀬　進「清代黒龍江における社会変容と馬賊」

一九世紀後半以降、太平天国の乱の影響によって、黒龍江においては外省からの協餉が遅滞し、兵士の俸餉不足が生じていた。また多くの兵士が出征により死傷したが、財政難から兵士の補充は十分にはできなかった。財政難を補うため土地の開放がおこなわれ、民人が耕作する農地が増えた。ここに略奪の標的となる村落が形成され、軍事力の低下も加わり、馬賊が跳梁するようになった。治安維持のためには財政難を解決して軍隊を整える必要があり、さらなる土地の開放が求められた。しかしながら、民人による開墾の進展は馬賊による略奪対象の増加をも意味し、馬賊の活動は収まらず、黒龍江の治安は悪化した。民間では公権力に依存しない自衛組織をつくり、治安の悪化に対応していた。そうしたなか、清朝は二〇世紀に入ると黒龍江での統治方針を転換し、州県を増設して、副都統を撤廃する措置に出た。この時、清朝は八旗制により人間集団を把握して統治するという方針を放棄し、特定の領域を一元的に統治する方針へと転換した。帝国的な統治から近代主権国家的な統治へと切り替えたのである。駐防拠点が点在するだけの人口稀薄な黒龍江では、一九世紀後半以降に開墾がすすめられ、その結果として馬賊が略奪を働くようになった。治安維持に十分な軍隊を編成できなかったことから、馬賊の跳梁は続いた。本論文は、馬賊による略奪を可能としていた社会的状況の考察をおこなうことで、清代の黒龍江で生じていた社会変容を検証し、社会変容との関わりから馬賊の活動、清朝の対応を検討した。

西川和孝「一九世紀初頭の雲南省元陽県一帯における漢人流入とその影響について
―窩泥人高羅衣の蜂起を通して―」

近年、環境史への関心の高まりとともに、大規模な漢人移民の流入にともなう生態環境の変化と絡めて、その関係性を論ずる研究成果が多数蓄積されつつある。新たな生活空間を求めて移民してくる漢人の入植は、山地開発を行うにあたり、稲作技術、商品作物の栽培などの市場経済を持ち込み、現地の生態環境を急速に変えていくことが多かった。一九世紀初頭に雲南省南方の紅河流域に位置する元陽県一帯で起きた高羅衣蜂起も、こうした大量の漢人移民の入植にともなう生態環境の変化が関係した事例であり、本論文は、高羅衣蜂起の経緯と蜂起の主体となった人々を明らかにした上で、漢人移民の入植による環境面等の地域社会に与えた影響を考察するとともに入植を促した社会的経済的要因についても論じた。

高遠拓児「日露戦争期における奉天軍政署と清朝官民
　――『小山秋作氏旧蔵奉天軍政署関係史料』所収文書の紹介を中心として――」

日露戦争期における満洲の軍政については、すでに一定の研究成果が世に現れている。しかしながら、従来の研究においては、史料的制約という大きな隘路を抱えていた。これは、戦前の軍、とりわけ参謀本部や関東都督府などの記録の多くが散逸したことに起因し、満洲軍政の実態研究には大きな障害として立ちはだかっていた。というものの、散逸をまぬがれた史料も全くないとはしない。本論文で分析の対象とされる史料は、陸軍士官学校を卒業後、歩兵少尉として任官以来、日清戦争・北清事変・日露戦争といった明治日本の岐路となる諸戦役に陸軍将校としてかかわった小山秋作氏（歩兵大佐で予備役）が残されたものである。軍務に就いている間、小山は参謀本部部員として中国関係の実務に携わった情報将校であった。今日、小山の名を冠する二つの史料群があり、それは防衛省防衛研究所所蔵の「小山史料」と中央大学図書館所蔵の『小山秋作氏旧蔵奉天軍政署関係史料』である。これらはその職掌に関わって受け取った文書、あるいは自らがまとめた文書の控えや草稿の類いである。これは今や明治期の日本陸軍に関する貴重な情報源となる。本論文は、小山秋作遺蔵史料の価値の一端を示すとともに、清朝官民の作成した文書類、具体的にいえば、「照会」や「呈」、「稟」といった現地の官庁や住民が軍政署に宛てて送った文書類を一部紹介し、日露戦争期に日本が満洲に置いた軍政署に、現地の清朝官民が何を訴え、どのように働きかけをしたかに言及する。

本書を構成する各論文は、いずれも従来比較的大掴み、あるいは未知であった個々の変乱をより史実に密着して政治史的把握に接近した手堅い実証にもとづくきめ細かい研究である。その一方で、意外な歴史的事実が各所に横溢しており、読者諸賢の一読を乞う次第である。

二〇一五年一一月

川越泰博

反董卓同盟の成立

大原信正

はじめに

後漢王朝が崩壊し、それに代わって曹魏王朝が誕生するまでの過程は、中国史上における一つの画期である。当該期の主役たる曹操は、その生涯において帝位に即かず、従って新王朝を開くこともしなかったが、種々の状況証拠から、一般的には彼が新王朝建設への意図を有していたものと理解されている。だが、かかる曹操像は曹魏王朝誕生という結果と後世の評価によって導かれているところが少なからずある。後漢末から曹魏へと至る政治過程の実態を知るには、曹操が後に華北を平定し魏王国を建てるといった事実に左右されることなく、当時の社会状況自体を冷静に眺め、情勢を慎重に見極める必要があると思われる。

以上のような見通しの下、本稿では後漢王朝の崩壊過程について考えてみたい。後漢王朝はその中期以降、種々の政治混乱が噴出し衰頽へと向かっていた。ただ、後漢王朝崩壊の直接の原因となったのは董卓の専横と軍閥割拠であると考えられている(1)。そして、このうちの軍閥割拠を生み出したのは主に州牧の設置と反董卓同盟の成立が要因であろうと考えられる(2)。

霊帝の中平五年（一八八）に州牧が設置されたのは、混乱の続く地方の統治を強化しようという狙いに基づくものだが、それが結果として各州の長官に管轄州の軍政支配を認めることとなり、軍閥割拠の下地を作ることとなった[3]。ただ、州牧の設置はあくまで割拠の条件を用意したというに過ぎず、割拠の形勢を作り出す直接の原因となったのは、反董卓同盟である。

この反董卓同盟は、献帝の初平元年（一九〇）に複数の州郡官等が董卓討伐を掲げて挙兵し、成立した。これを受けて董卓は同年二月に長安遷都を行い、献帝をはじめ諸官僚や洛陽の民衆を長安へ徙し、洛陽を焼き払った。その後、翌年四月に董卓が長安へ入ったことを契機に、同盟内に山東の支配権をめぐる内部抗争が起こり、加えて軍糧が底を衝いたことも相まって同盟は瓦解し、ここから軍閥割拠が始まることとなる。

いま述べた反董卓同盟についての知見は、先学の見解に基づいたものである。これによれば、董卓に対抗するために同盟が結成されたものの、董卓が洛陽を去るや否や内部分裂を来し同盟は崩壊したのである。となると、かかる同盟の脆弱性、分裂性が如何なる事情に由来するのかという点が問題となろう。

この点について、従来の研究では同盟に参加した諸勢力を軍閥と理解し、彼らが勢力拡大を志向する存在であることを自明のものとして把捉されることが多い[4]。そのため、同盟の成立過程やその内部構造などに立ち入って論じた研究は極めて少なく[5]、山崎光洋氏が多少詳しく論じているのが唯一の専論といってよい[6]。

また、史料や先行研究等ではいずれも董卓を暴虐の人物とし、その打倒を掲げた反董卓同盟は正義の側として描かれがちである。しかし、当時の後漢朝廷にとって反董卓同盟は国内の叛乱であり、賊勢力に過ぎない。こうした後漢朝廷と同盟側との異なる立場を理解しておかなければならない。かかる視点は、先行研究に不足している部分である。

以上を要するに、現段階においては反董卓同盟の実態は未だ明らかにはされていないのである。だが、すでに確認したように、反董卓同盟とそれに引き続いて起こる軍閥割拠は、後漢王朝崩壊の直接の原因の一つである。したがって、当該同盟の存在意義は極めて大きく、筆者はこれをどのように理解するのかが後漢王朝崩壊過程を探る上で重要な役割を担うものと考えている。そこで、まず本稿では反董卓同盟の成立過程を整理、考察することで、今後に向けた反董卓同盟の実態解明の一助としたい。

なお、本稿では主に陳寿『三国志』、袁宏『後漢紀』、范曄『後漢書』及び『三国志』その他に引かれる佚書史料等を用いて論証を行っているが、文中にて史料を引用する際、多史料間で同一内容の記述がある場合は、基本的に成書年代の古いと思われるものを史源と見做し、史料間の異同が事実解釈に影響を及ぼす場合のみその旨を注記し、その都度筆者の立場を明らかにした。

一　反董卓同盟成立に関する史料と先行研究の理解

反董卓同盟の成立を論じるにあたり、まず本稿がなぜ反董卓同盟という呼称を用いるのかを明らかにしておきたい。反董卓同盟は無論、史料用語ではない。では史書においてはどのように呼ばれているかというと、「義兵」[7]、「山東兵」[8]、「山東義兵」[9]、「關東兵」[10]、「關東義兵」[11]等の語が用いられている。このうち「義兵」の語が付くのは同盟側の立場から言ったものであり、同盟勢力内の人物の発言かそれを支持するもの、或いは史家の叙述において用いられる。逆に、当然ながら後漢朝廷や董卓周辺では「義兵」の語が用いられることはなく、「山東兵」または「關東兵」と呼ばれる。

次に、先学諸氏が反董卓同盟をどのように呼んでいるかを確認しておくと、「関東軍」[12]、「関東兵」[13]、「関東聯軍」[14]、「関東諸軍」[15]、「関東討董軍」[16]、「関東諸侯軍」[17]、「討董盟軍」[18]、「連合軍」[19]、「反董卓連合」[20]、「同盟軍」[21]、「反董卓同盟」[22]、「東方兵」[23]などが使用されている。いずれにも特徴があり一概に適否を判断し難いが、本稿では董卓討伐を掲げた同盟であるという点を重視して石井仁氏の如く「反董卓同盟」の語に統一して表現する。

では、上で確認した史料に見える「山東兵」と「關東兵」という二種の呼称は、両者をともに反董卓同盟を指す同義の語として理解してよいのだろうか。中国史上において、山東、関東はそれぞれ山西、関西と対になっており、ともに一定の地域を表す概念である。漢代においてそれが具体的にどの地域を指したかということについては古来、議論が絶えず、諸説が併存していた[24]。

近代以降、この問題に初めて意識的に取り組んだのは厳耕望氏である。厳氏は揚雄『方言』に見える地理概念の分析を通して、関東と関西の間で方言が大きく異なることを論じ、関を函谷関、山を太行山として理解し、両者ともに同じ場所を指すものとした[25]。ただ、両者が具体的にどこまでの地域を含むのかについては明らかにされていない。

のち傅楽成氏は戦国時代から後漢末期までの政治史を山東と山西の関係史として概観した。傅氏は、山東を諸夏文化、山西を戎狄文化として区別し、それはまた尚文と尚武の違いであるとした。そして、戦国末期に東西の概念が成立して以降、前漢時代は都を長安においていたことから両者がうまく融合していたが、後漢が洛陽に奠都して以降、両者の間に対立が生まれたとする[26]。傅氏は、山東と山西は関東と関西に対応するものとし、山を華山、関を函谷関として、山東には河北、河南、山東、山西、江蘇、安徽、湖南、湖北の八省を含み、山西には陝西、甘粛、四川の三省が対応するものとしてその範囲を明らかにした。

この傅氏の後、邢義田氏は関東、関西、山東、山西の四つの概念を改めて詳細に精査し、慎重に議論を進めた。邢氏によれば、前漢武帝期以降や劉秀挙兵時等の一時的な概念の変化はあるものの、後漢においては関東と山東、関西と山西は同義として使用され、基本的に秦代や前漢前期と同様に関は秦代の函谷関、山は崤山を指し、古来「崤函」

と称される地が両者の境界となっていた。また、東西の範囲については東を青州、冀州、兗州、豫州、徐州、荊州北部、司隷東部と并州東南を指すものとし、西はいわゆる三秦の地が相当するとし、場合によっては涼州と益州をも加えることができるものとした。(27)

この邢義田氏の見解は、東西の具体的な範囲についてなお検討の余地はあるものの、基本的な考え方はのちに労幹氏の認めるところともなっており、(28)現在における通説として理解してよいであろう。(29)よって、本稿においても邢氏の見解に従うこととする。

さて、史料における反董卓同盟の呼ばれ方を確認したところで、以下では次章から具体的な検討に入るための基礎として、反董卓同盟の成立に関する主な史料を確認するとともに、先行研究の見解を整理し、その問題点を明らかにしておきたい。

反董卓同盟の挙兵を最初に知り得るのは陳寿『三国志』の『魏志』巻一、武帝紀の次の記述である。

初平元年春正月、後将軍袁術・冀州牧韓馥・豫州刺史孔伷・兗州刺史劉岱・河内太守王匡・勃海太守袁紹・陳留太守張邈・東郡太守橋瑁・山陽太守袁遺・濟北相鮑信 時を同じくして倶に兵を起こし、衆 各の數萬、紹を推して盟主と爲す。太祖 奮武將軍を行す。

これによると、初平元年（一九〇）正月、後将軍袁術ら一〇名が同時に挙兵し、それぞれ数万程度の兵を率いており、袁紹が盟主となったとある。ここに曹操の名が見えないが、当該記述が武帝紀であるための省略であり、末尾に奮武将軍を行したとある通り、曹操もこの挙兵に参加していたことがわかる。ただ、曹操の挙兵自体は反董卓同盟の成立よりも早く、前年の中平六年（一八九）一二月の事であるとされる。このほか、『魏志』巻六、袁紹伝には「紹自ら車騎將軍を號し、盟を主る」とあり、袁紹が車騎将軍の官号を自称したことがわかる。

次に袁宏『後漢紀』巻二六、献帝紀、初平元年春正月条では、

是の時、冀州刺史韓馥・豫州刺史孔伷・兗州刺史劉岱・陳留太守張邈・勃海太守袁紹・東海太守喬瑁・山陽太守袁遺・河南太守王匡・濟北相鮑信・後將軍袁術・議郎曹操等並びに義兵を興し、將に以て卓を誅せむとし、衆各の數萬人、紹を推して盟主と爲す。紹自ら車騎將軍を號し、操奮武將軍を行す。

としている。まず官職名について、冀州牧韓馥を冀州刺史、河内太守王匡を河南太守、東郡太守橋瑁を東海太守とする等の誤りが見られる。このほか、『魏志』武帝紀と比較すると、同盟参加者の順序が入れ替わっている点と議郎曹操が追加されている点が変化として認められ、加えてこの挙兵が董卓討伐を掲げたものであることが明らかにされる。このように種々の相違がみとめられるものの、全体として見ればおおむね『魏志』武帝紀の記述を継承しているものと考えてよい。

続いて范曄『後漢書』紀九、献帝に、

初平元年春正月、山東州郡兵を起こして以て董卓を討つ。

とあり、ここでは挙兵した人物の名前を挙げずにそれらをただ「山東州郡」と総称し、董卓討伐を目的として起兵したことを記す。一方、同書列伝六四上、袁紹伝では、

初平元年、紹遂に渤海を以て兵を起し、從弟後將軍術・冀州牧韓馥・豫州刺史孔伷・兗州刺史劉岱・陳留太守張邈・廣陵太守張超・河内太守王匡・山陽太守袁遺・東郡太守橋瑁・濟北相鮑信等と與に時を同じくして倶に起ち、衆各の數萬、卓を討たむことを以て名と爲す。紹王匡と與に河内に屯し、伷潁川に屯し、馥鄴に屯し、餘軍咸な酸棗に屯し、約盟して、遙かに紹を推して盟主と爲す。紹自ら車騎將軍と號し、司隷校尉を領す。

としており、まず参加者の中に新しく広陵太守張超の名が加えられていることがわかる。そして、『後漢紀』までの

史料がただ参加者の名前だけを列挙したのとは異なり、袁紹と王匡が河内に、孔伷が潁川に、韓馥が鄴に、その他の軍勢が酸棗にそれぞれ駐屯していた状況下において約盟がなされたことが初めて明らかにされる。そのため、約盟時に袁紹を盟主に推挙する際、「遙推」、すなわち同盟参加の各人物がそれぞれの地域から袁紹を推挙したということが知られる。また、袁紹が司隷校尉を領したことも新たな情報として付け加えられている。

このほか、司馬光『資治通鑑』巻五九、漢紀五一、孝献帝甲、初平元年条では以上に見た諸書の記載を踏まえて、

春、正月、關東州郡 皆な兵を起すに董卓を討つを以てし、勃海太守袁紹を推して盟主と爲す。紹 自ら車騎將軍を號し、諸將 皆な官號を板授せらる。紹 河内太守王匡とともに河内に屯し、冀州牧韓馥 鄴に留まり、其の軍糧を給し、豫州刺史孔伷 潁川に屯し、兗州刺史劉岱・陳留太守張邈・邈弟廣陵太守超・東郡太守橋瑁・山陽太守袁遺・濟北相鮑信 曹操と倶に酸棗に屯し、後將軍袁術 魯陽に屯し、衆 各の數萬。

とし、『後漢書』袁紹伝とは異なり、先に約盟が行われ、その後に各郡守が各地に駐屯したと述べている。文中に見える「官號を板授」の「板授」というのは、仮の措置として名目のみの官職を授ける際に用いる動詞である(30)。また、冀州牧韓馥が同盟軍の軍糧供給を担ったとする記述は他書には見えず、『通鑑』の当該記事によってのみ知ることができる。なお、『後漢書』献帝紀が同盟軍を「山東州郡」と呼んだのに対し、『通鑑』ではこれを「關東州郡」と表現しているが、両者が同義であることはすでに確認した通りである。

反董卓同盟成立に関しては、上に掲げた数種の史料がその基本的な根拠として考えられている。ここでひとまず諸史料の見解を整理しておこう。

表一　諸史料に見える反董卓同盟成立に関する記述

史料	年月	参加者	駐屯	その他
『魏志』	初平元年正月	一〇名	―	―
『後漢紀』	初平元年正月	一一名	―	曹操の官職が議郎
『後漢書』	初平元年正月	一一名	○	袁紹が司隷校尉を領す
『資治通鑑』	初平元年正月	一二名	○	袁紹が官職を板授

※「その他」には、その史料だけに見える情報を挙げた

表一に明らかなように、各史料いずれも挙兵の時期を初平元年正月に据えている。参加者については『後漢紀』、『後漢書』ではそれぞれ張超、曹操の名が欠けているが、『通鑑』では一二名全員の名を挙げている。いずれにしても全史料に共通しているのは、初平元年正月に一〇名ないしは一二名の諸人物が同時に挙兵して袁紹を盟主とした反董卓同盟が結成されたということである。

ここまで、反董卓同盟成立に関する基本的な史料の情報を把握したが、その成立は初平元年正月、とあるのみでより具体的な時間を知ることはできなかった。そのため、次には各史料において同盟成立が当時の政治事件の流れの中でどのような順序に位置づけられているのか、この点について見ておきたい。反董卓同盟成立前後に発生した政治上重要な事件は、主に初平元年正月癸丑（一二日）の弘農王殺害と二月丁亥（一七日）の長安遷都が挙げられる。これらの政治事件と反董卓同盟成立の時間的順序についての各史料の見解は次の通りである。

表二　反董卓同盟成立とその他の政治事件の時間的順序

史料	政治事件の発生順序
『魏志』	弘農王殺害→同盟成立→長安遷都
『後漢紀』	弘農王殺害→同盟成立→長安遷都
『後漢書』	同盟成立→弘農王殺害→長安遷都
『資治通鑑』	同盟成立→弘農王殺害→長安遷都

表二を見ると、『魏志』、『後漢紀』が同盟成立を弘農王殺害の後に置くのに対し、『後漢書』と『資治通鑑』では同盟成立を先としている。すなわち、両者の違いは結局、反董卓同盟の成立が初平元年正月癸丑（一二日）の弘農王殺害以前か以後かという点にあると理解できる。

以上の史料から得られる情報を踏まえたうえで、反董卓同盟について言及のある概説や伝記を中心にその見解を確認しておこう。[31]まず、同盟成立の時間について、ほぼすべての先学が史料の記載通り初平元年正月に一斉に挙兵し同盟が成立したと述べている。[32]これに対して章映閣氏は中平六年末の段階で既に曹操のほか、劉岱、張邈、張超、橋瑁、袁遺、鮑信が酸棗に集結していたとし、翌年正月になってそこに袁紹、王匡、韓馥、袁術、孔伷が加わって同盟が成立したとする。[33]また、石井仁氏も前年末の段階から諸軍勢が徐々に酸棗に集結していたと述べている。[34]これら両者は中平六年末の段階から同盟成立へ向けての準備が整えられつつあったことを指摘しているが、同盟成立を初平元年正月とする点では他の先学の見解と変わらない。

一方、同盟成立と当時の政治事件との順序については、多くの先学が弘農王殺害の一件に言及しないため判別できないが、記載のあるものだけを見るといずれも『後漢書』、『資治通鑑』と同様、同盟成立→弘農王殺害→長安遷都という順序を採っている。[35]

さて、以上に見たように、史料及び先行研究のいずれにおいても、反董卓同盟は基本的に初平元年正月に山東地域の州郡官を中心とする一二名の人物が一斉に挙兵し袁紹が盟主となって成立したものであると理解されてきたといえよう。ただ、その成立過程については表二にも明らかなように史料間で少しく異なっている。加えて、仮に反董卓同盟が初平元年正月に成立したものと考えた場合、それから二カ月ほどの期間についての同盟勢力の動向が不明であるという問題がある。

同盟成立後、次に同盟勢力の動向が知られるのは『魏志』巻一、武帝紀、初平元年二月条に見える同盟諸将の駐屯を伝える記事である。[36]同条において同盟諸将の駐屯の記事は二月条にかけられてはいるが、実際には三月己酉（九日）以後の出来事である。[37]そのため、史料や先学の言う如く初平元年正月に同盟が成立したと考えた場合、その後、三月に諸将が各地に駐屯するまでの間の動向が空白となっているのである。董卓討伐を掲げて成立した同盟がその後二カ月もの間何らかの行動を起こした形跡が全く見られないのは不自然ではないか。

かかる筆者の疑問を基に、次章以降において反董卓同盟成立の過程について分析する。なお、本稿では紙幅の制約に鑑み、反董卓同盟成立の事情をできるだけ詳細に論じることを意図しており、それと密接に関わる後漢朝廷及び董卓の動向についての叙述は必要最低限にとどめた。そのため、或いは多少説明不足になっている箇所がある虞もあるが、かかる不足に関しては他日改めて特に董卓専権期の政権を論じることで解消したいと考えている。

二　皇帝の廃立と曹操の挙兵

初平元年（一九〇）正月に反董卓同盟が成立するより前、既に中平六年（一八九）の董卓入京以来、少しずつ反董卓への動きが現れ始めていた。そこで、本章では中平六年四月の霊帝崩御以後から同年末までの政治過程を論じつつ反董卓同盟の参加者の動向を整理し、同盟成立直前までの過程を明らかにする。

中平六年四月丙辰（一一日）に霊帝が三四歳の若さで崩御したが、その臨終の際に九歳の皇子協を皇帝に立てるよう宦官蹇碩に遺詔を託した。当時、霊帝には皇子協のほかに協の兄で一七歳になる皇子辯がいた。この皇子辯は何皇后の子であり、年齢の順序から言っても霊帝の後を継いで帝位に即くべき存在であったが、霊帝は辯の皇帝としての資質を疑問視し立太子しなかった。

一方、皇子協は王美人が光和四年（一八一）に産んだ子であるが、王美人はその後、何皇后により毒殺されてしまった。このことが引き金となって霊帝は何氏を憚るようになり、臨終に際して年少の皇子協の擁立を企てるに至ったのであった。

霊帝の請託を受けた蹇碩であったが、皇子協を擁立するためには何皇后をはじめとする何氏勢力を制圧する必要があった。特に、何皇后の従兄大将軍何進は弟の車騎将軍何苗とともに中央兵権の中枢を掌握しており、皇子協擁立を阻む強力な存在である。そのため、蹇碩はまず大将軍何進の殺害を企んだが、何進が事前に危険を悟ったため果たせなかった。結局、蹇碩による皇子協擁立は実現せず、霊帝崩御から二日後の戊午（一三日）、一七歳の皇子辯（少帝）が帝位に即き、何皇后が皇太后となって臨朝することとなった。

少帝の即位後、壬戌（一七日）より大将軍何進は太傅袁隗とともに録尚書事として輔政を担うこととなった。その後、何進は蹇碩への報復と宦官の一掃を目論み、故吏でもある中軍校尉袁紹の建議に基づいて、著名な党人や士人を多く登用することとした。かくして庚午（二五日）に蹇碩を捕えて処刑し、さらに宦官の一掃を実行に移すべく袁紹が何進に再び建議する。これに際して袁紹の立てた計画の一つは、諸地方の軍勢を中央及びその付近に集めて何太后に宦官一掃の許可を迫ろうとするものであったが、(38) 典軍校尉曹操はすでにその非を主張していた。(39)

計画の実行にあたり、何進はまず袁紹を司隷校尉・假節、従事中郎王允を河南尹に任命したうえで、(40) 前将軍・并州牧董卓とともに武猛都尉丁原や東郡太守橋瑁らを洛陽周辺に招集した。(41) 一方で、何進はまた騎都尉鮑信を郷里の泰山郡に派遣して募兵をさせ、(42) 大将軍府掾の王匡には徐州にて彊弩を調達させるなど軍備を整える手立てを講じていた。(43) ところが、宦官一掃の実行を躊躇する間に計画が漏れ、八月戊辰（二五日）、何進は逆に中常侍張譲らに殺されてしまった。

何進の死後、袁紹やその従弟虎賁中郎将袁術、何進の部曲将呉匡・張璋らが洛陽城に進攻し宦官を殺戮したため城内は混乱に陥り、庚午（二七日）、中常侍張譲・段珪は少帝と陳留王協を連れて城外へ逃亡する。その夜、尚書盧植と河南中部掾閔貢は追撃して小平津に至り張譲・段珪らを自殺に追い込むと、少帝一行を北芒まで誘導し、少帝らはそこで公卿と対面した。この時、洛陽に到着した董卓も北芒に向かい少帝を自身の庇護下において政権の主導権を掌握し始める。

董卓が洛陽に到着する頃、ちょうど鮑信が募兵先の泰山郡から洛陽へ帰還し、董卓の行動に不審を抱き、袁紹に董卓打倒を勧めるが、袁紹が董卓を恐れて聞き入れなかったため、鮑信は郷里へと還った。(44) また同じく何進によって徐州に派遣されていた王匡も、派遣先で何進の凶報に接するとそのまま泰山郡へ帰郷している。(45)

八月辛未（二八日）、董卓は少帝とともに洛陽に帰還すると、先の政変で帰属を失った何進と何苗の部曲を自軍に収め、次いで呂布に執金吾丁原を殺させてその率いていた并州兵を手に入れて軍事力の増強を図った。その後、六月以来の長雨を口実に司空劉弘を罷免し代わって自らが司空となり、二日後の癸酉（三〇日）には、少帝廃立へと具体的に動き出す。まず、廃立計画の万全を期すため、司隷校尉袁紹に少帝廃立の共謀を持ち掛ける。暗愚な少帝に代わってその弟陳留王協を皇帝に擁立すべきであると主張する董卓に対し袁紹は、『魏志』巻六、袁紹伝注引『献帝春秋』に

漢家の天下に君たること四百許年、恩澤深渥、兆民 之を戴きてよりこのかた久し。今ま帝 幼沖なると雖も、未だ善からざることの天下に宣聞すること有らず、公 適を廢して庶を立てむと欲するも、恐らく衆 公の議に従はざるなり。

とある如く、少帝が嫡子であることを重んじて誘いを拒絶し、先に假された節を洛陽城東側北端の上東門（建春門）に懸け冀州へ出奔した[46]。董卓は同じくその弟の虎賁中郎将袁術にも後将軍の位を与えて誘いをかけるが、荊州の南陽郡魯陽県へやはり出奔する[47]。

この時、袁紹と袁術が出奔先としてそれぞれ冀州、荊州を選んだのはなぜか。袁紹が冀州に出奔した理由は、主に随行した許攸の建議によるものと思われる。許攸はかつて冀州刺史王芬らと共謀して冀州にて霊帝暗殺を計画していた。計画は失敗に終わったが、許攸が冀州の地理に詳しく当地の人士と交流があったことが理解できる[48]。

一方、袁術が出奔した荊州は、当時、叛乱や災害が頻発する中で多くの人士が避難したが、その候補地の一つであった。特に袁術が赴いた魯陽県は他にも多くの避難者の事例があり、一般的に避難に適した地として認識されていた[49]。加えて、洛陽から荊州に向かう経路の一つとして伊闕関を通過するルートがあるが、当時八関都尉[50]の一として伊闕関を守っていた伊闕都尉張承の家族、河内張氏は、汝南袁氏と家族ぐるみの交流があったと思われ[51]、このことが袁術の荊州への避難を決定づけたと思われる。

こうして袁氏兄弟への協力要請は失敗に終わったが、それでも董卓は計画を変更することなく翌九月甲戌（一日）

に少帝を廃して弘農王とし、わずか九歳の陳留王協（献帝）を即位させる。続いて丙子（三日）に何太后を殺害すると、乙酉（一二日）には董卓は司空から太尉へと官位を進め、鈇鉞・虎賁を加えられたことにより、董卓の権勢は俄に勢いを増すこととなる。(52)

その後、董卓は先の袁紹・袁術に続いて典軍校尉曹操の政権への取り込みを画策し、驍騎校尉を与えようとするが、(53)袁氏兄弟と同じく曹操もまた拒絶・出奔して兗州陳留郡へと向かう。そのことは、『魏志』巻一、武帝紀に

卓到り、帝を廢して弘農王と爲して獻帝を立て、京都大ひに亂る。卓太祖を表して驍騎校尉と爲し、與に事を計らむと欲す。太祖乃ち姓名を變易し、間行し東して歸る。關を出で、中牟を過ぐるや、亭長の疑う所と爲り、執はれて縣に詣るも、邑中の或るひと竊かに之を識り、爲に請ひて解くを得る。卓遂に太后及び弘農王を殺す。太祖陳留に至り、家財を散じ、義兵を合はせて、將に以て卓を誅せむとす。冬十二月、始めて兵を己吾に起こし、是の歳中平六年なり。

とあるとおりである。曹操逃亡の後に何太后殺害の事が見えるため、曹操が董卓の誘いを受けたのは、廃立後まもなくのことであろう。(54)曹操は姓名を変えて洛陽を出て東方へと逃亡するが、虎牢関を出て中牟県を過ぎた頃、県下に属する亭長がそれと気づいて収監し、身柄を中牟県へと移送したが、(55)人の助けにより釈放された。(56)その後、曹操は兗州陳留郡に至るとそこに留まり、董卓討伐の兵を起こすべく私財を費やして募兵した。

曹操が洛陽から東行したのは、自身の故郷豫州沛国譙県を目指したためであろう。その途上、兗州陳留郡襄邑県を通過した際にそこで衛茲なる人物に出会い、意気投合して同盟を結び、董卓討伐への挙兵に向けての方策を練ることとした。(57)かくして曹操は陳留郡に留まることとなった。

一方、董卓は人事政策に対しても積極的に動き始める。その様子の一端は、『魏志』巻六、董卓伝に、

初め、卓 尚書周毖・城門校尉伍瓊等を信任し、其の擧ぐる所の韓馥・劉岱・孔伷・張咨・張邈等を用ゐ出だして州郡に宰たらしむ。而るに馥等の官に至るや、皆な兵を合して將に以て卓を討たむとす。

とあり、また『蜀志』巻三八、許靖伝に、

孝廉に察せられ、尚書郎に除され、選擧を典る。靈帝 崩じ、董卓 政を秉るや、漢陽の周毖を以て吏部尚書と爲し、靖と共に謀議し、天下の士を進退し、穢濁を沙汰し、幽滯を顯拔す。潁川の荀爽・韓融・陳紀等を進用して公・卿・郡守と爲し、尚書韓馥に拜して冀州牧と爲し、侍中劉岱を兗州刺史と爲し、潁川の張咨を南陽太守と爲し、陳留の孔伷を豫州刺史と爲し、東郡の張邈を陳留太守と爲す。

とあることによってわかる。すなわち、董卓は吏部尚書周毖(58)、侍中伍瓊と尚書郎許靖らを信任し、彼らの推挙に基づいて多くの士人を登用したのである。ところが、この時に尚書韓馥を冀州牧に、侍中劉岱を兗州刺史に、陳留の孔伷を豫州刺史に、東郡の張邈を陳留太守にそれぞれ任命したことが仇となり、これがのちに反董卓同盟の成立へと繫がっていくのである。

上引史料中、荀爽・韓融・陳紀らの登用時期は各列伝の記載に依っていずれも九月中の事であると推測し得るが(59)、韓馥ら州郡官の任命時期は史書中には明記されていない。ただ、孔伷の前任と思しき豫州牧黄琬が九月甲午（二一日）に司徒に転任しており(60)、孔伷の豫州刺史任命がこれに続いて行われたものであるとすると、韓馥ら一連の任命は上記荀爽・韓融・陳紀らと同時期に一斉に行われたものと考えられる。

また、これと同じ頃、先に泰山郡に帰っていた王匡が河内太守に任命されている(61)。これが韓馥らの場合と同じく周毖、伍瓊らの推挙に基づくものか今のところ確証はないが、当時の人事政策は基本的に彼らが主導していたのであるから、上引史料と同じ路線で考えるべきであろう。このほか、やはり任官時期を特定し得ないが、当時すでに張超が広陵太守に、袁遺が山陽太守に任官していた。すなわち、反董卓同盟の形成に至る基本的な情勢は、主にこの時の周毖、伍瓊らの推挙に基づく人事政策によって生み出されたのであるといえる。

このように、董卓は政権掌握後、多くの士人を登用して人事を一新する等の政策を行ったほか、宦官の誅滅による缺を補うべくそれまで定員の無かった侍中・黄門侍郎を定員六名とし、加えて両官に政策決定過程に参与し得る「省尚書事」権を付与する等の制度改革を行っている。[62]

こうして、董卓は一通り自身の政権基盤を固めると、一〇月乙巳（三日）には先に殺した何太后を埋葬する。その際、霊帝を埋葬した文陵を暴いて墓中の副葬品を強奪するとともに、公主や宮女たちを略奪して暴行を加えたとされる。[63]そして、一一月癸酉（一日）には位を相国へと進め、三公の上に立った。

一方、袁紹の冀州への出奔以来、董卓は懸賞金を出して袁紹の捜索に当たっていたが、『魏志』巻六、袁紹伝に

侍中周毖・城門校尉伍瓊・議郎何顒等、皆な名士なり。卓 之を信ずるも、而して陰かに紹の爲にし、乃ち卓に説きて曰はく「夫れ廢立の大事、常人の及ぶ所に非ず。紹 大體を達せず、恐懼し故に出奔す、他志有るに非ざるなり。今ま之を購ふこと急なれば、勢 必ず變を爲さむ。袁氏 恩を樹つること四世、門世故吏 天下に徧し、若し豪傑を収めて以て徒衆を聚め、英雄 之に因りて起てば、則はち山東 公の有に非ざるなり。之を赦すに如かず、一郡の守を拜せば、則ち紹 罪の免るるを喜び、必ず患ひ無からむ」と。卓 以て然りと爲し、乃ち紹を拜して勃海太守と爲し、邟郷侯に封ず。

とある通り、やはり信任する周毖・伍瓊・何顒らの進言に従い懐柔策へと転換し、袁紹に勃海太守を拝し、邟郷侯に封じることとした。[64]袁紹の勃海太守任命の時期について、『後漢紀』は初平元年正月、『資治通鑑』は中平六年一二月とするが、『英雄記』によるとそれは韓馥の冀州牧任命後でかつ初平元年の反董卓同盟結成より前の事であることが

わかるから、『通鑑』の如く中平六年末のこととみるべきである。[65]

ここで陳寿は「陰かに紹の爲にし」との文言を挿入して、周毖らの説得を袁紹に利するためのものであると説明し、彼らの反董卓の姿勢を殊更に強調する。[66] だが、周毖らの発言では袁紹の懐柔による諸軍勢間の連携の阻止に主眼が置かれており、むしろ董卓側の利益を考慮した献策とも理解できる。[67] 周毖らは、先に推挙した山東諸州郡の現任官が袁紹を中心に連携して反乱勢力となる危険性を危惧し、董卓に注意を喚起しているのである。彼らが袁紹個人に利するために郡太守任命を勧めたことは理解できるとしても、彼らは後に先の韓馥らに対する任命責任を問われて処刑されており、反董卓同盟成立までを想定して推薦を行ったとは考えにくい。

また、先頃より陳留郡にて衛茲とともに挙兵の準備を進めていた曹操は、五千の兵を率いて同郡己吾県において董卓討伐の兵を挙げる。[68] これは中平六年（一八九）冬一二月の出来事であり、史料で確認できる限りでは、この曹操の挙兵が当時における最も早い反董卓勢力の出現である。

当時、政治的基盤を持たない曹操が挙兵することができたのは、衛茲の協力もさることながら、曹操の出奔後に洛陽から赴任してきた陳留太守張邈の庇護があったことが大きい。張邈は曹操の友人であり、袁紹とも親しい。[69]『魏志』ではこの時張邈も曹操とともに挙兵したとするが、曹操が挙兵した己吾県と張邈の居所である陳留郡府との間には距離があり、張邈は郡下における曹操の挙兵を容認したというのが実情に近いだろう。また、曹操が挙兵の地として己吾県を選んだのは郷里譙県との連携を図る意図があったものと考えられる。

実際、この時の曹操の挙兵には曹操の一族である夏侯惇や曹洪が付き従っているほか、[70] 郷里の泰山郡に戻っていた鮑信が自身の集めた二万の軍勢を引き連れて弟の鮑韜とともに参加し、[71] また会稽の周喁が曹操の求めに応じ二千の兵を率いて加わり、曹操の軍師となった。[72]

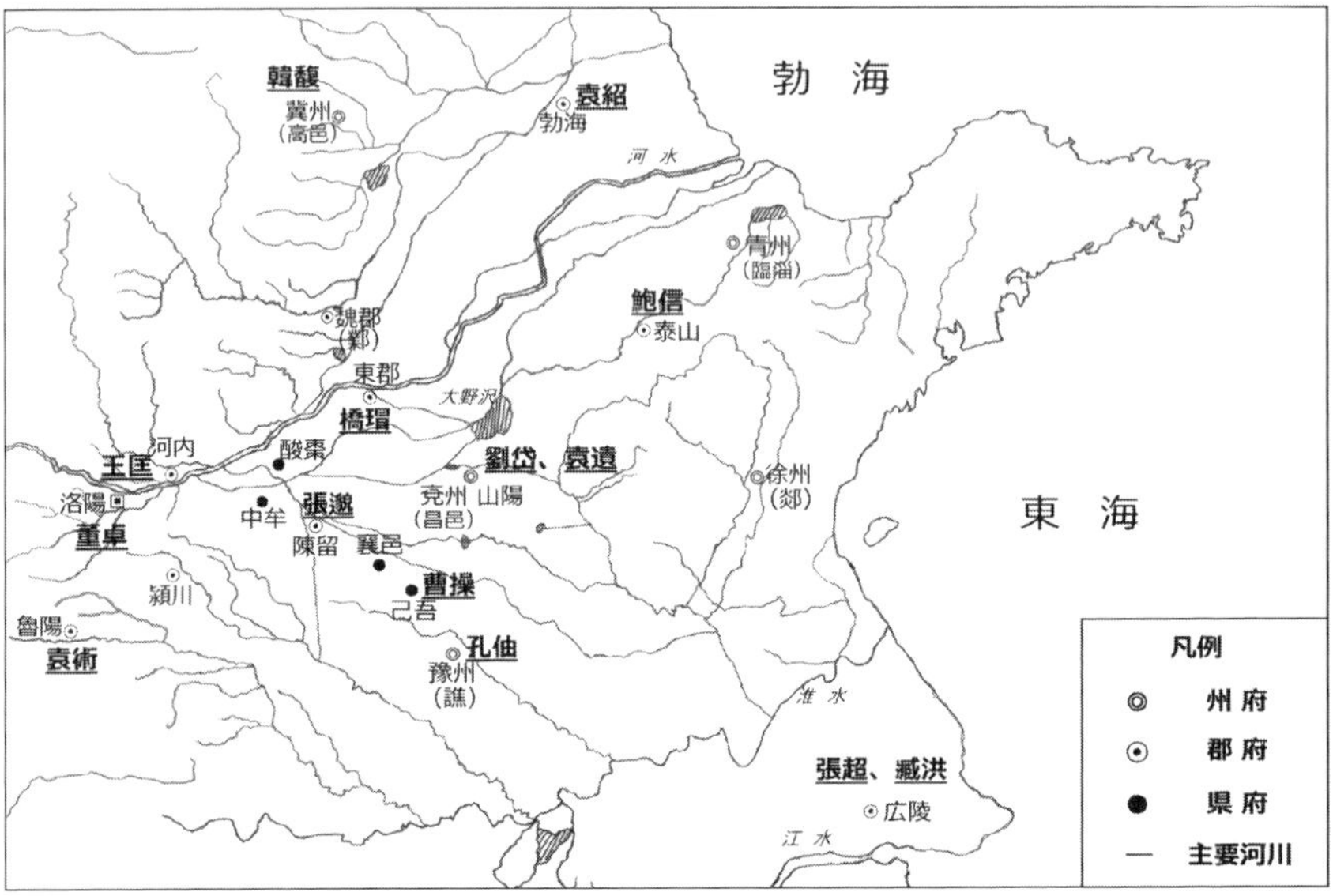

地図一　中平六年末における洛陽東方の情勢

曹操が挙兵した頃、先に河内太守に任命された王匡もまた董卓討伐の兵を挙げていた。『魏志』巻六、董卓伝に

> 河内太守王匡、泰山兵を遣はし河陽津に屯せしめ、将に以て卓を圖らむとす。卓 疑兵を遣はし將に平陰に於いて渡らむとせる者の若くし、潜かに鋭衆を遣はし小平より北に渡り、繞りて其の後を撃ち、大ひに之を津北に破り、死せる者 略ぼ盡く。卓 山東豪傑の並びに起つるを以て、恐懼し寧からず。

とあり、王匡が河陽津に駐屯し董卓軍と戦って大敗したことが記されている。[73] 後半部分に「山東豪傑の並びに起つ」とあるのは反董卓勢力を指し、当該記事のすぐ後には「初平元年二月」との紀年が記されることから、当該戦役は初平元年（一九〇）正月かそれ以前に発生したと理解でき、とすれば王匡の挙兵は中平六年（一八九）末にまでさかのぼる。董卓との一戦に敗れた王匡は再び泰山へ戻り、改めて数千の兵を集めて陳留太守張邈との協力を模索した。[74]

ところで、従来、曹操の挙兵が中平六年十二月であり、反董卓同盟の成立とされる翌初平元年正月までは一カ月に満たないことから、反董卓への挙兵は急速になされたものであると解釈されてきた。[75]ところが、当時の暦を確認してみると、中平六年には一二月の後に閏月が入り、壬申朔の閏一二月が存在することになっている。[76]『三国志』や『後漢書』からは当時の閏一二月に関する記載は見いだせないが、中平六年に閏一二月が存在したとして、曹操の挙兵が一二月であるとすると、曹操の挙兵から初平元年正月までは約二ヵ月の期間が開いていることになり、曹操の挙兵から反董卓同盟成立までの間には多少の時間的隔たりが認められることとなる。

以上において、霊帝崩御から中平六年末までの政治状況を概観しつつ反董卓同盟に参加した各人物の動向を確認した。それによれば、中平六年末の段階において、曹操・鮑信と王匡の二勢力がそれぞれ陳留郡と河内郡で既に反董卓の兵を挙げていた。一方、後将軍袁術のほか、東郡太守橋瑁、勃海太守袁紹、冀州牧韓馥、兗州刺史劉岱、豫州刺史孔伷、陳留太守張邈、広陵太守張超、山陽太守袁遺らはこの段階では未だ挙兵していなかった。ただ、彼らはそれぞれ各州郡官に在職しており、翌年に成立する反董卓同盟の基本的な情勢はすでに整っていた。そして、それらの情勢のほとんどは董卓の人事政策によって生み出されたものであった。一方で、曹操・鮑信と王匡らの挙兵がその後の反董卓同盟への機運を高めたことは間違いない。

三　酸棗の盟

中平六年（一八九）末の段階では、反董卓の兵は陳留郡と河内郡の二郡で起こったに過ぎなかったが、翌初平元年（一九〇）になると諸州郡の挙兵への動きが突如として加速する。第一章で確認した如く、先行研究では諸史料の記載に基づいて初平元年正月に諸勢力が同時に挙兵したとする見方が行われてきた。ところが、改めて関連史料を整理してみると、実際の事情は従来の見解とはいささか異なっているようである。以下、反董卓同盟成立に至る過程を考察する。

洛陽の朝廷では、中平六年が終わると改元され、初平元年となった。[77] その正月辛亥（一〇日）、大赦が行われ、癸丑（一二日）には董卓は郎中令李儒を派遣し弘農王を毒殺させる。[78] この弘農王殺害を受けて、当時徐州広陵郡の功曹であった臧洪が反董卓の挙兵を促すべく行動を起こす。『魏志』巻七、臧洪伝にそのことが記される。

董卓 帝を殺し、圖りて社稷を危ふくせむとし、洪 超に説きて曰はく「明府 世を歴《かさ》ねて恩を受け、兄弟 並びに大郡に據る。今王室 將に危ふからむとし、賊臣 未だ梟さず。此れ誠に天下義烈の恩に報ひ命を效すの秋なり。今郡境 尚ほ全く、吏民 殷《さか》んに富めり。若し枹鼓を動かさば、二萬人を得可し。此れを以て國賊を誅除し、天下の爲に先を倡へれば、義の大なる者なり」と。超 其の言を然りとし、洪と西のかた陳留に至り、兄の邈に見へて事を計らむとす。邈 亦た素より心有り、酸棗に會し、邈 超に謂ひて曰はく「聞くならく弟 郡守と爲るや、政教威恩、己れより出でず、動もすれば臧洪に任ず、洪なる者は何人ぞ」と。超 曰はく「洪の才略智數 超に優り、超 甚だ之を愛す、海内の奇士なり」と。邈 即ち引きて洪に見へ、與に語りて大ひに之を異とす。之を劉兗州公山・孔豫州公緒に致し、皆な洪と親善たり。乃ち壇場を設け、方に共に盟誓せむとするも、諸州郡 更《こもご》も相ひ讓り、敢へて當る莫く、咸な共に洪を推す。洪 乃ち壇に升り槃《たらひ》を操り血を歃《すす》りて盟ひて曰はく「漢室不幸、皇綱 統を失ひ、賊臣董卓 釁《すき》に乘じて害を縱にし、禍 至尊に加へられ、虐 百姓に流れ、大ひに社稷を淪《しず》め喪《ほろぼ》し、四海を翦《けず》り覆《くつが》へさむことを懼る。兗州刺史岱・豫州刺史伷・陳留太守邈・東郡太守瑁・廣陵太守超等、義兵を糾合し、並びに國難に赴く。凡そ我が同盟、心を齊しくして力を勠《あは》せ、以て臣節を致し、首を殞《おと》し元を喪ふとも、必ず二志無からむ。此の盟に渝《たが》ふもの有らば、其の命を墜《おと》さしめ、遺育を克くすること無からしめむ。皇天后土、祖宗明靈、實《まこと》に皆な之を鑒《みきわ》めよ」と。洪 辭氣 慷慨し、涕泣 横《あふ》れ下り、其の言を聞く者、卒伍廝養と雖も、激揚せざる莫く、人節を致さむことを思ふ。

『後漢書』臧洪伝にもほぼ同様の記述を載せるが、この記述に沿えば、臧洪は弘農王が殺害されたことをきっかけに、府主である広陵太守張超に董卓討伐の兵を起こすことを勧める。それに賛同した張超は袁綏に広陵郡の後事を託し[79]、臧洪とともに陳留郡へ赴いて兄の陳留太守張邈に反董卓の計画を諮ることとした。張邈は酸棗で二人に引見すると、臧洪をさらに兗州刺史劉岱と豫州刺史孔伷のもとへ協力要請のために派遣する。こうして反董卓共闘への連携が実現し、臧洪を中心として打倒董卓の同盟が酸棗において結ばれた[80]。この時の同盟の主な内容は、「賊臣董卓」の害が広がり皇帝・民衆ともに影響が及んでいるため「義兵」を挙げて董卓を討伐する、というものであった。

ここで注意すべきことが二つある。一つは、この酸棗での同盟結成が弘農王殺害の正月癸丑（一二日）以後であるという点である。第一章でみたように、先行研究の中には反董卓同盟の結成の後に弘農王を殺害したとするものがあるが、それは主に『後漢書』何皇后紀の「明年、山東義兵 大いに起こり、董卓の亂を討たむとす。卓 乃ち弘農王を閣上に置き、郎中令李儒をして酖を進ぜしむ」と董卓伝の「東方に兵の起こるを聞くに及び、懼れ、乃ち鴆して弘農王を殺し、都を長安に徙さむと欲す」という記述を根拠としている[81]。

だが、上引史料によれば臧洪が董卓討伐へと動いたのは弘農王殺害の一件を受けてのことである。また、後に袁術が帝号を僭称した際、折衝校尉孫策が袁術を責める書状を腹心の張紘に書かせているが、その中に

曩日の義兵を舉ぐるや、天下の士の響應せし所以は、董卓 廢置を擅《ほしいまま》にし、太后・弘農王を害し、宮人を略烝し、園陵を發掘すればなり。暴逆 此に至り、故に諸州郡の雄豪 聲を聞き義を慕ふ。

と述べている箇所がある[82]。ここでは、天下の士が義兵に呼応した理由を述べているが、文中に見える「宮人」と「園

陵」の二事はいずれも先に見た中平六年一〇月に何皇后を埋葬する際に行ったものを指しており、弘農王殺害以前のことである。[83]つまり、孫策は天下の士が義兵に呼応したのは弘農王殺害がその理由であると考えているのである。

となると、さきの何皇后紀と董卓伝の記述をいかに理解すべきかが問題となるが、これについては『太平御覧』巻九二、皇王部一七、廃帝弘農王に引く『英雄記』に

皇帝史侯を廢して弘農王と爲し、陳留王を立てて皇帝と爲す。卓 東方州郡の謀りて兵を舉げむと欲するを聞き、其の弘農王を以て主と爲すを恐る。…遂に兵を遣はし、守太醫に迫りて藥を致さしめ、即日、弘農王及び妃唐氏皆な薨ず。

とあることが参考になる。これによれば、董卓が「聞」いたのは「東方」の兵が挙兵したという事実ではなく、兵を起こそうと準備をしているという事前情報であり、弘農王を殺したのは将来、東方の兵が挙兵した際に弘農王を利用されるのを未然に防ぐためであった。文中、唐姫が死んだとするが如き誤りも見えるが、[84]とにかくこの記述によって弘農王殺害の理由を知ることができる。

残るもう一つの問題は、臧洪を中心とした上記同盟がいわゆる「反董卓同盟」ではない点である。不思議なことに、ほとんどの概説や研究では上記同盟の経緯や性質について言及されていない。唯一取り上げているのは張亜新氏で、氏は上記同盟を反董卓同盟成立時の様子を伝えたものとして理解している。[85]しかしその根拠となる『後漢紀』献帝紀の初平元年三月条の記述には問題がある。これは第一章で既に引用しておいたが、同条では上引臧洪伝の記事に『魏志』武帝紀、初平元年二月条に見える反董卓軍の布陣の記事[86]を組み合わせることで、反董卓同盟の結成が臧洪を中心として結ばれたかのように描写する。だが、実際には両者は時間・内容の全く異なる二種の記事なのである。

そもそも上引文中に同盟参加者として名前が見えるのは兗州刺史劉岱・豫州刺史孔伷・陳留太守張邈・東郡太守橋

瑁・廣陵太守張超だけで、その他の反董卓同盟の参加者の名は見えない。加えて、この同盟は臧洪が中心となって結成されており、袁紹が盟主とされる反董卓同盟とは明らかに状況が異なる。

以上のことから、本稿では臧洪が中心となったこの同盟を反董卓同盟と区別するため、同盟が結ばれた場所の名を採り「酸棗の盟」と呼ぶこととする（以下「　」を付さない）。当時、既に挙兵していた曹操・鮑信は陳留太守張邈の下にありこの酸棗の盟に参加していたと思われるが、官位を有さずあくまで民間の義兵を率いたに過ぎない彼らは中心的存在とは成り得なかった。

この酸棗の盟は、兗州の勢力を中心に豫州の勢力がそれに協力する形で成立したいわば兗州・豫州の連合軍である。ただ、連合軍とはいうものの、その実態は両州の刺史が参加するほかは兗州領内の二郡（陳留郡、東郡）、徐州領内の一郡（広陵郡）と豫州領内の一国（陳国）が入るだけで[87]、兗州のその他諸郡国（済北国、済陰郡、東平国、任城国、泰山郡）と豫州領内諸郡国（潁川郡、汝南郡、梁国、沛国）の動向は現存史料では確認できない。特に、さきに徐州黄巾を討伐して功を挙げた徐州刺史陶謙は、初平元年段階では反董卓の行動を起こした形跡はなく、他勢力に先駆けて挙兵した広陵太守張超との間には董卓への対応において明らかに温度差がある。

兗州で反董卓への機運が高まっていた頃、洛陽では東方への討伐が模索されていた。そのことは、『魏志』巻一六鄭渾伝注引張璠『漢紀』に次のようにある。

關東義兵起こり、卓會して大いに兵を發するを議するや、羣寮咸な卓を憚り、敢へて旨に忤ふ莫し。泰其の彊く、益よ將に制し難くならむとせるを恐れ、乃ち曰はく「夫れ治徳に在り、兵に在らざるなり」と。卓悦ばずして曰はく「此くの如くならば、兵益無しや」と。衆人容を變ぜざる莫く、泰の爲に震慄す。泰乃ち辭を詭《いつは》りて對へて曰はく「益無きを以てするに非ず、山東の兵を加ふるに足らざるを以てなり。今ま山東議して兵を起こさむと欲するに、州郡 相ひ連なり、人衆 相ひ動くは、不能に非ざるなり。……袁本初 公卿の子弟、生れて京師に處り、體の長きこと婦人のごとし。張孟卓 東平の長者、坐して堂を窺はず。孔公緒 清談高論を能くし、枯を噓《ふ》き生を吹《ふ》くも、軍帥の才無く、霜露の勤を負ふ。鋒に臨みて刃を履み、敵と雌雄を決せば、皆な明公の敵に非ず、三なり。

ここには董卓が関東への征討を模索するのに対し、鄭泰がそれに反対した様子が描かれる。鄭泰は山東勢力は董卓に敵対し得るほどの勢力ではないとしてその理由を十カ条に亘って列挙する。

この『漢紀』の記事には具体的な時間が記されていないため、ここからはいつの事であるのか明らかにし得ない。ただ、『後漢書』列伝六〇、鄭泰伝ではこの記事の後に「卓既遷都長安」との文言を置くから、初平元年二月丁亥（一七日）の長安遷都以前の、洛陽での出来事だとわかる。そして、引文冒頭に「關東義兵 起こり」とあり、袁紹ら具体的な人物の名前が挙がっていることから、従来、この董卓と鄭泰とのやり取りは反董卓同盟成立後のこととして理解されてきた[88]。

しかし、鄭泰の発言をよく見てみると、「今ま山東 議して兵を起こさむと欲し（今山東議欲起兵）」と述べており、当時実際には未だ山東は兵を挙げていなかったことがわかる[89]。関東と山東が同一地域を指す語であることは既に第一章において確認したところである。鄭泰が董卓に述べたのは、現在山東で挙兵への機運が高まっていることに対する自身の見解であった。そして、文中に袁紹らの名前が挙がっているのは当時洛陽において叛乱を起こしそうな人物として認識されていたということを物語るものである。

冒頭に「關東義兵 起こり」とあることで、当時すでに挙兵していたものと理解しがちだが、これは張璠の叙述部分に係り、おそらくは関東義兵の挙兵のことに関して、といった見出し程度の意味合いを持つ語と考えればよい。したがって、このやりとりは酸棗の盟よりも前の出来事と考えられ、上に引用した『太平御覧』所引の『英雄記』の言う「東方州郡の謀りて兵を擧げむと欲するを聞き」というのが当時の実情に近いであろう。

四　反董卓同盟の成立

既に指摘した如く、反董卓同盟参加者として名前が挙げられる勃海太守袁紹・後将軍袁術・冀州牧韓馥・河内太守王匡・山陽太守袁遺らは酸棗の盟には参加していない。ではこれらの人物はどのような経緯を経て同盟に参加したのか、次にこの点について見てみよう。

酸棗の盟の結成と前後して、同盟参加者の一人である東郡太守橋瑁は反董卓の潮流をさらに拡大させるため、各州郡に三公の名義を騙った檄文を送っている。そのことは『魏志』巻一、武帝紀注引『英雄記』に見えている。それには、

馥 字は文節、潁川の人なり。御史中丞と爲る。董卓擧げて冀州牧と爲す。時に冀州民人 殷盛、兵糧 優足せり。袁紹の勃海に在るや、馥 其の兵を興すを恐れ、數部從事を遣はし之を守せしめ、動搖するを得ざらしむ。東郡太守橋瑁 詐りて京師三公の移書を作して州郡に與へ、卓の罪惡を陳べ、云へらく「逼迫せられ、以て自ら救ふ無く、義兵の國の患難を解かむことを企望す」と。馥 移を得、諸從事に請ひて問ひて曰はく「今ま當に袁氏を助くべきや、董卓を助くべきや」と。治中從事劉子惠 曰はく「今ま兵を興すは國の爲め、何ぞ袁・董を謂はん」と。馥 自ら言の短なるを知りて慚色有り。子惠 復た言ふ「兵は凶事なり、首と爲るべからず。今ま宜しく往きて他州を視、發動せる者有らば、然る後之に和すべし。冀州 他州よりも弱しと爲さざるなり、他人の功 未だ冀

州の右に在る者有らざるなり」と。馥 之を然りとす。馥 乃はち書を作りて紹に與へ、卓の惡を道べ、其の兵を擧ぐるを聽す。

とあり、酸棗の盟が成立するより前、逃亡先の冀州で勃海太守に任ぜられた袁紹は、すでに反董卓の挙兵を模索していた。これはあるいは中平六年（一八九）末の曹操や王匡の挙兵の頃にまで遡るかもしれない。しかし、冀州牧韓馥は挙兵にはあくまで慎重な態度を示し、数名の州従事を派遣して袁紹の動きを監視させていたため、袁紹は挙兵できずにいた。そうした中、韓馥の許へ件の檄文が届き、韓馥は属官たちと協議した結果、治中従事劉子恵の建言に従い他州の挙兵を待ってそれに和同する方針を採り、その後ようやく袁紹の挙兵を許可する。

ここに言う他州の挙兵とは、当時の情勢からいえば兗州・豫州が主体となった酸棗の盟を指すことは明らかである。すなわち、韓馥が橋瑁の檄文に接した時点では酸棗の盟も未だ行われていなかったが、その成立を待って後に続く形で袁紹の挙兵を許可したのである。要するに、袁紹・韓馥の挙兵は酸棗の盟とは別個に行われたものであり、袁紹のいた勃海郡から諸将の集う酸棗県までは相当な距離があり、袁紹自身は酸棗の盟に参加していなかったと思われる。

袁紹が挙兵した頃、河内太守王匡は小平津にて董卓の軍勢と戦って敗れたあと、張邈のもとに向かい、そこで兵を立て直していた。この時王匡が張邈を頼ったのは、すでに酸棗の盟が結ばれ、陳留太守張邈の治める陳留郡なかんずく酸棗県が反董卓の本陣となっていたことに加え、両者ともに「任侠」の士であった点も見逃せない(90)。

一方、当時南陽郡に出奔していた後将軍袁術の動静の詳細は不明だが、初平元年と思われる劉表の荊州刺史就任時の状況と後に長沙太守孫堅が魯陽県にて袁術と合流するという記述があることから、袁術は洛陽出奔以降、終始魯陽県に駐屯していたものと思われる(91)。あるいはやはり橋瑁の檄文を受けて挙兵に踏み切ったものと思われるが、酸棗県には赴いておらず、南陽郡に留まったままである。また、山陽太守袁遺ものちに反董卓同盟に加わっているが、これは檄文のほかに、兗州刺史劉岱が同盟の中心者であることと共に、親族である袁紹の参加の影響が大きいと思われる。

こうして酸棗の盟を中心に諸州郡が挙兵すると、ようやく袁紹を盟主とする反董卓同盟が成立する。同盟の成立時期については、第一章で確認した通り『魏志』、『後漢紀』、『資治通鑑』は初平元年正月であるとし、従来の先行研究においてもこの見解は例外なく踏襲されており、学界の共通理解として通行している。仮にそうだとすると、酸棗の盟から反董卓同盟に至る流れは、初平元年正月癸丑（一二日）から洛陽で周毖・伍瓊が任命責任を問われて処刑される二月庚辰（一〇日）までの約一カ月の間の出来事ということになる。

表三　従来の反董卓同盟成立に関する主な見解

中平六年一二月	曹操が挙兵
初平元年正月辛亥（一〇日）	大赦
	反董卓同盟成立
癸丑（一二日）	弘農王殺害
	董卓が関東への討伐を模索
二月庚辰（一〇日）	州郡官推薦の責任を問われ周毖・伍瓊が処刑される
丁亥（一七日）	長安遷都開始
三月乙巳（　五日）	献帝が長安に到着
己酉（　九日）	洛陽宮焼亡
戊午（一八日）	太傅袁隗、太僕袁基及び袁氏一族が誅滅される

ところが、『後漢書』列伝六四上、袁紹伝注引『献帝春秋』に次のような記述がある。

紹　冀州十郡の守相を合して、衆　數十萬、壇に登り血を歃《すす》りて、盟ひて曰く「賊臣董卓、漢室の微なるを承け、兵甲の衆を負《たの》み、帝城を陵越し、王朝を跨蹈《ことう》し、太后を幽鴆し、弘農を戮殺し、幼主を提挈《ていけつ》し、越《ここ》に秦地に遷る。朝臣を殘害し、忠良を斬刈《ざんがい》し、宮室を焚燒し、宮人を烝亂し、陵墓を發掘し、虐 鬼神に及び、過惡 皇天に烝《たちこ》め、濁穢 后土を薫ず。神祇 怨み悁《うめ》きて、憑恃《ひょうじ》する所無く、兆人 血を泣《なみだ》して、控告する所無く、仁賢の士、心を痛めて首を疾み、義士 奮ひ發して、雲 興り霧 合《あつ》まり、咸な辭を奉じて罪を伐ち、躬ら天誅を行はむと欲す。凡《よそ》そ我が同盟の後、力を畢して命を致し、以て凶醜を伐ち、同に王室を奬け、天子を翼戴せむ。此の盟に渝《たが》ふ者有らば、神明 是れ殛くし、其の師を墜さしめ、克く國に祚《さいは》ひすること無からしめむ」と。

これによると、袁紹は冀州十郡（魏郡、巨鹿郡、常山国、中山国、博陵郡、河間国、安平国、勃海郡、清河国、趙国）の太守・国相らとともに董卓討伐を大義とした同盟を行ったことがわかる。これは、反董卓同盟に関わる重要な記事であり、ここに見える同盟がいかなる性質のものかを明らかにする必要があろう。

まず、この同盟結成の時期については文中前半に袁紹が董卓の悪行を列挙している中に、「宮室を焚燒し」とあるのが手掛かりとなる。これは董卓が初平元年二月丁亥（一七日）に長安遷都を敢行した後、三月己酉（九日）に洛陽宮に火を放ち民家を破壊したことを指す。そして、文中に列挙される中では当該事件が時間的に最も遅いものと思われ、このことから、袁紹による同盟が結ばれたのは少なくとも初平元年三月己酉（九日）以降のことであると理解できる。

ただ、文中にはまた「冀州十郡の守相を合して」ともあり、袁紹が後に韓馥より冀州牧の地位を奪った初平二年（一九一）七月の際の事かとも考えられる。もしそうだとすると、当該同盟は反董卓同盟成立とは直接には関係のないものとなる。しかし、建安元年（一九六）に曹操が献帝を許に迎えた際、袁紹は上書して自身の正義を訴えているが、その中で

會ま董卓 虚に乗じ、不軌を圖る所あり。臣の父兄親從、並びに大位に當るも、一室の禍を憚からずして、苟しくも寧國の義を惟《おも》ひ、故に遂に節を解きて出奔し、謀を河外に創《はじ》む。時に卓 方に貪りて外援を結び、英豪を招悦せむとし、故に臣を勃海に即け、申《かさ》ぬるに軍號を以てし、則ち臣の卓に與《お》けるや、未だ纖芥の嫌有らず。若《も》使し苟しくも泥に滑りて波を揚げ、榮を偷みて利を求めむと欲せば、則ち進みては以て祿位を享竊し、退きては門戸の患 無かるべし。然れども臣愚の守る所、志 傾奪無く、故に遂に引きて英雄を會し、師百萬を興し、馬を孟津に飲《みずか》ひ、血を漳河に歃《すす》る。會ま故冀州牧韓馥 懐に逆謀を挾みて、權埶《けんせい》を專《もっぱ》らにせむと欲し、臣の軍糧を絶ちて、踵《つ》ぎ係《つ》ぐを得ず、猾虜をして毒を肆《ほしいまま》にせしめて、害 一門に及び、尊卑大小、日を同じくして并びに戮せらるるに至る。

と述べている箇所がある。これは『後漢書』袁紹伝の記事だが、先の『献帝春秋』は引文中の「血を漳河に歃る」の文言の後に注されたものであり、少なくとも注を施した章懐太子李賢は袁紹が行った同盟は袁紹の発言のこの部分に対応すると考えていたことになる。そして、その直前には「引きて英雄を會し」とあって反董卓への挙兵の事をうかがわせ、また「馬を孟津に飲ひ」とあるのは後に袁紹が河内太守王匡とともに河内郡に駐屯したことを指す。つまり、『献帝春秋』に描かれた同盟の模様は、反董卓同盟が結成された時期のことを述べていると考えられる。加えて、同盟が行われた場所についても「漳河」すなわち冀州魏郡鄴県ということがわかる。本稿ではこの袁紹を中心に結成された同盟を「漳河の盟」と呼ぶこととする。

では、この漳河の盟が行われた具体的な時間はいつか。それを知る上で重要な手がかりとなるのは『後漢書』列伝六四上、袁紹伝にある

卓 紹の關東を得しを聞き、乃ち悉く紹の宗族太傅隗等を誅す。

という記述である。これによれば、董卓は袁紹が「關東を得」たことを聞いて、袁紹と袁術の叔父である太傅袁隗をはじめとする袁氏一族を誅殺したことがわかる。『後漢書』献帝紀によると該事件は初平元年三月戊午（一八日）のことであり、弘農王殺害及び酸棗の盟結成から約二カ月後のことである。また袁紹が關東を得たというのは挙兵後、反董卓同盟軍の盟主となったことを指すものと考えられる。そうすると、袁紹が盟主となったのは当該事件が発生する直前と理解でき、逆に言えばそれ以前には未だ盟主にはなっていなかったということになる。

残る問題は、漳河の盟と反董卓同盟との関係の如何であろう。これについては、まず同盟が行われた場所が鄴県であり、同盟に参加したのは冀州十郡の守相とあるから、冀州を単位として行われた同盟であることがわかる。そして、後に袁紹が冀州牧韓馥の地位を奪うために高幹と荀諶を派遣して韓馥を説得させているが、その荀諶の発言の中に、

夫れ袁氏、將軍の舊、且つ盟を同じくするなり。當今將軍の爲に計るに、冀州を擧げて以て袁氏に讓るに若くは莫し。

という部分がある。(92)ここで高幹らは韓馥に対して袁氏が「將軍の舊」すなわち韓馥が袁氏の故吏であること、そして現在袁紹とは「盟を同じく」する、即ち同盟を結んでいることを理由に冀州を袁紹に譲るべきであると論じている。

注目したいのは韓馥と袁紹との間に同盟関係が存在することを理由に挙げている点である。或いはこの「同盟」が反董卓同盟全体の事を指す可能性も考えられよう。しかし、そのように理解すると、袁紹以外にも同盟関係者が多数いることとなり、ここで敢えて同盟関係であることを理由に挙げる意味が分からなくなる。したがって、荀諶の言う同盟というのは、袁紹と韓馥を密接に結ぶ何らかの関係を指すはずである。

そこで想起したいのが漳河の盟である。既に述べたように当該同盟は鄴郡において冀州十郡を中心として行われた。この時、おそらく勃海太守袁紹は冀州牧韓馥とともに同盟を行ったものと思われる。しかも、勃海太守袁紹が冀州牧

韓馥を差し置いて漳河の盟の盟主となったのは、韓馥が袁氏の故吏であるとともに、先に見た『魏志』武帝紀に引く『英雄記』にもある通り、韓馥にすれば自身が矢面に立ちたくないという思いもあったのであろう。すなわち、この同盟は初平元年正月に酸棗の盟が結成した後、およそ二カ月後の三月己酉（九日）以降に、冀州を単位として行われた同盟であり、反董卓同盟結成よりも前の事であると考えられるのである。

　ところで、面白いことに袁紹が行った同盟の宣誓文の締め括りの部分は、先に酸棗の盟にて臧洪が宣言した文章と極めてよく似ている。

酸棗の盟
凡我同盟、齊心勠力、以致臣節、殞首喪元、必無二志。有渝此盟、俾墜其命、無克遺育。

漳河の盟
凡我同盟之後、畢力致命、以伐凶醜、同獎王室、翼戴天子。有渝此盟、神明是殛、俾墜其師、無克祚國。

　両者を比較しやすくするために敢えて訓読せず原文のまま掲げた。後半「有渝此盟」以降の部分は、『春秋左氏伝』僖公二十八年（前六三二）条にある王子虎が王庭において諸侯とともに盟約を交わした際に述べた「此の盟に渝ふもの有らば、神明之を殛くし、其の師を墜し、克く國に祚ひすること無からしめむ（有渝此盟、明神殛之、俾墜其師、無克祚國）」という言葉を典拠としている。両者の類似はそれが同盟結成の際の定型文句であったことを示すが、ともに『左氏伝』の同一箇所を典拠として据えている点は注目してよい。袁紹が、先行する酸棗の盟に対抗して冀州にて同様の同盟を結成した様子がうかがえるのである。

以上における筆者の推論が成り立つとすれば、いわゆる反董卓同盟は袁紹が盟主となって行った漳河の盟の成立後、かつ董卓が袁隗らを殺害した初平元年三月戊午（一八日）までの間に結成されたことになる。反董卓同盟の結成については先にみたように『魏志』武帝紀に、

初平元年春正月、後將軍袁術・冀州牧韓馥・豫州刺史孔伷・兗州刺史劉岱・河内太守王匡・勃海太守袁紹・陳留太守張邈・東郡太守橋瑁・山陽太守袁遺・濟北相鮑信 時を同じくして倶に兵を起こし、衆 各の數萬、紹を推して盟主と爲す。太祖 奮武將軍を行す。

と述べられており、同盟成立に関する基本的な情報を提示してくれる。ここには列挙された人物に曹操を加えた一一名の名が見えるが、実際にはこれに広陵太守張超を加えた一二名を反董卓同盟の参加者とするのが一般的な理解である。[93] この同盟は、董卓討伐を共通のスローガンとして結成された。[94] すなわちこれが反董卓同盟の大義である。同盟に際し、盟主である袁紹は車騎将軍・領司隷校尉を自称し、曹操に行奮武将軍、鮑信に行破虜将軍、弟の韜に裨将軍を名乗らせた。[95] 胡三省の言う如くこれらはいずれも袁紹が仮に任命したもので朝廷の承認を経ておらず自称に過ぎない。[96]

この反董卓同盟において袁紹が盟主となったのは、従来言われているように、袁氏が「四世三公」の名門であるとともに、袁紹自身が高い名声と広い交友関係を有したことも勿論重要な要素である。[97] だが、本来一郡の太守に過ぎない袁紹が突如として反董卓同盟の盟主となり得たのは、すでに漳河の盟において自らが冀州を代表する盟主となっていたことが関係していると思われる。すなわち、反董卓同盟は酸棗の盟と漳河の盟が連合する形で成立したと考えられ、一方の盟主である袁紹が友人張邈との関係から全体の盟主をも兼ねることとなったのであろう。

また、反董卓同盟は陳留郡酸棗県において結成されたと考えられる。というのは、上に見たように同盟結成に際し

て、袁紹が曹操や鮑信らに官位を授けているからである。加えて、袁紹は勃海郡で挙兵したあと河内郡へと進軍しているが、[98]その途上で酸棗県に立ち寄った可能性がある。そう考える理由は、のちに袁紹が韓馥から冀州牧の地位を奪うため河内郡から鄴県に赴く際に延津→朝歌→黎陽という路線を採っていることにある。[99]このうち延津は兗州陳留郡の領内にあり、酸棗県とはごく近い場所にある。そして袁紹は勃海で挙兵した後、鄴県に至っていた。よって、袁紹が勃海郡から河内郡へ向かう際にも延津を通ったと考える蓋然性は高く、酸棗県に立ち寄りそこで反董卓同盟が成立したものと思われる。[100]

ところで、筆者はさきに反董卓同盟は酸棗の盟と漳河の盟の連合体であると述べたが、同盟にはこれに加えて王匡、袁遺、袁術が加わっている。王匡については既にみたように董卓との戦いに敗れた後、張邈のもとに身を寄せており、その時から協力関係にあったと思われる。残る袁遺と袁術が参加を決めた理由は当然、袁紹の呼びかけによるものと思われる。袁遺は兗州山陽郡の太守でありながら、さきの酸棗の盟には加わっていなかった。それが反董卓同盟に加わったのは、盟主となった袁紹の呼びかけによるものであろう。また、袁術についても同様にやはり袁紹による働きかけがあったものと思われる。

なお、反董卓同盟の参加者は基本的に自ら酸棗県に赴いて諸将とともに盟約を交わしたものと思われるが、袁術については確証は無いものの地理的な関係から酸棗県には赴かず、終始魯陽県に留まっていたものと思われる。

酸棗の盟や漳河の盟とは異なり、反董卓同盟結成の際の様子は史料上には現れない。ただ、その結成において根拠を『春秋』に置いていたらしきことが曹丕『典論』自叙に見えている。

> 初平の元《はじめ》、董卓 主を殺し后を鴆《ちん》し、王室を蕩覆す。是の時四海 既に中平の政に困《くるし》み、兼ねて卓の凶逆を悪み、家家 亂を思ひ、人人 自ら危し。山東牧守、咸な春秋の義、衞人の州吁《しゅうく》を濮に討ちしを以て、人人 皆な賊を討つ

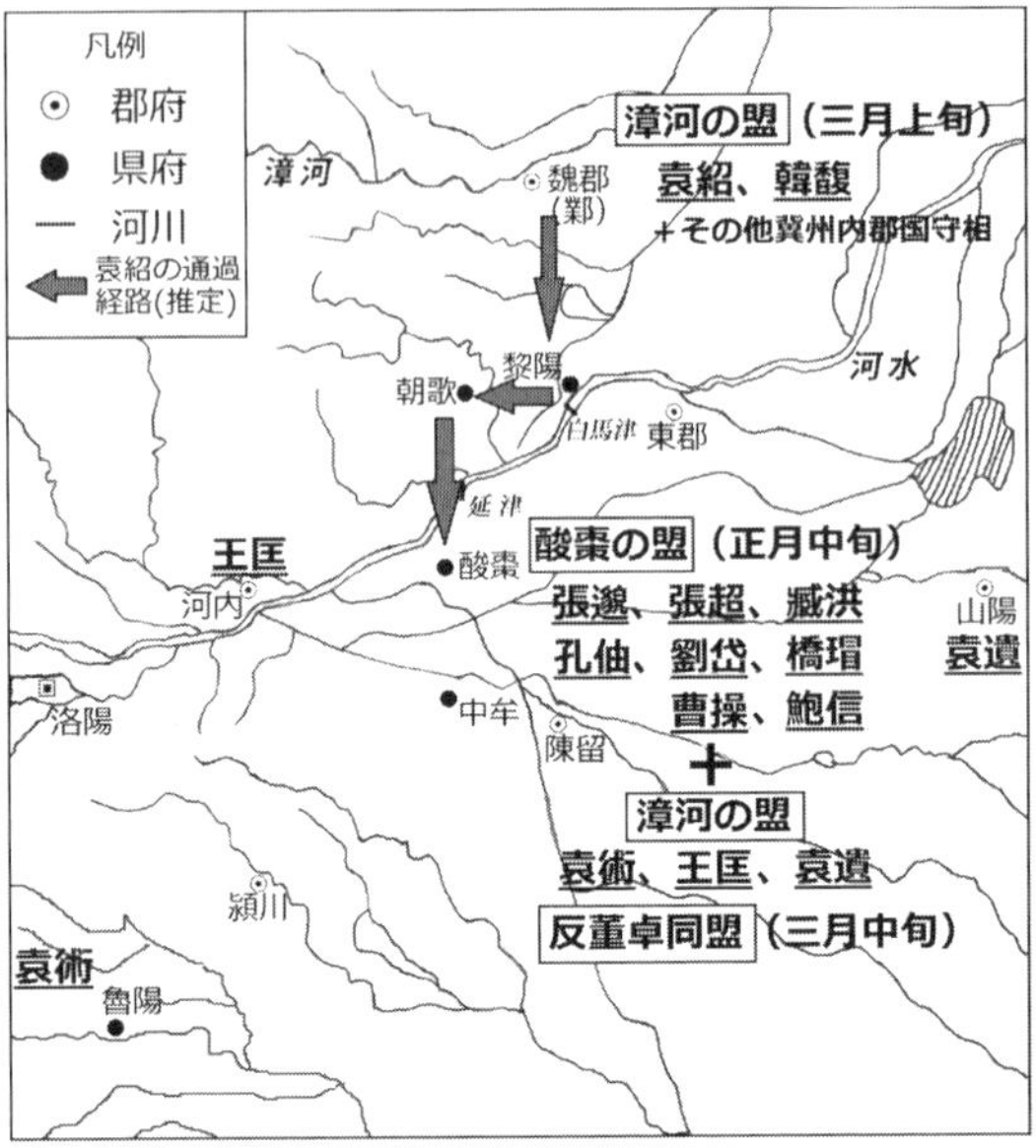

地図二　初平元年における反董卓同盟の成立過程

を得むと言ふ。是に於ひて大ひに義兵を興し、名豪大俠、富室強族、飄揚して雲會し、萬里相ひ赴く。兗・豫の師 滎陽に戰ひ、河内の甲 孟津に軍《いくさ》す。卓 遂に大駕を遷し、西のかた長安に都す。

これは『典論』自叙の冒頭部分で、そこで曹丕は董卓の暴政に憤った「山東牧守」が挙兵し、それを受けて董卓が長安に遷都するまでの様子を描いている。注目すべきは、「山東牧守」が挙兵の拠り所として求めたのは「春秋の義」、具体的には魯の隠公四年（前七一九）二月戊申に衛国の石碏が陳の桓公と結び陳国領内の濮において衛公州吁を殺した故事であるという点である。かつて衛の公子であった州吁は、石碏の子石厚と共に州吁の異母兄である衛の桓公を殺して国君の地位を奪っていた。そのため、石碏は州吁とともに自身の子石厚までも殺したのである。

上の文章の順序について、末尾に初平元年二月丁亥（二七日）の長安遷都の事が見え、これに従えば「春秋の義」の一事は酸棗の盟の際の事を言ったものかとも考えられる。だが、その直前にまた「兗・豫の師 滎陽に戰ひ」

とあり、これは曹操が滎陽で董卓の将徐栄と交戦した際の事を言っており、後述するようにそれはすでに反董卓同盟が結成した後の事である。

つまり、曹丕『典論』自叙の上引部分は必ずしも時間軸に沿った叙述ではないということがわかる。加えて、『典論』自叙が書かれたのは建安二二年（二一七）に曹丕が魏国太子となった時より後の事であり、しかも文中に描かれた初平元年当時、曹丕は未だ五歳にも満たない子供であった。こうしたことから、上引曹丕『典論』自叙で描かれた部分は、初平元年当時の状況について事実関係を詳細に述べたものではなく、その大要を簡潔にまとめたものと考えることができる。とすれば、文中に見える「山東牧守」のことはおそらく酸棗の盟や漳河の盟を指すのではなく、その最終的な連合体である反董卓同盟のことを指すものであると考えるのが自然であろう。よって、魯隠公四年（前七一九）の「春秋の義」は反董卓同盟結成時の根拠として掲げられたものであると思われる。

反董卓同盟結成までの流れを表四のように考えることができるとすると、これまで通説とされてきた反董卓同盟が初平元年正月に成立したという見解は修正を要することになる。

また、第一章で言及したように、史乗に見える「山東兵」や「關東兵」等の呼称は、一般的には反董卓同盟と同義の語として理解されてきた。しかし、本稿の分析結果に基づくならば、少なくとも董卓が袁紹を同盟の盟主であると認識した初平元年三月戊午（一八日）以前の記事における上記呼称は、反董卓同盟を指したものではなく、おそらくは酸棗の盟を指すものと理解できる。

さて、酸棗の盟に兗州・豫州・徐州の勢力が参加したのに比して、反董卓同盟ではより広範な地域の参加を得ている。反董卓同盟には、上記三州に加えて、冀州の州牧韓馥と勃海太守袁紹を中心とする漳河の盟が加わり、さらに荊州南陽郡にいた後将軍袁術と河内太守王匡が参加することで、いずれも州内の一部の勢力には過ぎないが、そ

表四　本稿が考える反董卓同盟の成立過程

中平六年一二月	曹操・鮑信が挙兵
閏一二月	王匡が挙兵？
初平元年正月辛亥（一〇日）	大赦
癸丑（一二日）	弘農王殺害
	董卓が関東への討伐を模索 酸棗の盟成立（臧洪、張邈、張超、劉岱、孔伷、橋瑁、曹操・鮑信）
二月庚辰（一〇日）	州郡官推薦の責任を問われ周毖・伍瓊が処刑される
丁亥（一七日）	長安遷都開始
三月乙巳（　五日）	献帝が長安に到着
己酉（　九日）	洛陽宮焼亡
	漳河の盟成立（袁紹、韓馥、冀州諸郡） 反董卓同盟成立（酸棗の盟、漳河の盟、袁術、袁遺、王匡）
戊午（一八日）	太傅袁隗、太僕袁基及び袁氏一族が誅滅される

の範囲は司・兗・豫・徐・冀・荊の六州に跨る大規模な勢力となった。

以上に述べたのは、史書において正式に反董卓同盟軍として認められる勢力であるが、実際に反董卓を掲げ挙兵した勢力はこれだけに止まらない。ここでそれら勢力を確認しておこう。まず、時間的に最も早いと思われるのは、河南郡中牟県の県令楊原と主簿任峻である。楊原は任峻の建議に従い、関東地域の混乱に鑑みて行河南尹事を称して反董卓の兵を挙げる。これは、反董卓同盟と同時期かあるいはそれより早い時期の事と思われる。のち、曹操が酸棗から中牟に至った際、形式上、河南尹全域をもって曹操に従っている。[101]

その後、反董卓同盟の成立とともにそれに続いて兵を挙げたのが青州刺史焦和、西河太守崔鈞、荊州刺史王叡と長沙太守孫堅である。焦和は反董卓同盟の成立の知らせを聞いて自らも同盟に呼応せんとして兵を率いて洛陽を目指した。[102] また、崔鈞は袁紹の挙兵に呼応して兵を起こし、[103] 王叡・孫堅もやはり反董卓同盟の情勢を知って兵を起こした。[104] これらのほか、いずれも未遂に終わったが、張承と蓋勲・皇甫嵩も一時は反董卓の挙兵への姿勢を見せていた。[105]

結局、反董卓の潮流はその周縁勢力をも合わせれば、司・兗・豫・徐・冀・荊・并・青の八州にまで広がっていたこととなる。これは面白いことにかつて張角を首とする黄巾の乱が蜂起した勢力範囲とほぼ重なる。

ここで改めて当時の後漢一三州の状況を確認しておこう。各州の州牧及び刺史の任官者は次の通りである。

表五　初平元年（一九〇）初めにおける諸州牧・刺史

司隷	宣璠、袁紹	冀州	韓馥（州牧）	并州	董卓（刺史）
幽州	劉虞（州牧）	豫州	孔伷（刺史）	兗州	劉岱（刺史）
青州	焦和（刺史）	徐州	陶謙（刺史）	荊州	王叡（刺史）
揚州	陳温（刺史）	益州	劉焉（州牧）	涼州	韋端（刺史）
交州	朱符（刺史）				

※万斯同「三国漢季方鎮年表」に基づく

このうち、司・冀・豫・兗・青・荊の六州の州牧・刺史が挙兵している。また、揚州刺史陳温は後に曹操の募兵に協力していることから、反董卓支持の人物と考えられる。一方、并州を董卓が直接治めたほか、司隷校尉宣璠は後に董卓の指示で動いていることから両州（司隷は河内郡を除く）は基本的には董卓の息がかかった地域と見做すことができる。[106]このほか、益州牧劉焉が反董卓の兵を挙げずに益州保守の立場をとり、[107]幽州牧劉虞、徐州刺史陶謙、涼州刺史韋端、交州朱符らは初平元年正月の段階ではいずれも反董卓の行動を起こした形跡はなく、中立の立場を採ったと考えてよい。

以上で述べた如く、中平六年末に陳留郡で曹操・衛茲・鮑信と河内郡で王匡が挙兵していたが、初平元年正月癸丑（一二日）に弘農王が殺害されるや反董卓への潮流が一気に高まりを見せ、まず臧洪を中心に張超・張邈・劉岱・孔伷・橋瑁が参加して酸棗の盟が結ばれた。その後、橋瑁の檄により反董卓の潮流は袁紹・韓馥による漳河の盟の成立を促し、さらに王匡、袁術、袁遺らも勢力に加わることとなり、ようやく反董卓同盟が結成されることとなった。

おわりに

本稿では反董卓同盟の成立過程を分析し、従来とは異なる筆者独自の見解を提示した。その大要は次のようにまとめることができよう。

すなわち、従来、反董卓同盟は初平元年（一九〇）正月に一一名の諸将が同時に挙兵して成立したと考えられていた。だが、実際には中平六年（一八九）末の曹操と王匡の挙兵を皮切りに、まず初平元年（一九〇）正月中旬に兗州と豫州が中心となって酸棗の盟が成立し、のち三月九日以降に冀州を単位として漳河の盟が結ばれた。続いて両同盟が合流し、残る袁術、袁遺、王匡らが参加して、三月中旬にようやく反董卓同盟が結成されたのであった。

では、本稿で導き出した如上の見解は、如何なる意義を持つのか。これについてまず強調したいのは、反董卓同盟が従来の見解の言う如く急激な盛り上がりを背景として成立したのではない、という点である。実際は、曹操が挙兵した後、閏一二月を挟んで約二カ月の時間を経て酸棗の盟が成立し、その後漳河の盟及び反董卓同盟の成立までの間もやはり同程度の時間を要しており、全体で見ると反董卓同盟の成立過程は約五カ月（中平六年一二月から初平元年三月）の期間にわたっていることになる。

加えて、異なる二つの同盟が反董卓同盟の主軸を構成していたという事実は、同盟が当初から分散的傾向を有していたことを物語っている。従来の見解では、反董卓同盟の脆弱性の理由を単に諸軍閥の勢力争いのみに帰しているが、筆者はそもそも同盟の構造自体に原因を見出すべきであろうと考えている。

一方、反董卓同盟を董卓との関連でみると、董卓が長安遷都を行ったのは反董卓同盟が成立したからではなく、実際には酸棗の盟の成立を契機として行われたものであった。すなわち、初平元年初めの段階においては酸棗の盟対董卓という構図は存在したが、反董卓同盟対董卓という情勢は未だ成立しておらず、それが成立するのは三月以降である。

そして、こうした細かな意義を総合してみた時、史書が叙述し先学が描くが如き後漢王朝に壊滅的打撃を与える董卓と董卓を倒して後漢王朝を救おうとする反董卓同盟という構図の現実性が失われることになる。すなわち、董卓の行動とは別に、反董卓同盟自体がその理念に反して実際には後漢王朝を分散、崩壊へと導く一大反乱勢力であったと理解し得る可能性が見出されるのである。

繰り返すが、反董卓同盟はその成立時において強力な求心力によって形成されたのではなく、異なる複数の集団が集合して形成されたに過ぎなかった。いわば、同盟成立の当初から既に分散的傾向を内包していたのである。

ただし、このことを確かめるためには、反董卓同盟内部の構造がどのような性質を有していたのか、さらにはやがて起こる内部矛盾が如何なる原因によって生起したのかという点を明らかにしなければならない。これらも本稿の射程ではあるが、同盟の成立過程を論じるために既にすべての紙幅を費やしてしまったため、別稿にて改めて詳論することとしたい。

註

（1）岡崎文夫『魏晋南北朝通史』（弘文堂、一九三二年）八―一七頁、林剣鳴『秦漢史』（上海人民出版社、二〇〇三年、一九八八年初出）九五九―九六一頁、翦伯賛主編『中国史綱要（増訂本）』上（北京大学出版社、二〇〇六年）一五八―一五九頁。

（2）軍閥の割拠及び後漢末期の地方の状況については、宮川尚志「三国軍閥の形成」（『六朝史研究　政治・社会篇』平楽寺書店、一九九二年、一九五六年初出）、狩野直禎「後漢末地方豪族の動向」（『中国中世史研究』東海大学出版会、一九七〇年）、張大可「東漢末年的軍閥混戦」（『三国史研究』華文出版社、二〇〇三年、一九八八年初出）等に詳しい。

（3）岡崎　前掲書、一一―一二頁。漢末の州牧をめぐっては、厳耕望『秦漢地方行政制度』（厳耕望史学著作集、上海古籍出版社、二〇〇七年、一九六一年初出）二九〇―二九二頁、石井仁「漢末州牧考」（『秋大史学』三八、一九九二年）、汪清『両漢魏晋南北朝州刺史制度研究』（合肥工業大学出版社、二〇〇六年）八七―一〇七頁、小嶋茂稔『漢代国家統治の構造と展開』（汲古書院、二〇〇九年）第二部第一章第四章、紙屋正和「漢時代における郡県制と州牧・刺史」（『漢時代における郡県制の展開』朋友書店、二〇〇九年）、植松慎吾「漢代における刺史と州牧に対する認識をめぐって」（『九州大学東洋史論集』四一、二〇一三年）等の研究がある。

（4）宮川　前掲書、一―三八頁。

（5）傅楽成「漢代的山東与山西」（『漢唐史論集』聯経出版事業公司、二〇〇六年、一九七六年初出）。傅楽成氏は董卓勢力と反董卓同盟を山西と山東の文化的差異に基づく両者の争いとして理解し、のち陳勇氏や金文京氏も同様の見解を示している。陳　前掲論文、金文京『三国志の世界』（中国の歴史〇四、講談社、二〇〇五年）五九―六一頁。

（6）山崎光洋「後漢末の河北の状況について―汝南袁氏を中心として」（『立正史学』五七、一九八五年）。山崎氏は同盟参加者の諸情報を整理したうえで、反董卓同盟が清流的士人及び後漢の名族の袁氏を中核として広範な結集を容易にしたと述べる一方、同盟の結合は弱く、盟主となった袁紹は単なる統合の象徴に過ぎなかったとする。

(7)『魏志』巻一、武帝紀（曹操の発言）、巻七、呂布伝附張邈伝（叙述部分）、『後漢書』列伝五六、王允伝（王允の発言）、列伝六五、呂布伝附張邈伝（叙述部分）。

(8)『魏志』巻一、武帝紀（曹操の発言）、巻六、董卓伝注引『献帝紀』（叙述部分）、劉表伝（叙述部分）、『後漢書』紀九、献帝紀注（叙述部分）、『後漢書』列伝四四、楊彪伝（楊彪の発言）。

(9)『後漢書』紀一〇下、霊思何皇后紀（叙述部分）。

(10)『魏志』巻一〇、荀攸伝（叙述部分）、『後漢書』列伝四四、楊彪伝（叙述部分）、六二、陳紀伝（董卓の発言）。

(11)『魏志』巻八、公孫瓚伝（叙述部分）、巻一六、鄭渾伝注引張璠『漢紀』（叙述部分）、『続漢書』志一四、五行二、草妖条注（応劭の語）。

(12)林　前掲書、九六〇頁。

(13)章映閣『曹操新伝』（上海人民出版社、一九八九年）五五頁。

(14)馬植傑『三国史』（人民出版社、一九九三年）一五頁。

(15)張亜新『曹操大伝』（中国文学出版社、一九九四年）五一頁。

(16)林　前掲書、九六〇頁。

(17)金　前掲書、六一頁。

(18)徐難于『漢霊帝与漢末社会』（斉魯書社、二〇〇二年）二七五頁。

(19)川合康三『曹操』（ちくま文庫、筑摩書房、二〇〇九年、一九八六年初出）八九頁、狩野直禎『三国時代の戦乱』（新人物往来社、一九九一年）一九頁、金　前掲書、五九頁。

(20)窪添慶文「三国の政治」（池田温編『中国史』二、世界歴史大系、山川出版社、一九九六年）三頁、渡邉義浩『三国志英雄たちと文学』（人文書院、二〇一五年）一九頁。

(21)竹田晃『曹操』（東洋人の行動と思想七、評論社、一九七三年）一〇〇頁。

(22) 石井仁『魏の武帝　曹操』(新人物往来社、二〇一〇年、二〇〇〇年初出) 一一〇頁。
(23) 何茲全『三国史』(『何茲全文集』第五巻、中華書局、二〇〇六年、一九八四年初出) 二三四七頁。
(24) 諸説の見解については邢義田「試釈漢代的関東・関西与山東・山西」(『治国安邦―法制・行政与軍事』中華書局、二〇一一年、一九八二年初出) に詳しい。
(25) 厳耕望「揚雄所記先秦方言地理区」(『厳耕望史学論文集』中、上海古籍出版社、二〇〇九年、一九七五年初出)。
(26) 傅　前掲論文。
(27) 邢　前掲論文。
(28) 労幹「関于関東及関西的討論」(『古代中国的歴史与文化』上、中華書局、二〇〇六年、一九八三年初出)。
(29) 労幹氏の諸論に基づき、邢義田氏は「試釈漢代的関東・関西与山東・山西補遺」(『治国安邦―法制・行政与軍事』中華書局、二〇一一年、一九八三年初出) において、自身の説に修正を加えるとともにさらに議論を進めている。
(30) 『資治通鑑』巻五九、漢紀五一、孝献皇帝甲、初平元年正月条、胡三省注「時卓挾天子、紹等罔攸稟命、故權宜板授官號」。
(31) ほとんどの中国史の通史や秦漢史・魏晋南北朝史等の概説書では同盟の事について詳細を記しておらず、事実関係を検討する上では参考に適さないため本稿では取り上げない。
(32) 王仲犖「曹操」(『䂬華山館叢稿続編』王仲犖著作集、中華書局、二〇〇七年、一九五六年初出) 二五七頁、大室幹雄『桃源の夢想―古代中国の反劇場都市』(三省堂、一九八四年) 九二頁、川合　前掲書、八九頁、狩野　前掲書、一九頁、馬　前掲書、一五頁、張亜新　前掲書、五〇頁、張作耀『曹操伝』(人民出版社、二〇〇〇年) 三七頁、堀敏一『曹操―三国志の真の主人公』(刀水書房、二〇〇一年) 六〇―六一頁、金　前掲書、五九頁。
(33) 章　前掲書、五三―五四頁。
(34) 石井　前掲書、一一一頁。
(35) 大室　前掲書、九二頁、章　前掲書、五五頁、狩野　前掲書、一九頁。
(36) 『魏志』巻一、武帝紀、初平元年二月条「二月、卓聞兵起、乃徙天子都長安。卓留屯洛陽、遂焚宮室。是時紹屯河内、邈・岱・瑁・遺屯酸棗、術屯南陽、伷屯潁川、馥在鄴。卓兵彊、紹等莫敢先進」。

(37) 駐屯記事の直前には「遂に宮室を焚き」とあり、董卓が洛陽宮に火を放ったのは三月己酉（九日）のことであるから、諸将駐屯の記事も三月九日前後の出来事と見るべきである。

(38)『後漢書』列伝五九、何進伝。

(39)『魏志』巻一、武帝紀注引王沈『魏書』。

(40)『後漢紀』巻二五、霊帝紀下、中平六年五月条。

(41)『後漢書』列伝五九、何進伝。

(42)『魏志』巻一二、鮑勛伝及び同伝注引『魏書』。

(43)『後漢書』列伝五九、何進伝及び『魏志』巻一、武帝紀注引『英雄記』。

(44)『魏志』巻六、董卓伝及び巻一二、鮑勛伝注引『魏書』。

(45)『魏志』巻一、武帝紀注引『英雄記』。

(46)『魏志』巻六、袁紹伝、『後漢書』列伝六四上、袁紹伝。

(47)『魏志』巻六、袁術伝、『後漢書』列伝六五、袁術伝。

(48) 方詩銘『曹操・袁紹・黄巾』（上海社会科学院出版社、一九九五年）一二九―一三〇頁では、これに加えて『魏志』巻一、武帝紀、建安九年（二〇四）八月条の「初、紹與公共起兵、紹問公曰、若事不輯、則方面何所可據。公曰、足下意以爲何如。紹曰、吾南據河、北阻燕・代、兼戎狄之衆、南向以爭天下、庶可以濟乎。公曰、吾任天下之智力、以道御之、無所不可」との記事に対する清・何焯の議論を支持し、袁紹が冀州へ奔ったのは光武帝の故事に倣い、河北を基盤に天下を窺う意図があったとする。しかし、右の曹操と袁紹の会話は自身たちの大事が成らなかった場合について語っており、形勢からいって挙兵以後の事である。おそらくはのちに袁紹と曹操が河南郡に駐屯していた際のものと考えられ、これをもとに袁紹の冀州出奔の意図を推測することは適当ではない。

(49) 谷霽光「漢末魏晋的流民」（『天津益成報史学』三四、一九三六年）、賀昌群「漢末大乱中原人民之流徙与文化之伝播」（『賀昌群文集』第二巻、商務印書館、二〇〇三年、一九四一年初出）、劉汝霖「漢末魏晋流人考」（『歴史教学』二―一、一九五一年)。
(50)『後漢書』紀八、霊帝、中平元年(一八四)三月条「三月戊申、以河南尹何進爲大將軍、將兵屯都亭。置八關都尉官」、同条李賢注「都亭在洛陽。八關謂函谷・廣城・伊闕・大谷・轘轅・旋門・小平津・孟津也」。
(51)張承の祖父張歆が建和三年(一四九)一〇月に大司農から司徒となった際、袁紹・袁術の祖父袁湯も司徒から太尉に任官しており、桓帝の元嘉元年(一五一)に張歆が罷免されるまでの約二年間、張歆と袁湯はともに三公の官を務めている。またそれぞれ子の代にも、同時期ではないが同じく霊帝期に張延(張承の父)が太尉、袁隗(袁紹、術の叔父)・袁逢(袁術の父)が司徒、司空となるなど、両家とも二世代に亘って三公を輩出している家柄である。さらに、太傅袁隗は中平六年前半に張範に自身の娘を娶わせようとしたが、張範はこれを固辞している。ただ、婚姻の話が持ち上がったこと自体、祖父の代以来、両家の間で親密な交流があったことをうかがわせる。
(52)以上の流れは『後漢書』紀九、献帝、中平六年条に依る。
(53)『太平御覧』巻二三八、職官部三六、驍騎将軍条注引『魏志』では董卓は曹操を驍騎将軍に表したとし、石井 前掲書、一〇九頁ではこれに基づいて驍騎将軍であるとする。
(54)『資治通鑑』巻五九、漢紀五一、霊帝紀では先の袁術及びこの曹操の出奔を一二月のこととするが、いずれも誤りである。
(55)『続漢書』志一九、郡国一、河南尹条に「中牟。有圃有沢。有清水口。有管城。有曲遇聚。有蔡亭」とあり、曹操を拘束した亭長は或いはここに見える蔡亭の長官かもしれない。
(56)『魏志』巻一、武帝紀注引郭頒『魏晋世語』には、中牟県に移された姿を見て県の功曹がそれを曹操だと悟り釈放したとする。功曹の名は伝わらないが、当時中牟県にいた任峻は後に県主簿となって県令楊原とともに挙兵した後、曹操の指揮下に加わっており、少なくとも当時、中牟県では反董卓への動きが起こっており、曹操を支持する勢力がいたことがわかる。
(57)『魏志』巻二一、衛臻伝及び同伝注引『先賢行状』。
(58)『後漢書』列伝六二、董卓伝では「周毖」を「周珌」に作るが、本稿では『魏志』及び『蜀志』に倣って「周毖」とする。
(59) 周健『三国潁川郡紀年』(人民出版社、二〇一三年) 二〇―二一頁では、荀爽が司空となった一二月から逆算して荀爽・韓融・陳紀の任官を中平六年九月二一日に推定している。
(60)『後漢書』紀九、献帝、中平六年九月甲午条。
(61)『魏志』巻一、武帝紀注引『英雄記』「會進敗、匡還州里。起家、拜河内太守」。
(62) 当該改革の意義については、下倉渉「後漢末における侍中・黄門侍郎の制度改革をめぐって」(『集刊東洋学』七二、一九九四年) に詳しい。下倉氏は改革の時期を九月三日から一二日の間とみる。また、石井 前掲書、一〇八頁も参照。
(63)『後漢書』列伝六二、董卓伝「及何后葬、開文陵、卓悉取藏中珍物。又姦亂公主、妻略宮人、虐刑濫罰、睚眦必死、羣僚内外莫能自固」。董卓は後に更に「捜牢」と称して洛陽市内に兵を放ち、家屋を壊し、婦女を凌辱して、財産を強奪したとされる。この董卓による陵墓盗掘と「捜牢」の意味については上谷浩一「董卓事蹟考―「霊帝期改革」論の視点から」(『東方学』一一六、二〇〇八年) に詳しい。
(64) この時、三名に加えて鄭泰も彼らと共に進言を行っている。『後漢書』列伝六〇、鄭泰伝。また『後漢書』列伝六四上、袁紹伝注引楽資『山陽公載記』には「董卓以紹爲前將軍、封邟鄉侯。紹受侯、不受前將軍」とあって、董卓はこの時袁紹を前将軍に任じようとしたが袁紹はこれを断っている。
(65)『魏志』巻一、武帝紀注引『英雄記』に「馥字文節、潁川人。爲御史中丞。董卓舉爲冀州牧。于時冀州民人殷盛、兵糧優足。袁紹之在勃海、馥恐其興兵、遣數部從事守之、不得動搖」とあり、袁紹の勃海太守任命は韓馥の冀州牧任命より後の事と考えらえる。なお、万斯同「三国漢季方鎮年表」も『通鑑』と同じく一二月とする。
(66) 石井 前掲書、一〇九頁では董卓が周毖らの意見に従ったことを士大夫への譲歩であると理解する。
(67) 川合 前掲書、八三頁では筆者と同様の見解を示す。
(68)『魏志』巻二一、衛臻伝及び注引『先賢行状』。
(69)『魏志』巻七、呂布伝附張邈伝。

(70)『魏志』巻九、曹真伝注引『魏書』には曹真の父秦邵が曹操の挙兵に応じて軍勢を集めたが、当時の豫州刺史黄琬より殺害されたとある。これに依り堀敏一氏は曹操が陳留での挙兵以前に曹操が故郷である豫州沛国譙に戻っていたとする。ただ、既述の如く黄琬は九月二一日に司徒に転任しており、疑念が残るためここでは採らない。
(71)『魏志』巻一二、鮑勛伝注引『魏書』。堀　前掲書、六〇頁では鮑信が当時郷里の泰山郡にいたことから、挙兵後すぐに曹操と合流したわけではないとする。ただ、筆者は少なくとも中平六年末の段階では合流していたと考える。
(72)『呉志』巻四六、孫堅伝注引『会稽典録』。
(73)この時、河内郡の韓浩が太守王匡の従事として董卓と盟津で戦い、韓浩の舅である河陰令杜陽が董卓に捕縛された。このことは『魏志』巻九、韓浩伝注引『魏書』に見える。
(74)『魏志』巻一、武帝紀、初平元年条注引謝承『後漢書』。
(75)堀　前掲書、六一頁。
(76)饒尚寛編著『春秋戦国秦漢朔閏表』(商務印書館、二〇〇六年)二三九頁。
(77)これは霊帝崩御を受けた踰年改元である。少帝即位後、中平六年の同一年に光熹・昭寧、献帝の即位後には永漢の元号が用いられたが、同年一二月になって後漢朝廷はこれら三種の元号すべてを廃止して霊帝時代の中平六年に戻している。蓋し、少帝の存在を抹殺して献帝を霊帝に直接繋がる皇帝とすることを意図したものであろう。
(78)弘農王殺害を『後漢紀』巻二六、献帝紀は「癸丑」、『後漢書』紀九、献帝は「癸酉」とするが、初平元年正月は壬寅朔で癸酉は存在しない。このため曹文華『後漢書稽疑』上(中華書局、二〇一四年)一七五―一七六頁では「癸丑」を是とし、本稿もこれに従う。
(79)『呉志』巻五七、陸瑁伝注。
(80)『後漢書』列伝四八、臧洪伝「乃與諸牧守大會酸棗」。
(81)大室　前掲書、九二頁、章　前掲書、五五頁、狩野　前掲書、一九頁。
(82)『呉志』巻四六、孫策伝注引張勃『呉録』。
(83)董卓は後に長安へ入京する際にも呂布に命じて洛陽の諸帝陵や公卿以下の冢墓を暴かせているが、これは初平二年

（一九一）二月から四月にかけて行われたもので、当時既に山東各地で挙兵し反董卓同盟が結ばれていたのであるから、これは孫策の言う「園陵」の事には該当しない。

(84) 弘農王の死後、唐姫は郷里の潁川郡に帰り、のち献帝により庇護された。『後漢書』紀一〇下、何皇后紀。

(85) 張亜新　前掲書、五一頁。

(86) 注(36)参照。

(87)『蜀志』巻三八、許靖伝に「馥等到官、各舉兵還向京都、欲以誅卓。卓怒毖曰、諸君言當拔用善士、卓從君計、不欲違天下人心。而諸君所用人、至官之日、還來相圖。卓何用相負。叱毖令出、於外斬之。靖從兄陳相瑒、又與伷合規、靖懼誅、奔伷」とあり、許靖とともに韓馥らを推挙した周毖がその責任を問われて処刑された際、許靖の従兄である陳国相許瑒が酸棗の盟に参加した豫州刺史孔伷に歩調を合わせていたことが知られ、許瑒は少なくとも反董卓勢力に協力的だったと考えられる。

(88)『資治通鑑』巻五九、漢紀五一、献帝紀、初平元年正月条、石井　前掲書、一一二頁。

(89)『後漢書』列伝六〇、鄭泰伝ではこの部分を「山東合謀、州郡連結、人庶相動、非不強盛」となっており、『漢紀』とは異なっている。だが、鄭泰伝の当該部分は先行する『漢紀』に基づいたはずであり、表現が異なるのは范曄の編集に係るものと思われる。

(90)『魏志』巻七、呂布伝附張邈伝「張邈字孟卓、東平壽張人也。少以俠聞、振窮救急、傾家無愛、士多歸之」。

(91)『魏志』巻六、劉表伝注引司馬彪『戦略』及び『呉志』巻四六、孫堅伝。

(92)『魏志』巻六、袁紹伝。

(93)『後漢書』列伝六四、袁紹伝。

(94)『後漢紀』巻二六、献帝紀「將以誅卓」、『後漢書』列伝六四上、袁紹伝「以討卓爲名」。

(95) 第一章で指摘した如く、これら授官は袁紹自身が酸棗県で行ったことと思われる。なお、曹操、鮑信の官職にはいずれも「行」字が冠され、あるいは正式な任命でないことに依るかとも思われるが、鮑信の弟が裨将軍となっていることからすると、二人は別に正規の官職があり、それとの兼任による将軍任命という可能性が考えられる。それを示すかのごとく、上引文では鮑信の官職を済北相とし、『後漢紀』巻二六、献帝紀では曹操の官職を議郎としており、これが本官であったことをうかがわせる。だが、曹操の議郎就任は黄巾の乱勃発以前にまで遡り、その後種々の官を歴任している。曹操の出奔時の官職は典軍校尉であったから、議郎ではなく典軍校尉を自称していた可能性もある。一方、鮑信を済北相とする点について、『魏志』巻一二、鮑勛伝注引『魏書』によれば、鮑信が済北相となったのは、東郡太守となった曹操の推薦によるものであり、曹操が東郡太守となったのは初平二年（一九一）末に白繞を破った後であるから、鮑信の済北相就任もそれ以降でなければならない。鮑信が洛陽を離れる直前に帯びていた官職は騎都尉であったから、これもやはり騎都尉を自称したのであろう。

(96)鮑信と鮑韜の任命については『魏志』巻一二、鮑勛伝注引『魏書』に「太祖與袁紹表信行破虜將軍、韜裨將軍」とあって、曹操が袁紹とともに朝廷に上表したことが記され、後漢朝廷の任命にかかるものであることをうかがわせるが、両官いずれも具体的な管轄領域を持たない官職であり、やはり自称したものと考えるべきであろう。

(97)王　前掲書、二五七頁、張作耀　前掲書、三七頁、徐　前掲書、一七五頁。

(98)『魏志』巻一、武帝紀、初平元年条「是時紹屯河内」、『魏志』巻八、張楊伝「山東兵起、欲誅卓。袁紹至河内、楊與紹合」。

(99)『魏志』巻六、袁紹伝及び同伝注引司馬彪『九州春秋』。

(100)第一章で挙げた『後漢書』列伝六四上、袁紹伝には「紹與王匡屯河内、伷屯潁川、馥屯鄴、餘軍咸屯酸棗、約盟、遙推紹爲盟主。紹自號車騎將軍、領司隷校尉」とあって、同盟成立時には袁紹はすでに河内におり、他の諸将も各駐屯地から袁紹を盟主に推挙したとして、上述の筆者の見解に対する反証に成り得るかのごとくである。しかし、諸将が各地に駐屯したことを示す根拠となる『魏志』武帝紀の記述は、後述する如く初平元年（一九〇）三月以前に遡ることはできない。したがって、『後漢書』袁紹伝の記載は本稿第三章で指摘した『後漢紀』巻二六、献帝紀の誤った記述をそのまま継承したものと思われ、『後漢紀』に描かれた状況を斟酌した范曄が自身で「遙」の字を追加して話の辻褄を合わせたものと考えられる。

(101)『魏志』巻一六、任峻伝。

(102)『魏志』巻七、臧洪伝注引『九州春秋』。
(103)『後漢書』列伝四二、崔寔伝。
(104)『呉志』巻四六、孫堅伝及び注引『呉録』。孫堅は一般的には反董卓同盟の一員として数えられるが、第一章で見た通り、各史料においては参加者の一として数えられていない。加えて孫堅が袁術と合流したのは反董卓同盟成立後の初平元年末のことと思われるため、本稿では反董卓同盟の周縁勢力としておく。
(105)『魏志』巻一一、張範伝、『後漢書』列伝四八、蓋勲伝。
(106)司隷校尉に二人掲げてあるのは、袁紹が出奔後も自称し続けたのに対して、後漢朝廷は新たに宣播を任命したため、二人の司隷校尉が同時に存在したという事情による。
(107)『蜀志』巻三一、劉焉伝注引『英雄記』。

隋の滅亡と禅譲革命

前島佳孝

はじめに

隋末唐初は中国史上でも稀有な戦乱の時期であった。ほぼ全土で反乱・武装蜂起が相次いで戦乱状態に陥っており、その総体的な規模の大きさから、例えば赤眉の乱や黄巾の乱といった個別の反乱によって代表されずに、隋末の乱などとも総称される。隋に続く唐はこの全国的な戦乱を勝ち抜いて中国を統一し、さらに世界帝国とまで称される繁栄を築いたのである。

唐が禅譲の形式をとることによって、隋から中国の支配権を受け継いだこととしたことは周知の通りである。禅譲による王朝交替についての包括的な研究は、今もって宮川尚志による総論的な論稿と、実際に行われた新・王莽以後、五代北宋までの事例の経過をまとめた論稿とによって構成されているものが基礎となっている。(1) 昨今の個別事例の研究としては、どのような条件が揃った段階で禅譲を敢行したかが注目されている。(2)

ここで改めて禅譲の特質について触れることはしないが、二二〇年の漢魏交替より九六〇年の北宋成立に及ぶまで、多くの王朝交替の場面で禅譲という形が採用されたことは、禅譲による王朝交替が新たな王朝の正統性を裏付ける大きな要素であったことを示している。禅譲による王朝交替として一般的に認知されている事例は、表1に挙げた一四件である。[3] これら以外にも遂行したものの成立した新王朝がごく短期間で滅亡して王朝として一般に認知されていない事例や、企図したものの遂行に至らなかった事例が存在し、それらはそれらで参考になるものであり、本稿でもいくつか取り上げるのだが、ひとまず成功したとみなしうる一四の事例から、禅譲の経過の様式をまとめると左記のようになる。

◇新王朝の初代君主が前王朝で軍事力を背景として実権を掌握する。（前提）

←

◇丞相・相国・都督中外諸軍事などの文武の要職を占める。
◇他の臣僚諸侯とは別格の公国・王国に封じられる。
◇九錫等の殊礼を与えられる。
◇讖緯・瑞祥の報告がなされる。
◇廃立を行う。

（以上、順不同）

◇前王朝の君主が禅譲の意思を示すも辞退する。（複数回）
◇臣僚たちが勧進するも辞退する。（複数回）

←

◇受諾し、天子・皇帝に即位する。

←

◇封じられていた王国の国号をそのまま新帝国の国号とする。
◇前王朝の臣僚を新政権に吸収する。
◇禅譲をした前王朝の君主を二王之後に配し、後に殺害する。

表 1：禅譲による王朝交替

西　暦	禅譲者 → 被禅譲者（諡号廟号 / 姓諱・国）
8	孺子劉嬰・前漢 → 王莽・新
220	献帝劉協・後漢 → 文帝曹丕・魏
265	元帝曹奐・魏 → 武帝司馬炎・西晋
420	恭帝司馬徳文・東晋 → 武帝劉裕・宋
479	順帝劉準・宋 → 高帝蕭道成・斉
502	和帝蕭宝融・斉 → 武帝蕭衍・梁
550	孝静帝元善見・東魏 → 文宣帝高洋・北斉
556-7	恭帝元廓・西魏 → 孝閔帝宇文覚・北周
557	敬帝蕭方智・梁 → 武帝陳覇先・陳
581	静帝宇文衍・北周 → 文帝楊堅・隋
618	恭帝楊侑・隋 → 高祖李淵・唐
907	哀帝李柷・唐 → 太祖朱全忠・後梁
937	睿帝楊溥・呉 → 列祖李昪・南唐
960	恭帝柴宗訓・後周 → 太祖趙匡胤・北宋

事例によっては該当しない点や最初期の事例では見られない事項もあるが、[4] あくまでも禅譲による王朝交替全体を通じて公約数的な要素を並べたものと理解されたい。他にも改元や新王朝での人事、祖先への追尊など、一連の動き

があることはいうまでもない。

さて、このような様式が「禅譲のあるべき形である」という共通認識があったわけであるが、隋唐交替、すなわち隋恭帝楊侑から唐高祖李淵への禅譲はかなり例外的な事例に該当する。そして例外的な禅譲が行われたことによる影響が、隋末の各地で見られることとなったのである。

隋末唐初は混乱を極めた時代であり、それに応じて各地で群雄が政権を立て、隋の皇帝と称するものも並立した。この大いに錯綜した状況を述べる際に、唐による整理に漫然と従うことの問題性については、既に宮崎市定が簡潔に指摘している(5)。すなわち、一般には六一七年（大業一三）に李淵が恭帝を擁立した時点で年号が大業から義寧に替わり、翌六一八年（義寧二）の長安での隋唐禅譲革命によって隋は滅んだとされる。しかしながら、隋の正統性はむしろ洛陽の越王侗（皇泰主）政権にあり、大業の年号は翌一四年まで続き、隋という王朝は六一九年まで存続していた、と。本稿では、この宮崎市定の認識を基礎に、今少し幅広く要素を盛り込み、分裂しつつも隋を続けたそれぞれの勢力の立ち位置を示す。当時、恭帝以外にも隋の皇帝が存在したことや、皇帝に即位させられた隋の宗室たち個々の動静は既知のことに属するが、彼らを一括して取り上げて相互に比較することによって、その拠って立つところはより明確になるであろう。記述は隋が滅亡していった過程を逐うものになるのだが、その内容はいかにして隋が滅びたのかというよりは、いかに後始末を付けられたのかというものになる。そしてその都度現れる禅譲のあり方を示すことで、隋の滅亡と禅譲との関わりについて論じることとする。

一　特殊事例としての隋唐禅譲革命

表2：隋末唐初興亡概念図

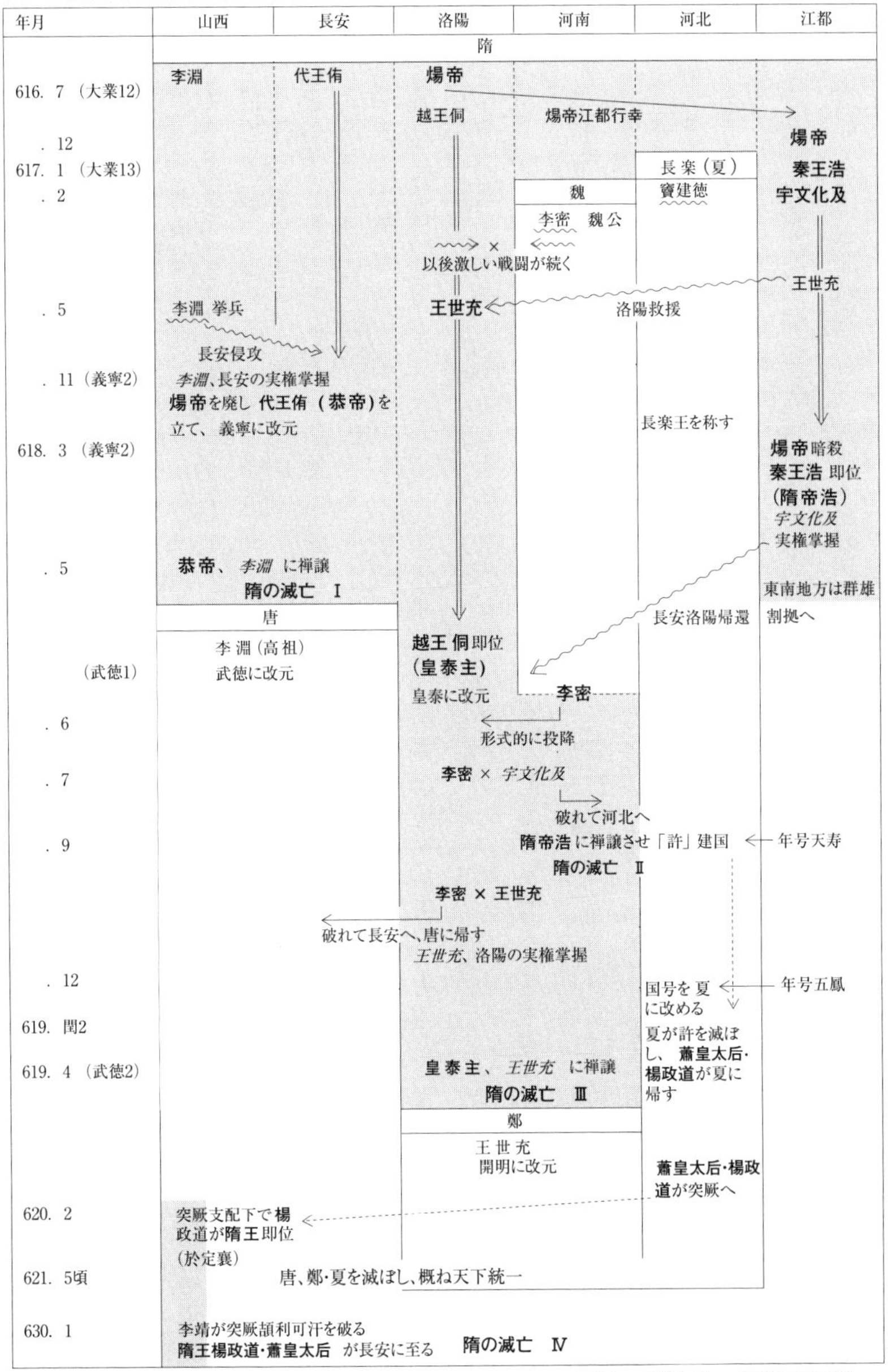

凡例：
煬帝　ゴシック太字：隋の皇帝
代王侑　ゴシック　：隋に所属する人物
宇文化及　明朝斜字体：隋皇帝を傀儡とした人物
王世充　明朝太字　：隋以外の国の君主
李淵　明朝下波線：反隋勢力の人物

まず隋唐革命の展開を確認する。表2は当該時期の情勢から「隋の滅亡」に関わる部分を抽出した年表兼概念図である。中国全土の群雄割拠状態を網羅したものではない点には留意していただきたい。六一六年（大業一二）七月、隋の第二代皇帝である煬帝が江都揚州に行幸したところを起点にしている。

煬帝はまだ晋王であった五八九年（開皇九）に南朝陳を滅ぼした征討軍の行軍元帥（総司令官）を務め、その後も揚州総管として江都に鎮した折に、気候が温暖で南朝の華やかな文化の香りが漂う江南に強い憧れを抱いたとされる。(6) 皇帝に即位して後も、六〇五年（大業一）の冬から翌春にかけての六ヶ月余、さらに六一〇年（大業六）夏から一年弱の間にも江都に滞在していた。そして、六一六年（大業一二）の江都行幸は、東北の高句麗問題を三度にわたる親征でなんとか片付けたところで実施されたもので、結果的に煬帝にとっては最後の行幸となった。

現役の皇帝が地方に行幸に出た場合、都の留守番はなかなかの大任である。歴史上ではしばしば太子が都に残って監国する体制が採られるが、隋では六〇六年（大業二）七月に元徳太子昭が若くして薨じて以降、皇太子ないし皇太孫は定められなかった。(7) しかし、これに準じる形で、煬帝の不在時には孫たちが都に配置されるようになった。六一六年（大業一二）七月の江都行幸に際して、長安の留守を任されたのが煬帝の孫の代王侑（後の恭帝）、これを補佐していたのが刑部尚書・京兆内史の衛玄（衛文昇）で、この体制は六一三年（大業九）正月以来のものであった。(8) 洛陽の留守を任されたのが同じく煬帝の孫の越王侗（後の皇泰主）で、補佐に付けられたものとして光禄大夫段達・太府卿元文都・検校民部尚書韋津・右武衛将軍皇甫無逸・右司郎盧楚等の名が挙げられている。(9) 代王侑と越王侗は共に元徳太子昭の遺児である。元徳太子昭にはもう一人、燕王倓という男子があり、煬帝の孫たちの中で特に愛されて常に左右に置かれ[10]、今次の江都行幸にも随っていた。

この三人兄弟は年齢的には燕王倓（六〇三年生まれ）・越王侗（生年不詳）・代王侑（六〇五年生まれ）の順番と考えられ、母親の立場で見ると、代王侑の母が皇太子妃韋氏で、燕王倓の母が大劉良娣、越王侗の母親が小劉良娣であったので、代王侑のみが嫡出子であった[11]。ただし、繰り返しになるが皇太孫に立てられてはいない。

次に、当時の長安と洛陽の関係を確認しておく。隋の都としてまず想起されるのが文帝が五八二年（開皇二）六月から建設し、翌年正月に入城した長安・大興城である[12]。これに次いで、煬帝も即位して間もなくの六〇五年（大業元）三月から洛陽に東京（のち東都に改称）を建設し、翌年四月に入城している。この洛陽城が建設されると、煬帝は王朝経営の軸足を長安から洛陽に遷している。前近代中国の各王朝では都が複数有る複都制度はひろく見られるものであり、必ずしも「メインがこちら、サブがこちら」とは決めがたいこともあるが、煬帝の時期に関していえば、洛陽の方が重要性は高かったと見てよい[13]。

以上から、六一六年（大業一二）の後半以降は、江都に煬帝、洛陽に越王侗、長安に代王侑という配置であった。当時既に河北・河南を中心に各地で反乱が起きており、六一七年（大業一三）五月には太原留守だった唐国公李淵が起兵する。一般に「太原起義」と称されるが、実態として隋朝に対する反乱である。

李淵は当時廃されていた大将軍を称し（後に太尉を加える）、七月癸丑（五日）に太原を出発し、汾水沿いを南下していく道すがら、隋の官軍を次々に打ち破り、一〇月には長安を包囲、一一月丙辰（九日）にはあっけなく陥落させた。そして留守役を務めていた代王侑の身柄を確保した[14]。代王侑に従って唐軍に抵抗した隋の官僚や将軍たちは、朱雀門街で斬られた。同月壬戌（一五日）[15]、代王侑を隋の第三代皇帝に立て（恭帝。系図1：③I）、現役の皇帝である煬帝を太上皇に祭り上げ、大業から義寧と改元した。江都にいる煬帝以下、隋朝中枢はまったく関知するところではない。甲子（一七日）には、李淵自身を都督内外諸軍事・大丞相・唐王とさせて、自らを首班とする長安政府の体制を固めた。

翌六一八年（隋（長安）義寧二／隋大業一四）[16]三月丙辰（一一日）に江都の変で煬帝が暗殺されたが、その情報が長安に届くのにはしばらく時間がかかる。戊辰（二三日）、李淵は相国に昇進。あわせて『旧唐書』巻一・高祖紀では「九錫の礼を備え」たとあるが、『大唐創業起居注』に拠れば辞退している。この時にはその他に、唐国に丞相以下の官僚を置いており、一般臣僚の封邑とは別格の、隋帝国の中の唐王国が組織された。

煬帝暗殺の報が長安に届いたのは四月のことのようである。[17]さらに五月乙巳（一日）、煬帝暗殺の報を受けてのことになるが、冕旒を一二とし、天子の旌旗を建て、王后・王女の称号を旧典に遵わせるといった、天子と同等の待遇を李淵に与えさせた。そして戊午（一四日）には恭帝に禅譲の詔を出させた。通例の通りすぐに受諾はせず、恭帝や群臣たちから再三即位を求められたのをうけてから受諾。実際に李淵が即位したのは六日後の甲子（二〇日）であった。前年一一月に李淵が長安を占領してから皇帝に即位するまで、すなわち恭帝の在位期間はおよそ半年であった[18]（表2：隋の滅亡Ⅰ）。

李淵に禅譲した恭帝は酅国公に封じられ、二王之後の役目を与えられ、翌六一九年（武徳二）五月己卯（一二日）に長安街東の宣陽坊（H6）の浄域寺で薨じた。[19]一五歳であった。禅譲による王朝革命の様式に従って殺害されたのであろう。唐から贈られた諡が恭帝で、これは一般的に使われている。二王之後の役目は族子の楊行基が嗣いだ。

隋唐革命の特殊性

隋唐革命の経緯は以上の如くである。一般的に、この隋の恭帝楊侑から唐の高祖李淵への禅譲を以て「隋は滅亡した」と語られる。では、先に緒言で示した禅譲革命の様式と比べてどこが例外的な事例であるのか。九錫を辞退した点などは、宮川尚志が述べられるように李淵の合理性を示すものであろう[20]。皇帝の「廃立」については、現役の皇帝（煬帝）を「廃して王に格下げ」するのではなく、太上皇に祭り上げたというのがやや珍しい事例といえるかもしれない。しかし、最も重要であると考えられるのはより根本的なことであり、禅譲革命の様式において「前提」とした「前王朝で（略）実権を掌握する」がなされていないことである。

代王侑は現役皇帝たる煬帝の孫にして、亡き皇太子のただ一人の嫡出子であり、宗室の中でもグレードは非常に高い。しかしながら、煬帝から後継者指名はされてはおらず、後継者として特に有力視されていたと見なせるような材料もない。長安は漢以来の長安故城から大興城に移ったとはいえ隋開創以来の都とはいえるものの、煬帝時期の中心的な都は東都洛陽である。例えば、六一三年（大業九）に楊玄感が黎陽で反乱を起こした際に、謀主の李密と戦略を検討して、「今、百官の家口、並びに東都に在り」と発言している[21]。

煬帝を皇帝の座から外すことの正統性はあるだろうか。通常であれば、皇帝に相応しくないという文武群臣の総意に皇太后などの承認を重ねて「廃」する[22]。しかしながら、六一七年（大業一三）当時、隋朝の群臣、官僚・将軍たちの主だった人々は煬帝に付き合わされて江都に滞在している。従って、長安では官僚・将軍たちの総体的な意向を汲むことはできない。煬帝の母である文献皇后独孤氏は文帝在世中の六〇二年（仁寿二）に既に崩じているので、皇太后の詔もない。もちろん煬帝本人もまったく関知していない。「廃する」ではなく、形式的に尊んで太上皇にするという場合でも、実権を掌握した人物の主導のもとで帝位から外される場合は、受ける側の意志はどうあれ、直接に譲位を突き付けることによって形式が整う[23]。しかし、本件では煬帝が現場にいない以上、体裁は整わない。いずれにしても、代王侑＝恭帝の即位にこの時点では正統性は付与されない[24]。

では、恭帝在位中の李淵の勢力圏はどの程度の広がりを持っていたかといえば、『大唐創業起居注』巻三・義寧二年三月条に見える九錫を辞退する議論の中で、

吾、今天下を一匡し、三分して二を有ち、入関の形勢、頗る漢高祖に似たり。（五二頁）

とはあるものの、概ね起兵した太原から河東を経て関中地域を結ぶ線上と、さらに南の漢中・四川地方の一部に限定される。六一七年（義寧元）一二月に雲陽令詹俊と武功県正李仲袞が巴蜀に派遣されて「之を下す」[25]とされているが、派遣された人物について伝わることがほとんどなく、その官職からも大軍を率いて行ったとは考えられない。恐らく、長安における皇帝の代替わりについて巡回して広報活動を行ったといったあたりで、直ちに巴蜀・四川地方全体における長安政権の実効支配体制が確立したとは考えがたい。従って、李淵の勢力圏はまだまだ隋が統治してきた領域のうちのごく一部にしか及んでおらず、「漢高祖に似たり」はともかく、「天下の三分の二」すらも誇張が過ぎる表現である。戦乱状態が未だ収束されておらず、李淵の勢力圏が隋のごく一部でしかない以上、李淵は隋で権力を握ったとはいえないのである。

長安での恭帝即位以来、隋には第二代煬帝と第三代恭帝が並存したこととなり、分裂状態になったともいえるのだが、実際のところ、李淵の勢力圏を除く当時の隋朝下での一般的認識は、仕える対象としても、打倒すべき対象としても皇帝は煬帝のみである。李淵によって立てられた恭帝は、その時点で隋の本流からは外れた存在なのであり、恭帝が李淵に禅譲した結果としては、隋の一部が欠けて唐になったとはいえるが、後述するように隋の政権中枢に近いところで隋朝を継続している勢力がまだ残存しており、およそ「隋が滅んだ」とはいえないわけである。

「隋から唐へ禅譲され、隋は滅亡した」という表現は、唐の都合と一繋がりの天子による中国統治という伝統的歴史観に沿わせるためのものであって、実態に則したものではない。恭帝から李淵への禅譲の骨格を抜き出せば、誰で

もいいから宗室の人間を皇帝ということにして、そこから禅譲させる、という実にインスタントなものであり、これは従来の禅譲革命の実行例からすると画期的なものである。前王朝で実権を掌握するという前提すらない状態ででも、また、九錫という形式にも拘らなかったにもかかわらず、禅譲という形式をとったということは、禅譲という形式が社会に定着していた証ともいえるだろう。[26]

さて、インスタントな隋唐禅譲革命は、周辺にも影響を与えたと考えられる。その現象をここでは仮に「宗室のアイテム化」と称しておこう。アイテムの効用は皇帝に即位するための踏み台である。禅譲の形式を整えれば、新政権が樹立された際に隋の後継王朝としての強い正統性が付与されることになるので、群雄たちが宗室の確保を重視するようになる。この隋の末期において李淵以外にそれを実行できたのは王世充であり、また史料が零細で確証はないものの、実行したと考えられるのが宇文化及である。そして狙いつつもなしえなかったのが李密と竇建徳である。[27] 従って、隋の滅亡というシーンはまだいくつか現れるのである。章を改めて、煬帝の後継者として隋の三代目皇帝に即位した順番で見ていこう。

二　秦王浩（隋帝浩）をめぐる動静

隋から許へ

秦王浩は文帝の第三子秦王俊の嫡子であり、煬帝から見ればすぐ下の弟の子ということになる。『隋書』巻四五・文四子に秦王俊の列伝があり、併せて秦王浩についても記述されている。秦王浩の生年について列伝に記述はないが、

系図1：隋（楊氏）略系図

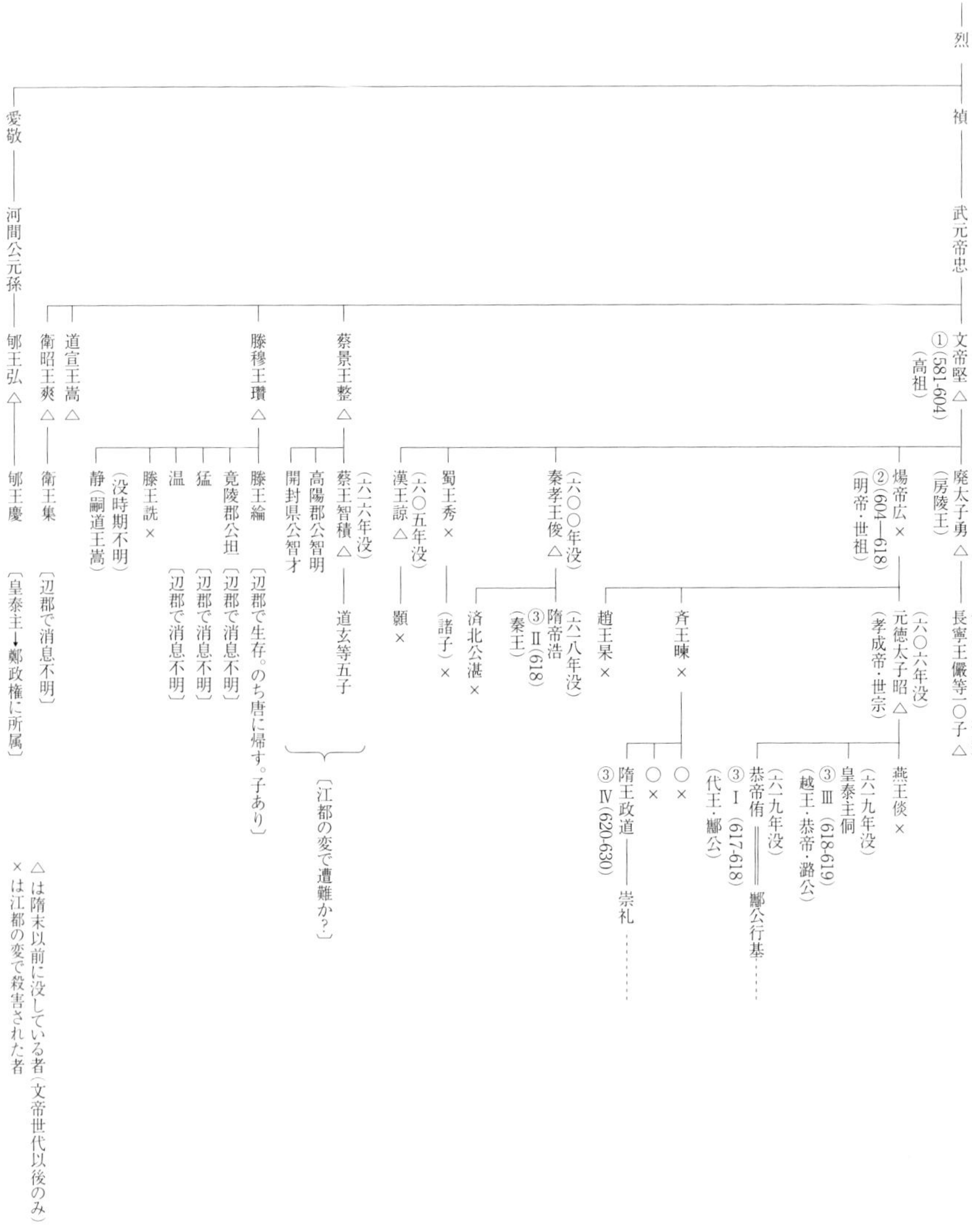

烈
禎
武元帝忠
文帝堅△
①（581-604）
（高祖）
廃太子勇△
（六〇四年没）
（房陵王）
長寧王儼等一〇子△
（六〇四年頃に被殺）
煬帝広×
②（604—618）
（明帝・世祖）
元徳太子昭△
（六〇六年没）
（孝成帝・世宗）
燕王倓×
皇泰主侗
（六一九年没）
③Ⅲ（618-619）
（越王・恭帝・潞公）
恭帝侑
（六一九年没）
③Ⅰ（617-618）
（代王・酅公）
酅公行基
斉王暕×
○×
○×
隋王政道
③Ⅳ（620-630）
崇礼
趙王杲×
秦孝王俊△
（六〇〇年没）
隋帝浩
（六一八年没）
③Ⅱ（618）
（秦王）
済北公湛×
蜀王秀×
（諸子）×
漢王諒△
（六〇五年没）
顥×
蔡景王整△
蔡王智積△
（六一六年没）
道玄等五子
高陽郡公智明
開封県公智才
〔江都の変で遭難か？〕
滕穆王瓚△
滕王綸
〔辺郡で生存。のち唐に帰す。子あり〕
竟陵郡公坦
〔辺郡で消息不明〕
猛
〔辺郡で消息不明〕
温
〔辺郡で消息不明〕
滕王詵×
静（嗣道王嵩）
（没時期不明）
道宣王嵩△
衛昭王爽△
衛王集
〔辺郡で消息不明〕
愛敬
河間公元孫
郇王弘△
郇王慶
〔皇泰主→鄭政権に所属〕
△は隋末以前に没している者（文帝世代以後のみ）
×は江都の変で殺害された者

『資治通鑑』巻一七六・陳長城公至徳四年（五八六）・十月癸丑条に、

俊の妃、崔氏の男を生むや、隋主喜び、群官に頒賜す。（五四八七頁）

とあり、また列伝には秦王俊には二人の男子があり、そのうち秦王浩が崔氏の所生、もう一人の済北侯湛が庶子ともあり、『資治通鑑』に見える男子が秦王浩であるとすれば、その生年は五八六年（開皇六）一〇月ということになる。本稿ではひとまずこの生年を採用しておく。

六一六年（大業一二）、三一歳になっていた秦王浩は煬帝の巡幸に随従して江都にあった。この頃すでに方々で反隋勢力が蜂起しており、先述の通り、六一七年には太原留守を務めていた大貴族、唐公李淵までが起兵し、代王侑が守る長安を陥落させるに至る。さらに李淵は江都にいる煬帝を太上皇とし、代王侑を皇帝に即位させるが、李淵の勢力圏外でこの代替わりが認知されていないことは当然のことである。当時の一般的な認識として、それが奉じる君主としてであれ、打倒すべき対象としてであれ、隋の皇帝はまだ煬帝である。

煬帝が江都に引き連れてきた驍果を中心とする軍勢は、長安などの華北出身者たちが多数を占めていたと伝えられている。華北全体に反乱軍がはびこり、長安まで陥落したと聞いて兵たちは不安と不満を募らせて、やがて暴発するに至る。六一八年（大業一四／義寧二）三月乙卯（一一日）、決起した反乱分子によって煬帝が殺害される。このいわゆる江都の変においてリーダーに据えられたのが宇文化及である。『隋書』巻八五及び『北史』巻七九に列伝がある。煬帝時代の重臣宇文述の子で、父の死後に許国公を継ぎ、右屯衛将軍の職にあった。権門の子弟によくあるように若い頃から市中で気ままに振る舞い、「軽薄公子」と評されたともいう。この事変において宇文化及自身は主導的役割を果たしてはおらず、司馬徳戡・裴虔通ら実行犯たちによって丞相に据えられた印象が強いが、その後は司馬徳戡らの傀儡となることなく、江都の隋朝勢力を主導することとなる。

皇帝（煬帝）が「崩御」してしまったのをうけて、次の皇帝を立てることとなった。宇文化及たちはまだ形式的には隋という王朝を続けるつもりでいたようである。恐らく早く故郷に帰りたいという兵たちをまとめることが最優先事項で、その後の政治的な展望などがあったかは定かではない。煬帝は皇太子を決めていなかったため、江都に滞在していた宗室から選ぶこととなった。最初に候補に挙がったのは蜀王秀（文帝の第四子で煬帝の弟。当時四六歳）であったが、衆議が不可としたので[28]、秦王浩が選ばれた。当時、三三歳である。『資治通鑑』巻一八五・唐高祖武徳元年・三月乙卯条には、

化及、自ら大丞相を称し、百揆を総ぶ。皇后の令を以て秦王浩を立て帝と為す。（五七八三頁）

とあり、形式上は煬帝の皇后である蕭皇后の令によって即位したことになる。皇帝が後継者を決めないまま崩御した際に、未亡人となった皇后や皇太后が後継者の選定で最終決定を下すことは慣例に沿ったことであるので、長安で李淵によって即位させられた恭帝（代王侑）と違い、秦王浩の即位には建前上の根拠があるといえる。実態としては煬帝を殺害した者たちによって選ばれて立てられたのであるから、正統性を主張するのは苦しいことも確かであるが、ともあれ、秦王浩は煬帝の後を継ぐ隋の第三代皇帝ということになる（系図1：③Ⅱ）。この時点で、長安には恭帝がいるので、二人の第三代皇帝が並存したことになる[29]。彼については諡や廟号、また史料上での皇帝としての通称も確認できず、かといって皇帝となった彼を王という爵位で呼び続けるのもまた混乱をきたす恐れがある。そこで以後は、仮に「隋帝浩」と呼称することとする。

なお、この時江都に滞在していた隋帝浩以外の宗室は、新皇帝の候補にも挙がった蜀王秀なども含めて皆殺しになっている[30]。宇文化及たちにしてみれば、他の勢力によって隋帝浩への対抗馬を立てられると面倒なことになるので、当然の措置であった。

かくして、隋帝浩が君主として存在しながらも傀儡であり、宇文化及が大丞相として実権を掌握するという体制が成立した。その体制で、江都の隋朝勢力は総勢一〇万以上の規模で長安への帰途に就く。[32]当初は大運河を進んだが、反乱の多発によって整備が滞るようになっていたため、徐州からは陸路をとることとなった。[31]

六一八年（大業一四／義寧二）四月以降、煬帝崩御のニュースが洛陽や長安にも届いた。これをうけて、五月にはまず二〇日に長安で恭帝が李淵に禅譲して隋が滅び、唐が成立する。その三日後の五月二三日には、洛陽で越王侗が群臣に推戴されて皇帝に即位する（即位後は「皇泰主」と表記する）。これが隋の三人目の第三代皇帝ということになるが、彼については章を改めて述べる。この段階で、隋の皇帝としては、隋帝浩と皇泰主の二人の第三代皇帝がいることになる。恭帝の退位がもう少し遅いか、皇泰主の即位がもう少し早ければ、第三代皇帝が同時に三人存在するところであった。

さて、江都から徐州を経て長安を目指す隋帝浩・宇文化及の軍勢は、当然河南、東都洛陽あたりを通ることになる。当時、洛陽では群雄の李密と洛陽の隋の官軍が激しい戦いを続けていたが、そこへ一〇万もの軍勢がやってくると情勢も大きく変わることになる。六月、挟み撃ち状態になった李密は洛陽の皇泰主政権に形式的に投降する。このあたりの政治的意味については後述する。七月には李密と宇文化及との戦いになり、李密が勝利。敗れた宇文化及たちは河北へと逃れていくこととなる。

そして九月、進退窮まった宇文化及は、「人生故より当に死すべし。豈に一日とて帝為らざらんや」[33]と言って、魏県（河北省大名県付近）で自ら皇帝に即位し、隋帝浩を毒殺する。帯びていた封爵である許国公に基づいて国号は許。年号は大業から天寿とした。[34]隋帝浩が即位したのが三月一一日頃なので、在位半年余りであった。皇帝として何かをやったということもなければ、その後、宇文化及が天下を取るようなこともなかったため、僭偽的存在として後の時代から皇帝として数えられないのもやむを得ないところである。しかしながら、それは後の時代に唐の論理に基づいて状況を整理した結果であって、隋帝浩を皇帝として戴いていた軍勢と官僚組織が、かなり規模の大きな集団を保って、唐が中国を制する以前の段階で半年余り活動していたことは事実である。

なお、宇文化及による隋帝浩殺害と皇帝即位の前後関係は史料上では明確ではない。『隋書』巻四五・文四子・秦孝王俊伝には、

化及、黎陽に敗れ、北のかた魏県に走り、自ら偽号を僭し、因りて之を害す。（一二四一頁）

とあり、同巻八五・宇文化及伝には、

是に於いて浩を鴆殺し、皇帝位を魏県に僭す。（一八九一頁）

とあるように、前後が異なる記述が見られる。隋帝浩への諡なども伝わらず、衝動的に先に隋帝浩を殺害してしまってから即位した可能性も否定はできない。しかし、手もとに現役の皇帝を抱えている状況で、自らの皇帝即位の形式を整えようとする意志があれば、禅譲という形式を取るのが自然であり、禅譲・即位↓殺害という順序であったはずである。宇文化及の許政権には、煬帝に付き従って江都に滞在していた隋の文武官たちが、脱落者を少なからず出しながらも加わっていた[35]。彼ら文武の官たちにしてみれば、宇文化及の正統性は自分たちの立場にも直接的に関わってくるものであるから、集団内に宇文化及の皇帝即位の体裁を整えようとする意思はあったと考えられる。宇文化及は許を隋の後継王朝として、隋を倒すのではなく受け継ぐかたちで立てたとして大過あるまい。

かくして、隋帝浩というアイテムは宇文化及によって使用された。隋を受け継いで新しい王朝が立ち、隋帝浩の後を継ぐ隋の君主がいなかったので、ここでも隋が滅亡したことになり、すなわち二度目の隋の滅亡ということになる（表2：隋の滅亡Ⅱ）。宇文化及の許という国は、「せめて一日でも」という刹那的な感情に基づいて成立したのではあ

るが、その割りにはしぶとく翌年閏二月まで半年余り命脈を保つこととなった。その滅亡に際しては、また隋という国が関係してくるので後述する。

三　越王侗（皇泰主）をめぐる動静

隋から鄭へ

越王侗は煬帝の孫、元徳太子昭の子、代王侑の兄にあたる。煬帝が行幸に出るたびに洛陽の留守を任されていた皇子である。

洛陽が含まれる河南地域は、河北地域とともに隋末の民衆反乱が最も激しい地域であった。小規模な反乱が次第にまとまっていって群雄が成長していく。河南地域での群雄の代表格が李密であった。李密自身は西魏北周以来の高級貴族階層の出身であったが、六一三年（大業九）に旧知の楊玄感の反乱に謀主として参加し、失敗に終るという経験をしている。しかし、逃避行の果てに翟譲率いる農民反乱軍（瓦崗軍）に潜り込み、そこで指導者の地位を固めて勢力を拡げていた(36)。

越王侗は洛陽の留守を守りつつ、六一七年（大業一三）二月頃から李密と激しく戦っていた。五月には江都の煬帝のもとから援軍が派遣された。その将軍が王世充であり、後に越王侗（皇泰主）から禅譲を受ける人物である。王世充については『隋書』巻八五・『北史』巻七九・『旧唐書』巻五四・『新唐書』巻八五に列伝がある。祖先は西域の胡人で本姓は支。父の支収はその母が王氏に再嫁したのに随い、以後王氏を称するようになった。支収改め王収は官に就いて汴州長史に至り、王世充も反乱討伐での活躍などで煬帝に信任されて江都通守となり、洛陽の危機に際して援軍を率いる将軍に抜擢されたのだった。しかし、王世充の援軍が加わっても、洛陽をめぐる状況はあまり好転しなかった。

翌六一八年（大業一四／義寧二・武徳元）五月、江都の変で煬帝が殺害されたというニュースを受けて、洛陽の群臣たちは越王侗を皇帝に立てる。前年一一月に長安で即位した代王侑＝恭帝は謀反人の李淵が勝手に立てた皇帝であるので、李淵の勢力以外は隋の皇帝とはみなしていない。また、当年三月に宇文化及によって立てられた秦王浩＝隋帝浩は、煬帝を殺害した張本人たちによって立てられた皇帝であるので、「蕭皇后の令によって」とはいっても、やはり隋朝を奉じる立場であれば認めるわけにはいかない。宇文化及たち自身が「我々が先帝を殺した」と宣言するはずはなく、単に「崩御なされた」ということにしていたとは思われるが、「煬帝が弑殺された」という情報は早々に全国を駆けめぐった。実際、煬帝に従って江都に行っていた宗室諸王、高級文武官の多くが姿を消し、高級貴族の出ではあっても「軽薄公子」と評判の良くなかった宇文化及が大丞相と称し、中級武官だった面々が軍隊を率いている状況を見れば、何事が起きたのかを察するのは容易であろう。

従って、洛陽では煬帝の後を継いでいると認められる存在がいないという判断に至り、越王侗が煬帝の後を継ぐ第三代皇帝として立てられたわけである。それが五月二三日のことである。越王侗は煬帝の孫で、亡き皇太子の子であるので、血統的にも申し分ない。亡くなった後に王世充から贈られた諡が恭帝なのだが、これは長安の恭帝と同じで混乱を来すため、一般的には用いられない。即位とともに年号を大業から皇泰に改めたことから、(37)『資治通鑑』などでは「皇泰主」と称されるので、本稿でも即位以後は皇泰主と呼称する。ともあれ、皇泰主は三人目の隋の第三代皇帝ということになる（系図1：③Ⅲ）。なお、皇泰主は即位とともに一般的に煬帝と呼ばれている祖父に明帝と諡し、廟号は世祖とし、また亡父元徳太子昭を追尊して孝成帝とし、廟号は世宗とした。

さて、宇文化及が一〇万もの軍勢を率いて長安を目指して進んでくると、当然、河南洛陽近辺を通ることになる。ここで、河南地域は洛陽を拠点とする皇泰主が率いる隋と、隋帝浩が皇帝でありつつ宇文化及が大丞相として牛耳る隋と、群雄の李密（魏公）とによる三つ巴の状態になった。一瞥して妥協が成立しないのはそれぞれ皇帝を擁している二つの隋である。そこで、皇泰主政権はここまで激しく戦ってきた李密を抱き込むこととした。李密を相手にしているだけでも劣勢であったのに、さらに敵が増えては状況はますます厳しくなる一方である。もしも李密と宇文化及が協力してしまうようなら、終局は目前である。そこで、皇泰主は李密に使者を派遣し、太尉などの高位高官を授けて、「宇文化及を討ち、しかる後に入朝輔政せよ」と伝えた。李密はこれに応じて、煬帝・隋朝の打倒を掲げて戦ってきたところから、大きく方針を転換して隋に投降し、官職を授けられて、皇泰主に仕える立場になったのである。それが六月のことである。

七月に李密と宇文化及との戦いがあり、李密の勝利に終わり、宇文化及は河北方面に逃れていったというのは先述のとおりである。宇文化及を退けた李密はその後、当初の約束通り洛陽の皇泰主に仕えたかというとそうはならず、皇泰主配下の将軍王世充が、宇文化及との戦いで相応のダメージを受けた李密軍に奇襲をかけ、これを打ち破った。河南地域の東部にはまだ李密配下の勢力がかなり残っていたのだが、東方への道を塞がれてしまった李密は、やむを得ず西へ逃れていき、長安の唐に身を寄せることとなった。

王世充はこれまで李密と直接戦っていたので、李密が功績をあげて洛陽政権に乗り込んできたら立場が厳しくなったであろう。そこで先手を打ったわけである。その結果、皇泰主政権は宇文化及を退け、さらに李密を討ち払ってひとまず生き残ることができたわけだが、「李密を抱き込むべし」と皇泰主に勧めた文官たちの立場は弱くなり、軍隊を率いている王世充が政権を仕切る体制となった。

その後、王世充は着々と政権基盤を固めていき、太尉、鄭国公から鄭王に進み、翌六一九年（皇泰二／武徳二）には相国に進み、九錫を受けるなど、禅譲へのルートを突き進む。列伝には王朝交替に関わる讖緯のエピソードも伝わっている。そして同年四月七日、皇泰主に禅譲させて帝位に即いた。国号は封爵そのままの鄭とし、皇泰から開明に改元した。

皇泰主というアイテムは王世充によって使用された。皇泰主の在位期間は一一ヶ月余りであり、他の二人の第三代皇帝がともに在位半年余りであったのに比べれば長かったことになる。皇泰主は潞国公とされたが、王世充に反発する文武官による王世充一党殺害及び皇泰主復辟の計画が明るみに出て、翌五ないし六月[38]に殺害される。王世充から皇泰主に贈られた諡が先述の通り恭帝で、弟である長安の恭帝が李淵から贈られたのと同じであった。かくして、長安・魏県に続いて洛陽でも禅譲革命を経て隋は滅亡した。三度目の隋の滅亡ということになる（表２：隋の滅亡Ⅲ）。王世充の鄭は国勢が振るうことなく、二年余り後の六二一年（開明三／武徳四）五月に唐に降伏して滅亡した。[39]

隋から魏へ（不成）

ここで話を李密に戻す。李密が洛陽皇泰主政権に投降したのはなぜか。[40] 確かに前後に敵を受ける状況ではあったが、三つ巴のうち、皇泰主の隋と隋帝浩・宇文化及の隋の二つが協力し得ない関係であったから、李密には宇文化及をやり過ごして隋同士で戦わせるといった選択肢もあったはずである。反隋闘争を続けていたところから、隋の皇帝から官職を受けるとなると、大幅な後退である。[41] しかし、いくつかあったであろう選択肢から敢えて皇泰主に投降することを選んだからには、李密はそこに前向きな展望を持っていたと考えられるわけであり、それが何かというと、自らが帝位に即くために皇泰主を踏み台にするということである。宇文化及を討って洛陽に乗り込み、皇泰主のもとで輔政者となる。軍事力、しかも皇泰主とは関係のない、李密に忠誠を誓う軍隊は持っているので、それを背景に洛陽政権で圧倒的な権力を握り、しかる後に禅譲させる、というシナリオである。

戦乱の折に、農民反乱や群盗、宗教結社といった社会的階層の低いところから生じた反乱の首謀者ほど、勢力の基礎を固め、拡大させる前の段階から早々に天子・皇帝を名乗る傾向がある。一方、李密は高級貴族出身の知識人であり、安易に自ら王や皇帝を名乗るような行動を避ける意識が強かった。皇帝の下の王ですら、充分に力を持ったところで、周囲から推されて王になる、というプロセスを踏まなければならないのである。実際、王世充に敗れるまで、李密の勢力は当時の無数の群雄の中でも非常に大きく、周囲の群雄たちから反隋運動の盟主に推されるような状況であったのだが、周囲の群雄が「王」を称しているにもかかわらず（例えば竇建徳は長楽王を称していた）、李密自身が名乗った肩書きは「魏公」までであった。

王朝交替という点で見れば、魏晋以来、実際に王朝交替に成功したのは、王朝の中で権力を固めて、しかる後に禅譲させるというパターンであった。ポッと出の反乱軍が早々に自ら王だ、皇帝だと称した例はいくらでもあるが、それらはせいぜい五胡十六国時代の短命な地方政権止まりであった。

李密が禅譲を遂行するには隋から譲らせる必要がある。しかし、ここまで李密はひたすら「反隋」を掲げて隋の官軍と戦ってきたのであり、「反隋」の立場をとる限り、禅譲に持っていくのは容易ではない。必ずしも禅譲に拘らないのであれば、天下の大半を制するところまで魏公を続けて、天下があらかた治まったところで周囲から推されて天子を称し、皇帝に即位するというプランになったと推量される。

ところが、長安で李淵が恭帝から禅譲させて唐を樹立している。遥か江都に滞在している煬帝を太上皇に祭り上げたことにして、皇太子（孫）でもなかった代王侑を勝手に即位させたというところで、一瞥して正統性の弱さが目に付くのではあるが、建前としては禅譲の形式を整えているのである。しかも李淵は貴族階層出身で、下層から出てきた有象無象ではない。しかも都の一つの長安を押さえている。代王侑のグレードも、正式な後継者ではなかったとはいえ高い。貴族・豪族といった支配階層の人々であれば、盗賊集団あがりの群雄よりも、貴族階層出身者の方により共感するものであろう。唐・李淵が表面的でも禅譲という形式を整えたことは、支配階層からの支持を惹き付けることに少なからず寄与したに違いない。一歩踏み込んでみれば、薄弱な正統性ではあるのだが、他の勢力がまだ「反乱軍」という枠から抜け出せていない状況であったので、李淵の集団は相対的には正統性が整っている存在であったのである。中国各地に割拠する群雄たちの中ではかなり官僚層、支配階層から受けがいい状態を作り上げていたわけである。

そのような李淵に対抗するためには、李密も禅譲という形式を整えるにこしたことはないわけである。必須ではないにしても、望ましいことであった。目前の洛陽には皇泰主がいる。激しく戦ってきた相手であり、しかも戦況は自分の方が有利に展開してきていた。いざとなれば宇文化及を排除した後に洛陽を陥落させて、皇泰主の身柄を確保して帝位への踏み台にすればいいか、という状況であるが、そこに皇泰主の方から手を差しのべられたのである。話に乗るのが当然である。帝位への踏み台である宗室が群雄割拠を乗り越えていくための非常に貴重なアイテムだったわけである。

しかしながら李密の結果としては、宇文化及を撃ち払ったものの、王世充の奇襲を受けて負けてしまい、長安に逃れざるをえなくなった。皇泰主というアイテムは李密の手には入らずに終わった。そしてそのアイテムは王世充によって帝位への踏み台として使われることとなったのである。

四　隋王楊政道をめぐる動静

隋から夏へ（不成）

楊政道は煬帝の次男、斉王暕の子である。ここまでに取り上げた越王侗や代王侑から見ると従兄弟ということになる。史料上では「隋王」となったと記述され、「皇帝」になったことは確認できない。一般的には封爵、王号などを用いずに、単に姓名で楊政道と呼ばれる。(42) 楊政道については石見清裕の研究があり、(43) 本章での楊政道の動静については多くこれに拠る。

父の斉王暕は六一八年（大業一四／義寧二）三月一一日、宇文化及等による江都の変で殺された。先述したようにこの時、江都に滞在していた宗室は秦王浩（隋帝浩）以外は皆殺しにされており、斉王暕の二人の子供も揃って殺された。ではなぜこの楊政道は生き残ったのかというと、『隋書』巻五九・煬三子・斉王暕伝の末尾に、

遺腹の子政道有り。蕭后と同に突厥に入る。処羅可汗、号して隋王と為す。中国人の北蕃に没入せし者は悉く之に配して部落と為し、定襄城を以て之を処す。（一四四四頁）

とあるように、「遺腹の子」であったからである。すなわち、江都の変が起きた時、楊政道はまだ母親の胎内にあったからである。楊政道の誕生日は不明であるが、父の斉王暕が殺されたのが六一八年（大業一四／義寧二）三月一一日であるので、その年のうちに生まれているはずである。

六一八年（大業一四／武徳元）九月に隋帝浩に禅譲させて皇帝を称し、許を建国した宇文化及が、翌六一九年（天寿

二／武徳二）閏二月に河北で竇建徳に敗れて殺される場面に、この楊政道が登場する。そこで煬帝の皇后だった蕭氏（皇太后の立場になっていたはずなので、以後「蕭皇太后」と表記する）とともに竇建徳によって身柄を確保されたのである。

宇文化及の勢力は隋帝浩を殺すまでは隋の体裁をとっていたため、隋の皇太后である蕭皇太后を粗末には扱わなかったはずである。蕭皇太后は煬帝が江都に連れて行った宮女や、宗室の妻女たちをも守っていたに違いない。その中に斉王暕の夫人と彼女が産んだ楊政道もいたわけである。とりあえず、竇建徳の保護下に入った段階で、楊政道は数え年で二歳ということになる。

竇建徳については『旧唐書』巻五四及び『新唐書』巻八五に列伝がある。貝州漳南の人で、もとは隋で里長や軍の部隊長を務めたが、同郷の知人を匿ったことで追われる立場となり、反乱軍に身を投じてそこでリーダーになった人物である。河北で民衆の支持を受け、隋の官軍の討伐を退けて、六一七年（／義寧元）には河間楽寿で長楽王を称した。列伝には年号を丁丑としたともあるが、同年の干支を用いたということで、隋の年号を用いるのをやめたということである。翌六一八年（戊寅？／武徳元）の冬に年号を五鳳とし、国号を夏としていた[44]。

さて、六一九年（五鳳二／武徳二）閏二月、竇建徳は宇文化及の拠る聊城を攻め落とすと、蕭皇太后に拝謁して「臣」と称した。まだ隋の臣下であるという立場をとったわけである。長楽王や夏王を名乗り、独自の年号も用い、ながらく隋の官軍とも戦ってきたのではあるが、まだ天子・皇帝を称していなかったので、両者の関係に致命的な齟齬はない。さらに素服を着て煬帝に対して哭し、伝国の璽と鹵簿・儀仗を入手した。なお、宇文化及は捕らえられ、殺害されている。四月には王世充が皇泰主に禅譲させて即位したことを受けてこれと関係を断ち、竇建徳自身は天子の旌旗を立て、出警入蹕し、命令書を「詔」とするようになった。あわせて煬帝には閔帝と諡して、楊政道を鄖公に封じた。

この当時、まだ二歳（満年齢だと最年長でとっても一歳になったかどうか）であった楊政道の立場はどのようなものであったか。既述したように、前年に唐の李淵に禅譲させられていた恭帝（代王侑・唐の酅国公）は当年五月ないし八月に、当年四月に鄭の王世充に禅譲させられた皇泰主（越王侗・鄭の潞国公）が、五月ないし六月に相次いで殺害される。その結果、楊政道は確認できる限り、隋文帝楊堅の子孫としては最後の生き残りとなった、ということは重要である。

ただし、条件を宗室全体に緩めると、生存している者や、消息が不明な者は少なからずいる。文帝の弟の子孫から見ていくと、動静が伝わっている人物としては、文帝の弟の滕王瓚の子である滕王綸がいる。煬帝を呪詛したとの罪（冤罪）で民に貶され、徙された先の嶺南で存命で、『隋書』巻四四・滕穆王瓚伝に、

天下大乱するに及び、賊林士弘の逼る所と為り、妻子を携え、儋耳に竄る。後、大唐に帰し、懐化県公と為る。

（一二二三頁）

とあるように、群雄の林士弘に追われるなどした後に唐に帰している。滕王綸の子供たちにも生存者がいることも記されている。林士弘が滕王瓚を狙ったのも、宗室のアイテム化という文脈で捉えられるだろう。なお、儋耳は海南島に置かれた郡の一つである。また、滕王綸に連坐した弟で湖南に徙された後の消息が不明のものが三人いる[45]。文帝の弟の子である廃衛王集も庶人に貶されて辺郡に徙され、「天下大乱に遇って終わる所を知らず[46]」とされている。同じく文帝の弟の子である蔡王智積とその弟及び男子たちについては記述がないが、辺郡に徙されたという記録もない。蔡王智積が煬帝の江都行幸に随行してほどなく病没しており、子弟たちも江都に随行していて、江都の変に巻き込まれたのではないかと推測される。

さらに離れたところでは、文帝の曾祖父である康王烈から五世の孫に当たる郇王慶が存命であったが、李密・皇泰主を経て当時は王世充の鄭に属していた。また、恭帝を嗣いで酅国公となった族子の楊行基は、系図上の位置が不明である。

ともあれ、楊政道というアイテムは竇建徳の手に渡った。しかしその後、楊政道は蕭皇太后ともども、東突厥のもとに引き取られることになる。当時、東突厥には隋から嫁いでいった義成公主がいた。公主といっても真公主ではなく、宗室の娘を皇帝の養女にして、五九九年（開皇一九）に啓民可汗に嫁がせた女性である。[47]義成公主は啓民可汗が六〇九年（／大業五）に死んだ後は、レヴィレート婚の習俗に基づいてその子の始畢可汗の妻となり、その後、六一九年（／武徳二）二月に始畢可汗が死ぬと、その弟の処羅可汗の妻となっていた。竇建徳が宇文化及を滅ぼしたのはその翌月、閏二月である。従って、竇建徳のもとに来た突厥の使者は処羅可汗が遣わしたということになるが（具体的な日時は不明）、義成公主の意思に基づくものと見て良いだろう。

この隋末唐初の群雄割拠の時期、北及び東アジアで最も強かった勢力は東突厥である。『隋書』巻八四・北狄・突厥伝の、

隋末乱離し、中国人の之に帰する者数える無く、遂に大いに強盛し、勢は中夏を陵ぐ。蕭皇后を迎え、定襄に置く。薛挙・竇建徳・王世充・劉武周・梁師都・李軌・高開道の徒、尊号を僭すると雖も、皆北面して臣と称し、其の可汗の号を受く。使者往来し、道に相い望むなり。（一八七六頁）

という記事はよく知られている。中国北部の群雄は唐の李淵も含めて多くが東突厥から兵を借りており、東突厥に臣と称して可汗の称号を授けてもらい、諸群雄から東突厥への使者が道ですれ違うような状態であった。

竇建徳と東突厥とのやりとりの中で、煬帝の蕭皇（太）后の身柄を保護した、そこに隋の宗室の皇子が一人いる、

という情報が流れたのであろう。義成公主は隋の宗室、それも文帝の子孫としては最後の一人となる皇子である楊政道の身柄を求めた。東突厥から要求されれば、竇建徳は断れなかった。

竇建徳としては遺憾だったことであろう。史料上、直接的な記述は伝わっていないが、蕭皇太后と楊政道を揃えて手もとに置いて、蕭皇太后の名のもとに楊政道を隋の皇帝に仕立て上げ、しかる後に禅譲させる、というシナリオを描かなかったはずはない。例えば隋帝浩であれば、煬帝を殺した宇文化及に立てられたということで正統性を語る上で汚点があるが、楊政道はまだ誰にも利用されていない。さらに後見として蕭皇太后もいる、伝国の璽も入手しているとなれば、隋の正統を称するには充分である。そこから禅譲されたとなれば、名分上は王世充に対抗できるし、長安の唐よりも体裁は整っているといえる。しかし、東突厥から求められれば、竇建徳としては護衛を付けて送り届けるしかなかった。それが当時の力関係である。

定襄の隋王国

かくして、楊政道というアイテムは東突厥に渡った。翌六二〇年（／武徳三）二月、三歳になった楊政道は突厥可汗のもとに至り、隋王とされ、隋末の戦乱から逃れて突厥に来ていた中国人を統治することとなった。隋の正朔を用い（年号は不詳）、百官を置き、一万人を統べ、定襄（内モンゴル呼和浩特の南）に本拠地が置かれた。隋の定襄郡が置かれていた地であるので、隋の領域の一角をまだ確保していたという見方もできるが、東突厥の直接的な影響下にあり、隋として存続したというのはいささか憚られる。せいぜい参考事例の範囲として、亡命政権の体裁で続いたとすべきであろう。楊政道が皇帝と称したことは確認できない。誰の後を継いだということにしたかも不明であるが、宇文化及によって立てられた隋帝浩は認め難いことであろうから、煬帝の後継者としてであったと推測する。すなわち四人目の隋の第三代君主であり（系図1：③Ⅳ）、これが突厥なりのアイテム活用法であった(48)。

この亡命政権はおおよそ一〇年間存続した。その間、東突厥は中国に干渉して影響力を維持しようとし、その際にはこの隋王国も利用された。しかし東突厥は内紛によって弱体化し、そこを中国を統一していた唐に突かれ、六三〇年（／貞観四）一月に瓦解した。同時に東突厥の庇護下にあった亡命政権である隋王国も終了となり、蕭皇太后と楊政道は長安に連行され、楊政道の隋王は剥奪となった。四回目の隋の滅亡ということになる（表2：隋の滅亡Ⅳ）。楊政道は一三歳であった。それ以上の厳しい処置は下されず、二王之後として隋の祖先を祀る仕事は、恭帝を嗣いだものたちが務めていたので、楊政道は隋とは直接的な関わりのない立場となり、員外散騎侍郎の職を与えられ、その後尚衣奉御に至り、高宗の永徽年間（六五〇～六五五）に薨じた。蕭皇太后も相応の礼遇を受け、六四八年（貞観二二）に薨じると、遺骸は皇后の礼を以て江都に葬られていた煬帝と合葬された。東突厥の頡利可汗も捕らえられたが、唐に召し抱えられる形となって、相応の官職を授けられ、亡くなった際には突厥の可汗としての礼遇で扱われた。ただ、義成公主だけは、唐への敵対行動を主導したとして即座に殺害された。

おわりに

以上から、隋は禅譲革命によって三回滅び、その後さらにもう一回、都合四回滅びたとまとめるのは諧謔が過ぎるかとも思う。しかしながら、王朝の中核が機能停止し、旧領域の大部分で統治の実態がなくなった後でも、楊政道の例のようにどこからか宗室の人間を引っ張りだして君主に仕立て上げて、旧領域のごく一部を維持した状態や、また辺境どころか完全に国外に出た先で王朝の存続を唱えている残存勢力があるといった事例は、実のところ少なくない。

「王朝の滅亡」という現象に対する定義がないため、一般的には「滅んだ」とみなされていても、細かく見ればしぶとく生き残っているということがままあることは、むしろ周知のことに属するだろう。例えば、一七世紀の明清交替では李自成率いる農民反乱軍の攻撃を受けて明の北京が陥落し、崇禎帝が自殺したことで明の滅亡として扱われるが、その後、女真族の清が満洲から中国に入って勢力を拡大させていく中で、中国の南部では明の宗室を押し立てて、明を存続させる動きが一五年ほど続いており、これが南明政権として知られている。また逆に、同じ国の君主が並立して一時的に分裂状況に陥ったものの、同国内での内乱として収束した事例、すなわち一方が滅びながらも国が滅んだとはみなされない事例などは枚挙にいとまが無い。

しかし、こと禅譲による王朝交替という経過をたどった場合では、大抵の事例では「はじめに」で示した、

◇新政権の初代君主が前王朝で軍事力を背景として実権を掌握する。

という前提が達成されており、前王朝の残存勢力となりうる芽を潰し終えてから禅譲を実行したので、基本的に禅譲という現象はその一回で終了し、何回も行われるという現象はそうそう起きるものではなかったのである。といって全く無いわけではなく、例えば東晋では、まず桓玄が東晋安帝から禅譲させて楚を建国したもののすぐにひっくり返され、その後、劉裕が今度は恭帝から禅譲させて宋を建国した。ここから東晋は二回滅んだとはいえる。ただし、ルートとしては東晋→楚→東晋→宋という一本道であり、分裂・枝分かれはしておらず、また一般的には楚は認められてはいない。

隋末のように枝分かれした事例としては、南朝梁が挙げられる。北朝からの降将侯景の反乱によって屋台骨を崩さ

れた梁は、まず五五一年に侯景によって皇帝に即位させられていた予章王棟から侯景（国号は漢）に禅譲されて限定的に一度滅びるも、[49]荊州で元帝が即位して梁を続けた。[50]次いで五五七年に敬帝から陳覇先（国号は陳）に禅譲されて大部分が滅びた。陳覇先は概ね梁の末期に梁の全権を掌握しており、陳も王朝としての体裁を保って三〇年余り存続したので、禅譲の事例として一般に認められている。しかし概ねというところが問題で、宗室の人間が北朝の庇護下で梁を続けた。その一つが岳陽王詧が続けた梁で、西魏・北周・隋の附庸国家として存続したいわゆる後梁政権である。これは五八七年に隋文帝の意思のもとに「廃」された。もう一つが永嘉王荘が続けた梁で、北斉の庇護下で陳と戦ったが、五七八年に北斉が北周に滅ぼされた段階で終焉を迎えた。ここまで挙げた中で、梁は隋と同じように四回滅んだといえる。

混乱が激しければ全体をまとめ直すのは大仕事となり、枝葉の部分まで潰しきることは難しくなる。さらに南北朝時代のように分裂時代であれば、隣国からの干渉や、生き残った宗室が隣国に逃れてそこで亡命政権を樹立するといった動きもあって、なおさら状況は複雑になるわけである。

ともあれ、禅譲という形式が採られた時代に、隋は都合四回も滅び、その後継王朝は唐と鄭と許の三つがあったわけである。このような事態が起きた要因は、まず全国的な群雄割拠状態に陥ったことが挙げられる。隋末の反乱は、中心となった存在が挙げられないほどに全国同時多発的であった。全国的な群雄割拠状態ということでは、後漢末期も同様であったが、当時は禅譲を王朝建国に必要な過程とする認識がまだ出来上がっておらず、また漢としての国勢を回復することが禅譲遂行の条件とみなされていたことで（これは「前王朝で実権を掌握すること」への補足的な条件である）、そのハードルも高かった。[51]結果、禅譲を遂行したのは曹魏のみであった。禅譲は前王朝の国勢を全うした状態で行うものであるという認識は、漢魏・魏晋の王朝交替を経て定着し、この前提を踏まえずに禅譲を遂行した者は、侯景のようにあえなく滅び去っていき、失敗例として記憶された。

しかし、唐の李淵は敢えて「前政権で権力を握る」という前提を経ずに、一地方を押さえた段階で、勝手に現役の皇帝を本人の与り知らぬところで皇帝ではないことにし、代わりに手もとに確保した宗室の人間を皇帝ということにして、そこから禅譲させるという荒業をやってのけて、禅譲遂行のハードルを一気に下げたのである。このインスタントさは画期的であった。その後、李淵が着々と勢力を固めていくのを見た周囲の群雄は、「それが許されるのか」と受けとめて、まだ群雄割拠のさなかでも禅譲を遂行して形だけでも正統性を整えようとし、禅譲のためには宗室の皇子がアイテムとして必要となることからこれを入手せんとする動きが生じ、あとは生き残っていた宗室の皇子ごとに方々で隋の皇帝が即位し、そしてほどなくそれぞれの隋が滅亡するという展開に至ったわけである。

王朝滅亡の瞬間を定めることが難しいケースというのはままあることで、隋唐交替に関しては宮崎市定が、

中国流の大義名分から言えば洛陽政権の方が正統であるから、隋の滅亡は、正しくは六一九年とすべきであろう。（中略）但しそうするとそれを受ける唐は武徳二年から始まることになってしまうので、便宜のために隋唐の交代を六一八年にするというなら異議はない。

と述べているが[52]、これは現実と「唯一正統的な天子による一貫した統治」という中国の伝統的歴史観の乖離から生じた問題を指摘しつつ、なお伝統的歴史観に引きずられている説でもあると思われる。隋の滅亡と唐の成立を一連のこととして捉える必要はないのである。歴史学の立場としては、隋の滅亡を六一八年とするのは採りがたく六一九年が妥当であり、また唐の成立は六一八年であらねばならない。

最終的に勝ち残った「大唐帝国」と比べるまでもなく、王世充の鄭と宇文化及の許は規模が小さく、存続期間も短く、大局的な視点に立てば取るに足らない政権として扱われるのも当然のことではある。何事も細かく見ればいいと

いうことではない。しかし、同時代、群雄割拠の現場に立ってみれば、まだどこが勝ち残るかは判断できない状況があったことは認識しておかねばならない。史料の潤色は建国期にこそ顕著である。隋末から唐初武徳年間あたりについて考える時、用いることができる伝世文献史料は唐代に編纂されたものが多数を占め、そこでは唐のみが隋の後継者であるという前提で記述がなされている。そういった環境で、群雄たちが横一線に並んでいる状況を想定せずにいれば、直ちに史学上重要な事項である「唐の建国」の状況をとり違えることに繫がるであろう。

註

（1）宮川尚志「禅譲による王朝革命の特質」（『東方学』一一・一九五五年）（以下、宮川論文A）及び『六朝史研究　政治・社会篇』（平楽寺書店・一九五六年）第二章「禅譲による王朝革命の研究」（以下、宮川論文B）。

（2）例えば大原信正『曹魏王朝成立史の研究』（中央大学博士論文・二〇一四年）。

（3）前掲注（1）宮川論文Bは、この一四件に加えて桓温・桓玄による東晋から楚への禅譲を取り上げている。

（4）例えば隋文帝楊堅は軍事力よりも外戚としての立場に基づいて権力を掌握した。また、禅譲した前政権最後の君主をほどなく殺害するようになったのは、宋武帝劉裕からである。

（5）宮崎市定「隋代史雑考」第三章「大業十四年」（『宮崎市定全集』第七巻・六朝（岩波書店・一九九二年））（一九五九年初出）参照。当該論稿では、先立つものとして、『廿二史劄記』巻一三・大業十四年条や斉召南『歴代帝王年表』を挙げている。

（6）大室幹雄『干潟幻想』（三省堂・一九九二年）第六章「始原児皇帝の世界遊戯と母胎回帰」参照。

（7）一時期は次子の斉王暕が皇太子になると目され、煬帝からもこれに準じる待遇を与えられていったが、素行不良から衆望を失った。『隋書』巻五九・煬三子・斉王暕伝・一四四二～四頁。以下、正史及び『資治通鑑』の引用箇所は中華書局標点本に拠る。

（８）『隋書』巻四・煬帝紀下・大業九年正月己亥条・八四頁。
（９）『隋書』巻四・煬帝紀下・大業一二年七月甲子条・九〇頁。越王侗も以前より煬帝が行幸に出るごとに東都の留守を任されており、その際は民部尚書樊子蓋が補佐に付いていたが、樊子蓋は六一六年（大業一二）七月壬戌、江都行幸の二日前に卒していた。
（10）『隋書』巻五九・煬三子・燕王倓伝・一四三八頁。
（11）前掲注（５）宮崎論文、第四章「隋恭帝兄弟考」参照。
（12）城郭都市としての正式名称は「大興城」であり、王都の呼称として「京師」の語も使われるが、本稿では馴染みの深い「長安」を基本的に用いておく。
（13）ただし、煬帝は行幸・親征で外出することが多く、洛陽に滞在していた延べ時間は五四ヶ月余りと決して長くはなかった。氣賀澤保規編『遣隋使がみた風景―東アジアからの新視点―』（八木書店・二〇一一年）序章「東アジアからみた遣隋使―概説と課題」（氣賀澤保規執筆）。複数の都が置かれる現象については、丁海斌『中国古代陪都史』（中国社会科学出版社・二〇一二年）参照。
（14）代王侑は宮城の東宮にいたが（『大唐創業起居注』巻二・大業十三年十一（日）〔月〕丙辰条・三七頁（上海古籍出版社点校本））、皇太孫であったわけではなく、太極宮を避けたためであろう。
（15）『大唐創業起居注』巻二・大業十三年十一月壬戌条・三八頁、『隋書』巻五・恭帝紀・義寧元年十一月条・九九頁による。『旧唐書』巻一・高祖紀は大業十三年十一月癸亥条・四頁に繋げる。
（16）年号表記の補足は、基本的にまず各人物が所属した勢力が用いた年号を示し、便宜的に一般的に用いられる隋恭帝→唐での義寧・武徳を添える。
（17）『資治通鑑』巻一八五・唐武徳元年は、五月条の直前に「煬帝の凶問、長安に至る」と書している（五七九一頁）。
（18）『大唐創業起居注』巻三の巻頭には、「摂政より即真に至るまで凡そ一百八十三日」とある（四四頁）。
（19）『長安志』巻八・宣陽坊条・二七九頁（三秦出版社点校本）。なお、五月己卯は『旧唐書』巻一・高祖紀に拠るもので（九頁）、『新唐書』巻一・高祖紀（九頁）、『資治通鑑』巻一八七・唐高祖武徳二年（五八六〇頁）は八月丁酉にかける。

（20）前掲注（1）宮川論文A・B参照。
（21）『隋書』巻七〇・李密伝・一六二五頁。
（22）前漢時代に霍光の主導により昌邑王賀が廃された例や、三国魏時代に司馬師の主導によって斉王芳が廃された例が著名。
（23）西晋時代に司馬倫に逼られた恵帝や、唐代に太宗に逼られた高祖がこれにあたる。一方で、皇帝が自らの意志によって皇帝を退いて、太上皇などのより格式の高い地位に即いた例も見られる。これらは『廿二史劄記』巻一三・太上皇帝・二七八頁（王樹民校證・訂補本・中華書局）にまとめられている。
（24）王朝の正統性というものは既成事実の積み重ねなど、後付けで語られることも多いが、同時代の世論の支持の大小を左右する要素であったことも確かであろう。正統性を測る基準は存在せず、漠然とした印象をもとに述べざるを得ないが、恭帝が隋王朝の本流を称するに足る同時代的正統性を得るためには、形式的な存在に過ぎなくとも隋王朝の支配者として諸反乱を鎮圧し、群雄割拠状態を収束させるという実績が必要であったろう。
（25）『旧唐書』巻一・高祖紀・義寧元年一一月丙午条・五頁。
（26）前掲注（1）宮川論文A・Bは、禅譲の形式を勝手にさっさと整えたのは有職故実に詳しい周囲の官僚たちであり、李淵自身は禅譲に興味がなく、九錫拒否は湯武の放伐を倣おうとしたあらわれであるとされている。しかし、もとより禅譲を考えていなければ代王侑を皇帝に即位させたりはしなかったであろう。
（27）華南で勢力を張った群雄の林士弘を加えてもよいかもしれない。後述。
（28）『隋書』巻四五・文四子、『北史』巻七一・隋宗室諸王・文帝四王に列伝がある。文帝の末年に廃されて庶人に貶されていたので、正確には廃蜀王と表記すべきところである。禁錮状態のまま江都にも同行させられていたのは、監視が緩むことを恐れてのことであろう。他にも漢王諒の子の楊顥が禁錮状態のまま江都に同行させられている。蜀王秀を衆議が否としたのは、胆気があり朝臣に憚られる我の強さが嫌われたためであろう。
（29）隋帝浩は一般には皇帝として認知されてはおらず、それは大局的には適切な対応ではある。しかし、当該時期のように煬帝の後継者という同じ立場を称するものが並存する状況で次代唐王朝の整理に従っていては、確実に実態を掴み損ねる。よって、本稿では隋帝浩を第三代皇帝として扱う。また、即位した順番によって恭帝が第三代、隋帝浩がその次に即位したので第四代と単純に代数を積算してはならない。誰の後を継ぐ形式をとったかは重視されねばならない。
(30)『隋書』巻八五・宇文化及伝。
朝臣の己と同にせざる者数十人、及び諸王外戚を執え、少長と無く之を害す。(一八九〇頁)
(31)『資治通鑑』巻一八五・唐高祖武徳元年・三月乙卯条。
別宮に居き、詔を発し勅書を画せしむのみ。仍お兵を以て之を監守す。(五七八三頁)
(32)各史料で宇文化及たちが帰る先は長安と明記されているが、煬帝時期の中心的都城は洛陽である。この時の隋軍の中核を占めた驍果は全国からの召募であり、府兵制の鷹揚府が関中地域に集中的に配されたのとは状況がことなる点もある。この一〇万の中には江南出身者も少なくなかった。驍果に関しては氣賀澤保規『府兵制の研究』(同朋舎・一九九九年)第六章「驍果制考」(一九八六年初出)参照。長安は西魏・北周以来の都であり、煬帝時期になっても長安が政権の故地として重要であったことは確かであるが、建国当初に長安に拠った唐朝によって「隋代を通じて長安こそが中心的な都」というイメージが必要以上に強調されている可能性は念頭に置くべきであろう。
(33)『隋書』巻八五・宇文化及伝・一八九一頁。
(34)『隋書』巻八五・宇文化及伝は「建元為天寿」(一八九一〜二頁)とするが、大業からの改元であると考えられる。遡って、文帝崩御・煬帝即位は六〇四年(仁寿四)七月、仁寿から大業への改元は翌六〇五年正月のことであり、この時は踰年改元の制が採られている。煬帝崩御・隋帝浩即位に際して改元したという記録は管見の限り見られず、この時も同様に踰年改元が志向されていたのであろう。
(35)例えば隋代に対突厥・西域政策で活躍した裴矩は、許政権で尚書右僕射・蔡国公となっている。『隋書』巻六七・裴矩伝。脱落・排除された者としては、司馬徳戡等が挙げられる。『隋書』巻八五・宇文化及伝。
(36)李密の動静については、布目潮渢『隋唐史研究―唐朝政権の形成―』(東洋史研究会・一九六八年)上篇・第二章「李密の叛乱」(一九六五年初出)に詳しい。
(37)隋帝浩政権ではさらに四ヶ月後の同年九月まで大業が用いられていた可能性が高い。前掲注(34)参照。
(38)『資治通鑑』巻一八七・唐高祖武徳二年は五月条の末尾(五八五七頁)に、『新唐書』巻一・高祖紀は武徳二年六月条に繋ける（九頁）。

（39）王世充の動静と鄭政権については王成平「王世充及其〝鄭〟政権」（『西南師範大学学報』（哲学社会科学版）一九八八—二）、胡如雷「対隋唐之際王世充勢力的幾点剖析」（『廈門大学学報』（哲社版）一九九四—二）参照。

（40）以下、李密と東都皇泰主政権との関係については、拙著『西魏・北周史の研究』（汲古書院・二〇一三年）第三部・第三章「隋末李密の東都受官に関する一試論」（二〇〇〇年初出）に基づく。

（41）一九九〇年代まで中国で主流だったいわゆる農民戦争史観では、この李密の方針転換は農民反乱軍を反動勢力（王朝勢力）に売り渡したということで、非常に評判が悪いものであった。

（42）『隋書』・『旧唐書』などでは「楊政道」、『北史』では「楊正道」と表記される。本稿では「楊政道」で統一しておく。

（43）石見清裕『唐の北方問題と国際秩序』（汲古書院・一九九八年）第Ⅰ部・第三章「突厥の楊正道擁立と第一帝国の解体」（一九八四年初出）。

（44）竇建徳とその勢力については氣賀澤保規「竇建徳集団と河北—隋唐帝国の性格をめぐって」（『東洋史研究』三四—四（一九七三年））参照。

（45）『隋書』巻四四・滕穆王瓚伝・一二二三頁。楊綸の弟で消息不明なのは長沙に徙された楊坦、衡山に徙された楊猛、零陵からその後さらに南海に徙された楊温。

（46）『隋書』巻四四・衛昭王爽・附嗣王集伝・一二二五頁。

（47）義成公主が楊氏の系図上のどこに位置するかは不明である。彼女の名については史料上「義成」と「義城」が混在しているが、この時代に北周・隋から突厥に嫁いだ公主には千金・大義・安義・信義といった地名由来ではない名が用いられることが多いようなので、本稿ではひとまず「義成」を用いておく。

（48）これによって東突厥が引き続き隋を中国の正統王朝としたわけではない。山西の劉武周やオルドスの梁師都ら群雄に天子の称号を与え（『旧唐書』巻五六・李子和伝・二二八二頁）、李淵・王世充・竇建徳も含むその他の多くの華北の群雄に助力したのは、東突厥にとって中国が複数の政権で分裂している状態が望ましいからである。そこに「唯一の正統王朝」という概念が入り込むことはない。

(49) 侯景は敗色濃厚となったところで、自らが立てた蕭棟（予章王）から禅譲させ、漢を建国したが、漢国は五ヶ月ほど存続して滅んだ。その行動は本稿で取り上げた宇文化及の例と同様で、その先駆けともいえるが、基本的には失敗した事例であり、禅譲遂行を目指す者が参考にするものではない。しかし、前王朝の一部しか支配できていない状態で禅譲革命を遂行したという点では、唐の李淵に先んじているともいえる。

(50) 元帝（即位以前は湘東王として荊州に鎮し、侯景打倒の中心的存在となった）は、簡文帝の在位中はその年号である大宝を用いず、武帝の年号である太清を使い続けた。これは侯景の支配下にあった簡文帝の存在を認めないことを示すものである。しかし自ら即位するにあたって発した詔では「太宗簡文皇帝」の語を用いてその存在を認め（『梁書』巻五・元帝紀・承聖元年十一月丙子条・一三一頁）、その後を継ぐ形をとった。

(51) 漢魏交替に先だって、呉は形式的にではあっても後漢に臣従しており、蜀漢も後漢を奉じる立場をとっている。前掲注（2）大原論文参照。

(52) 前掲注（5）宮崎論文、四三二頁。

北宋における南方産馬の軍事利用
――広南西路の買馬を中心に――

大室智人

はじめに

北宋は一時代を通じて、契丹や西夏といった周辺を取り巻く諸国家との間に構築された、緊張した国際関係を鑑みて、常に軍事力の充実について注意を払う必要があったと想定される。特にその傾向は、国初以来の更戍法を中心とした軍制の限界を露呈し、西夏に対して劣勢を強いられた宝元用兵以降において強まった。その後、神宗朝期に入ると、対峙する敵に対抗し得る、地域毎の専門性と実戦能力を備えた軍を配備し、軍事力の増強を図ろうとする様相が見られるようになる。

軍事力とは、現代においては「国際的な暴力の使用に対して国家が自国の安全を守り、あるいは対外政策を効果的に遂行するための手段として保持する実力」(1)であって、つまり相手に対して我が意思を強制するための力であると定義付けられる。この軍事力が発揮する機能は極めて多岐にわたり、現代にあっては単純に戦争のための能力を期待するのみに留まらず、戦間時、あるいは戦後の事態収束や平和の構築・維持などにも寄与するために使用されている。一方で軍事力を直接的な強制力として作用させることに制約が少ない時代にあっては、現代の観点をそのまま当てはめることは当然できないとはいえ、その期待される役割は、概ね敵を打倒し、排除するための攻撃的機能と、国家を保全するための防御的機能がより重視されていたと考えられる。

そして軍事力は直接的な戦争の手段、実行力であると同時に、戦争を惹起する原因ともなり得る。戦争がなぜ発生するのか、その原因については数多くの論考が存在しており、様々な可能性が提示されているが、軍事力に焦点を絞って考えると、そのバランスが重要な要素であることが指摘されている。

すなわち、石津朋之氏の著書(2)に従ってこれを簡単にまとめると、対立する二国間において力が拮抗することにより、戦争生起の可能性は原則として低下する。これは両者の勢力が接近していれば、戦争を行なうことによるデメリットが高まるため、指導者はできるだけ武力衝突を回避する傾向を採りやすいためである。従って、直接的には軍事力の均衡が国家の安全を保障する一方で、不均衡が戦争を引き起こすリスクを上昇させると考えられた。そのため、戦争を回避するためには、対立する相手と同等か、あるいはそれ以上の軍事力を保有するべきであるとされた。マキアヴェリが「武装せざる富者は武装せる貧者の報奨金である(3)」と言ったように、常に他者の攻撃に備え、軍備を確保・充実させることが、安全保障において有効な施策なのである。

しかし一方では、こうした「勢力均衡」によって平和が維持されるという観点には反論もある。むしろ勢力が不均衡であることにより、強大な国家は弱小の国家を脅威と見なさず、逆に弱小の側が強大な側に戦争を仕掛ける可能性も低いため、武力衝突が発生しないとする「勢力優位」の論である。

以上の指摘を踏まえて、北宋の国家方針や当時の国際情勢を概括的に眺めた場合、北宋が国家を保つ上では、いずれにせよ軍事力の比重は大きく、常に強化策を採らざるを得なくなる。軍事力を背景として時に威圧的な外交交渉も辞さない契丹や、直接的に軍事力を用いて北宋に譲歩を迫る西夏といった周辺諸国に対し、特に真宗朝以降、規定路線となった専守防衛方針を貫徹するためには、軍事力の拮抗あるいは優越を実現して、敵の攻撃を防御、あるいは未然の抑止を行なわなければならない。また西夏に対した初期、あるいは神宗朝期に強く主張されたように、対外積極・強硬策を採ることがあれば、当然敵対する勢力を打倒し得る軍事力を備える必要が存する。

従って、北宋は軍事力の量・質両面に亘る充実を目指し、有形無形を問わず様々な課題を解決するべく試行し続けた訳であるが、特に対外積極策を志向した神宗朝期に、北宋軍全体の制度、運用思想が変革される中において、南方地域、とりわけ広南西路では騎兵運用の実用化を目指す試みが行なわれていた。この動きは皇祐五年（一〇五三）に邕州帰仁舗において、儂智高の軍を撃破した狄青の成功例と、熙寧九年（一〇七六）に行なわれて失敗した郭逵の交阯遠征を下地として、当該地域における騎兵運用による利点と欠点を把握・検討した上で、騎兵の南方における活用を実現し、交阯をはじめとした諸勢力に対する軍事的優位を確保するためであったと考えられる(4)。その一環と推測されるのが、元豊年間（一〇七八—一〇八五）に入って広南西路で開始されたという買馬である。これは『嶺外代答』巻五・経略司買馬に

元豊の間自り、広西帥司は已に幹辦公事一員を邕州に置き、専ら提挙左、右江峒丁を切にし、ともに買馬を措置せしむ(5)。

と述べられるものである。

この買馬の実態については、明確に言及している史料はほとんどなく、それゆえに広南西路における南宋の馬政を論じられた岡田宏二氏は、「したがって、ここでみられる神宗元豊年間の買馬については、王安石の新法の一つである保馬法との関連によるものではないかとも推測される。」と言及されている(6)。

岡田氏の述べられるように、この買馬の詳細な実態について明らかにするのは困難であるが、一方で、何故この地

域で買馬が開始されたのか、という点については、先に挙げた狄青・郭逵の戦例と、その周辺で行なわれた議論の変遷を辿ることによって、一定の位置づけを試みることは可能であろうと考えた。そこで本論では、北宋朝廷が広南西路で買馬を開始した背景と意図、並びにそこで集められた馬の特徴を明らかとし、北宋騎兵に南方地域で求められた特性と、北宋の軍事体制上より見たその意義について、論じていきたい。

一　騎兵運用の前提条件

では、狄青と郭逵の戦例から導き出された、南方で騎兵を用いる利点と欠点、そして騎兵を活用するための前提条件から、広南西路における買馬開始の理由を探ってみたい。

儂智高討伐で成功した狄青が騎兵を用いた理由は、儂智高軍と比較した場合、歩兵戦で不利を強いられる一方で、儂智高軍には北宋軍に匹敵する騎兵集団が存在せず、騎兵に対する理解も浅いことであった。そのため、陝西・河東から動員した北宋騎兵が威力を発揮して、儂智高軍の撃破に大きく貢献したのである。この様相は対儂智高に留まらず、南方の少数民族勢力、あるいは交阯、占城と対比した場合においても、共通するものであったと考えられる。

しかしながら、狄青の戦例を参考として騎兵を動員した郭逵の場合には、狄青の戦例と比較すれば、条件や運用方法が異なるために複数の問題が発生し、適当な手段とは言えないとして、張方平が反対意見を述べるに至った。張方平の言う問題点とはいかなるものか。簡単にまとめると、その一点目は地形に関する指摘で、騎兵が戦闘しづらい険阻な地形の多い地域である交阯への進軍が必要であることと、交阯軍がその地形を活用して北宋軍に対抗するであろうという点である。二点目は、気候に関する指摘で、大軍を動員して南方へ長期間遠征を行なう場合、酷暑下での進軍となるため、河東・陝西から召集した騎兵が人馬共に環境に慣れず、身体に負担がかかって倒れるものが多く、非戦闘時の損耗が大きくなるという点である。三点目は北方において有事が発生する事への懸念で、長期にわたって大規模遠征を行なう場合に北方から騎兵を動員すると、抑止力が低下し、契丹、西夏が何らかの軍事的圧力を加えてくる間隙を与え兼ねないということ、加えて本来防御に当たるべき地域に騎兵が不在であることが、そのリスクをより高めるのではないか、という点であった。

この両戦例により、北宋騎兵は南方での戦闘に大きな威力を発揮するという利点を持つ一方、狄青の成功例を踏襲するだけの運用では難点が多く、常に信頼し得る手段とはなり得ないという欠点を抱えることが明らかとなる。よって、騎兵に依って軍事力増強を図るのであれば、欠点を補うことが前提条件となってくる。そのための一つの方策と言えるのが、郭逵の騎兵運用に対し、張方平が提議した対案である。これは『楽全集』巻二六・論討嶺南利害九事によると、

凡そ国家の大事を言うに、必ず曰く軍馬と。軍馬は、戎事の本にして、忽せにすべからざるなり。今の辺塞は一鋭士を簡選し、一壮馬を調習するは、甚だ得やすからず。心を国に尽すは、方に之を知るのみ。昨に召す所有《すべて》の辺要の将官は乃ち備辺の騎兵なり。願くばおのおの本道に遣還し、荊湖をして多く丁壮を募り、諸州の土軍を蒐補せしめんことを。其の将士は土俗を服習し、山川地利を諳識す、其の騎は亦た只南馬を用い、格式は小と雖も、筋力は自ずから壮にして、隘険を行くに慣れ、其の水草に安んず。中国の人とともに相先後せしむれば、勢の便なる者なり。かつ西北をして朝廷の力を知らしめんとし、一方に警有るも、辺備は晏然として動を為さざるなり。(7)

という案であった。つまり、南方特有の地形と気候に対応できる、現地人と現地産馬を集めて、当該地域を専門とする騎兵部隊を新たに編成することで、同時に北方防衛に携わる騎兵部隊を転用せずに済むという、解決策となる。こ

の案を実行し、騎兵による軍事力の向上を図るのであれば、南方において馬を入手し、軍に供給する体制の構築が必要となってくる訳である。結果的に、はじめにで述べた元豊年間に開始されたという買馬以前、郭逵の遠征が失敗に終わった直後の熙寧十年（一〇七七）、『続資治通鑑長編』（以降、『長編』と略）巻二八六・熙寧十年十二月丁酉の条に、

知桂州趙卨専ら横山寨主、監押に委ねて蛮人を招誘して特磨道等の戦馬を買うを乞い、之に従う。(8)

とあるように、郭逵の下で交阯遠征に参加した趙卨が、邕州横山寨において特磨道からの戦馬購入体制を早々に模索し、開始しようとしたのは、張方平の提案を基盤としていたのではないかと考えられ、そして元豊年間の買馬も、これが継続したものであろうと推測されるのである。なお、ここで馬の購入先として指定された特磨道は、現在の雲南省文山州広南・南寧一帯に広がっており(9)、儂智高が狄青の騎兵部隊に対抗するため、騎兵の編制と訓練を行なおうと計画していた場所で、良馬を多数保有する土地であった。

二　南馬を用いる騎兵編制の実現性

しかしながら、前章で述べたように、張方平案を軸として広南西路において騎兵を編制するとして、そもそも北宋騎兵に圧倒された当該地域において、現地の人馬で十分な騎兵を編制し、北宋の軍事力の質的向上に寄与し得たのか。特に馬については、北宋軍が求める軍馬としての使用目的に耐えうる馬を入手することが可能であったのか。そもそも張方平が言うところの南馬とは、どのような馬であったのだろうか。本章では以上の点についてさらに考察を行ないたい。

（1）北宋の軍馬

まず、張方平が用いることを進言し、実際に集めることが可能な馬とは、どのようなものであったかを考える。その前提として北宋騎兵が用いた軍馬について概観してみたい。

林田重幸氏は、体高データ等から、中国には大きく分けて二系統の馬が存在するとした[10]。すなわち、内蒙古一帯で飼育される蒙古馬系統と、四川雲南、貴州の山岳地帯で飼育される四川馬（川馬）系統の二つである。前者の分布する地域は朝鮮半島の北側から中国東北部、モンゴル、青海、イリにかけてであり、現代の中国在来馬種においては、蒙古馬（体高平均一二〇―一三五㎝）、伊犂馬（哈薩克馬。体高平均一三五㎝前後）、河曲馬（体高平均一二六―一四〇㎝）などが該当すると考えられる。伊犂馬は漢代には烏孫馬として知られ、その優れた資質から天馬、あるいは西極馬とも呼ばれた馬種であり[11]、河曲馬は、唐の呂温に龍駒と詠まれた馬種であるとされる[12]。

もう一つの四川馬系統は四川、雲南、貴州などに分布し、西南馬（体高平均一〇五―一三一㎝）に分類される四川建昌馬、貴州馬などが該当するようである。この馬種は、体格は小さいものの頑強かつ足腰が屈強で、駄載によく耐えるという評価を受ける。

この現代的な区分と、北宋で馬を買い入れる際の馬格規定を比較してみると、当初の規定では馬高四尺七寸（約一四七㎝）から四尺二寸（約一三一㎝）の六等で[13]、後に四尺一寸（約一二八㎝）までの馬も買い入れ対象となる場合があった[14]。このことから、概ね北宋軍馬としては蒙古馬の系統、すなわち北方、西方馬の需要が中心的であって、それより平均的に体格が劣るが、力の強い四川馬系統の馬が、張方平の言う南馬に当てはまるようである。

一方で北宋の馬取り扱いに依って考えると、北宋当時の馬は、まず戦馬か羈縻馬かの二つの馬種という基本的な区別がある。[15]戦馬は騎兵に供給されるべき馬で、北辺・西北沿辺の国内外に居住する諸部族の飼養する馬がそれに該当し、国初から主要な市馬・招馬の対象となっていた。[16]獲得される地域から、これに該当するのは林田氏の言う蒙古馬系統の馬で、またこの馬種が狄青・郭逵の騎兵が用いていた馬であると考えられる。

ところで、元来北宋の軍馬供給のルートは大きく二つに分けることができる。その一つであった国家が馬の飼育・増産を行なう牧養については、[17]その任にあたる監牧の規模と制度の面が不十分であり、軍隊の需要を満たす質と量の馬を産出できなかった。反面、運営費用は割高であることが問題となってしばしば改廃を議論され、熙寧年間には保馬法の施行に伴い、監牧の大半が廃止されるなどしたことからも、軍馬補充の役割を十分に果たせていなかったことが分かる。

よって、もう一つの方法である買馬への依存が強くなり、北宋の軍馬補充はこの成否にかかる所が大きくなった。そこで優秀な馬の産地を擁する北方・西北沿辺に居住していた党項諸部、吐蕃、回鶻などから購入される馬の重要性が増していたのである。しかし供給源たるそれら諸族の動静次第で取引が停止すること、あるいは交易ルートが契丹、西夏の活動による影響を受け易く、彼らの外交戦略、あるいは北宋との戦争の影響などによって圧迫・遮断されることなどもあり、常に安定供給を実現できていた訳ではなかった。そのため、新たな供給源が求められることもあった。その時に対象となるのが、体格的には戦馬に劣る羈縻馬を産出した西南方面、すなわち四川、広南、嶺南などである。中でも代用として考えられたのが四川を中心に取引された蜀馬である。例えば神宗朝期の熙河路経略後の熙寧七年(一〇七四)、一時西方よりの馬の流入が途絶したため、別ルートの馬供給を模索する必要に迫られた。この時には神宗は知成都府蔡延慶に詔を下し、戎州と黎州での買馬が検討された。[18]蔡延慶はこれに対して、威州・雅州など六州が烏蛮・西羌に接し、良馬を産出するので買馬を行ない得る旨の回答を行なったが、[19]買馬のための交通網整備が同地域の防衛上好ましくないこと、西方よりの馬供給の見込みが立ったこと等から、買馬は停止された[20]。しかしながら、蜀馬は馬確保の有力候補となることが多く、元豊年間に軍馬が不足したことによって、その補填のために嘉州、雅州に買馬場が設けられたり[21]、哲宗朝期には黎州を中心に多くの馬の取引がなされたことが知られている[22]。これらの馬は南宋になると川馬と呼称され、中核的な取引の場は黎州・叙州・南平軍などであった。

以上に挙げたように、北宋騎兵に供給された軍馬として最も重視された西北産の馬は、その調達先から蒙古馬系統であって、広南西路の風土に適合しない、騎兵利用上の問題の発端となる馬種である。四川産の蜀馬に関しては、西南馬に分類できるものの、主要取引場所に邕州あるいは横山寨が挙げられることは無く、趙卨が張方平の案に基づいて馬の確保を始めたと仮定すれば、この分類の馬種を対象としたとは考えづらいであろう。

(2) 広馬について

前節の内容をふまえ、四川馬系統のうち、横山寨あるいはその一帯で取引しやすい馬が、張方平の言う南馬だとすれば、南宋において広馬と呼称された馬がそれに該当すると考えられる。広馬とは、『建炎以来朝野雑記』甲集巻一八・広馬に、

広馬は、建炎末、広西提挙峒丁李棫始めて戦馬を市して行在に赴くを請う。紹興初め、経略司に隷す。三年春、邕州に即きて司提挙を置き、羅殿、自杞、大理諸蛮に市し、未だ幾ばくならずして買馬司を廃し、帥臣を以て其の事を領せしむ。(中略)然れども自杞諸蕃は、本は自ら馬は無く、蓋しまた之を南詔に市す[23]。

とあるように、邕州に於いて羅殿、自杞などの諸蛮から購入された馬である。ここで広馬に分類されている馬は、『嶺外代答』巻九に言及される蛮馬と共通の性質を持っている。

南方諸蛮の馬は、皆大理国より出ず。羅殿、自杞、特磨は歳ごとに馬を以て来たるも、皆之を大理に販る者なり。龍、羅、張、石、方の五部の蕃族は、之を浅蕃と謂い、亦た馬を産し、馬は乃ち大口、項軟、趾高にして、真に駑駘なるのみ。唯だ地いよいよ西北なれば、則ち馬いよいよ良し。南馬は狂逸奔突すれば、駕御に難く、軍中は之を拼命擡と謂う。一再駆逐せば、則ち流汗は体を被い、北馬の耐に如かず。然して忽ち一の良なる者を得れば、則ち北馬の壮なると雖も、及ぶべからざるなり、此れ豈に西域の遺種ならん。(24)

という記述がそれである。概略をまとめれば、羅殿、自杞、特磨といった勢力から購入される馬であること、それらの馬は本来的には羅殿等の地域の在来馬ではなく、南詔、つまり大理国産の馬であること、また駑馬であって、興奮すると制御は困難であり、乗用には不適だが、良馬を入手できれば、北方産馬以上の資質を見せる、といった特徴を持った馬であった。

大理産馬の優秀なものについては、北宋以前、唐の時代から既に知られており、樊綽『蛮書』では、馬の生育に良好な土地があることや、葦毛の個体が多かったことから「越賧驄」と呼ばれた同地産の良馬についても言及しており、『嶺外代答』も、同様の内容を伝えている。(25)これらの記述から、邕州横山寨において特磨道と馬の取引を行うことで入手可能な馬は、おそらく大理馬であったこと、そしてその種には、軍馬としても使用可能な優れた馬がいるということが分かる。従って、熙寧十年から元豊年間に行なわれた買馬の主要な目的は、蛮馬の中でも優秀な馬が多いと考えられた大理馬を中心に購入することであり、張方平案を実現しようとしたのであれば、騎兵に供給しようとした「南馬」とは、この種の馬ではないかと考えられる。

(3) 南馬という区分の不確定性

以上のように考えてみると、邕州で買馬を行ない、これを持続していくことで、北宋軍の広南西路地域における騎兵戦力の向上は、十分に達成可能であるように思われる。しかし実際には、はじめに述べたように、広西における買馬に関する記述は史料上に見られなくなり、重要な馬の調達地としての地位は確立できなかったと推測される。そして南宋期に入り、版図の縮小によって西北方面での買馬が不能となったことで再び取り上げられるようになった、という経緯を辿っている。

ではなぜ広南西路の買馬は話題に上らなくなったのか。これについては確たる史料が不足することから論を展開することは困難である訳だが、周辺の情報から推し量れば、北宋朝廷が期待したほどの効果を上げられなかったためではないか、と考えられる。なぜならば、大理馬が北宋軍の南方における軍馬需要を充足させてくれる存在であったかどうか、という点について二つの点、すなわち大理馬が張方平の言う特徴を備えた馬であったのかどうか、そして馬の入手性はどうであったか、という点で疑問が生じるためである。

まず、大理馬について更に考察してみたい。北宋軍が求める南馬像とは、軍馬としての資質を備え、なおかつ南方における環境適応力を有する馬であったはずである。しかしながら、『建炎以来朝野雑記』甲集巻一八・広馬において、大理馬の特徴を述べた部分に従うと、その様子は明らかに相反するものとなってしまう。すなわち、

大理の地は西戎に連なり、故に馬多く、広南に互市すと雖も、其の実はなお西馬なり。蓋し馬は高寒を喜び、炎方は利とする所に非ず。(26)

というのがその内容だが、最も注目すべきは大理馬の原産地である。既に南馬は羅殿、自杞、特磨などの勢力が大理

馬を中継貿易の形で北宋へ売却したものであることは述べた。しかし大理馬の淵源を辿ると、隣接する西戎産の西馬に行き着くというのである。実際、大理国の北方には吐蕃諸部の支配域が広がるが、特に現在の甘粛・青海・四川三省にまたがる若爾蓋草原は河曲馬の原産地として知られる。(27) そしてその馬の特徴は高山性の気候を好み、炎暑を苦手とするという。これは北宋が求めた南馬の特徴とは明らかに真逆である。こうした馬が大理へ流入して飼育・繁殖の対象となり、そして羅殿などの南方諸蛮へ輸出されていたとなれば、北宋が広南西路で南馬として実際に購入できるのは、西北産馬と大差ない特徴を持った馬になる。それでは南方における騎兵戦力の拡充という目的に裨益するところは、何も無いということになってしまい、何の効果も期待できない。

また、『嶺外代答』のいう蛮馬の特徴を改めて見てみると、基本的な素質は駄馬であるとする内容と、北方産馬を上回る能力を持つという良馬との評価が併記されているが、果たして同種個体差という説明が成り立つのであろうか。それとも複数種が混同されて取り扱われていたのであろうか。

この点については、川馬への評価と取引状況を参考としてみよう。先に述べた通り、川馬は西北からの馬の入手経路が途絶しかけた時に、代替として候補に上がった馬であるが、その資質に対する評価はかなり大きな振れ幅があるようである。

元々四川は馬格の劣る羈縻馬の産地と捉えられており、雅州、文州などの諸州に産する馬については『宋会要輯稿』によれば、格式は下であり、廂兵、舗馬への供給にしか用いられないとある。(28) 一方で、例えば川馬の買馬地である黎州については、『長編』巻一五三・慶暦四年十一月壬午の条にある益州路転運使袁抗の上奏は、

黎州歳售の蛮馬は、詔して戦に任ぜざるものを択び之を却けよ、と。(袁)抗奏すらく、「朝廷と蛮夷の互市するは、以て利を取るに非ざるなり。今山前、後の五部落は此を仰ぎて衣食を為し、一旦失望侵侮せば、幾馬直を用

いて平らぐべし。臣蜀の久しく安んじるを念い、敢えて奉詔せず。」と。ついに旧制の如くす。[29]という。軍馬に不適格な馬を省こうとする朝廷に対し、黎州における買馬の位置づけは、優秀な馬を得るという実利目的ではない、としているが、これは同地で獲得される馬が、北宋の規定に照らして軍馬として適格・不適格両方の馬が混在していたことを示す。同様に、『文献通考』巻一六〇・川秦馬には、四川方面における馬の購入に関して、

淳熙八年、新興国軍朱晞顔朝辞し、奏すらく、「四川茶馬司は歳ごとに宕昌、黎、文、階、叙、南州、珍州等の所に於いて買馬すること一万二千余匹、並びに四尺二寸以上十歳以下なれば方めて起綱を許す。合格せざるものは、骨相驍駿にして馳騾超逸なるものと雖も、また収買せず、又民間の私買を許さず。[30]（後略）」

という朱晞顔の上奏が載せられている。この内容に従えば、規定を満たす馬格の馬を選んで買うことはできるということになるので、やはり押し並べて川馬の馬格は低いという訳ではなく、玉石混淆の様相を呈していたと言える。しかし、良質な馬が常時要求数に到達することについては、必ずしも保証されるところではなく、多数の馬を集めても、軍馬として適格なものは少数に留まる、というような状況が生まれてくることになる。

かかる様相は、四川だけではなく、広西においても同様に生じていたのではないかと推測する。北宋が主として購入対象とした大理馬は、現在は雲南省に産する麗江馬であるとされるが、在来馬としては西南馬という分類にまとめられている。西南馬には多様な亜種が含まれており、例えば四川省の建昌馬、貴州省の貴州馬などもその中に入り、生育地域によってそれぞれ特徴に差がある。[31]同様にこれらの馬をまとめて南方諸蛮が扱う大理馬と捉えて、蛮馬、あるいは南馬という概念で同一視した場合には、川馬同様に雑多な馬格の馬を取り扱うことになるであろう。

やや横道に逸れるが、大理馬のみに頼らず、嶺南地域に産する在来馬を集めるという方法を採ることも考えられよう。しかし、嶺南産の馬は羈縻馬よりも一層小型であることが指摘されている。[32]この馬種は果下馬と呼ばれ、体高は

およそ三尺程度（約九三㎝）であり、頑強で駄載にはよく耐えるが、馬格の面で明らかに北宋の馬格規定を大きく下回っているため、騎兵編制の目的で集められることはなかったはずである。[33]

三　騎兵戦術の保護

張方平案では、人馬ともに現地で集めることで、北宋騎兵の弱点を解消することを目的としていた訳であるが、最後に広南西路において現地人を騎兵とするという案について、北宋朝廷がどのように扱ったのかを見ておきたい。狄青・郭逵と二度に亘って騎兵を南方へ投入し、一定の成果を挙げたことは、北宋朝廷だけではなく、南方少数民族や、交趾などに対しても騎兵の有効性を認識させるに至っていた。狄青の遠征後には、儂智高の母親阿儂が騎兵を編制して北宋への反撃を企図し、[34]郭逵の遠征軍を迎え撃つ用意を整えていた交趾は、象の他に馬も集めて演習を行なっていたとされる。[35]

また、郭逵の遠征で用いられた騎兵は、広南西路における防衛戦力の中核的存在となっていた左右江の峒丁に対して、強い印象を与えていたようで、交趾遠征終了後の元豊元年（一〇七八）三月、峒丁の騎兵戦術を習得したいという希望を受けて、広南西路経略司は、峒丁と蛮馬によって騎兵を編制・訓練することを提案したが、朝廷はこれを退け、騎兵戦術の教習を禁じた。[36]これは、騎兵戦術が広く拡散・流布されることによって、潜在的な敵対勢力にその内容が伝播し、北宋軍の軍事的優位性が揺るがされることを恐れたのが理由であったと考えられる。[37]従って、張方平の案は北宋の国策により、実施は不可能となった訳である。

では、同地において、北宋は騎兵戦術の独占を続けることができたであろうか。この点について、岡田宏二氏の南宋孝宗朝期における左・右江地域の峒丁の社会・習俗に関する研究を元に考えてみたい[38]。

岡田氏によれば、同地域の羈縻州にはその長として洞酋がおり、彼らは自身を護衛させるために、武芸に秀でた精鋭を集め、これを田子甲、あるいは馬前牌と呼ばれる集団に編制していたという[39]。ここで注目されるのは、この精鋭集団を含めて、峒酋の保有する部隊はどのような様子であったかという点である。『嶺外代答』巻三・田子甲では、

峒豪は頗る驍騎を習し、峒官の出入するに、前駆は千人、後は騎数十、整整として乱れず、亦た之を馬前排と謂う[40]。

というように伝えており、先駆けとなる歩兵の隊列を前に置き、少数の騎馬兵が後に続く様子が分かる。よって、少なくとも南宋の頃になると、乗馬の習慣と技術、そしてそれを武力衝突時に活用する意図があったことは間違いなかろう。

では実際戦闘となった場合、彼らの戦法はどのようなものであったかについては、唐順之『稗編』が載せる、王安石の「論邕管事宜」において

大率の人材は軽勁にして走るを善くし、辛苦に耐え、皮を以て履と為し、高きを陟り深きを渉ること平地を履むが如く、事宜有るに遇はば山に倚り険に靠り、間に乗じて隙を伺い、敵するに未だ当たること易からず。若し之を平原曠野に施し、教するに陣隊を以てし、之に節制を授けるは、則ち其の宜しき所に非ず。用ふる所の器械は、則ち桶子甲、長鎗、手標、偏刀、遏鏟牌、山弩、竹箭、桄榔木箭有り、敵に遇わば則ち標牌を以て前に在り、長鎗、山弩は夾みて以て跳し、前に進むを一として其の旁後を慮らざるなり[41]。

と述べられている。この内容から、彼らの主要な戦闘は、地形を利した歩兵戦によること、またその戦法は盾や槍を前に押し出して前進する単純なもので、側面・後背からの攻撃を考慮に入れていないということが分かる。また、

『文献通考』巻三三〇・四裔七・西原蛮にも『桂海虞衡志』からの引用として、似たような記述がある。

其の相讐殺するに、彼此布陣し、おのおの両翼を張り、以て相包裹し、人多く翼長きは勝ち、他に奇無し。(42)

こちらでも同様に、その戦法は単純な横隊を両翼に伸ばして相手を包囲攻撃していくようなものが伝えられており、勝敗の要素は人数の多寡にかかっていることが理解できる。「他に奇無し」という表現から、やはり側面・後背に意識が有るようには思われない。北宋の騎兵戦術は、敵陣形を崩壊させ、主力歩兵の前進攻撃を補助するための側面・後背攻撃を主に担当した。峒丁の戦法にそのような発想は見当たらず、騎馬兵が付随しているにしても、それが集団として北宋騎兵のように機能することはなかったように推測される。

一方で、彼らは馬の入手に関しては強い拘りをもっていたようで、『嶺外代答』によれば、大理から入ってくる馬のうち、良質で高額なものがいれば、蛮人が先に入手してしまい、南宋の手に入ることは無い。そして他出時には必ず手に入れた馬に乗り、死んでも人に与えることはなかった、という。(43)こうした様子から見てみると、高価な馬を入手して騎乗することは、彼らにとっては一種のステータスであり、身分標識としての位置づけが強いように受け止められる。従って、彼らの騎馬兵は、個々に騎乗戦闘が可能だったとしても、北宋軍騎兵のような大規模な作戦行動を行ない得る規模もノウハウも備えず、北宋の騎兵戦術を模倣することは困難であったのではないか。よって、北宋による騎兵戦術の独占は、ある程度成功していたものと考えてよいだろう。(44)

おわりに

ここまで熙寧十年より取り組まれた、邕州横山寨を中心とした買馬、そして元豊年間の広南西路における買馬について、それ以前に実施された狄青・郭逵の遠征における騎兵への評価から関連付けて論じてきた。

北宋が南方地域の安定化を図る上で、必要な軍事的優位性を占めるためには、騎兵部隊を投入することが効果的であることが、狄青の戦例により証明された。しかし、狄青の手法の有効性は、北宋騎兵の特徴を原因とする問題が生じ、運用が限定されるため、常時期待できるものではなかったことが、郭逵の戦例によって明らかとなった。その状態を打開しようとする案の一つが、張方平による南馬を用いた騎兵の編制であり、熙寧・元豊年間の広南西路における買馬は、このような過程から実施されたと考えた。

ところが、張方平の言う南馬の有力な候補と考えられる広馬、すなわち大理馬は、広南西路で取引されているものの、その特徴は西北産馬のそれと同一であり、北宋軍騎兵の問題を解決する能力を備えなかった。また、軍馬として適格な馬格をもつ馬の入手性も不透明と思われる。加えて、南馬と合わせて採用が主張されていた現地招募の兵も、騎兵戦術の拡散・流布を防ぐため、採り上げられずに見送られた。よって、張方平案による問題解決の道は採られなかった。

ただ、北宋が南方地域における軍事力の質的向上を目指す上で、騎兵の配備は実行された。将兵法の実施によって、元豊四年（一〇八一）年、邕州に配された東南第十三将の麾下に一六〇〇の馬軍を置いたのがそれであり、騎兵を用いる有効性は重視され続けたと言える。だが、その実態は、あるいは元豊五年（一〇八二）八月に、権発遣広南西路転運副使の呉潜が陝西路から馬軍を桂林に派遣・駐屯させることを願ったのに対し、京師の馬軍を派遣して駐屯させた様に、依然として他地域の騎兵を転用していた可能性もあり、(45)また元豊六年八月に、提点刑獄彭次雲が請願した、騎兵戦術が外域に流出しないよう、邕州の馬軍は桂州で訓練し、順に邕州へ赴いて防御にあたらせようという案に対し、知桂州熊本が桂州と邕州の距離とその往復の労を考え、また南方の夏秋の暑さ、瘴気の中で移動をさせれば、人馬は共に倒れてしまうので、施行はできないと反論した内容からすると[46]、依然として気候への対処は解決できず、問題で有り続けたようである。その後、広南西路の買馬は特に話題に上ることなく、南宋に至って西北地域からの軍馬購入が不可能になったことで、改めて同地域での買馬が見直されていくというような経緯を考慮すると、あるいは北宋においては芳しい成果を挙げ得なかったのかもしれない。

北宋における騎兵戦力の維持・充足と、それに伴う軍馬の補充に関わる馬政・買馬の目的を考える場合、有力な騎兵軍を保有する騎馬民族国家である契丹、西夏との軍事力の拮抗を目指すものとして必要な施策と捉えれば理解しやすい。しかし、宝元用兵以降、北宋が軍事力の見直しを進める上で、質・量の両面において彼らに比肩しうる騎兵部隊の編制は、ついに果たすことができなかった。そのため、歩兵を主体とする戦術への傾倒が進み、中国の歩兵対異民族の騎兵という構図となったのである。しかしながらこれはあくまで北、西北辺での状況である。南方においてはむしろ北宋が騎兵によって優位を占める点が注目され、如何にして騎兵戦力を整えるのか、あるいは運用するのかという工夫によって軍事力優勢を占めようと試みられた。つまり、北宋という国家に求められる軍隊の特徴は、全てにおいて一面的・均質なものではなく、各方面の実情に沿い、実戦能力を備えた合理的な軍隊なのである。よって広南西路の買馬は、南方における騎兵の常時運用を目指したもので、特に熙寧・元豊という神宗朝の対外積極策という国策にも支えられた、北宋の急速な軍事力強化策の一端と捉えることができるだろう。

註

（1）防衛大学校・防衛学研究会編『軍事学入門』かや書房、一九九九年、一六頁。石津朋之、永末聡、塚本克也共編著『戦略原論』日本経済新聞出版社、二〇一〇年、一四六頁―一五〇頁。

（2）石津朋之『戦争学原論』筑摩書房、二〇一三、七九頁―一二六頁。

（3）ニッコロ・マキアヴェリ著、浜田幸策訳『マキアヴェリ戦術論』原書房、二〇一〇、三〇〇頁。
（4）拙稿「中国南方における北宋軍の騎兵利用について」（『明清史研究』第十輯、二〇一四年）。
（5）『嶺外代答』巻五・経略司買馬
自元豊間、広西帥司已置幹辧公事一員于邕州、専切提挙左、右江峒丁、同措置買馬。
（6）岡田宏二『中国華南民族社会史研究』第二編、第四章「宋代広南西路の馬政と民族問題」汲古書院、一九九三年、一六八頁―一六九頁。
（7）『楽全集』巻二六・論討嶺南利害九事
凡言国家大事、必曰軍馬。軍馬者、戎事之本、不可忽也。今辺塞簡選一鋭士、調習一壮馬、甚不易得。尽心于国者、方知之爾。所有昨召辺要将官乃備辺騎兵、願各遣還本道、使荊湖多募丁壮、蒐補諸州土軍。其将士服習土俗、諳識山川地利、其騎亦只用南馬、格式雖小、筋力自壮、慣行隘険、安其水草。使与中国之人相先後、勢之便者也。且使西北知朝廷之力、一方有警、辺備晏然不為動也。
（8）『長編』巻二八六・熙寧十年十二月丁酉の条
知桂州趙卨乞専委横山寨主、監押招誘蛮人買特磨道等戦馬、従之。
（9）胡起望、覃光広『桂海虞衡志輯佚校注』四川民族出版社、一九八六、二二六頁。
（10）林田重幸「日本古代馬の研究」（『人類学雑誌』六四巻四号、一九五六）二〇六頁―二〇九頁。
（11）『漢書』巻六一・張騫伝
初、天子発書易、曰「神馬当従西北来」。得烏孫馬好、名曰「天馬」。及得宛汗血馬、益壮、更名烏孫馬曰「西極馬」、宛馬曰「天馬」云。
（12）『軍馬』（金子弾精品叢書）解放軍出版社、二〇〇四、一八頁―二〇頁。
『呂衡州集』巻二・蕃中答退渾詞
退渾児、退渾児、朔風長在気何衰。万群鉄馬従奴虜、強弱由人莫嘆時。退渾児、退渾児、冰銷青海草如糸。明堂天子朝万国、神島龍駒将与誰。

『通志』巻一九五・吐谷渾
青海周回千余里、海内有小山、毎冬氷合後、以良牝馬置此山、至来春収之、馬皆有孕、所生得駒号為龍種、多有駿異。吐谷渾嘗得波斯草馬放入海、因生驄駒、能日行千里、世伝青海驄者也。
『甘粛通志』巻五〇では、『通志』の内容を「龍駒」として掲載する。

(13)『宋会要輯稿』兵二二四之二
凡買馬等仗、自四尺七寸至四尺二寸有六等、毎差以一、給其直脚。

(14)『長編』巻三三一・元豊五年十一月乙巳
提挙陝西買馬司言、「本司管認支填遞馬闕数至多、少有及四尺一寸赴官中売。欲乞依定価権買四尺二寸、一寸牡馬、及十一歳以上、与牡馬相兼支遣。」従之、仍不充額。

(15)『建炎以来朝野雑記』甲集巻一八・川秦買馬
蓋祖宗時所市馬分而為二、其一曰戦馬、生於西辺、強壮闊大、可備戦陣。今宕昌、峰貼峡、文州所産是也。其二曰羈縻馬、産於西南諸蛮、格尺短小、不堪行陣。今黎、敘等五州軍所産是也。

(16)『宋史』巻一九八・兵志
宋初、市馬唯河東、陝西、川峡三路、招馬唯吐蕃、回紇、党項、藏牙族、白馬、鼻家、保家、名市族諸蕃。

(17)北宋の牧養については、謝成侠著、千田英二訳『中国養馬史』日本中央競馬会弘済会、一九七七、一五〇頁—一六四頁。江天健『北宋市馬之研究』台北、國立編訳館、一九九五、四三頁—一二二頁。

(18)『長編』巻二五五・熙寧七年八月庚午
詔知成都府蔡延慶兼提挙戎、黎州買馬、其令選挙官具名以聞。

(19)『長編』巻二五九・熙寧八年正月乙巳
後延慶又言、「威、雅、嘉、瀘、文、龍州、地接烏蛮、西羌、皆産大馬、請委知州、寨主以錦綵、茶絹折買。」従之、仍委延慶提挙。

(20)『長編』巻二六七・熙寧八年八月庚寅

詔、「聞嘉、雅、威、茂州頃者雖時有寇略、然不至大患者、蓋以山川険阻足恃故也。今提挙戎、黎等州買馬司、乃役兵匠開隘通道、甚非守圉之利、又増価市良馬、亦未見数。其罷嘉、雅、威、茂州開通険路、具所市馬数以聞。」

『長編』巻二七四・熙寧九年四月戊申

中書言、「川路買馬既少且弱、兼拠諸路官司言、権茶、修路等事、於辺計蛮情皆不便、欲罷提挙買馬官、其累降買馬、権茶指揮更不行。」従之。

『雲南買馬記』

尋以陝西諸蕃就漢境貿易如初、而西南市馬之議罷。

(21)『長編』巻三四〇・元豊六年十月庚寅

詔、「成都府、利州路縁辺出馬処、宜堪配軍者、令知成都呂大防与両路転運司同経制画一以聞。」

『長編』巻三四一・元豊六年十二月甲申

知成都府呂大防欲編排四尺二寸以上馬百匹進呈、如堪配軍、即乞依此収買。従此。

『長編』巻三四九・元豊七年十月乙未

成都府、利州路経制買馬司奏請、「雅州碉門、霊関、嘉州中鎮等寨、各選委官置場、買四尺二寸以上堪配軍馬。其茶馬禁法、並依元奏施行。所有逐州蕃蛮因来売馬将到物貨、並乞依黎州所得朝旨博馬。」従之。

しかしこの買馬場設置は期待した効果が上がらなかったようで、元祐元年（一〇八一）七月に閉鎖された。『長編』巻三八三・元祐元年七月丙子の条参照。

(22)『宋会要輯稿』職官四三・八〇

黎州歳買馬二千匹、元符二年買五千二百八十余匹、元符三年買四千一百余匹、費用茶万数浩瀚。

(23)『建炎以来朝野雑記』甲集巻一八・広馬

広馬者、建炎末、広西提挙峒丁李棫始請市戦馬赴行在。紹興初、隷経略司。三年春、即邕州置司提挙、市於羅殿、自杞、大理諸蛮、未幾廃買馬司、以帥臣領其事。（中略）然自杞諸蕃、本自無馬、蓋又市之南詔。

また、『嶺外代答』巻五・宜州買馬

馬産于大理国。大理国去宜州十五程爾、中有険阻、不得而通、故自杞、羅殿皆販馬于大理、而転売于我者也。

(24)『嶺外代答』巻九・蛮馬

南方諸蛮馬、皆出大理国。羅殿、自杞、特磨歳以馬来、皆販之大理者也。龍、羅、張、石、方五部蕃族、謂之浅蕃、亦産馬、馬乃大口、項軟、趾高、真駑駘爾。唯地愈西北、則馬愈良。南馬狂逸奔突、難於駕御、軍中謂之拚命擡。一再駆逐、則流汗被体、不如北馬之耐。然忽得一良者、則北馬雖壮、不可及也、此豈西域之遺種也耶。

(25)『蛮書』巻七

馬、出越賧川東面一帯、崗西向、地勢漸下、乍起伏如畦畛者、有泉地美草、宜馬。初生如羊羔、一年後、紐莎為攏頭縻繋之。三年内飼以米清粥汁、四五年稍大、六七年方成就。尾高、尤善馳驟、日行数百里。本種多驄、故代称越賧驄。

『嶺外代答』巻九・蛮馬

聞南詔越賧之西産善馬、日馳数百里、世称越賧駿者、蛮人座馬之類也。

(26)『建炎以来朝野雑記』甲集巻一八・広馬

大理地連西戎、故多馬、雖互市於広南、其実猶西馬也。蓋馬喜高寒、非炎方所利。

(27)前掲註(12)参照。

(28)『宋会要輯稿』兵二四・三

文、雅、諸州為下、止給本処兵及充舗馬。

(29)『長編』巻一五三・慶暦四年十一月壬午

黎州歳售蛮馬、詔択不任戦者卻之。(袁)抗奏、「朝廷与蛮夷互市、非以取利也。今山前、後五部落仰此為衣食、一旦失望侵侮、用幾馬直可平。臣念蜀久安、不敢奉詔。」卒如旧制。

(30)『文献通考』巻一六〇・川秦馬

淳熙八年、新興国軍朱晞顔朝辞、奏、「四川茶馬司歳於宕昌、黎、文、階、叙、南州、珍州等所買馬一万二千余匹、並四尺二寸以上十歳以下方許起綱、不合格者、雖骨相驍駿馳驟超逸者、亦不収買、又不許民間私買。(後略)」

(31)謝、千田前掲註(17)二八六頁

（32）『建炎以来朝野雑記』甲州巻一八・広馬「嶺南自産小駟、匹直十余千、与淮南所出無異。」
淮馬については同書同巻・淮馬に「然淮馬矮小、実不可用、其可用者、乃取之淮北耳。」とあり、小型馬であった。

（33）果下馬という呼称で知られるのは『三國志』魏志巻三〇・濊伝に、
其海出班魚皮、土地饒文豹、又出果下馬、漢桓時献之。
とある朝鮮半島の小型馬である。一方で、『嶺外代答』巻九・果下馬には
果下馬、土産小駟也、以出徳慶之瀧水者為最。高不踰三尺、駿者有両脊骨、故又号双脊馬。健而善行、又能辛苦、瀧水人多孳牧。
とあり、朝鮮半島産の馬とほぼ同格の小型馬が嶺南にも産したことが分かる。林田前掲註（10）二〇八頁―二〇九頁も参照。

（34）拙稿前掲註（4）九三頁。

（35）『長編』巻二七七・熙寧九年七月乙亥
乙亥、詔諭郭逵等、「諜言交賊既帰巣穴、日聚其党、教以戦陣、及捜集象馬、閲習奔衝。（後略）」

（36）『長編』巻二八八・元豊元年三月癸未
広南西路経略司乞以両江峒丁団成指揮、権補人員部轄、及置馬社。乞降度僧牒五百、市戦馬千匹、分給峒丁、候教成可戦、以次令自買馬教習。詔峒丁止令習渓峒所長武芸、勿教馬戦、余従之。（中略）又言、「峒丁昨覩王師討伐交人、因馬取勝、願習馬戦。（後略）」

（37）拙稿前掲註（4）九〇頁。

（38）岡田前掲註（6）第二編、第二章「宋代広南西路左右江地域の峒丁とその社会」一三五頁―一五五頁。

（39）『文献通考』巻三三〇・四裔七・西原蛮
強壮可教勒者、謂之田子甲、亦曰馬前牌、皆青布巾、跣足。

（40）『嶺外代答』巻三・田子甲
峒豪頗習驍騎、峒官出入、前駆千人、後騎数十、整整不乱、亦謂之馬前排。

(41)『稗編』巻一一七・論邕管事宜

大率人材軽勁善走、耐辛苦、以皮為屐、陟高渉深如履平地、遇有事宜倚山靠険、乗間伺隙、敵未易当、若施之平原曠野、教以陣隊、授之節制、則非其所宜矣。所用器械、則有桶子甲、長鎗、手標、偏刀、遏鏟牌、山弩、竹箭、桄榔木箭、遇敵則以標牌在前、長鎗、山弩夾以跳、一於進前而不慮其旁後也。

(42)『文献通考』巻三三〇・四裔七・西原蛮

其相讐殺、彼此布陣、各張両翼、以相包裹、人多翼長者勝、他無奇。

(43)『嶺外代答』巻九・蛮馬

是馬也、一匹直黄金数十両、苟有、必為峒官所買、官不可得也。蛮人所自乗、謂之座馬、往返万里、跬歩必騎、駞負且重、未嘗困乏。蛮人寧死不以此馬予人、蓋一無此馬、則不可返国、所謂真堪託死生者。

(44)邕州横山寨は、交趾と西南諸蛮の交易地として重要な場所でもあった。交趾は騎兵の整備に強い意欲を持っていたが、『建炎以来朝野雑記』甲集巻一八・広馬に「安南亦不産馬、故以象拒戦焉。」とあるように、良質な馬を入手することができなかったため、横山寨における交易によって、広馬の入手を図っていた。同じ市場で北宋が買馬を開始するという行為は、あるいは北宋が同地の馬取引を抑えることで、交趾への馬流出を防ぎ、彼らの騎兵編制と騎兵戦術の習得を困難とする狙いがあったとも考え得る。交趾の馬については、片倉穣「ベトナムの馬をめぐる二、三の考察―李・陳・黎三王朝を中心に―」(『内田吟風博士頌寿記念東洋史論集』同朋舎、一九七八、一四九頁―一五七頁。

(45)『長編』巻三二九・元豊五年八月辛亥

新権発遣広南西路転運副使呉潜乞遣陝西路軍馬五七百騎戍桂林、詔差在京馬軍両指揮。

(46)『長編』巻三三八・元豊六年八月乙亥

乙亥、知桂州熊本言、「提点刑獄彭次雲所乞禁馬戦之術、不使入外域、及招馬軍責保詢郷貫、並乞令邕州馬軍於桂州習学、輪赴邕州防拓。窃詳馬戦之法、所従来遠、交趾界有馬可用、未禁以前、応用馬戦。桂州至邕州十八駅、不惟道途往復労費、南方夏秋毒暑烟瘴、使之渉山川、人馬倶斃、恐不可施行。乞自今本路招刺馬軍、依近降五路招軍法。」従之。

謀反は作られる
―明宣徳朝の諸王政策によせて―

川越泰博

はじめに

中国歴代皇帝の主要な統治方法は郡県制であったが、その皇帝支配体制にあって、皇帝の諸子や一族（内戚）をどのように遇するか、その方法は歴代それぞれ固有の制度を施行してきた。それらを概括すれば、王号（王爵）やそれに次ぐ爵号と禄高を与えて、中央の政治・軍事等の側面で積極的に人材活用しようとする場合と皇帝権力を脅かす存在としてそれが忌避されて活動の場から排除される場合とがあった。明朝の場合は、諸子等が出生すると爵号を与え、成人すると国内の要地に分封し、そこに王府を建てて、就藩させ（之国という）、宗室の藩塀とした。これが明代の諸王封建の制度の基本型であった。この制度によって、太祖洪武帝の時代には二十五人の諸王が生まれた[1]。

明代の諸王封建制度について、最も本格的かつ巨細に考察されたのは布目潮渢氏の雄篇「明朝の諸王政策とその影響[2]」である。当該論攷は終戦直前の昭和十九年（一九四四）に発表されたものであるので、附印からすでに七十年余りの歳月を閲しているが、現在でもなおスタンダードワークの一つとしてその位置を占めている。とはいえ、戦後における明代史研究の進展、史料環境の好転等により、修正すべき点が多々ないわけではない。

その一つを取り上げると、諸王政策の転換についてである。明朝の諸王政策は宣宗朝以来、優遇活用主義から圧迫徒食主義へと一大転換をとげたとされる。「宣宗朝以来」とは、宣徳元年（一四二六）に起きた永楽帝第二子漢王高煦の反乱に端を発してという意味である。[3] これは王府の護衛制度やその他の禁令の検討を踏まえて導き出された結論である。優遇活用主義から圧迫徒食主義への一大転換という見解は、宣宗宣徳帝の諸王政策に限定すれば、正鵠を射ているが、諸王政策自体を明代史の中で位置づけるとしたら、それは十全ではない。明朝の諸王政策は、太祖洪武帝が制定した当初から優遇活用主義であったわけではないからである。それが優遇活用主義に変更されたのは、洪武二十八年（一三九五）に『祖訓録』が重定されて、新たに『皇明祖訓』が編纂された結果であった。

『祖訓録』は、洪武帝が洪武二年（一三六九）に諸王封建の制度を定めたとき、それと並行して、諸王の官職・制度や服務の規律等を規定したもので、その編纂を命じられた中書省は満四年二ヶ月をかけて、洪武六年（一三七三）五月に完成させた。そのとき、洪武帝はそれに御製の序文を附し、諸王に頒布するとともに、謹身殿の東廡と乾清宮の東壁に掲示して、諸王に日常厳守させ、永久に改易してはならない祖法として律令とならべて重視し、後世子孫に敬守せしめたが、[4] 洪武二十八年（一三九五）閏九月には、この『祖訓録』を《重定》した『皇明祖訓』を新たに編纂させた。両者の条文を比較すると、『祖訓録』は一〇六条であるのに対して、『皇明祖訓』は九十四条であり、このうち、後者が前者から摂取したものは九十条、捨象したもの十六条、後者が独自に新しく追加したものが四条であり、後者が前者から摂取した九十条も、同文のもの六十一条、文の異なるもの二十九条という内訳になる。[5]

このように、数字を列挙すると、両書にかなりな径庭があり、内容を大幅に改変しているような感じになるけれども、この改変は、基本的には諸規定緩和のための手直しであった。なぜ諸規定を緩和する必要が生じたのか、それは、洪武二十五年（一三九二）四月二十五日に皇太子（懿文太子）が急死したためである。その死は前年の八月に洪武帝から西安地方の巡察を命ぜられ、それから帰京して間もなくのことであった。皇太子の急死は、明朝の前途に大きな問題を惹起させることになった。いうまでもなく、それは後継者問題である。懿文太子の第二子である允炆が皇太孫にあてられることがようやく決まったのは、皇太子の死去から五ヶ月がすぎた九月十二日のことであった。[6] このとき、皇位継承者に決定した允炆は、わずか十五歳の年端もいかぬ少年であり、齢六十五歳、すでに老境にさしかかり、この先あと何年玉座にいられるかわからない洪武帝は、皇太孫の将来を案じて、二つの手をうったのである。一つは、数々の疑獄事件をくぐり抜けて生き残った異姓の功臣・官僚達に対する弾圧である。これが、懿文太子の死の翌二十六年（一三九三）に起こった藍玉党案（藍玉の獄）であった。[7] いま一つは、同族の諸王に対する措置である。かかる手直しは、年少の皇太孫の将来に対処する方策としてであり、洪武帝は自分の没後は、血のつながりのある同族の諸王を頼みとせんがために、その諸王政策を転換せざるをえなくなったのである。その具体的表現が、まさしく『祖訓録』の廃棄、『皇明祖訓』の新編纂であった。諸規定緩和のための手直しについて、顕著な緩和の事例をひとつだけ提示すると、『祖訓録』礼儀の項に、諸王に人質を差し出させることを規定した条文があるが、[8]『皇明祖訓』ではこの規定を削除している。この規定削除について、黄彰健氏は「実に解すべからず」とされているが、[9] この規定が削除された所以を、諸王の行動・倫理を厳重に規制している規定を緩和するために編纂が行われた『皇明祖訓』における内容上の改変のひとつとしてとらえれば、少しも不可解なことではない。

明朝の諸王政策の推移をみる場合、このように洪武二十八年（一三九五）における諸規定緩和を経て、高煦の反乱を契機に宣徳帝による緩和＝優遇活用主義から圧迫主義へと続くのである。布目氏が優遇活用主義の例証としてあげられた禁令等の事例は、その多くが、『太祖実録』の洪武二十八年（一三九五）とそれ以後の条文である。つまり『皇明祖訓』に依拠したものである。そこにはそれ以前の『祖訓録』との比較はないから、『皇明祖訓』から『太祖実録』に引用された諸規定が洪武帝の定めた諸王政策とみなされたのであろう。それは致し方ないことではあった。布目氏の論攷が附印された当時、『祖訓録』も『皇明祖訓』も、その伝存が全く知られていなかったからである。

明朝の諸王政策は政治状況に絡んで、明初の厳重主義から緩和＝優遇活用主義へ、さらに圧迫主義に変転していったことになるが、宣徳朝による顕著な諸王禁圧政策の一つに王府護衛の削減問題がある。当該問題については、すでに佐藤文俊氏が「王府護衛削廃表」を作成して、それにもとづいて考察され[10]、奥山憲夫氏もまた、総兵官と王府との関わりの考察のなかで、総兵官が告発に関わった諸王府の事例を挙げて論じられている。[11]しかしながら、両氏の論攷はともにそれが中心的主題とされているわけではないので、護衛削減等の対象となった各王府の護衛の顛末について仔細に検討する余地は、十分に残されている。私は、蜀王府の成都三護衛と宣徳帝の諸王政策との関係について論じたことがあるが[12]、その蜀王府の事例も含めて、宣徳帝が削減の対象とした全ての王府の護衛についてその経緯を探り、宣徳帝による王府護衛政策の実相に迫りたい。

以下は、その結果報告である。

一　護衛削減から削藩へ―漢王府―

宣徳年間の諸王弾圧において、削藩されたのは一王府、護衛を返上したのは五王府、護衛削除の憂き目にあったのは一王府である。削藩そのものがなされたのは、宣徳帝の叔父にあたる漢王高煦で、その理由は、いうまでもなく仁宗の崩御時の漢王高煦の反乱にともなう処置であった。漢王高煦は、父たる永楽帝から、すでに護衛削減の処分を受けている。高煦の漢王府は、護衛削減から削藩への順序で消滅したのである。

かかる高煦について、『弇山堂別集』巻三三、親王、漢庶人高煦に、

【史料A①】

成祖の第二子、母は仁孝皇后徐氏。洪武十三年十二月初四日に生れ、二十八年、高陽郡王に封ぜらる。永楽二年四月初四日、漢王に進封せられ、雲南に国す。青州に改めらるるも行かず。十五年三月二十日、楽安州に之国す。両護衛を削らる。宣徳元年九月初六日、謀反す。之を降し爵を削り、西内に錮す。良死せず。妃韋氏及び九子従死す。世子瞻は先に卒す。

とあり、高煦の履歴が簡単に記されている。これによると、高煦は永楽帝の第二子にして、母は開国第一の功臣とされる徐達の長女である。ちなみに、洪武帝からみると、第十孫であった。[13] 洪武二十八年（一三九五）に高陽郡王に封ぜられたが、それはこの時点では父燕王が親王のひとりに過ぎなかったからである。靖難の役において燕王が勝利し即位すると、その永楽二年（一四〇四）四月初四日には郡王から親王に昇格し、漢王に進封された。封地は雲南である。[14] そのあとに青州に改封されたが、雲南にも青州にもともに之国しなかった。そして、永楽十五年（一四一七）三月二十日にようやく三度目の改封地である楽安州に之国した。そして、護衛のうち二護衛が削減され、宣徳元年（一四二六）九月初六日に謀反を起こして破れ、漢王から庶人に落とされ、天寿を全うすることなく死し、妃の韋氏と先に死した世子を除く九子もその時に死去したという。

【史料A①】に引くこの記事には、世子の名等正鵠を射ていないところがあるが、[15] 時系列的にみて看過できない重大な誤謬は、護衛削減の時期についてである。この記事によれば、その時期は楽安州に之国したのちのように読めるが、『太宗実録』は、楽安州に之国する以前の封地が青州のときのこととしている。高煦が青州への改封を命ぜられたのは、永楽十三年（一四一五）夏五月のことである。[16] 護衛の削減はその翌年のことで、『太宗実録』永楽十四年

十一月丁未の条に、

【史料A②】

漢府中護衛を改めて青州護衛と為す。

とあり、さらに同月戊申の条に、

【史料A③】

上既に京師に至るや益々漢王高煦、護衛軍士を京城内外に縦ちて劫掠し、私かに兵器を造り、陰かに異志を蓄うを聞き怒ること甚しきも、猶お隠忍して未だ発かず。但だ其の左右二護衛を革め、其の官軍は悉く居庸関の北に調し、保安左右二護衛を立て以て之に処らしむ。

とあり、漢府三護衛のうち、一護衛を残して二護衛を削減し、残された漢府中護衛は青州護衛に改められ、削減された漢府左右の二護衛は居庸関の北に調撥されて新たに設置された保安左護衛、保安右護衛に改編されたという。ただし、漢府左護衛・右護衛↓保安左護衛・保安右護衛と推移したとする実録の記事は謬りである。保安左衛・保安右衛に作るべきである。[17]

永楽帝が第二子の高煦に対して、護衛の削減を実行したのは、高煦のこのような不法な行状に対して不信を抱いていたからである。高煦に対する永楽帝の不信感は、この時が最初ではない。すでに早く永楽元年（一四〇三）十一月乙亥（六日）の条を皮切りに数多の事例が『太宗実録』にみえている。高煦が永楽政権の成立後、増上慢な行動をとるようになったのは、むろん生来の性格とも関係しているであろうが、一番の原因と思われるのは、皇太子に冊立されなかったことであろう。なるほど、永楽帝の第二子として生まれた高煦には皇太子になれる可能性は限りなくゼロに近かった。しかしながら、靖難の役期において、「成祖屢々危うきに瀕す。而して敗を転じて功と為す者は、高煦の力もて多と為す。成祖以て己に類すると為す。高煦も亦た此を以て自負し、功を恃みて驕恣し、不法多し」（『明史』巻一一八、諸王三、漢王高煦伝）と評されているごとく、燕王府所在の北平に留まり、母の徐王妃とともにその防衛に尽くした長子の高熾に比べて[18]、高煦自身の功績の方が大であるとの自賛は持ったであろう。ところが、建文政権が瓦解し、父燕王が即位すると、皇太子に冊立されたのは、功績の少なかった長子の高熾であった。それに対して不満を抱いたことが、「性凶悍」、「言動軽佻にして太祖の悪む所と為る」（『明史』漢王高煦伝）高煦の地金がより一層表れたとみて詿誤ない。高煦の雲南や青州への之国の不実行や様々な不法行為に対して、永楽帝の堪忍袋の緒が切れたのは、永楽十五年（一四一七）三月のことであった。『太宗実録』永楽十五年三月丙午の条によると、高煦は捕らえられ、その不法数十事が録示されて、その衣冠を褫《うば》いとられたうえに西華門内に囚縶《しゅうちゅう》された。永楽帝は「宗社を危うくする者有れば当に宗社の為に之を除くべし」という決意で、我が子であっても、高煦の王号を削る、つまり削藩するつもりであったが、結局のところ、それが楽安州への改封で済んだのは、皇太子高熾のとりなしのおかげであった。皇太子のとりなしも、永楽帝が簡単に承諾したわけではない。皇太子はさんざん永楽帝に叱責されてのことであった[19]。

以上のように、高煦は永楽十四年（一四一六）十一月に三護衛のうちの二護衛が削減され、さらに翌年には王府そのものが削藩されそうになったが、それでも懲りず、永楽帝を大激怒させたとき、取りなししてくれた長兄の皇太子高熾が在位わずか一年にして崩御するとたちまち謀反した。高煦の反乱と呼称される事件である。皇太子の必死のとりなしは水泡に帰した。こうした高煦の反乱は、すぐさまその弟趙王高燧も飛び火した。

二　護衛返上―趙王府・秦王府・楚王府・蜀王府・粛王府―

趙王府　漢王高煦の反逆には趙王高燧も通同しているという告発がなされたのは、高煦の反乱が鎮圧されたあとの宣徳元年（一四二六）九月のことである。『宣宗実録』宣徳元年九月戊戌の条に、

【史料Ｂ①】

法司言えらく、高煦の同に叛逆を謀る者、詞晋王済熿・趙王高燧に連なる。宜しく併せて之を治すべし、と。上曰く、趙王其の親弟なると雖も素より心を異にす。問うべからず。晋王は洪武中より実に相好し。其の謀の有無は未だ知らず。亦た必しも問わず、と。

とあり、高煦の反乱に晋王済熿と趙王高燧が通謀しているとの上奏が法司からなされた。これに対して、趙王高燧には「不可問」、晋王済熿には「不必可問」と微妙にニュアンスを異にするものの、ともかく、宣徳帝は、この時点では両者とも不問に付した。

しかしながら、高燧に関していうと、それからわずか五ヶ月後の翌年二月に、宣徳帝から高煦の親弟であっても素より心を異にしていると認められた高燧は、その王府の護衛である常山中護衛を返上している。高煦の反乱との関わりについて宣徳帝が不問に付したにもかかわらず、なぜ高燧が護衛返上を上奏したのかについて、その間の事情を詳しく述べているのが、同右書、宣徳二年二月庚申の条である。趙王高燧の上奏とそれに対する宣徳帝の対応をみると、以下の通りである。

【史料Ｂ②ａ】

趙王高燧奏して曰く、昨ごろ勅書を奉つるに、人、臣が不軌を謀るに連なると言うを以て、示すに奏章を以てす。皇上聖仁、矜念を俯垂し、其の必死の罪を赦し、加うるに再生の恩を以てせり。臣、感荷に勝えず、伏して惟うに、陛下、天地の量もて、臣の旧悪を容され、当に自新を図るべし、と。然れども兵衛未だ除かれず、人の言の未だ弭まざるを恐る。謹んで常山中護衛及び群牧千戸所の官軍并びに儀衛司官校を以て之を朝廷に帰さん。

趙王高燧が護衛返上を申し出たのは、高煦の反乱に与していたという告発に際して、宣徳帝が不問に付したことに対して、深甚なる御礼を上奏するとともにその告発を打ち消すために趙王府の軍事力をゼロにしようと意図したのである。

【史料B②b】

上、奏を覧て侍臣に語りて曰く、朕本より此に意無し。今王、兵衛を納れ、以て人の言を杜ぎ、以て自安を求めんと欲す。当に之に従うべし。

高燧の護衛返上の申し出に対して、宣徳帝は、護衛返上は本意ではないけれども、高燧がそれで告発に対処し、自藩の安泰を図ろうとするのであれば受けざるをえないとした。

【史料B②c】

復た趙王に書し、命じて儀衛司官校を存し、以て使令に給す。而して駙馬都尉広平侯袁容を遣わし、往きて常山中護衛及び群牧千戸所の官軍を調して、永平・山海・盧龍・撫寧の四衛に赴かしむ。官凡そ八十八人、旗軍千九百七十余人なり。

その結果、広平侯袁容（永楽帝長女永安公主の駙馬都尉）が常山中護衛・群牧千戸所の官軍の受け取りの軍使として派遣され、衛所官軍は、それぞれ永平・山海・盧龍・撫寧の四衛に分散して配属された。

趙王府の護衛は、常山中護衛の返上でゼロとなった。しかしながら、もともと趙王府には、当該護衛だけが設置されたわけではなく、本来、常山中護衛の他にも左右の二護衛があって三護衛が揃っていたが、永楽二十二年（一四二四）十一月に返上したため、高煦の反乱が生じた時点では常山中護衛の一護衛であった。

趙王高燧は、皇太子高熾・漢王高煦の同母弟（生母は徐皇后）として、洪武十五年（一三八二）十二月十六日に生まれている。[20] その時点では、郡王の一人にすぎなかったが、父の燕王が靖難の役後即位すると、趙王に冊封された。護衛が組成されたのは、永楽三年（一四〇五）二月のことである。『太宗実録』永楽三年春二月庚午の条に、

【史料B③】

大寧前衛・済州衛・天策衛を改めて漢府三護衛と為し、改めて趙府三護衛を設くるに、彭城衛を以て常山中護衛と為し、永清左衛を常山左護衛と為し、永清右衛を常山右護衛と為し、経歴司経歴一員を置き、常山郡牧千戸所を設け、趙府に隷せしむ。

とあるように、常山中護衛は彭城衛から、常山左護衛は永清左衛から、常山右護衛は永清右衛から衛所官・衛所軍が割かれて組成されたのである。「彭城衛を以て常山中護衛と為し」というような文言をみると、彭城衛そのものが常山中護衛に鞍替えしたような印象を受けるが、これは漢王府の三護衛の組成と同様に（註14）、彭城衛・永清左衛・永清右衛の中の衛所官・衛所軍を一部配置転換したということを意味する。

さて、その常山三護衛に大きな変動が生じたのは、永楽二十二年（一四二四）十一月のことである。『仁宗実録』永楽二十二年十一月乙亥の条に、

【史料B④a】

趙王高燧の請に従り、常山左右二護衛を去らしむ。趙王高燧、先に長史趙季通を遣わし奏して云えらく、一衣一

食は皆な朝廷の給する所にして無事に安坐す。而して虚しく三衛三衛を擁し、軍士も亦た虚しく粮賜を受く。請う、常山左右二護衛の官軍を以て国家の戍守を助せんことを。止だ中護衛を留めて使令に供すれば足らん、と。上納れず。王、季通を遣わして往きて復た再三前意に固執す。是に至りて書を以て王に諭して曰く、賢弟の忠は社稷に在り、憂は国家に在り。

とあるように、趙王高燧が再三申し出た結果、仁宗洪熙帝はやむなく常山左護衛・常山右護衛の返上を裁可した。それによって、

【史料B④b】

今請う所に従い兵部に命じて中護衛及び添設の郡牧千戸一所を存留せしむ。

と、趙王高燧が趙王府長史趙季通を通して上奏したように、常山三護衛の中の中護衛を残し、併せて添設されている郡牧千戸一所はそのまま趙王府に所属することになった。

【史料B④a】に記されている常山左護衛・右護衛返上の経緯は、一見して、趙王高燧が明廷中央を惴恐し、あわてて赤心を顕したという感じを露わにしている。返上の奏請→不裁可→再三の奏請→裁可という経緯は、単なる形式にすぎなかった。それでは、趙王高燧が抱いた惴恐とは何か。それは、前年に起きた趙王謀反の嫌疑である。その発生から最終的な幕引きに至る顛末については、『太宗実録』永楽二十一年夏五月己丑の条に詳しく記されているが[21]、いささか横道にそれるので、ここでは趙王高燧が唯一有していた一護衛を返上して護衛ゼロになった経緯の確認に止める。

秦王府　太祖第二子の樉が陝西西安府に之国したのは、洪武十一年（一三七八）四月のことであった。それから秦王

府の青史が史乗に刻まれることとなった。秦王府には西安左・中・右の三護衛が設置された。これら三護衛のうち西安中護衛と西安左護衛は、宣徳帝の時代に返上された。志契が秦王であったときのことである。

志契は初代秦王樉から数えて五代目にあたる。『明史』巻一〇〇、表第一、諸王世表一によると、秦王府では、初代秦王樉が洪武二十八年（一三九五）に薨去すると、嫡長子の尚炳が秦王を襲封したが、永楽十年（一四一二）に薨去した。そのあとに秦王を襲封したのは、嫡長子の志𡐤であるが、それから十年が過ぎた永楽二十年（一四二二）に薨去した。妃冊立以前のことであったので、秦王の爵は尚炳の庶子で渭南王志均が襲封した。ところが、志均もまた志𡐤と同様、未だ娶らないうちの宣徳元年（一四二六）に薨去した。このように樉亡き後、その後継者たちは次々に交替した。その在世期間は、尚炳は洪武二十八年（一三九五）から永楽十年（一四一二）まで、志𡐤は永楽十年（一四一二）から二十年（一四二二）まで、志均は永楽二十年（一四二二）から宣徳元年（一四二六）までで、通計すると三十年、この間、第二代から第四代まで三人の時代を閲した。志契が第五代の秦王の爵を襲封することになったのは、志𡐤と志均がいずれも妃を立てる以前に薨去し、その継嗣がいなかったためであった。ちなみに、この三王の寿年を示せば、尚炳は三十三歳、志𡐤は二十一歳、志均は二十四歳といずれも若年で幽明境を異にした。[22] このような事情のため、秦王の爵は志𡐤、志均、志契と兄弟間で順繰りに襲封されていったが、これは明代王府史においては異数のことであった。

さて、志契は永楽二年（一四〇四）秋七月十一日、秦王第二代尚炳の第三子として生まれた。[23] 富平王に初封されたが、秦王志均の薨去をうけて、秦王の爵を襲ぐことになったのは、宣徳三年（一四二八）三月のことである。秦王への進封については、『宣宗実録』宣徳三年三月壬寅の条に、

【史料C①】

行在礼部尚書兼華蓋殿大学士張瑛・郎中陳敬に命じて正副使持節と為し、秦懐王庶長弟富平王志契を封じて秦王と為し、妃陳氏を秦王妃と為す。懐王に嗣無き故を以て、弟をして其の爵を襲がしむ。

とみえるように、行在礼部尚書兼華蓋殿大学士張瑛・郎中陳敬を正副使として西安に派遣し、志契を秦王に封じたのであった。さきにふれたように、尚炳から志恒、志均に至る三代に亘って秦王の襲封がなされたときには、前王の薨去と次王の襲封との間にかなりな時間的空隙が生じることはなかったが、志均の薨去と志契の襲封との間には、足かけ三年の間隔が生じている。兄の志均の薨去は、同書、宣徳元年冬十月丁卯の条に、

【史料C②】

秦王志均薨ず。王は秦隠王の庶長子なり。初め渭南王に封ぜらる。永楽二十二年十月、秦王を襲封す。是に至りて薨ず。訃聞するや、視朝を輟むること二日。有司に命じて、喪葬を治めしめ、官を遣わして祭を賜う。謚して懐と曰う。

とあるごとく、宣徳元年（一四二六）冬十月のことで、『宣宗実録』は十月二十七日に掲出している。

志均の薨去から志契の襲封に至る間に、なぜこのような時間的空隙が生まれたのか、その間の事情を記した史料を持ち合わせていないので、推論に走るのは慎まなければならないけれども、宣徳朝が、秦王襲封という案件に対して、単に荏苒としていた結果とは思われない。それには秦王府に対して政治的意図が介在したのではないかとの勘考をせざるを得ないのは、志契が秦王を襲封してわずか二ヶ月後の宣徳三年（一四二八）五月に志契が上表したものの文詞が問題化したからである。それについて、『宣宗実録』宣徳三年五月戊午の条には、以下のように記されている。

【史料C③】

行在礼部尚書胡濙奏すらく、志契、中宮を立つるを賀するの表を進むに、文詞簡略怠慢にして不敬ならん。其の

長史等は当に之を罪すべし、と。上曰く、此が譔表する者、詞に拙なり。若し王の官属を責むれば、王豈に自ら安ぜんや。其の長史等は之を宥し、但だ移文して後来の失を免かれせしめよ、と。

北京の礼部尚書胡濙が問題視した、あるいは難癖をつけた志契の「中宮を立つるを賀するの表」の上表は、宣徳三年（一四二八）三月に、子供を産めなかった胡皇后が廃され、新たに孫貴妃が冊立されたことに関連してのことであった。このときにすでに子供を生んだとされている孫氏の子供とはのちの英宗である。この廃后と立后に対して、張輔・蹇義・夏原吉・楊士奇・楊栄等の諸大臣は諫めることができなかった。(24) 張太后ただ一人が胡皇后に生涯庇護の手をさしのべたことはよく知られている。孫貴妃が新たに立后されると、朝鮮国王李祹が元閔生等を遣わし表箋を奉り方物を貢し、中宮の冊立を賀したのは、宣徳三年（一四二八）秋七月二十日のことである。(25) 諸王府もまた当然のことながらこぞって「中宮を立つるを賀するの表」を上表したものと思われるが、私は管見にして、宣徳三年（一四二八）夏四月に、周王有燉が長史鄭義等を遣わし綵幣等物を進め、中宮を立つるを賀し、義等が鈔各三百貫を賜った事例しか知らない。しかしながら、周王有燉が賀したこのとき、宣徳帝は行在礼部に、「自今王府再び来賀する者有らば悉く此の例に準ぜよ」と命じており、諸王府から言祝ぎの使者の派遣があることを想定している。実際のところ、志契の上表は宣徳三年（一四二八）五月であるから、周王有燉の上表のあとのことであった。孫貴妃の立后に関しての諸王の上表については、この二例が知られるが、周王有燉の事例が『宣宗実録』にみえるのは最初の事例であるからであり、それ以外に秦王志契の上表が載せられているのは、その文詞が問題視されたからであろう。

この問題視を、賀表の文詞が稚拙であったという単純な問題に求めず、政治的な意図をもった難癖と想定するのは、その翌年十二月になると、志契が突然秦王府の西安三護衛の返上を願い出たからである。その請願からそれに対する宣宗宣徳帝の対応については、『宣宗実録』宣徳四年十二月庚寅の条に、

【史料C④】

秦王志挈奏すらく、三護衛を辞めん、と。上復書して曰く、比者護衛軍張嵩、王府中の諸事を奏す。朕其の妄なるを知り、錦衣衛に付して之を治せしむ。既に潼関衛、千百戸李凱等四名を送至し亦た府中の事を告ぐ。言う所は嵩と同じ。王、嗣封して自り以来、分に安じて過無きは、朕の知る所の者にして、豈に彼の小人能く離間せんとする所ならんや。王其れ安心せよ。凱等亦た必ず恕さず、但だ王は遠慮を存ち、小人の口をもて遽に三護衛を辞めんと欲す。之を言うこと切至なれば、今姑く強いて従わん。然れども王は侍衛無きの人なるべからず、一衛を留めて、以て使令に備うるを聴し、其の二護衛は兵部をして北京に調来せしむ、と。

と一纏めにして記されている。

ここに盛られたそれぞれの事項を時系列的に整理すると、発端は①西安三護衛のうちのいずれかの護衛に所属していた張嵩なる軍士が秦王府のことをあれこれ上奏した。それは好意的な上奏ではなく、弾劾に類する上奏であったことは明白である。その故に、宣宗はそれが虚妄であるとして錦衣衛の獄に下したのである。ところが、間もなくして、②西安三護衛の李凱を初めとする千戸や百戸等四名が潼関衛に送られて入京し、これまた秦王府のことを上奏した。今回上奏した四人は、軍士ではなく衛所官である。その衛所官と先に上奏した軍士、それぞれの上奏は、内容が一致したものであった。それにもかかわらず、③宣宗はそれには注意を向けず、秦王志挈の「分に安じて過無き」日頃の言動を勘考して、衛所官・衛所軍の上奏は、皇帝と秦王との間に隙を作ろうとする謀略的離間策であると断じている。というものの、④秦王志挈の上奏に基づく西安三護衛返上の請願に対しては、あっさり承認し、その結果、一護衛は従来通り残置させ、二護衛のみを北京に調撥したのである。

以上のような時系列の流れの中で、【史料C④】冒頭の「三護衛を辞めん」とする志挈の三護衛返上請願の時期は、

①②と③の間に挟み込むのが妥当であろう。③にみえる宣宗の、志契に対する言葉、あるいは対志契観は、一見信頼を寄せているようにみえる文辞であるが、それは表面を繕ったもので、①②③は予定調和的な繋がりをもつものであった。突然の秦王府関係者による内部告発があり、それをうけて、宣宗が迅速果断に対処したとするのは、その真実から大きく乖離することになる。これは秦王府の三護衛削減を意図した北京側が仕掛けたものであった。三護衛の衛所官・衛所軍を使って謀反の疑いを匂わせることで、疑いをかけられて過剰に反応することは最初から計算されているのである。実際に謀反の計画やその証拠が存在しているのかということは、この際全く問題ではない。明代に起きた多くの疑獄事件は、たとえ根も葉もない讒言であったとしても、そのように密告されたことだけで、その事件は成立したのである。志契が周章てて三護衛全部の返上を申し入れたのは、謹慎の姿勢をとるしか、秦王府継続の可能性なしとみなしたからである。宣宗の、漢王府や趙王府に対する苛烈な弾圧をみれば、志契は当然そのよう対応を取らざるをえなかったのである。

かくして、西安三護衛のうちの二護衛の改編と衛所官軍の配転がなされた。それは、同右書、宣徳五年三月戊午の条によると、以下のごとくであった。

【史料C⑤】

新調の陝西中護衛官軍を改めて神武前衛と為し、定州に居らしめ、左護衛を神武右衛と為し真定に居らしむ。而して神武前右二衛を以て合して義勇左衛と為す。

これによると、西安中護衛は神武前衛に改編され定州（北直隷真定府）に置かれ、西安左護衛は改編されて真定に置かれ、そののち両衛は統合されて義勇左衛に改編された。この記事には、①西安中護衛・西安左護衛それぞれの改編と②その統合とに関する二項目に分かれている。志契が西安三護衛の返上を申し入れてから三ヶ月が閲した、宣徳五年三月戊午の条に掲出されているこの記事（【史料C⑤】）は、①②のいずれの時点にかかるのか、それが曖昧である。上記の①の時期に繫年されたのか、②の時点で繫年されたのか、常識的には、①の事項と②の事項とを併せて記述され、②の時点に繫年されたとみなすのが妥当であろう。かく思量するのは、同右書、宣徳五年十二月壬申の条に、

【史料C⑥】

神武衛指揮使馮洪奏すらく、今年正月、西安中護衛軍士を以て本衛を置き定州に駐し、営房を創造せしむるも、未だ悉く備う能わず、と。

とみえ、西安中護衛の改編と定州設置は、志契の三護衛返上請願の翌月である宣徳五年（一四三〇）正月のことといえるからである。しかしながら、この【史料C⑥】には、同年十二月の時点で、神武衛指揮使馮洪は、「営房を創造せしむるも、未だ悉く備う能わず」と上奏しているので、未だ義勇左衛への統合はなされていなかったのではないかともとれる。とすれば、【史料C⑤】の宣徳五年三月戊午の条は、西安中護衛を改編した神武前衛と西安左護衛を改編した神武右衛とを統合して義勇左衛に統合したときを指しているとはいえないことになる。義勇左衛への統合時期を確定する史料に欠くが、同右書、宣徳七年三月乙丑の条に載せる陝西都司の上奏文の中には、「今西安中護衛已に調せられ、公廨空閑せり」という文言があるから、西安中護衛・西安左護衛が神武前衛・神武右衛への改編を経て京衛の義勇左衛に組み込まれたのは、秦王志契が護衛返上を申し出た時点からわずか三ヶ月後のことではなく、若干日子を閲した宣徳六年（一四三一）正月以後七年（一四三二）三月以前の間のことであったのではないかと思量される。

楚王府

長江中流の地に位置した楚は、春秋戦国時代から様々に彩られた豊饒な歴史を有している。明代においてここに之

国したのは、太祖洪武帝の第六子の朱楨である。朱楨がここに封ぜられたのは、生誕のときに、たまたま武昌平定の捷報が届き、それを喜んだ太祖が「子の長ずるや、楚を以て之を封ぜん、と」と宣言したからであるという。(26)ちなみに、その誕生は甲辰年（一三六四）三月三日である。その朱楨と楚王府への之国とその後の本府の推移について、『弇山堂別集』巻三一、同姓諸王表、楚昭王楨の条に、

【史料D①】

太祖第六子、母は昭敬太充妃胡氏。甲辰年三月初三日生る。洪武三年四月初七日封ぜられ、十四年四月二十二日湖広武昌府に之国す。王材器有り、数々兵を将て五開の諸蛮を征し、褒賞せらる。永楽二十二年二月二十二日薨ず。在位五十五年、寿六十一、霊泉山に葬る。妃王氏、定遠侯弼の女。洪武十二年正月初四日冊封せられ、三十年十一月初五日薨ずるや、霊泉山に合葬せらる。嫡第三子荘王孟烷、永楽二十二年を以て嗣ぐも、嫌に坐し三護衛の二を革めらる。在位十六年、正統四年を以て薨ず。寿五十八。

と、その概略が記されている。楚王楨の妃の父である定遠侯王弼は、雲南平定戦の功により、五百石が加禄されて合計二千五百石の侯爵であったが、洪武二十六年（一三九三）の藍玉党案に際して自殺し、定遠侯の爵号が除かれている。(27)それは、楚王楨夫婦にとって心痛きわまる事件であったと思われるが、楚王府そのものに降りかかった災難は、第二代楚王孟烷のときの、【史料D①】にいう「嫌に坐し三護衛の二を革めらる」という事案である。孟烷が生まれたのは、洪武十五年（一三八二）夏四月十日のことであった。太祖の第十四孫である。(28)

楚王府に付置された護衛は、武昌中護衛・左護衛・右護衛の三護衛であるが、そのうちの二護衛を返上せんことを孟烷が上奏し、その処置が決定したのは、宣徳五年（一四三〇）十一月のことである。『宣宗実録』宣徳五年十一月壬子の条に、

【史料Ｄ②ａ】

楚王孟烷、儀賓魏寧・長史楊振を遣わし奏し、府中三護衛もて一衛を留めんことを願い、二衛を以て朝廷に帰せんことを請う。上、奏を覧て尚書張本等に謂いて曰く、楚王、分に安んじて礼に循うこと、朕、素より知る所なり、故に之を厚く待す。比ごろ屡々小人の訐を告ぐること有り、朕、之を灼するに其れ非にして、皆不問に置けり。今何の疑いもて、護衛を帰せんことを請うや、と。本対えて曰く、楚王の人と為り、陛下の知る所なると雖も、然れども人に煩言有れば、王も亦慮らざるを得ず。曽参、人を殺す、皆此の類なり。今護衛を帰せんを請うは、蓋し箇静を示し、以て讒邪を杜がんと欲せばなり。乃ち其の深計遠慮もて、陛下之に従わば、之を保全する所以とならん、と。上慨然とし、良《まこと》に久しくして曰く、王、侍衛を欠くべからず、今三衛官軍、未だ必ずしも皆足らざるなり、其れ王をして任意選留し、一衛を充足せしめ、其の余は王の言う所の如く之を受けよ、と。

とあり、武昌三護衛の中の二護衛の返上に至る切っ掛けは、楚王孟烷に対する小人の「告訐」にあったとしている。宣宗宣徳帝は、それを信用せず、不問に付したが、このとき兵部尚書であった張本[29]は、楚王が返上を上奏してきたのは、そのような讒言も放置すれば、「曽参、人を殺す」のようになると、『戦国策』秦策二月にみえる故事を引き合いに出している。ちなみに、その故事は著名なので、贅語を弄することになるが、曽参は、曽子のことで、親孝行な人物として知られた孔子の門人である。あるとき、そそっかしい者が思い違いをして「曽参が人を殺した」と彼の母へ伝えた。我が子を信じる母は誤報に違いないと聞き流したが、その思い違いが広まって二人めが彼の母へ同じことを伝え、更に三人めが伝えたので、ついに母はたまりかねて家を飛び出した、という話から、たとえそうでも度重なると人も信じるようになる、というたとえである。かかる事態になることを禦ぐために、楚王孟烷は二護衛の返上を申し出たのであり、そのような深計遠慮を認めるべきというのが、張本の返事である。

かくして、同条には、新建伯李玉・都督任礼・侍郎柴車を遣わして、

【史料Ｄ②ｂ】

一衛を選留し、足らざること有れば、二衛中より選択補足するを聴す。其の余は、北京に調来して備用せしめ、以て雅意を順承せんとす。是において武昌中護衛を改めて武昌護衛と為し、左護衛を東昌に調して改めて東昌衛と為し、右護衛を徐州において改めて徐州左衛と為す。

とみえるように、武昌三護衛から残留させる一護衛の選択を楚王孟烷に委ねて、軍士の数を充足させ、他の二護衛については返上を受け入れることとした。その結果、武昌中護衛は武昌護衛と改名されて楚王府に残置され、武昌左護衛は東昌衛に、武昌右護衛は徐州左衛として改編された。

このような経過を経て、楚王孟烷の護衛返上の上奏は落着した。ここでは「告訐」した小人の名は不明である。「屡々」小人が訐を告げたとあるから、複数の小人ということになっているが、これまでの事例では名が記されていることが多かったことに比すると、楚王府のケースは類例を異にする。その告発に対して、宣宗宣徳帝は取り上げなかったが、兵部尚書張本の意見を取り入れて、結局、孟烷の請願を聞き入れたという図式をば、そのまま率直には受け入れがたい。あまりに返上の動機が薄弱に過ぎるように思えてならないからである。

この護衛返上問題については、『明史』巻一一六、諸王、楚昭王楨の条に、簡を得た記述がある。それによると、

【史料Ｄ②ｃ】

宣徳中、平江伯陳瑄密奏すらく、湖広は東南大藩にして、湖湘を襟帯し、蛮越を控引し、人民蕃庶、商賈輻聚す。楚、三護衛を設けて、始封より今に至るまで、生歯日に繁く、兵強く国富む。小人、険を行い、或いは邪心を生ぜん。請らくは其の精鋭を選び、転漕を以て名と為し、京師に至るを俟ち、因りて之を留めれば、後患無かるべ

し、と。帝曰く、楚に過無し、可ならず、と。孟烷、之を聞き懼る。五年上書して両護衛を納め、自らは其の一を留めんことを請う。帝労いて、之を聴す。正統四年薨ず。

とあり、武昌の二護衛返上の動機は、『宣宗実録』宣徳五年十一月壬子の条に依拠する【史料D②a】とは異なっている。平江伯陳瑄が楚王府の富強、武昌三護衛の勁旅に目を付け、漕運にこと寄せて、三護衛の精鋭を中央に留めんことを宣徳帝に密奏したことを孟烷が知って懼れたことにあるとする。護衛返上の動機を平江伯陳瑄の密奏に置くこの記述は、『明史』独自のものではない。ほぼ同様の記述が『国榷』巻二一、宣宗宣徳五年十一月十一月壬子の条にあり、これが『明史』の史料的ソースであろう。陳瑄は宣徳四年（一四二九）に行在工部尚書の黄福とともに支運法を建議するなど、明代漕運制度の確立に大功があった政治家である。楚王府が富裕の王府であったことは、『紀録彙編』所載陸釴の『病逸漫記』に、「天下の王府、惟だ蜀府最も富む。楚府・秦府、これに次ぐ。楚府昭王は太祖高皇帝の愛子にして、田地最も多し」といわれていて、楚王開府の初めより殷富であった。陳瑄ならずとも、それに目をつけることは大いにある得ることである。この一件は、かかる密奏に対して宣徳帝はなだめるというスタンスになっているが、宣徳年間初期に起きた諸王に対する謀反の嫌疑の簇生とそれに対しての護衛返上、あるいは後述する晋王府の護衛削減の処置に密接に関係あったとみられる。

【史料D②a】の張本も【史料D②c】の陳瑄も、宣徳帝の諸王政策の意図を忖度しての行動であり、【史料D②a】の小人の告発も、【史料D②c】の密奏も、その結果、楚王孟烷が護衛返上を申し出ることにしたのも、すべて一連の流れと捉えればみな平仄が合う。孟烷が潔く三護衛のうち二護衛を返上しようとしたのは、楚王府の削藩・国除を避けるための思い切った決断であったといえよう。

かくして、武昌中護衛は武昌護衛として残置され、武昌左護衛は東昌衛に、武昌右護衛は徐州左衛として改編されたのであった。[30]

蜀王府　本王府は太祖洪武帝の第十一子として生まれた朱椿が之国したことに始まる。本王府における護衛返上の問題については、「はじめに」でふれたように、すでに検討した。[31] さらに贅語を重ねれば屋上屋を架することになるので、その要旨のみ摘記することにする。

初代蜀王である朱椿は、太祖洪武帝の諸子の中で最も賢と称せられた人であるが、しかしながら、その生涯は順風満帆ではなかった。蜀王椿が最初の忌まわしい衝撃的事件に襲われたのは、四川成都府に之国して、ちょうど三年が閲したばかりの洪武二十六年（一三九三）二月に起きた藍玉党案（藍玉の獄）である。藍玉を父に持つ最愛の王妃藍氏はそれから一年経った洪武二十七年（一三九四）一月二十三日に亡くなった。蜀王椿はふたたび王妃を冊立することはなかった。蜀王椿は愛妃に先立たれただけではない。永楽七年（一四〇九）六月四日には世子の悦熑を喪った。しかも悦熑が亡くなったとき、その子友堉はまた四歳の幼子であった。蜀王椿の死去は、永楽二十一年（一四二三）二月十一日、在位四十三年、寿五十三であった。このとき、友堉は十八歳の青年に成長していた。しかしながら、かかる友堉の蜀王襲封は、すぐには実現しなかった。父悦熑の弟で、蜀王椿の第二子悦燿が蜀王椿の継嗣を狙って陰謀を巡らし、友堉自身はそれに巻き込まれたからである。これは永楽帝崩御のあと即位した洪熙帝によって悦燿の告発は誣引と断じられて、陰謀事件は幕引きされ、悦燿は湖広宝慶府の武岡州に移徙され、ついで時を置かず、同じ湖広の常徳府澧州に移徙された。こうして友堉は第二代蜀王となった。しかし、蜀王府を襲う難儀は一向にやまない。宣徳五年（一四三〇）春正月には四川総兵官左都督陳懐が蜀王府内で突然鉄砲の発射音がしたことを、その鉄砲は四川都司が秘密裡に供与したものであろうとの推測をまじえて宣徳帝に上奏したのである。これに対して、宣徳帝は、陳懐に対して、四川都司の堂上官は皆死罪の状をもって責め、首領官を械送して京に赴かしむよう命令し厳格に対応した。それによって、蜀王友堉は、翌年宣徳六年（一四三一）六月に、成都中護衛と右護衛の返上を申し出た。その上奏は宣徳帝によって嘉納され、九月には成都中護衛の官軍は南京の豹韜左衛に、成都右護衛の官軍は南京龍虎左衛に配置換えとなり、成都中護衛・右護衛の名は消滅した。宣徳六年（一四三一）における護衛返上の際の移衛は、原則的には、（い）成都中護衛→豹韜左衛、（ろ）成都右護衛→龍虎左衛という移衛の形であったが、実際には、（は）成都中護衛→成都左護衛、（に）成都右護衛→成都左護衛、（ほ）成都左護衛→豹韜左衛、という形のものも少なからずあるのは、蜀王府の護衛として残置される成都左護衛の一種の再編成の結果であった。

蜀王が残留組のリストを作り、上奏するにあたって、どのようなことを基準としたか、それを窺う材料に事欠くが、集めた事例から勘案すると、藍玉党案の発生以後、成都三護衛に送り込まれてきた組の多くは残留リストから排除された傾向が一定程度読み取れる。

蜀王府にとってただ一つの護衛として残った成都左護衛をどのように再編成するか、しかしながら、それは蜀王の専権事項ではない。残留組のリストは蜀王が保奏し、それを宣徳帝が欽准して、初めて効力を発揮する。（は）成都中護衛→成都左護衛、（に）成都右護衛→成都左護衛、（ほ）成都左護衛→豹韜左衛、という形の移衛が多々みられることは、宣徳帝が欽准し、蜀王の保奏が奏効したことを意味する。

粛王府　太祖洪武帝第十四子として、洪武九年（一三七六）九月二十七日に生を享けた朱楧の之国に始まる粛王府は、その後、封地が二転三転した。そもそも朱楧が三歳になったとき最初に封ぜられたのは漢王であり、粛王に改封されたのは二十四年（一三九一）四月十三日のことであり、二十八年（一三九五）六月三日に陝西甘州に之国した。ところが、建文元年（一三九九）、蘭州に移国している[32]。

靖難の役発生の年の十二月に内徙を請願しての移国の背景については、私はかつて建文政権と粛王府との親密な関係と、粛王府を陝西西部方面の守りとするという建文政権の意図があったと勘考したことがある[33]。それは、粛王府の護衛たる甘州中護衛の衛所官には、建文帝麾下南軍に参陣して陣亡した事例が四件あることを『甘州中護衛選簿』からみいだすからである。

粛王府の護衛は、この甘州中護衛と甘州右護衛の二護衛であった。最初は甘州左護衛と甘州中護衛の二護衛体制であった。『太祖実録』洪武二十六年秋七月癸丑の条に、

【史料E①a】

甘州左護衛指揮使司を置く。

とあり、ついで同月丁巳の条に、

【史料E①b】

府軍前衛将士の罪有りし者を調し、甘州左護衛に隷す、道里費を賜うこと差有り。

とあり、さらに同月甲子の条に、

【史料E①c】

寧夏衛を置く。甘州左護衛将士を調して之を守らしむ。初め府軍前衛将士の罪有りし者を発して甘州左護衛に隷す。既にして罪を負いし者は親王の扈従と為すべからざるを以て、遂に寧夏に徙して衛を置き、別に兵を調して護衛と為す。

とあり、甘州左護衛の設置とその寧夏衛への改編、新しき護衛の設置という一連の流れが知られる。ここにいう「府

軍前衛将士の罪有りし者」とは、懿文太子が急死した翌洪武二十六年（一三九三）に起きた藍玉党案に連座して逮捕された府軍前衛の衛所官を指す。こうした配置転換が当該党案の後始末として大規模で行われたことは別な機会に言及した。[34]洪武二十年（一三八七）に甘州左護衛が設置されたとき、藍玉党案に連座して罪を蒙った衛所官を充てたが、その後、有罪の者をもって親王の扈従とすべきではないと方針が変更され、あらたに設置された寧夏衛に甘州左護衛の軍士を充当したのである。【史料E①c】に、「別に兵を調して護衛と為す」とあるが、それが甘州右護衛であろう。その後、史乗に甘州左護衛の名称はみえないのは、そのことの証左になる。ただ、甘州右護衛の設置は、それから二年を閲した洪武二十六年（一三九三）のことであった。『太祖実録』洪武二十八年夏四月甲申の条に、

【史料E②】

詔して遼寧谷慶粛五王の護衛指揮使司を置く。武定侯郭英に命じて遼東都司を会し広寧義州等衛官軍を分調して遼王の広寧左右二護衛を置かしむ。北平都司は大寧左右二衛を調して寧王の営州左右二護衛と為す。宣府左右二衛は谷王の宣府左右二護衛と為す。興州中護衛を改めて宣府中護衛と為す。陝西都司は慶陽衛を調して慶王の寧夏左護衛と為し、寧夏衛を改めて右護衛と為す。甘州在城官軍を調して粛王の甘州右護衛と為す。凡そ差遣あれば王の調用に従わしむ。

とあって、遼王府・寧王府・谷王府・慶王府の四王府護衛の設置と時を同じくしてのことで、甘州在城の官軍から人員を調して設立した。一方、甘州中護衛の設置については、これより先行する洪武二十四年三月戊戌の条に、

【史料E③】

漢衛谷慶寧岷六王に命じて臨清に往き軍士を訓練せしむ。それぞれ護衛を置く。漢王は甘州中護衛、衛王は広寧中護衛、谷王は興州中護衛、慶王は寧夏中護衛、寧王は営州中護衛、岷王は西河中護衛なり。

とみえるように、最初漢王に封ぜられたときのことであった。したがって、【史料E①c】に、「別に兵を調して護衛と為す」という文言は、それ以後に設置された甘州右護衛のことを指していることになる。

さて、かかる甘州中護衛と甘州右護衛の返上問題が起きたのは、宣徳七年（一四三二）のことである。粛王は楧からその子瞻焰に代替わりしていた。この一件については、『明史』巻一一七、諸王二、粛荘王楧の条に、

【史料E④】

子康王瞻焰嗣ぐ。宣徳七年一護衛を上る。

と記されている。これは中華書局本に依拠しているが、この文言には、校勘記に記事があり、それによると、

【史料E⑤a】

一、原作「二」。宣宗実録巻九三宣徳七年七月壬申条「粛王瞻焰奏、甘州中、右二護衛官軍、皆間逸無差遣、欲止留一衛、請以一衛帰朝廷助備辺。」宣宗復書、「聴箇留一衛」。是只上一護衛、拠改。

という注記がある。この注記は、『宣宗実録』宣徳七年七月壬申の条に、

【史料E⑤b】

粛王瞻焰奏すらく、甘州中右二護衛官軍、皆間逸にして差遣無し。一衛を止留せんと欲し、一衛を以て朝廷に帰し備辺を助せんことを請う。上、奏を淂《ママ》て復た書して曰く、護衛は以て王国を衛る。王国は以て朝廷に藩屏す。今叔、国中事無きを以て、朝廷の為に辺を慮るは至親体国の篤きを見るに足れり。特に都督僉事王彧・副都御史賈諒を遣わし書を賫し以て復た一衛を箇留するを聴す。朝廷に帰する所の者は家属を挈えて甘州に赴き、前後二衛の守備の数を補わしむ。仍りて彧・諒に勅して意を加えて撫綏し、過ぎる所は口粮・車輌を給し、所を失うことをなからしむ。

とあるのがその典拠である。粛王瞻焰は、国中に不安がないので、一護衛を備辺のために返上したいと上奏してきたのに対して、宣徳帝は都督僉事王彧・副都御史賈諒を差し向けて、それに対応させた。返上されたのは甘州右護衛で、中護衛は粛王府の護衛として残置された。粛王から引きとった甘州右護衛はもとの所在地蘭州から甘州に移した。甘州には甘州前後左中の四衛があったが、そのうちの甘州前衛と後衛に転籍されたのである。

粛王府から返上された護衛は、このように処理された。瞻焰がなぜ返上したのか、その理由を直截に記した史料はみあたらない。謀反の嫌疑がかけられた様子もない。粛王府が懐いていた不満がこの護衛返上問題に関わるかどうか定かでないが、これより三ヶ月後、粛王瞻焰は王府に支給される禄米の増給を請願している。洪武・永楽時代の禄米は五百石であった。それが仁宗のときに倍増されて一千石になった。しかしながら、洪武二十八年（一三九五）に編纂された『皇明祖訓』供用の項によると、親王の場合は一万石である。これにとても及ばないのは、「地里遼遠にして運輸難艱」であるとされたからである。瞻焰の上奏は宣徳帝の認めるところにならなかった[35]。前述のように、この問題が直截護衛の返上と絡むかどうかは確証がないが、経済的に護衛の運営・維持を困難なものとした可能性なしとはしない。

三　護衛削減―晋王府―

太祖第三子棡が山西太原へ之国したのが晋王府の始まりである。それは、洪武十一年（一三七八）四月のことである。晋王府には太原左護衛・右護衛・中護衛からなる三護衛が付設された。この太原三護衛が一護衛とともに残置されることなく削減されたのは、秦王府の護衛返上に先だつ宣徳二年（一四二七）四月のことであった。晋王府が保有軍事力がゼロになるという護衛削減という厳しい処置をうけたのは、謀反の嫌疑をかけられた結果であった。晋王府が陥った危難は、このときが初めてではない。永楽時代には三護衛の返上を申し出ている。この護衛返上請願から護衛削減に至る過程を追っていくと、晋王府内で続いた混乱の状況が分明する。

護衛返上の請願は、靖難の役が終息した後に起きた。初代晋王棡は、洪武三十一年（一三九八）四月十六日に死去した。享年四十一であった。燕王が挙兵し、靖難の役が起きたのは、その翌年七月四日のことである。燕王の起兵によって火ぶたが切られた燕王軍と建文軍の戦いは、以後洪武三十五年（一四〇二）六月十三日における南京陥落まで続く。この間、晋王であったのは、棡の嫡子済熺である。この後継者済熺が護衛の返上を願い出たのは永楽二年（一四〇四）のことであった。『太宗実録』永楽二年九月庚戌の条に、

【史料F①】

書を晋王済熺に賜いて曰く、奏を得るに、護衛及び畜する所の小韃靼を上らんと欲す、と。夫れ護衛は、昔爾の父、之を皇考より受く。其れ何ぞ辞するべけんや。爾惟だ当に徳を修め善を行うべし。豈に一、二の小人の非を為すに因り、輙《ただ》ちに自ら懐し、護衛を上らんことを欲すべからんや。奏する所は允さず。其の小韃靼は、護衛に欠伍する者有れば就ち以て之に補せ、と。

とあり、護衛返上は王府内部の一、二の小人がなした非為に対処してのことであったとしている。ここにいう「一、二の小人」とは、『明史』巻一一六、諸王一、晋王伝に、

【史料F②】

永楽の初め、帝、済熺の縦ままに下すを以て、其の長史龍潭を黜く。済熺懼れ、護衛を上らんことを欲するも、許されず。

とあるのをみれば、晋王府長史龍潭（鐔）等のことである。即位早々の永楽帝の勘気を被った、済熺が晋王府の護衛を返上することを申し出たのは、永楽二年（一四〇四）九月庚戌、すなわち十二日以前のことになる。その日時を確定することは難しいが、その約一週間弱遡る同月六日には、

【史料F③】

刑部郎中艾少岳を擢して晋府左長史と為し、礼科給事中何仕譲を右長史と為し、勅諭を賜いて曰く、古昔帝王天下を有するや必ず藩国を樹て以て邦家を衛らしむ。朕の皇考太祖高皇帝、創めて大業を有するや古制に倣い諸子を封建す。皆端人を慎簡して以て之を輔導せしむ。朕が兄晋恭王の長子済熺、晋封を嗣承して亦た既に有年なり。其の前長史龍鐔、既にして礼を以て己を処する能わず、又た道を以て王に事える能わず。群下を放縦して百姓を侵奪して以て王の徳を累わす。今已に之を黜けて、特に爾等に命じて往きて王輔と為さしむ。爾其れ成憲を恪守し王の徳義を導け。王を将て過ち無ければ、爾も亦た聞すること休すむこと有らん。勉めて乃の心を尽くし、朕の命を替えること毋かれ、欽めや（『太宗実録』永楽二年九月甲辰の条）。

と記され、長史龍鐔の解任と新たな長史の任命という人事が発令されている。晋王済熺が護衛の返上を申し出たのは、この九月六日から十二日の間のことであったのであろうか。それとも九月六日以前にすでに龍鐔は長史を解任され、新たな人事の発令がなされたのが同日のことで、龍鐔の長史解任をうけて済熺が護衛の返上を申し出た可能性もある。

さて、龍鐔の長史解任の理由であるが、【史料F②】・【史料F③】に記されているのは、表面的名目的であり、真の理由ではない。すでにはやく考察したように[36]、この問題は靖難の役の際における晋王府の動向に直接関わる事柄である。それを示す記事が『国朝献徴録』巻一〇五、晋府長史龍鐔伝にみえる。それによると、

【史料F④】

龍鐔、字は徳剛、江西万載の人。洪武十三年、貢して国子生と為り、浙江按察司副使を授けらる。微累を以て長洲知県に降され、尋いで晋府長史に陞る。建文中、靖難の師起り、兵を晋に徴するや、鐔、大義を以て不可とす。靖難の後、詔して鐔を械して至らしむるも、屈せずして之に死す。

とある。【史料F④】はその典拠を『忠節録』としている。『忠節録』と題する史料は複数あるが、当該書は『建文忠節録』のことで、正徳丙子（十一年）、すなわち一五一六年の序を持つ。その撰者張芹は、成化二年（一四六六）に生まれ、嘉靖二十年（一五四一）に没している。

さて、【史料F④】は、晋王府長史龍鐔が靖難の役が終息し永楽政権成立後、拘束されたのは、晋王府が燕王軍に「大義」なしと燕王軍に加わることを拒否したからとしている。燕王が北平で挙兵し、靖難の役を引き起こしたとき、その兵数は八〇〇人であったといわれる。[37] その信憑性はともかくとして、燕王の挙兵時、燕王府兵力の中核をなす燕山三護衛―燕山左護衛・燕山右護衛・燕山中護衛―の主力部分は、すでに建文元年・洪武三十二年（一三九九）三月に、建文帝の命令で、建文軍の宋忠の指揮下に組み込まれていたのである。したがって、兵力が過小なることは事実であった。建文軍への燕王府護衛軍組み入れは、〝防辺〟を名目に調撥し、燕王の軍事力を一気に殺いでしまおうという建文帝側の謀略であった。そのようなこともあって、挙兵時における燕王府の兵力不足は、否定しえない事実であった。また、太祖洪武帝が創設した衛所制度を継承した建文帝と一王府にすぎない燕王とでは、兵力の点では隔絶した格差があり、靖難の役全期間を通しての動員兵力数も、建文側は約一七〇万ないし二〇〇万であり、これに対して燕王側は約五〇万であったといわれている（『春明夢余録』巻三六、屯田、畿輔屯丁）。兵力の絶対数で劣る燕王は、挙兵時の軍勢を核に、以後諸々の方法で拡大・増強に努めるが、右のような晋王府からの徴兵もその一環であった。燕王のかかる徴兵を、長史の龍鐔は、「大義」を楯にとって不可としたのである。これが、龍鐔が靖難の役終息後燕王の下に械送されて死に至り、二代目晋王済熺が恐懼し、護衛を返上しようとした理由であった。龍鐔黜免の理由として【史料F③】に「前長史龍鐔、既にして礼を以て己を処する能わず、又た道を以て王に事える能わず。群下を放縦して百姓を侵奪して以て王の徳を累わす」とあるのを、額面通りに受け取ると真実から乖離することになる。永楽二年（一四〇四）における護衛返上問題は、【史料F①】に、「夫れ護衛は、昔爾の父、之を皇考より受く。其れ何ぞ辞するべけんや。爾惟だ当に徳を修め善を行うべし」とみえるように、永楽帝が対処したので、晋王府は、従前通り太原左護衛・右護衛・中護衛の三護衛を保有することになった。

しかしながら、これで晋王済熺ならびに晋王府に対する永楽帝の不信感が払拭されたわけではない。それから十年後の永楽十二年（一四一四）には、晋王済熺は不軌の疑いをかけられて、王爵を削られて廃せられてしまった。済熺は洪武八年（一三七五）夏四月十九日に生まれているから、[38]このとき四十歳であった。そのあとに晋王を襲封したのは弟の済熿である。しかも、晋王済熺に「不軌の疑いあり」と首告したのは、その済熿自身であった。済熿は、洪武十四年（一三八一）八月二十六日に、洪武帝の第十二孫、晋王棡の第三子として生まれた。[39]済熺の六歳年の離れた弟である。済熿が平陽王に封ぜられたのは、靖難の役終息直後のことであった。本戦役直後の済熿について、『太宗実録』には、

【史料F⑤a】

昭徳王済熿来朝す（洪武三十五年八月丙寅の条）。

【史料F⑤b】

昭徳王済熿に命じて平陽に居らしむ（同月壬申の条）

【史料F⑤b】

秦愍王第四子尚炳を封じて興平王と為し、第五子尚炡を永寿王と為し、第六子尚烌を安定王と為し、晋恭王第三子昭徳王済熿を改封して平陽王と為し、恭王第七子済熇を封為じて広昌王と為す（洪武三十五年九月甲申の条）。

とみえ、済熿は靖難の役直後に来朝し、昭徳王から平陽王に改封されている。燕王が即位したのはその年の六月十七日、即位詔が発布されたのは七月一日であるから、済熿はその一ヶ月半後に来朝したのである。

かかる済熿に対して、永楽帝は、永楽九年（一四一一）閏十二月丁巳朔（一日）に、南郊において祀りをしたとき、特別に、

【史料F⑥】

今爾に命じて平陽に居らしむ。其れ益々学問に勤め、身心を端乃し、法度を謹守し、用て藩屏を效し、以て朕の望に副えよ。

と勅している。永楽帝から督励をうけた済熿が、慶成王済炫等とともに晋王済熺を首告したのは永楽十二年（一四一四）春正月のことである。これに始まる晋王済熺の不軌問題は、やがて済熺の王爵剥奪、済熿の晋王襲封という結果をみることになる。以下に日月を追ってその推移を記すと、

○永楽十二年（一四一四）春正月十三日

平陽王済熿・慶成王済炫・永和王済烺及び護衛将校人等が屡々晋王済熺が心に忿恨を懐き、不軌を為さんことを図っていると上奏した。これに対して、永楽帝は晋王済熺は至親であるとしてそれを信ぜず、済熺に勅諭して叱責するに止めた（永楽十二春正月戊子の条）。

○同年二月十三日

平陽王済熿等は復び上奏して、晋王済熺、怙悪の事を頼みとして改心せず、奸に謀ること日々に甚しと首告した。

それで遂に済熺に勅を降して召還した（永楽十二年二月丁巳の条）。

○同年三月二十三日

召し出された晋王済熺は、モンゴル親征の途次に宣府鎮城の東南六十里の鶏鳴山に駐蹕した永楽帝の下に伺候し謁見した。このとき、済熺はそのまま宣府に留め置かれ、その世話係として内使十人・廚子十人・校尉十人・軍士二十人が与えられ、最終処分は親征軍が都に凱旋するほど保留された（永楽十二年三月丙申の条）。

○同年同月二十七日

ついで、永楽帝は寧遠鎮に駐蹕すると、平陽王済熿に対して勅を下した。その内容は、「爾の兄済熺の異謀を包蓄すること、前後告ぐる者無慮数十百人なり。朕毎に含容し諭するに善道を以てす。今朕胡虜を親征するに、済熺来り面諭するも、為す所は略ぼ罪を悔いず。但だ至親なるを以て遽かに絶つに忍びず。今宣府に留居し、之をして過ちを省せしむ。師を班すの日、別に処置有らん。特に爾に諭して之を知らしむ」（永楽十二年三月庚子の条）というものであった。

○同十二年九月一日

晋恭王第三子平陽王済熿を封じて晋王とした（永楽十二年九月辛未朔）

以上に掲出した『明実録』の繋年にしたがえば、済熺の王爵剥奪と済熿の晋王襲封に至る晋王府の一連の騒動の始まりは、永楽十二年（一四一四）春正月十三日のことである。平陽王済熿・慶成王済炫・永和王済烺、それに加えて護衛将校人等がたびたび上奏して、晋王済熺が不軌を企図していると告訴した。永楽帝はかかる上奏を信用せず、そのような告発があったこと自体に問題があると考えて済熺に対しては勅諭して叱責するに止めたという。しかしながら、この告訴はそれで終息したわけではない。その一ヶ月後の二月十三日に、平陽王済熿等は再度上奏して、晋王済熺に奸謀ありと告発した。それで永楽帝はついに済熺に勅を降して召還することにした。永楽帝のもとに晋王済熺が伺候したのは、三月二十三日、これは永楽帝のモンゴル親征の途次のことで、謁見した場所は宣府鎮城の東南六十里に位置する鶏鳴山であった。山西太原府から赴いて済熺はそのまま宣府に留置され、その処分は永楽帝が京師に戻ったのちとされた。済熺は宣府に監禁されたわけであるが、そのことは四日後の同月二十七日に、平陽王済熿に対して勅をもって知らせた。そして、それから半年を閲した同年九月一日には、ついに晋恭王第三子である平陽王済熿をあらたに晋王に封じた。これが第三代晋王である。

かくして、晋王府の騒動は終息した。当該人物の関係者による謀反有りとの告発、そしてそれを受けての処分という経過の辿りかたは、明代にたびたび起きた疑獄事件の構造とはなはだ類似している。済熺に謀反の企てがあったかどうか、その真偽のほどを調査するために京師から人が派遣されたわけではない。告発されたことが即事案成立となっている。

まえにもふれたように、晋王府は、靖難の役の際に燕王の兵の調撥に応じなかった。そのために長史龍鐔は即位した永楽帝によって黜免されて最終的には獄死した。そして、晋王済熺は太原三護衛の返上を申し出た。それは靖難の役が終息して二年以上の日子を経た永楽二年（一四〇四）の出来事である。靖難の役が終息した直後の八月に済熺が来朝したときに永楽帝が賜った勅諭には、

【史料F⑦】

吾、爾の父とはともに皇考妣の生む所なり。少きより友愛深厚なり。爾、皇考妣の長孫為りて鍾愛尤も篤し。今爾が父、逝くと雖も吾豈に皇考妣の心を体し心と為さんことを知らざらんや。正に爾と共に富貴を享けんことを図り、且つ西北重鎮は爾の控馭を資《はか》らん。爾国に居ること年久しく令誉已に著わる。藩屏を撫安すること方に望

み有らん、と（洪武三十五年八月癸亥の条）。

とあり、永楽帝は晋王済熺を敵視し忌避していたわけではない。

ところが、その二ヶ月後、済熺に対して永楽帝は、以下のような勅書を降している。

【史料F⑧a】

晋王済熺に書を賜い、護衛内より馬歩官軍四千を撥し、高平王・平陽王に随わしめ平陽衛府に暫く居らしめ、原給せる本府の符験を二道に分かち之に与う（洪武三十五年冬十月甲子の条）。

これは、太原三護衛の中の四千の衛所官軍を高平王（済熚。晋王棡の次男）・平陽王の指揮下に入れよという命令である。太原三護衛の兵数は、『太祖実録』洪武十年春正月辛卯の条に、

【史料F⑨a】

羽林等衛の軍士を以て秦晋燕三府護衛を益す。秦府西安護衛旧軍一千四百五十一人、益すに羽林衛軍二千二百六十四人を以てす。晋府太原護衛旧軍一千六百三十人、益すに興武等衛軍二千二百五十一人を以てす。燕府燕山護衛旧軍一千三百六十四人、益すに金吾左等衛軍二千二百六十三人を以てす。

とあるのによれば、洪武十年（一三七七）の時点では軍士は三八八一名であり、一衛五六〇〇名×三＝一六八〇〇名という建前からほど遠い兵数であった。しかしながら、その二年後の洪武十二年（一三七七）八月には、

【史料F⑨b】

太原中護衛軍士・校尉に期を刻み七千六百余人に白金八千二百余両・鈔二万四千余貫・銭二千四十一万六千余貫を賜う（同右書、洪武十二年八月己卯の条）。

と、太原中護衛の軍士・校尉七千六百余人に白金等を賜与したという。とすると、この時点では太原中護衛一護衛だけ

で兵員構成の基本数を充足していることになり、「官軍四千」が調撥されたこと自体は太原三護衛にとってさほどの痛手であったとは思われないが、軍士の指揮権が本来衛所官軍の陞進人事の推挙権も持たない郡王[40]に委ねられたことは、晋王済熺には衝撃であったたと思われる。しかも、それは靖難の役終息後四ヶ月のことである。永楽帝がこのように処置をした理由については、【史料F⑨b】には何も記されていないけれども、翌永楽元年（一四〇三）五月になって、高平王済熚・平陽王済熿に降された勅書の中に、その理由と思量される記述がみえる。

【史料F⑧b】

復た書を以て高平王済熚・平陽王済熿に諭して曰く、前に爾兄弟に命じて暫く平陽に居らしむるは、其の衛府官、朕の恤人の意を体せず、旧廨舎を拆毀し、王府を蓋造せんとし、此に借りて名と為し、以て朘剝を肆にせんとすればなり。而して民何ぞ以て之に堪えんや。謂う所、利は小人に帰し、怨は朝廷に萃む。朕方に民に休息を与えん。令を下して厳禁して妄に一民を役し、今朕をして信を下に失うしむるを許さず。已に衛府に勅して工を罷めしむ。爾兄弟は軍民を公廨に止め、暫く住りて別に興作有るなからしめれば軍民安ぜり。然る後朕と爾とは皆な安らぎを得ん（永楽元年五月癸未の条）。

晋王府の衛府官が旧廨舎を毀して王府を蓋造するということに事寄せて、民衆からの収奪を企図しているので、高平王済熚・平陽王済熿はその監視のために派遣されたという。

【史料F⑧a】の内容と【史料F⑧b】のそれとは、このように脣歯の関係にあったと考えられる。しかしながら、何故に永楽帝は済熚・済熿に「馬歩官軍四千」を率いて平陽に駐屯させたのであろうか。というのは、「旧廨舎を拆毀し、王府を蓋造せん」としたのは、太原府城内の東に在る晋王府の王宮（『大明一統志』巻一九、藩封）ではないのかと思量するからである。済熚・済熿が「馬歩官軍四千」を指揮下に入れて平陽府に駐屯したのは、そこから東北五九〇里（『明史』巻四一、地理志二、山西）に在る晋王府王宮の動向監視という軍事的圧力を加えさせることではなかったかとの推論が抱かれる。

このように推論を抱くのは、その一ヶ月前に起きた駙馬都尉胡観事件に晋王済熺が巻き込まれたことと関係があるように思われるからである。胡観事件とは、『太宗実録』永楽元年夏四月癸酉の条に、

【史料F⑩a】

刑科都給事中周璟・監察御史劉従政等劾奏すらく、駙馬都尉胡観、山西より帰るや、晋王の賜わる所の稼漆の椋轎に僭乗し、礼を踰え分を僭す。賜わる者、乗る者皆な当に罪有るべし。観及び晋府の長史は宜しく逮問すべし、と。命じて姑く之を宥す。

と記されている事案を指す。胡観は東川侯胡海の子で、太祖の第十一子南康公主の夫である。その胡観が遣わされていた晋王府から帰京後、晋王済熺から賜与された硃漆によって彩られた椋轎に乗っていると、刑科都給事中周璟・監察御史劉従政等の科道官たちに弾劾上奏されたのである。科道官たちはこのとき、乗っている胡観と賜与した側の晋王府の長史を捕らえて訊問すべきとした。永楽帝はこれに対して暫くは不問に付すとした。この事案で科道官たちは、直接晋王済熺についての弾劾は避けているが、済熺自身もまた危殆に瀕したことには変わりない。

この胡観事件が『太宗実録』に掲出されているのは、永楽元年（一四〇三）夏四月二十七日の条である。その翌二十八日には、永楽帝は晋王済熺に対して、

【史料F⑩b】

晋王済熺に書を賜いて曰く、皇考の世は、古典を参酌し礼儀車服器用を詳定し各々等級有り。比ろ言う者有り、駙馬胡観の乗る所の椋輿、其の制度僭越し、諸王と異なる無し。其の従って来るところを詰るに爾之を与えしと

云う。夫れ諸王用いる所は、其の制天子より一等を下る。王の分僭ずばかりの若きは其れ漸く既に長し。何事も僭すべからず。繁纓の小物、孔子之を惜しむ。爾今宜しく慎重に率易すべからざるなり（永楽元年夏四月甲戌の条）。

という文言からなる勅書を与えた。これは、『春秋左氏伝』成公二年の条にみえる車服器用には身分の上下の差別があるので、その身分に応じない物を与えることは、身分・秩序を破ることになると言った孔子の故事を引用して、[41]済熺を叱責している。孔子の故事を引用したこの言葉は政治の要諦であり、はなはだ重いのである。

さきの科道官たちの弾劾では、晋王済熺を名指しで批判することは遠慮しているが、【史料F⑩a】と【史料F⑩b】とは表裏一体であり、靖難の役終息直後に来朝した済熺に永楽帝が示した情愛（【史料F⑦】）はすでに消え失せ、その態度が大きく変化したことを窺い知られるのである。その風向きの変化は、『太宗実録』を史料的淵源にして『明史』等にもみえる駙馬都尉胡観の事案がきっかけではなく、靖難の役終息直後に、その直接要因があった。前掲【史料F⑦】を収載する洪武三十五年八月癸亥の条に、「時に曹国公李景隆、数々其の過ちを言う。上、信ぜずと雖も、済熺、之を聞き内かに憂畏を懐く。故に之を慰安す。景隆は昭徳王済熿妃の父と云う」とあるように、済熺が三弟済熿の岳父李景隆に讒言されたことである。永楽帝が情愛を示したのは、李景隆の讒言によって憂懼した済熺に対する慰めの意味もあったようである。李景隆は靖難の役においては、建文軍の大将軍を務めた人である。征北大将軍に起用されたのは、『姜氏秘史』巻二に、

【史料F⑪】

李景隆、泗州盱眙県の人。父文忠は、曹国長公主の子にして、開国の元勲たり。岐陽武靖王を追謚せらる。景隆、洪武十九年四月を以て曹国公に襲封せらる。上、嘗て体爾祖爾忠孝不息の八字を書し、以てこれを賜い、これを

して書を読み、儒生を友とせしむ。一時、韋布の名の有る者、天台の林右の輩の若き、皆なとともに交遊す。革除君、位に即くや、魏国公徐輝祖とともに元勲の子なるを以て任用せらる。太宗の靖難の師起こるや、命ぜられて征虜大将軍となる。

とあるように、元勲（父の李文忠は太祖洪武帝の姉の子）の子という理由でもってであって、李景隆が将帥として優れた特性を有しているということではなかった。平常、「儒生を友」とするという生活を送ってきたとすれば、李景隆が、甚だしい肉体的困苦にも身体を耐えさせ、大いなる危険に直面しても心の平静を保たせ、また会戦における凄まじい印象に接しても判断をあやまることのない、戦争に慣熟するという要件を備えているとは言い難かった。燕王は、李景隆を評して、「李九江は、豢養の子にして、智疏く、謀寡し」（『奉天靖難記』巻一）と言っている。燕王の読み通り、李景隆は、建文元年（一三九九）十一月から翌年九月の間、征北大将軍として兵部尚書茹瑺とともに燕王軍との戦いを指導したが、なんらの成果をも上げることができなく解任された。それから二年後、燕王軍が揚子江を渡江して南京に逼ると、李景隆は谷王とともに金川門を開門し、燕王軍を迎え入れた。こうして靖難の役が燕王の勝利によって終息し、永楽政権が成立すると、李景隆は建文諸臣を奸臣と名指ししたリストを作り、それに基づいて永楽帝による逮捕命令が施行された(42)。

李景隆はこのように変わり身の早い陋劣な人であった。前述したように、【史料F⑦】を収載する洪武三十五年八月癸亥の条にみえるごとく、かかる人物に譏言されたならば堪ったものではない。済熺が憂懼を懐いたのは蓋し当然のことであった。洪武三十五年八月癸亥の条には、それまで「数々」譏言したとある。一度や二度のことであったのではない。したがって、かかる済熺攻撃が洪武三十五年（一四〇二）八月の時点でぴたっと止んだとは到底思われない。そもそも李景隆がなぜ執拗に済熺を攻撃したか。その企図を忖度するに、李景隆は靖難の役の際に燕王による三護衛衛所軍の調撥を晋王府が拒んだ事実を奇貨として済熺を攻撃して晋王の座から降ろし、つぎの晋王に娘婿の済熿に襲封させようとしたと画策したのではないとの推察が抱かれる。それ以後の永楽帝は済熺に対しての硬直した態度を示すようになり（【史料F⑥】所引の各条参照）、そしてついには永楽十二年（一四一四）九月辛未朔（一日）に李景隆の娘婿平陽王済熿の晋王襲封が実現したことを踏まえると、さきの推察には一定の剴切さを持ちうると思量する。

このとき晋王の王号を剥奪された済熺は、永楽十二年十一月庚戌の条に、

【史料F⑫a】

晋王済熺を降して庶人と為し、長子美圭と同に晋恭王墳園を守らしむ。仍お勅を賜いて諭して曰く、爾不軌を為さんと図り、自ら天に絶たれ、自ら祖宗に絶たる。爾の罪を論ずるに誅を容すべからざること有るも、恭王手足の義を重念し、特に爾の生を全うし恭園を守らしむ。其れ門を閉じ、咎を念念し、外交を杜絶し、過を改め善に遷し、以て令終を保て。之を慎めや。

と、一切の特権を剥奪されて庶人に落とされ、長子美圭とともに初代晋恭王棡の墓守とされ、かつ閉門を命ぜられた。無論、かかる苛烈な処置に至ったのは、平陽王済熿・慶成王済炫・永和王済烺等がしばしば済熺が不軌を図っていると首告したからであるが、平陽王済熿等を扇動したのは、その岳父の李景隆ではなかったかと思われる。李景隆と済熿等との連繫による済熺攻撃は、永楽帝にとっても利用する価値のある事柄であった。それが燕王の三護衛所官軍調撥を拒んだ晋王済熺に対する意趣返し・ペナルティを加えんとする恰好の名分となるからである。李景隆とその娘婿平陽王済熿の政治的謀略が奏効して、済熺は奪爵され、一気に庶人に落とされたのであった。

西晋時代の人、左思の『三都賦』「呉都賦」の一節に「露往き霜来たり、日月其れ除す」とあるように、月日は瞬く間に去っていく。

済熺が晋王の王号を剥奪されてから、瞬く間に日子が経つ間、済熺・美圭父子と済熿と間に消長遷移があり、運命の変転が生じた。『明史』巻一〇〇、表一、諸王世表一、晋によると、晋王の王号は初代恭王棡、二代は定王済熺（恭嫡一子）、三代憲王美圭（定嫡一子）、四代荘王鍾鉉（憲庶一子）と世襲されていて、済熿の名はみえない。定王済熺の項には、「永楽十二年、弟済熿の為に誣搆せられ、廃せられて恭王の墳園を守る。後、事明らかとなり、仁宗、王に冠服を賜り、子の美圭に依りて養わしむ。宣徳十年、薨ず」とあり、憲王美圭の項には、「永楽三年、世子に封ぜらるるも、叔済熿の為に誣廃せられ、父に随い墳を守る。二十一年、事明かになり、平陽王に封ぜられ、宣徳十年、晋王を襲ぐ。正統六年、薨ず」とある。済熿が済熺を晋王の座から引き下ろす企みの事の真相が明らかになったことで、済熺・美圭父子と済熿との立場とが逆転したのである。済熿の済熺攻撃が誣告と判明したのは、永楽二十一年（一四二三）のことだという。それは、永楽帝がモンゴル親征からの帰途、楡木川で万歳後を迎える前年に当たる。『国権』巻二一、同姓諸王表、晋恭王棡の条には、前掲『明史』諸王世表一、晋にみえない済熿の扱いについて、

【史料F⑫b】

嫡子定王済熺、三十一年を以て嗣ぐ。永楽十二年、弟済熿の譖りを以て爵を削らる。済熿尋いで襲ぐ。洪熙元年、定王の冠服を復す。宣徳三年、済熿を降して庶人と為し、鳳陽に錮し、定王に晋王の位を復す。宣徳十年、薨ず。王封ぜられてより薨ずるに至るまで総て三十八年、寿六十一。妃は傅氏穎国公友徳の女なり。嫡子憲王美珪、宣徳十年を以て始めて継封す。

とみえるように、済熿は兄済熺のことを朝廷に訴え、それが奏効して一旦は兄に代わって晋王爵を襲ぐものの、やがてその攻撃は誣告であることが判明し、宣徳三年（一四二八）には庶人に落とされ、鳳陽に禁錮された。これによって、『明史』諸王世表一のように、済熿は晋王の系譜から除外されたのである。

済熿が朝廷に済熺を訴えたことが誣告であったことが判明したのは、さきにふれたように永楽二十一年（一四二三）のことであるという。済熿が晋王位から降されて庶人とされ、鳳陽に禁錮されたのは宣徳三年（一四二八）のことであるが、それ以前から風向きが変わってきていたのである。永楽二十一年（一四二三）七月十九日には、晋王済熿の庶長子美埧は間喜王に、次子美増は和順王に封ぜられている（『太宗実録』永楽二十一年七月丁酉の条）。

ところが、それからほぼ四十日後の翌八月二十七日、晋王を廃せられて恭王棡の墳園の守りをさせられていた済熺・美圭父子の身に大きな出来事が生じた。それは永楽二十一年八月乙亥の条にみえる「車駕、沙城に次るや、晋庶人済熺及び其の子美圭を召して至らしむ」とみえるように、永楽帝がモンゴル親征の途次に、山西南に在る沙城という故城に済熺・美圭父子を召し出したことである。[43] 謁見の様子は同条に詳しい。論述の都合上、段落をつけて引用すると、以下のごとくである。

【史料F⑬a】

済熺は晋恭王の長子なり。洪武中、王爵を嗣ぐ。上、内難を靖んじ大統を承けるや、其の弟平陽王済熿・慶成王済炫・永和王済烺並な済熺は心に忿恨を懐き、不軌を為さんと図ると奏す。上、之を優容し罪せず。但だ勅訓もて諭面す。已にして済熿なる者言うこと已まず。上、人を遣わして之を察し、祖訓を用って其の父子を免じて庶人と為し、恭王の墳園を守らしむ。

【史料F⑬b】

是に至りて、上、至親なるを軫念し、召して至らしめ、将に美圭を封じて郡王と為さんとす。時に公侯伯五府六部、交々章して、其の罪重く宜しく封ずべからずと劾奏す。上、群臣に諭して曰く、罪もて廃すること十年、人の恒情も又自ら懲艾す。且つ仁者は人禄を絶たず。矧んや吾が至親なり、其れ能く忍ばんや。爾等復び言うこと有る勿れ、と。上、従容として済熺に諭して曰く、昔守謙罪有り、皇考、天下を公にする心を以て、已む得ず之を廃す。而れども其の後を絶たず。仁義兼ね尽くせり。爾の父は朕が親兄なり。朕豈に爾を悪むこと有らんや、爾不臧を懐き、屢々戒飭するも聴かず。惟だ大義の司は容さざるなり。故に爾の王爵を免ずるは、亦豈に朕の心已を得る所ならんや。然れども十年の間、朕未だ嘗て爾を忘れず。人孰れも過は能く改め善を期すこと無からんや。爾之に勉めよ。今爾が子を封じて郡王と為し、爾をして禄を亨け養うに終身を以てせしむ。其れ恩もて以て怨みと為すこと無かれ、と。遂に美圭を封じて平陽王と為す。

【史料F⑬c】

之に諭して曰く、爾其の徳を率め行いを改むるは以て爾が父の愆を蓋う。忠を尽くし孝を尽くせば用て祖宗の終保の禄位を忝なくせず、と。遂に冠帯・襲衣・貂裘・鞍馬及び金銀鈔幣・牛羊等物を賜い、中官を遣わして其の父子を護送して往きて平陽に居らしむ。復た中官を遣わして太原に詣らしめ、旧と随侍する所の人を送り、悉く之を還らしむ。其の済熺の事に坐して逮繫さるる者有れば悉く之を釈さしむ。錦衣衛に命じて校尉五百を撥し、太原護衛は官軍一千を撥して以て衛に備従せしむ。吏部に命じて官属を除し、礼部に命じて儀仗及び医士・廚子を給し、悉く備えざるはなし。

永楽十一年八月乙亥の条を以上のように三つに分けた。このうち、【史料F⑬a】は、済熺・美圭父子を恭王の墳園の守りとさせたことの理由で、これまでの繰り返しである。本条の核心は【史料F⑬b】と【史料F⑬c】にあり、前者では美圭を平陽王に封ずる件とそれに対する公侯伯・五府・六部の諸臣の反対、それに対して桂林に就藩した太祖洪武帝の従孫の靖江王守謙の事案[44]を引き合いに出して戒飭したことに言及している。後者では郡王としての居住地、恩賜の品々、郡王府を支える人的要員等についての言及があり、沙城における謁見を境に済熺・美圭は庶人の身を脱出しえたのである。済熺・美圭父子は十年に亘る閉目塞聴の生活を耐え忍んできたのであった。

さて、永楽帝が沙城に済熺・美圭父子に呼び寄せ謁見させたときの記述の中に、「平陽王済熿・慶成王済炫・永和王済炫並な済熺は心に忿恨を懐き、不軌を為さんと図ると奏す。上、之を優容し罪せず。但だ勅訓もと諭面す。已にして済熿なる者の言うこと已まず。上、人を遣わして之を察し、祖訓を用って其の父子を免じて庶人と為し、恭王の墳園を守らしむ」（【史料F ⑬a】）とある。「済熿なる者の言うこと已まず」、すなわち余りにも何度も済熿が済熺のことを誇るので「やむを得ず」、『皇明祖訓』に基づいて済熺の王号を削ったのだというニュアンスを込めているように思われる。ここにやや妥当性を欠いた処置をしたという悔いが、その口吻から感じられるとみるのは穿ちすぎであろうか。

それはともかくとして、「言うこと已まざる」済熿の言、すなわち讒言は、この沙城謁見を境にブーメランの如く済熿自身に降りかかってくる。

済熺・美圭父子が謁見した翌年に永楽帝は崩御する。以後、数年間に大きく政治体制が変動した。永楽帝がモンゴル親征の帰途に崩御すると永楽二十二年（一四二四）八月十五日に仁宗洪熙帝が即位する。ところが、その仁宗の治世はきわめて短く、翌洪熙元年（一四二五）六月十二日には宣宗宣徳帝が仁宗の崩御にともない柩前即位をすることになる。晋王済熿が中央朝廷から疑惑の目を向けられたのは、宣徳帝が即位してからわずか三ヶ月後の洪熙元年（一四二五）九月のことであった。それは、晋王府軍医の祝敬が王府から白金を与えられ、内官劉泰の上京に従行して諸事を刺探することを命ぜられたこと、また晋王が異術の人を招致したことを告発したことによる。晋王は晋王府内部からの告発に大いに驚き懼れて、また敬の罪を上奏し、且つ小人が離間を謀っていると言上した。これに対して、宣徳帝は晋王に勅書を賜い、祝敬の陳べる所はすでに妄であり、法司に下して治罪すると言った。そして、晋王は朝廷の至親であり、方に頼るべき藩の屏重であって、どうして祝敬のような憸邪もって離間することがあろうか、意に介することないと諭したのである。(45)

祝敬の晋王済熿告発は、その動機を含めて分明しないところが多々あるが、宣徳帝即位の早々に起きたこの内部告発問題は、宣徳帝が済熿の言動を問題視することもなく、済熿にとっても晋王府にとっても安堵する形で決着した。しかしながら、祝敬の告発は、不発に終わったとはいえ、結果的にみると、その後に晋王府を次々に襲った嵐の前触れに過ぎなかったのであった。

それから丁度一年の日子を閲した宣徳元年（一四二六）九月のことである。第二弾ともいうべき嵐が晋王済熿を襲った。さきに趙王高燧に関して言及したときに引用した『宣宗実録』宣徳元年九月戊戌の条を再引用すると、

【史料B①】

法司言之らく、高煦の同に叛逆を謀る者、詞晋王済熿・趙王高燧に連なる。宜しく併せて之を治すべし、と。上曰く、趙王は其の親弟なると雖も素より心を異にす。問うべからず。晋王は洪武中より実に相い好し。其の謀の有無は未だ知るべからず、亦た必ずしも問わず、と。

とあり、法司は、宣徳帝の即位に不満をもった高煦が起こした反乱に晋王済熿・趙王高燧が一枚咬んでいるのではないかと疑念を持ち、彼らを処罰することを上奏したのである。趙王高燧は永楽帝の第三子で高煦は兄に当たる。これに対して宣徳帝は晋王済熿・趙王高燧双方を不問に付した。しかしながら、趙王高燧は、これを契機に護衛を返上して、趙王府の軍事力をゼロにした。それについては「二　護衛返上」の章で述べた通りである。

さて、一方、晋王済熿の方は、翌月には晋王府の護衛百戸黄能なるものが晋王済熿の不法を訴えるという上奏を出した。護衛の百戸が、かれ自身が仕える王を訴えるという内部告発がなされたのである。このとき、済熿は黄能が京

師に赴いて晋王府中のことを暴露するということを知ると、上奏し、黄能が北辺防備の任に就かされることに対する意趣返しだと訴えた。これに対して宣徳帝は、「能、言すること有ると雖も、已に其の姦なるを知る。改めて辺衛に発し、府中に復回せしむべからず。蓋し小人もて、若し留めて府に在らば、後ち必ず事を生じ離間せん。」と命じた。(46)黄能が告発した晋王不法の内容については知り得ないが、この案件では、宣徳帝のかかる処置によって、晋王済熿は安堵した。しかしながら、その翌月、晋王府を震撼させる別な事案が生じた。それは、宣徳帝が、山西軍民李二等九人が自宮して晋王府に入ったことを知り、左都御史劉観に命令して、これが朝廷の法を犯すものであるとして、晋府長史を逮問させた事案である。このとき、宣徳帝は晋王済熿に勅書を賜って「皇考、詔を天下に下し自宮を禁止す。違う者は論ずるに不孝を以てす」と断じ、「已に法司をして逮問せしむ。自今此の若き者有らば、宜しく之を斥けて納れるなかるべし」と諭している。(47)

翌年になると、晋王府周辺の動静が慌ただしくなった。『宣宗実録』宣徳二年二月甲子の条に、鎮守山西都督僉事李謙の上奏が収録されているが、それによると、李謙は、

【史料F⑭a】

太原三衛の守城軍士は僅かに千余人、其の間多くは老弱有り。請うらくは、山西都司官軍の大同に在りて備禦する者四千人を以て暫く山西に還し以て不測を防がんことを、と。之に従う。蓋し謙嘗て下人の晋王の密事を告するを得て、既に朝に以聞す。是に至りて又た備えを為さんことを請う。故に是の奏を宥せり。

と、太原三衛の守備体制が心許ないので、山西都司から大同に派遣されている軍の中から四千人を戻し、不測の事態に備えたいと言っているのである。不測の事態とは、このときの上奏の前に呈上した奏文にて報告したという晋王の密事に関係する事柄であり、晋王府の暴発に備えてのことであることが察せられる。この記事では、大同への派遣、

そしてその還帰の対象になった軍を太原三衛に作っているが、これが太原三護衛のことであることは、前年の宣徳元年五月辛亥の条によって確認できる。

【史料F⑭b】

書を晋王に貽りて令す。仍ち護衛官軍四千余人を遣わすに七月初一日を以てし、大同に赴き備禦せよ、と。因りて人を遣わし武安侯鄭亨に諭して曰く、大同は早に寒きこと、他処に比べて甚しと為す。凡そ備禦の将士、父母妻子を離れて来たる。恃む所の者は主将のみ。撫綏の所を得るにあらざれば、人、何を以て堪えんや。郭子儀の士卒を撫すること子弟の如きなれば、功名を成し富貴を保つ所以となれり。卿は老成の宿将なり。当に此れを以て念と為すべし、と。

宣徳帝は、日時を限って、晋王府の太原左右中の三護衛の中から四千人を調撥して、武安侯鄭亨の指揮下に入れ、大同防衛に就かせたのである。外敵の侵攻や国内での反乱の発生に対して護衛の官軍が投入されるのであればともかくも、平時に北辺防衛に投入されたのは、恐らく余り例をみないことではないかと思われる。宣徳帝が武安侯鄭亨に勅諭して、唐代の名将郭子儀を例に挙げて軍士の撫綏するように命じたのは、単に大同の寒さなどの条件に限定されるものではなく、転属そのものに護衛の軍士の不満が起こることを予想してのことである。このように、日限を設けての太原三護衛の軍士が晋王府から切り離されたのは、一体何に起因するのであろうか。それは即位早々の宣徳帝が晋王済熿を警戒してのことを示すものであり、かつその切り離した一定の期限内に晋王済熿に対して厳しくすることを決意したとその意図が読み取れる。

と考えれば、宣徳二年（一四二七）二月十七日に、寧化王済煥が晋王済熿を告発したのも決して唐突なことではなかった。寧化王済煥は洪武二十年（一三九二）六月十四日に、晋王棡の第五子、洪武帝の第二十五孫として生まれた。(48)

すなわち晋王済熿の弟である。その済煥は、『宣宗実録』宣徳二年二月乙亥の条によると、

【史料F⑭c】

晋王済熿は、不忠不孝にして、詭詐百端なり。凡そ人、其の府中の陰事を告ぐるに、輒ち是れが臣の教使と疑い、必ず臣を死地に置かんと欲す。乞うらくは、居を他郡に徙し、晋府に遠離し、以て苟活を図らんことを、と。且つ乞うらくは京に赴き面陳せんことを、と。上復た書して之を止めしむ。

と、晋王府から遠くに移住したいと申し出ている。その理由は、人びとが行う晋王府の陰事告発を、晋王済熿から寧化王済煥が教唆したと疑われ、身辺が危ういので、別地に移りたいということである。この史料によって、鎮守山西都督僉事李謙の上奏【史料F⑭a】にみえる「蓋し謙嘗て下人の晋王の密事を告するを得て、既に朝に以聞す」という記事と照応しているように、複数の晋王府、就中晋王済熿に対する告発が朝廷に達していたのである。それが結果として、宣徳二年三月甲午の条に、

【史料F⑭dイ】

晋王済熿、其の府中の軍校しばしば京に赴き其の陰者を告すること有るを以て益々自ら安ぜず、遂に奏して爵を辞せんとす。

とみえるように、晋王済熿は晋王の爵号を返上を表明した。これに対して、宣徳帝は、晋王済熿に書を送ったが、その文中に、

【史料F⑭dロ】

府中に告する者有りて京に至ると雖も、予、其の妄を察知し一切置きて不問とす。亦遣回する者有り。盖し小人の譏を杜絶するに全き親親の美を以てせんことを欲す。叔に何の嫌何の疑いあらんや。遽かに爵を辞するの言有

り、縦え叔、引退し以て讒口を避けんと欲するも、伯祖晋恭王嗣続の重きもて、叔寧んぞ夫れ理の不可とする所の者を念ぜらんや。請う復び言うことなかれ。

とあり、晋王号辞退の撤回を慫慂している。ところが、その翌月になると、宣徳二年夏四月甲子の条に、

【史料F⑮a】

晋王済熿、罪有り、免じて庶人と為す。済熿は晋恭王の第三子なり。

とあり、晋王号をとり上げられ罪人として庶人に落とされている。本条には、晋王済熿の罪状が多数列挙されているが、その一つとして、

【史料F⑮b】

府中の官校・軍士・匠技を誘い済熺の罪を誣告す。月歳を積むも言を累ぬ。人人同に八年を歴るも已まず。独り済熿の言数々ならず。是において朝廷稍くして済熿を直して、済熺及び晋世子美圭を免じて皆庶と為し恭園を守らしむ。而して済熿を封じて晋王と為す。是より驕恣暴横せり。

とあるのは、済熿がさきに謀略をもって晋王済熺とその子美圭を追い落としたことが、ここに至って我が身に降りかかってきたのであった。

かくして、宣徳十年（一四三五）二月になって、済熺の子美圭が、

【史料F⑯】

駙馬都尉王誼を遣わして正使と為し、都給事中卜禎を副使と為し、節を持して晋恭王嫡孫平陽王を冊して晋王と為す。(49)

とあるように、晋王に封ぜられた。済熿は庶人となったので、晋王から除外され、前述のように、美圭が第三代目

の晋王にあてられているから、(50) 美圭が晋王を襲封するまで八年の空白がある。その間の事情について、『明史』巻一一六、諸王に、

【史料F⑰】

> 宣宗即位するや、済熿密かに人を遣わし、高煦と結びて不軌を謀る。寧化王済煥、変を告ぐ。高煦を擒える比おい、又済熿の交通の書を得るも、帝未だ之を問わざるなり。而るに済熿の高煦に遣使せし人、罪の及ぶを懼れ、京師に走りて実を首す。内使劉信等数十人、済熿の擅しいままに屯糧十余万石を取り、高煦に応ぜんと欲すと告し、并せて其の宮中の詛咒の事を発す。済煥、亦是に至りて始めて嫡母の被弑を知り、馳せて奏す。人を遣わして実を察べしむ。召して京に至らしめ、示すに諸の発く所の奸逆状を以てし、廃して庶人と為し、鳳陽に幽す。同謀の官属及び諸巫は悉く死を論ず。時に宣徳二年四月なり。晋国、封を絶たれしこと凡そ八年、英宗即位の二月に至りて、乃ち美圭を進封して晋王と為し、太原に還居せしむ。正統六年薨ず。

とあり、済熿の晋王削爵と鳳陽に幽閉から美圭の晋王襲封までの八年間は、晋王不在のままで日は移ろって行ったのである。

このように晋王襲封の歴史は波乱に満ちたものであった。かかる済熿の晋王削爵は、その護衛たる太原三護衛の行方にも重大な関わりを生じた。前掲【史料F⑮a】は宣徳二年夏四月甲子の条からの引用で、「晋王済熿、罪有り、免じて庶人と為す」と済熿が王としてのあらゆる特権を剥奪されて庶人に落とされたことを述べたものであるが、同条には、太原三護衛の処置について、武進伯朱冕・尚書張本及び太原三護衛に発せられた勅の一節が収録されている。そこでは、まず晋王済熿が不軌を謀ったとして祖訓を恭遵して庶人と為し、鳳陽に安置したことを知らしめている。そして、太原三護衛については、

【史料F⑮c】

其の護衛官軍は旧と撥して各郡王に侍せしめし者は動かざるを除き、其の原と大同に在りて守備せる官軍四千人は、総兵官武安侯鄭亨をして、彼に就きて衛所に分撥し家属も随住せしむ。見在太原護衛官軍内より三千人を調して家属を連ねて宣府に住ましめ、総兵官都督譚広の衛所に分撥するを聴す。其の余の官軍・校尉の取勘して明白なるもの、儀衛の正・副は改めて正・副千戸と為し、典仗は百戸に改め、校尉・妳公・女戸は悉く改めて軍に充て、彼に就きて太原縁辺の各衛に分調し、家属は随行せしむ。凡そ調去の官軍及び家属は、縁途悉く口粮を給し、所を失わしむることなかれ、と。

とみえ、太原三護衛は完全に解体されてしまった。宣徳帝の処置は、すでに晋王府の各郡王に付けられたものは、従来通りそのままにするが、以前に大同に派遣され、晋王府中の不穏の動きに対処すべく呼び戻された四千人は、総兵官鄭亨の差配で、家族とともに分散配置された。そして、現在太原に在る三護衛軍の中から三千人は宣府の総兵官譚広の差配で各衛に分散配置させ、残余の軍士とその家族は太原縁辺の諸衛に分散配置させるというものであった。このように大同と宣府の総兵官の手に委ねて各衛に分属させて、完全解体した。大同・宣府の総兵官の指揮下に置くということは、大同鎮・宣府鎮の軍事的インフォメーションの中に組み込むということを意味する。太原に在った三護衛軍の中から析出され、宣府の総兵官譚広の麾下に入った三千人に関して、その年の十月には、

【史料F⑮d】

宣府左右二衛官に命じて宣府に還らしむ。永楽中、二衛官軍を以て定州に屯せしむ。後口外に軍少なく守備せしむるを以て、悉く宣府に還らしむ。而して二衛の掌印指揮千・百戸・経歴等官及び新収の太原護衛官軍三千人は尚お皆定州に在り。是に至りて指揮黄輔等行事に便ならずと言い、遂に命じて倶に宣府に還らせ事に莅ましむ。[51]

と、その動静が伝わっている。もと太原護衛官軍三千人はこの時点ではまだ纏まっているが、宣府に戻った後は、バラバラにされて、東路・北路・中路・西路・南路からなる宣府鎮下の諸城等の軍事機関に分散されたと考えられる。

太原三護衛はこのような推移をたどり、太祖洪武帝の第三子が之国した晋王府は、王爵の継承をめぐって起きた、いわばお家騒動につけ込まれて護衛なき王府に堕してしまったのである。

四　護衛政策の構図

宣徳初期において、諸王府の護衛が返上・削除等によって異動を生じた事例は、以上に検討してきたように、漢王府・趙王府・秦王府・楚王府・蜀王府・粛王府・晋王府の七衛である(52)。漢王府・趙王府は永楽帝の諸子によって、秦王府・楚王府・蜀王府・粛王府・晋王府は太祖洪武帝の諸子によって開府された。成長した、永楽帝の子は長子であとに即位する仁宗を含めて三人のみの兄弟であるから、弟たちすべての王府に異動が生じたことになる。太祖洪武帝の時代に封ぜられた諸王は二十五人であるが、その治世中に之国したのは、十七王であった。その総数からみれば、五王府は三割にすぎないが、これら五王府は粛王府を除きいずれも雄藩である。とくに秦王府・楚王府・蜀王府は、前引陸釴の『病逸漫記』に、「天下の王府、惟だ蜀府最も富む。楚府・秦府、これに次ぐ」とあるように、富裕な藩であるとされていた。

諸王は之国が決まるとその王府に原則として三護衛が創設された。それらは既存の外衛の改編等によることが多かったが、建文朝の時代にはいると、削藩政策が執行された。畢竟それが靖難の役を引き起こす導火線となったが、それに勝利して即位した永楽帝も、削藩政策を行った。建文・永楽二朝で決行された削藩政策の結果、永楽末年に護衛を保持している王府は激減した。

永楽の末年段階における護衛保持の状況を示すと、三護衛を有していたのは秦王府・晋王府・楚王府・蜀王府・漢王府・趙王府・慶王府の七王府にすぎない。二護衛は粛王府のみである。慶王府を除くと、宣徳初期に返上・削除等の対象になったのは、建文帝・永楽帝による削藩政策の対象になることを免れて依然として護衛を保持し、それによって王城を囲繞していた、以上の諸王府である。

宣徳帝が即位すると、こうした諸王府において護衛の返上・削除が矢継ぎ早に起こった。それらの事例を紀年順に並べ、あわせてその理由等について略記すると、つぎの通りである。

紀年	王府名	理由	処置	残置護衛
①宣徳元年	漢王府	反乱	削藩	
②宣徳二年	趙王府	高煦の反乱に与したと告発	一護衛返上	
③宣徳二年	晋王府	内部告発	三護衛削除	
④宣徳四年	秦王府	内部告発	二護衛返上	西安右護衛
⑤宣徳五年	楚王府	小人の告発	二護衛返上	武昌中護衛→武昌護衛
⑥宣徳六年	蜀王府	陳懐の告発	二護衛返上	成都左護衛
⑦宣徳七年	粛王府	備辺のため	一護衛返上	甘州中護衛

以上のように整理すると、削藩、護衛返上もしくは削除の切っ掛けとなったのは反乱とその通謀、謀反の嫌疑等の内部告発をうけてのことであったことが知られる。しかしながら、その内部告発とは事実にもとづいてのことであるのか、宣徳帝は一旦はその内部告発を取り上げず、若干の時間を置いて、内部告発をうけて恐慌を来している王によ

る護衛返上の上奏を裁可するというパターンが多かった。

内部告発にしろ外部からの告発にしろ、その特質について、まず藍玉党案を例に挙げると、当該党案では数万の人々が連座した。そのような数に拡大したのは、そのメカニズムにあった。首告者一人が数人を党人と自白しての連鎖の結果であった。建文帝の削藩政策においても、最初に槍玉に挙がったのは、太祖第五子で燕王の同母弟の周王橚であるが、それに対する削藩の切っ掛けは、わずか十歳にすぎない次子有爋の告発であった[53]。果たして、そのような幼子が父親を告発するとは考えがたく、近侍のものが次子有爋の名で告発したとも思量されるが、ともかくもその告発が事実にもとづいているかどうかは全く問題ではない。告発されたことで、その罪状は成立したのである。換言すれば、告発は犯罪の構成を示す重要な要件であったといえる。

①漢王府の反乱鎮圧後の削藩、⑦の粛王府の備辺を名目に護衛を返上した事例を除くと、残り五事例はいずれも内部告発と外部からの告発であった。告発をうけた各王府が自主的に護衛の返上を上奏したのは、王府維持のためであった。告発をうけての護衛返上という行為が毎年毎年繰り返されたが、この一連の各王府の行動に対して、宣徳帝は史料上からは受け身の形になっている。宣徳年間初期に集中して起きた削藩、護衛の返上もしくは削除は、歴史的文脈からみれば、結果として建文・永楽二朝の諸王政策・護衛政策を継承しての総仕上げと位置づけられる。それをもたらしたのが、自然発生的に続生し、それがたまたま宣徳年間初期に集中した結果であったとみなすことは、かなり事実と乖離した見方といわざるをえない。むしろ、宣徳帝の意志が強力に働き、それが具現化したのが、以上にみた護衛政策であった。この政策は護衛に対して単独に行われたものではなく、同時期に天寿山に眠る諸帝の墓陵を護る護陵衛に対しても行った、その軍事活動の地域的範囲の拡大化政策と呼応するものである[54]。したがって、護衛の返上等は各王府が自主的に上奏し、それが宣徳帝に嘉納されたその裏では、内部告発等の嫌疑をかけられた王府がその

削藩を免れるためにとった苦渋の選択であった。宣徳帝は、雄藩であり、かつ富強と知られた秦王府・晋王府・楚王府・蜀王府を狙いうちしたのである。

おわりに

宣徳初年に各王府の護衛返上や削減が相ついだ結果、多くの王府が全く護衛を有していないか、有していてもわずかに一護衛のみということになった。返上された護衛、削減された護衛の衛所官軍は、既存の京衛・在外衛所等に組み込まれた。具体的にその様相をみてみよう。

①漢王府　漢府左護衛↓保安左衛
　漢府右護衛↓保安右衛
　青州護衛↓？
②趙王府　常山中護衛・群牧千戸所↓永平・山海・盧龍・撫寧の四衛に分散配置
③晋王府　太原三護衛↓太原縁辺の諸衛に分散配置、宣府鎮・大同鎮に編入
②秦王府　西安中護衛↓神武前衛
　西安左護衛↓神武後衛　のち両衛は合併して義勇左衛
③楚王府　武昌左護衛↓東昌衛
　武昌右護衛↓徐州左衛
④蜀王府　成都中護衛↓豹韜左衛

　成都右護衛↓龍虎左衛

⑦粛王府　甘州右護衛↓甘州前衛と甘州左衛に分散配置

以上、返上された護衛、削除された護衛の行方をみると、各軍事機関に編入あるいは分散配置されたが、それを親軍衛・京衛・在外衛所の明代軍事体制という観点から整理しなおせば、

軍事機関	衛名	所属先
親軍衛		
京衛	義勇左衛	後軍都督府北京
	龍虎左衛	左軍都督府南京
	豹韜左衛	前軍都督府南京
在外衛所	保安左衛	後軍都督府万全都司
	保安右衛	後軍都督府大寧都司
	永平衛	後軍都督府直隷
	山海衛	後軍都督府直隷
	盧龍衛	後軍都督府直隷
	撫寧衛	後軍都督府直隷
	東昌衛	左軍都督府山東都司
	徐州左衛	中軍都督府直隷
	甘州前衛	右軍都督府陝西都司

甘州左衛　　　右軍都督府陝西都司
太原縁辺の諸衛　　五軍都督府山西都司
辺鎮　　　宣府鎮・大同鎮

に分類できる。返上・削除された護衛は、左右中前後の五軍都督府に万遍なく配置されている。そのなかで後軍都督府の管轄下の衛所に編入されたのが最も多い。後軍都督府の管轄下にある都司は、直隷・大寧都司・万全都司・山西都司・山西行都司である。[55] つまり京師とその周辺の衛所である。返上・削除された護衛の衛所官は、宣府鎮・大同鎮への配置を含めて首都とその周辺の衛所に重点的に編入されたといえる。それは京師の軍事体制をより鞏固にするという役割を果たしたであろう。

ここで付言すれば、護衛が編入された衛所は、前述したようにおしなべて既設のものであったが、左軍都督府山東都司所属の東昌衛と中軍都督府直隷所属の徐州左衛は、武昌左護衛と武昌右護衛の受け皿として新設された。また西安中護衛が改編された神武前衛、西安左護衛が改編された神武後衛が、のち合併して義勇左衛となったことは前述したが、この義勇左衛はそれ以前から存在していた。ところが、宣徳元年（一四二六）夏四月に、「義勇左衛経歴司を革む。衛改めて行在龍驤衛と為すを以ての故なり」（『宣宗実録』宣徳元年夏四月壬午の条）とあるように、義勇左衛は北京の龍驤衛（京衛）に改変され、一度は義勇左衛という衛名を消失した。それが復活したのは、宣徳四年（一四二九）における西安秦王府による二護衛返上以後のことであった。この義勇左衛は、後年もう一度改編されている。それは嘉靖二十七年（一五四八）五月一日のことで、嘉靖帝の墓陵である永陵にその護陵衛を付置するにあたり、義勇左衛が改編され永陵衛となったのである。[56]

それはともかくも、宣徳初年における各王府の削藩・護衛返上ならびに削除によって、王府の軍事力は、大いに弱体化した。従来、塞王として重きをなしてきた晋王府は三護衛全体が削除され、秦王府はただ一護衛を有するのみとなり、その軍事的力量を喪失した。

本来、護衛の設置目的は「非常を防禦するを掌り、王邸を護衛[57]」するものであった。それが宣徳初年に京衛や在外衛所に組み込まれたことで、その軍事活動の地域的範囲は飛躍的に拡大した。それは単に京衛・在外衛所に転換された護衛に止まらなかった。王府に残置された護衛の活動範囲もまた大いに拡大した。そのことは、蜀王府の成都左護衛を事例に検討したことがある[58]。成都左護衛の活動地域は四川のみではなく、雲南・貴州・湖広・広西・陝西・南直隷・福建と広範囲に及んでいる。それは宣徳帝が王府の軍事力たる護衛を一般衛所と同様の軍事力に転換させようと企図した結果であった。宣徳年間において宣徳帝がとった諸王政策の目的は、単に諸王府の軍事力を削減することだけではなく、その軍事力を一般衛所と同様に多用すべく再編成することにあった。それによって、たまさか諸王府に残置された護衛の機能も殆ど一般の衛所と変わらなくなったのである。親軍衛・京衛・在外衛所、それに加えて護陵衛も組み込んで編制した明軍が正統九年（一四四四）の兀良哈征討に際して赫奕とした戦果を挙げるが、それは宣徳帝の諸王政策の成果であった。しかしながら、その成果は、兀良哈征討の成功体験に誘引されて英宗が決行した親征によって費消された。正統十四年（一四四九）にモンゴル軍の侵寇を迎え撃つため五十万という大軍によって編制された親征軍が土木堡で覆滅、英宗はモンゴル軍の捕虜となるという驚天動地の結果をもたらしたのである。かかる土木の変以後、幾度も軍制改革が行われるが、明軍が外征において赫赫たる戦果を挙げることはきわめて稀なことになったのである。

註

（1）ただし、洪武帝の治世中に分封地に之国した諸子は、西安に就藩した第二子の秦王から宣府に就藩した第十九子の谷王までの十七人と桂林に就藩した従孫の靖江王であり、第二十子の韓王以下の之国は、靖難の役終息後の永楽六年（一四〇八）以後のことであった。なお、之国者が十七人というのは、皇太子と夭折した第九子の趙王を除いた数である。拙著『明代建文朝史の研究』（汲古書院、一九九七年）「序章　懿文太子の死とその波紋」参照。

（2）布目潮渢『隋唐史研究』（東洋史研究会、一九六八年）「附篇第二　明朝の諸王政策とその影響」、初出『史学雑誌』第五十五編第三・四・五号、一九四四年。

（3）前掲布目潮渢『隋唐史研究』四四二―四四三頁。

（4）『太祖実録』洪武六年五月壬寅朔の条。

（5）拙稿「『皇明祖訓』編纂考―『祖訓録』との関係について―」（『アジア史研究』第七号、一九八三年）。

（6）前掲拙著『明代建文朝史の研究』「序章　懿文太子の死とその波紋」参照

（7）藍玉党案については、拙著『明代中国の疑獄事件―藍玉の獄と連座の人びと―』（風響社、二〇〇二年）参照。

（8）『祖訓録』礼儀の項にみえる原文は、「凡親王常以親信人、或王子在京、毎日同百官一体入朝、王子須年十七、乃入侍、不以長幼為先、当験南北辺境虚実、輪班入侍」とする。

（9）黄彰健氏の見解は、「論皇明祖訓録頒行年代並論明初封建諸王制度」（『中央研究院歴史語言研究所集刊』第三二本、一九六二年）に、「按王子入侍、此可以防親王背叛、而二十八年所定祖訓冊此条、実不可解。」（一二四頁）とある。

（10）佐藤文俊『明代王府の研究』（研文出版、一九九九年）「第一部第二章　明代王府分封意図の変遷」六九―七〇頁。

（11）奥山憲夫「明・宣徳朝の総兵官（二）」（『史朋』第四六号、二〇一三年）三八―四一頁。

（12）拙稿「明代蜀王府と成都三護衛―とくに護衛返上・衛所官配転・軍事活動を中心に―」（『中央大学文学部紀要』史学第六〇号、二〇一五年）参照。

（13）『太祖実録』洪武十三年十二月庚申の条「皇第十孫高煦生まる。今上の第二子なり」。

（14）漢王に三護衛が賜与されたのは、『太宗実録』永楽三年春二月庚午の条に「大寧前衛・済州衛・天策衛を改めて漢府三護衛と為す」とあるように、永楽三年（一四〇五）二月のことであった。この史料では、「大寧前衛・済州衛・天策衛を改めて」とあるので、あたかも大寧前衛・済州衛・天策衛が全て漢府三護衛に改組されたような印象を受けるが、実際のところはこの三衛の一部の衛所官軍が抽出されて漢府三護衛が新たに組成されたものと思われる。なぜならば、靖難の役で燕王軍に与した大寧前衛・済州衛は外衛から京衛と親軍衛に昇格し、天策衛は南京前軍都督府に所属するも、指揮系統としては北京の前軍都督府に隷して、明代の終畢まで存続した軍事機関であるからである。現に、済州衛に関していえば、『太宗実録』永楽九年二月乙卯の条には、「羽林前衛指揮使王富弟広・通州衛指揮使常栄子得・金吾右衛指揮同知王彬弟信・済州衛指揮同知阿木宅子脱脱に命じて各ぞれ父兄の職を襲がしむ」とあり、済州衛の存在が知られる。

(15) 高煦の世子の名については、『太宗実録』永楽九年十一月丁卯の条に、「上、奉天殿に御し、太子の嫡長子に命じて皇太孫の為に華蓋殿に冠せしむ。……是日、漢王高煦の世子瞻壑・第二子瞻折に命じて王邸に冠せしむ」とあり、また同右書、永楽十五年三月丙午の条に、漢王高煦を山東楽安州に改封した経緯が述べられているが、その文言中に、「嘗て上に侍り北京に在りし時、其の世子瞻叡及び次子瞻圻も皆在り」とあり、ここでは世子瞻壑を瞻叡に、次子瞻折を瞻圻に作っていて、軌を一にしない。しかしながら、『皇明祖訓』に規定された命名法によれば、すでに別稿前掲「明代蜀王府と成都三護衛―とくに護衛返上・衛所官配転・軍事活動を中心に―」の「一　護衛返上に至るまでの蜀王府（一）世子悦熑とその早世」で述べたように、燕王家の子孫は、代々、名の上の字としては「高瞻祁見祐　厚載翊常由　慈和怡伯仲　簡靖迪先猷」の二〇字を世代ごとに使用し下の字には、これは他の諸王の子孫にも共通することであるが、五行に則して「火、土、金、水、木」の偏を付した文字を使用することが決められていた。したがって、高煦の子供は世子が瞻壑に、次子は瞻圻に作るべきことは自明のことといわねばならない。

(16) 高煦の山東青州への改封については、『太宗実録』永楽十三年夏五月丁巳の条に、「漢王高煦に勅す。青州は重鎮なり。今爾に命じて之に居らしむるに、已に人を遣わして王府を相度らしむ。爾も亦人を遣わして彼に往き之を視せしめよ」とある。

(17) 護衛は単独で設置されるものではない。諸王が王府に之国する際に、その王に与えられるものである。永楽帝の四子のうち、徐皇后をともに生母とする皇太子の長子高熾と次男の今問題にしている漢王高煦、三子の高燧は趙王としてすでに河南彰徳府に之国しており、恵妃を生母とする庶子の高燨は、『弇山堂別集』巻三三、親王に、「皇の第四子高燨、洪武二十四年十二月二十四日庶生す。未だ封ぜらるるに及ばずして薨ず」とあるように夭折していたので、永楽十四年（一四一六）当時に新たに王府を設置しなければならない必要は全くなかった。そのような状況を勘案すれば、保安左右護衛という表記に疑いを抱かざるをえず、畢竟それは保安左衛・保安右衛の謬りではないかと思量される。保安左衛について、『太宗実録』永楽十五年五月壬子の条に、「行在兵部言えらく、隰寧・閔安・威虜・環州の四堡、堡毎に旧と官軍二百を設く。皆な宣府・懐安・万全の諸衛より調して至らしむるも、家無きに因り、屡々逃ぐる。今、保安左衛五所を新設す。懐来に居る者、家室有り。宜しく所毎に五百戸を撥し往きて四堡を守らしめ、堡は千戸一員をして之を統べしむ」とあり、保安左衛は永楽十五年（一四一七）五月より以前のさほど遠くない時期に新立されたことが知られる。その保安左衛は、その翌年、すなわち同右書、永楽十六年冬十月戊寅の条に、「保安左衛を改めて懐来衛と為す」とあるように、懐来衛と改称された。正統十四年八月十五日の、明の英宗がモンゴル軍の捕虜になるという土木の変が起きたのは、この衛の近くでの出来事であった。ところで、一方の保安右衛であるが、その設置年は今のところ史料的に確認していない。ただ、その後の改称はなかったようで、たとえば、後代の『孝宗実録』弘治十六年五月庚午の条に、「懐来衛及び保安右衛、大いに雨雹ありて田苗を殺せり」とあり、懐来衛と保安右衛は同時に史策に表れる。

(18) 建文軍の北平包囲戦について、『太宗実録』奉天靖難事蹟、元年十月丁未の条には、「李景隆、上の大寧に征するを聞くや、果たして軍を引き、盧溝橋を度る。意気驕溢し、軽視の志有り。以て馬鞭を鞭撃して曰く、盧溝橋を守らざれば、吾其の能く為す無きを知るなり、と。直ちに城下に薄り、九門を築塁し、別将を遣わして通州を攻む。時に、世子、部署を厳粛にし、守備を整飭し、城中晏然たり。数々、機に乗じて勇士を遣わし、城を縋って、夜景隆の営に斫りこみ、殺傷せしこと甚だ衆し。営中、驚擾し、相い蹂践する者有り。景隆、麗正門を攻むること急なり。時に、城中の婦女皆な城に乗りて、瓦石を擲ちこれを撃つ。其の勢、益々沮らる」と記され、談遷の『国権』では、丁未（十一日）よりも四日後の辛亥（十五日）の条に掲げ、「征北大将軍李景隆、燕人の出るを聞き、蘆溝橋より北平に進攻す。克たず。遂に九門を築塁し、別将を遣わして通州を攻む。景隆は、みずから鄭村壩に屯し、燕人の至るを待つ。大兵十万北平を囲み、麗正門を攻むること急なり。燕、尽く婦女を出して城に乗り、藺石を転がす。都督瞿能は其の二子とともに騎千余を帥いて戦い、張掖門に入り、勢の鋭きこと甚だしく、城破るるになんなんとす。景隆、密かにこれを止め、十五里を退きて軍す。燕の世子、水を汲みて城に澆がしむ。倶に冰る。城遂に登るべからず。都指揮梁銘等、時々夜出でて営に斫りこみ、官兵輒ち乱る」とある。北平の留守部隊は、婦女をも動員した総動員態勢で、藺石（敵を防ぐため城壁から落とす石）を李景隆軍に浴びせ、ときには夜襲をかけ、また城壁に水を注いで凍らせて李景隆軍が城壁を越えるのを防ぐなど、いろいろと策を巡らし、十万という大軍を擁する李景隆軍の重囲とその攻撃をよく凌いだのであった。『太宗実録』も『国榷』も、このような防衛策戦を指揮したのは、世子（朱高熾、のちの仁宗洪熙帝）のような書きぶりであるけれども、その世子にいろいろな指示を出したのは、生母たる燕王妃であったものと思われる。燕王が挙兵したとき、弱冠より少しだけ齢を重ねたにすぎなかった世子が、城中の婦女子まで城壁に登らせて、藺石や瓦石を雨霰のように振り落とすことができたのは、生母燕王妃の差配と指示抜きには考えられないことであるからである。ともあれ、世子は、北平重囲軍に対する顚末を報告するため、大寧を攻撃中であった燕王のもとに使者を遣わした。このときが、高煦が世子の留守ぶりを知った最初のことであろう。

（19）『太宗実録』永楽十五年三月丙午の条によると、永楽帝が高煦の漢王府を削藩し、庶人に落とそうとしたとき、皇太子が懇ろに救解せんと願ったのに対して、声を荒げて、「吾爾の為に蟊賊を去らんとす。爾反って患を養い自らに及ぶを欲するや」と怒鳴っている。しかし、それでも皇太子は跪きて、「彼の誠に状なし。宜しく未だ必ずしも臣を害するの心有らざるべし」と食い下がった。これ対しても、永楽帝は「吾父たり、乃ち子を知るあたわざるや。爾千万に友愛を分つも彼方に世民を以て自任し、而して爾を目して建成と為す。此れ容るるべけんや、懌ばずして他日に起たん」と言い、唐代に起きた玄武の変再現の危険性を予測している。それでもなお高煦をかばう皇太子に対して、「汝若し吾意に従わざること久しければ、当に之を悔ゆべし」と言い放っている。

（20）『太祖実録』洪武十五年十二月庚寅の条、「皇第十五孫高燧生る。今上第三子なり」。

（21）いささか長い史料であるが、参考に資するため、以下に引用する。

常山中護衛総旗王瑜上変告言、常山中護衛指揮孟賢等糾合羽林前衛指揮彭旭等挙兵、将推趙王高燧為主、而謀不利於上及皇太子。命下捕賊、既悉得。遂召皇太子・趙王・公侯伯・都督・尚書・学士皆至。上御右順門内、親鞫之。

蓋是時、上以疾多不視朝、中外事悉啓皇太子、仁明恤下、往往裁抑宦寺、而宦官王儼・江保等尤見疎斥。儼等日讒之於上、頼上聖明父子親愛、終不能間然、亦希得進見。而儼素厚高燧、常為陰之地。且詐造毀誉之言、伝播於外、謂上注意高燧以誑誘外人。由是賢等遂萌邪至、而欽天監官王射成与厚善、密言於賢曰、観天象、非久当有見主之変、賢等邪謀益急、与其弟孟三、常山左護衛老軍、馬恕・田子和、興州後屯衛老軍、高正、通州右衛鎮撫、陳凱等日夜潜謀連結貴近、図就宮中進毒薬於上、候上晏駕。即以兵劫内庫兵伏及符宝、而分兵執公侯伯・五府・六部大臣、予令高正偽譔遺詔、付中官楊慶養子、至期従禁中識以御宝頒出、廃皇太子、而立趙王高燧為皇帝、布置已定。瑜、正之甥。正密以告之、瑜力諫正、此舅氏滅族之計、正不従。瑜遂入告。上覧所偽譔遺詔、震怒立捕楊慶養子斬之。上顧高燧曰、爾為之耶。高燧惴慄不能。皇太子為之営解曰、高燧必不与謀、此下所為耳。上命文武群臣及三法司、鞫治賢等、翼日群臣奏、賢等所犯大逆、具有顕実、当並寘極典、籍没其家。上曰、即日皆籍之。王射成以天象誘人速誅之。賢等更窮鞫、毋令遽死、遂下錦衣衛研治、未幾併其党、悉誅之。

（22）『弇山堂別集』巻三二、同姓諸王表、秦愍王梜の項。
（23）『太宗実録』永楽二年秋七月庚戌の条。
（24）『明史』巻一一三、后妃一、宣宗恭譲胡皇后、孝恭孫皇后の項。
（25）『宣宗実録』宣徳三年秋七月庚午の条。
（26）『明史』巻一一六、諸王。
（27）前掲拙著『明代中国の疑獄事件』参照。
（28）『太祖実録』洪武十五年夏四月己亥の条。
（29）張本は、洪熙元年（一四二五）四月二十六日から宣徳六年（一四三一）正月七日の死に至るまでの七年間、の兵部尚書に在任した。張徳信『明代職官年表（第一冊）』黄山書社、二〇〇九年。
（30）武昌三護衛の返上請願に伴う改編について、万暦『大明会典』、巻一二四、兵部七、職方清吏司、中軍都府には、「滁州左衛、旧武昌中藩衛を以て改む」に作っており『宣宗実録』の記述と異なっている。
（31）前掲拙稿「明代蜀王府と成都三護衛―とくに護衛返上・衛所官配転・軍事活動を中心に―」。

（32）前掲『弇山堂別集』巻三二、同姓諸王表、粛荘王楧の項。
（33）前掲拙著『明代建文朝史の研究』「第六章　靖難の役と諸王の動向」参照。
（34）前掲拙著『明代中国の疑獄事件─藍玉の獄と連座の人びと─』「第七章　刀鋸の彼方に」参照。
（35）粛王贍焰の「増禄米」に関する奏請と宣徳帝の聖断については、『宣宗実録』宣徳七年冬十月癸未の条、参照。
（36）前掲拙著『明代建文朝史の研究』「第六章　靖難の役と諸王の動向」二五〇─二五二頁。
（37）『国榷』巻一一、恵宗建文元年七月壬申の条。
（38）『太祖実録』洪武八年夏四月戊申の条。
（39）同右書、洪武十四年秋七月戊寅の条。
（40）蜀王朱椿の第二子華陽王悦燿は、仁宗の怒罵を被って武岡州に徙されたことが『仁宗実録』洪熙元年夏四月戊申の条に載せられているが、その文中に、「華陽王悦燿に命じて武岡州に居らしむ。悦燿は蜀献王の第二子なり。素より放肆にして不順、父の悪む所と為れり。（中略）明日後、入りて護衛指揮千百戸子弟の子及び女戸に官を授けられんこと奏請し、并せて流官を以て世襲と為さんことを請う。上曰く、朝廷の制、護衛官の当に陞降すべき者は王の具奏に従う。郡王安んぞ之を専するを得んや、と。聴さず。」とあり、衛所官軍の陞進等に関する推薦権は、諸王が有していて、郡王は持たなかったことが知られる。
（41）『春秋左氏伝』成公二年の条に、
　春、斉侯が衛を攻めた。夏、衛の新築で戦い、衛は破れた。折しも新築の人、仲叔于奚が来て孫桓子（孫良夫）を救った。のちに衛の人が于奚を賞して邑を与えようとしたが、于奚はそれを辞退し、その代わりに曲懸（正堂の三面に楽器を懸け並べること）を我が家に用いること、および繁纓（馬の腹および胸がいに特殊な装飾をすること）を用いて、朝廷にのぼることを願って許された。（しかし、曲懸や繁纓はじつは諸侯のすることであった。）

　そこで、孔子がそれを評して言うことには、「残念であった。たといもっと多くの邑を与えても、器と名だけはみだりに貸してはならぬ。これは君主が抑えておく。（そのわけは）名によって信用が起き、信用によって器具や調度が正しく使われ、器（器具や調度）によって礼が表現され、礼によって道義が行われ、道義によっておのずと利益も得られ、利益によって民の平治もできる。してみると（器と名と）、これは政治の要だ。もしうっかり人に貸そうものなら、政権を与えたことになるぞ。政権を失えばそれで国家も離れる。これは何ともしようがないのだ。」とあるのを典拠としている。なお、孔子の言を訳するに当たっては、竹内照夫訳『中国古典文学大系2』（平凡社、一九六八年）を参照した。

(42) 前掲拙著『明代建文朝史の研究』「終章　建文と永楽の間で」参照。

(43) このときに扈従随征した金幼孜の『北征録』に、永楽八年（一四一〇）の役に関してではあるが、「初七日早、興和を発す、行くこと数里、封王陀を過ぐ、今の名は鳳凰山なり、山西南に故城有り、名は沙城なり、西北に海子有り」とある。

(44) 靖江王守謙の事案については、『太祖実録』洪武二十五年春正月辛亥の条に収載された薨卒伝にみえる。それによると、守謙は皇兄南昌王の孫で、皇姪文正の子であるという。南昌王は太祖の長兄に追贈された王号で、その子朱文正が罪をえて、桐城において謫死すると、守謙は宮中に引き取られ養育され、長ずると靖江王に封ぜられて広西桂林に之国した。ところが、その性行は「陰賊陰狠」「不謹憲度」「狎比小人」「肆為淫虐」でもって、国人はこれに苦められたという。そこで、太祖は京師に召還して守謙に訓戒したが、守謙は悔い改めず復た怨望を肆にし、かつ詩を作って譏刺した。これに対して太祖は爵を削って鳳陽に移し、そこで力田させ、稼穡の艱難さと富貴を保つ所以とを知らしめようとした。それから七年、太祖は艱苦を経験して必ずや悪行を改め自新したであろうと考え、爵を復して雲南に就藩させた。ところが、雲南に之国してもその性行改まらず、「奢縦淫佚」「掠殺不辜」「黷于貨財」「豪奪暴斂」「号令苛急」「軍民怨咨」であった。それでも太祖は罰せず、召還して鳳陽に安置しただけであった。太祖の意を忖度しない守謙は、そのような身でありながら相変わらず悪行を続けたので、遂に京師に召還されて笞打たれて禁錮され、そしてこの洪武二十五年（一三九二）に没したのであった。

(45)『宣宗実録』洪熙元年九月丁巳の条。

(46) 同右書、宣徳元年冬十月甲午の条。

(47) 同右書、宣徳元年十二月丙子の条。

(48)『太祖実録』洪武二十年五月壬辰の条。

(49)『英宗実録』宣徳十年二月辛亥の条。
(50)『明史』巻一〇〇、諸王世表一。
(51)『宣宗実録』宣徳二年冬十月己未の条。
(52)前掲佐藤文俊『明代王府の研究』所収「明代王府分封意図の変遷」に付せられた「王府護衛削廃表」によると、宣徳七年（一四三二）七月壬申の時点で、慶王府の寧夏中護衛・右護衛・左護衛のうち、寧夏中護衛の一護衛を残置するのみとなったとしている。これは『宣宗実録』の同年七月壬申の条に依拠されたものである。同条には粛王府の一護衛返上の件は記載があるが、慶王府の護衛の件に関する記述を検出することはできない。前掲『弇山堂別集』巻三二、同姓諸王表、慶靖王㮵の項には、「定王台浤、弘治十六年を以て嗣ぐ。正徳五年、安化王寘鐇に抗する能わざるを以て、三護衛の一を革せらる。」とあり、護衛の削減を正徳五年（一五一〇）における安化王寘鐇の反乱に関連してのこととしている。この記述の信憑性については再検討する余地があるが、それは後考に待つとして、ここでは、慶王府について宣徳帝の諸王政策の対象に上すことは保留としておく。
(53)前掲拙著『明代建文朝史の研究』「第一章　削藩政策の展開」参照
(54)拙稿「明代護陵衛考―とくに長陵衛・献陵衛とその軍事活動を中心に―（『人文研紀要』巻八二号、二〇一五年）。
(55)『明史』巻九〇、兵志二、衛所、参照。
(56)『世宗実録』嘉靖二十七年五月乙亥朔の条「永陵奉祀を設く。祀丞各々一員。義左衛を改めて永陵衛と為す」。ここには「義左衛」に作っているが、義勇左衛という衛名は、以後『明実録』には表れないから、「義左衛」は「義勇左衛」の誤写であろう。
(57)『明史』巻七六、職官志五。
(58)前掲拙稿「明代蜀王府と成都三護衛―とくに護衛返上・衛所官配転・軍事活動を中心に―」参照。

変・乱の背後で　―軍士の私役と売放―

奥山憲夫

はじめに

一六世紀以後の様々な変・乱をみると、生活に困窮した軍士・余丁、或いは逃亡軍士が大きな役割を果たした事件が少なくない。劉六・劉七の乱や明末の流賊反乱等もそのような例である。本来、軍士は世襲的な軍戸に出自し、所属の衛所で家族とともに暮らし、月糧・行糧・布花等を支給されている。十分とはいえないが、生活は保障されており、大規模な逃亡等は起らない筈の体制であった。しかし、現実には、困窮した軍士が大量に逃亡し、一六世紀に入ると、軍戸は兵力源としての機能を失い、兵力の主要部分は無頼・遊民層からの召募兵や家丁等に頼らざるを得なくなっていた。何故にこのようなことが起ったのか。このような傾向が甚だしくなったのは一六世紀に入ってからだが、病弊そのものはそれ以前からあった。明軍弱体化の原因として、世襲による武臣の軍事能力の低下、武臣の占奪による屯田の衰退、武臣による軍士の酷虐等がよく挙げられる。これらは、いずれも連動したものだが、軍士の困窮、逃亡に直結し、兵力の減少を齎すのが軍士の酷虐である。これには、武臣による軍士の私役、売放・金品の強奪、月糧等の横領・私刑等が含まれる。このような弊害は、多かれ少なかれ、時期や地域を問わずみられたものであろうが、要は程度の問題である。

また、東アジア一帯に明朝の武威を輝かせた成祖が歿してから、英宗が土木堡で壊滅的な敗北を喫するまで、わずか二五年である。比較的短い期間に明軍は急速に弱体化したことになる。この間、制度そのものは基本的に変わっていないのだから、衰退の原因は明軍の内部にもとめなくてはならない。この点からも、成祖朝と英宗朝の間の宣宗朝の明軍に注目する必要がある。

以上のような関心から、宣宗朝における武臣の犯罪と宣宗の対応に注目し、『宣宗実録』から、武臣が種々の犯罪を告発された事例を蒐集したところ二五七例あった。一回の告発に複数の罪状が含まれることが少なくないので、件数では三五〇件となる。(1) このうち、本稿では、軍士に対する武臣の様々な酷虐のうち、私役とこれに連動することの多い売放について、その実情をみてみたい。両者は軍士の逃亡、兵力の減少に直結する不正である。

なお、文中で「武臣」と記しているのは、公・侯・伯の勲臣、左右都督（正一品）、左右都督同知（従一品）、左右都督僉事（正二品）、都指揮（正二品）、都指揮同知（従二品）、都指揮僉事（正三品）、指揮使（正三品）、指揮同知（従三品）、指揮僉事（正四品）、千戸（正五品）、副千戸（従五品）、衛鎮撫（従五品）、百戸（正六品）、所鎮撫（従六品）である。又、特に必要な場合を除いて、同知・僉事を含めて、各々都督・都指揮・指揮と表記する。

一　軍士の私役

『宣宗実録』をみると、武臣が不法に軍士や軍匠等を私役したとして告発された例は、表1に示したように二九件ある。(2)

表1

洪熙1	2
宣徳1	6
宣徳2	1
宣徳3	0
宣徳4	5
宣徳5	5
宣徳6	4
宣徳7	3
宣徳8	2
宣徳9	1
合計	29

勲臣	2
都督	8
都指揮	20
指揮	9
千戸	4
百戸	0
鎮撫	0
不明	1
合計	44

北辺	18
北京	2
内地	6
南辺	3
合計	29

明代中・後期の状況から考えて、もっと多いことを予想したが意外に少ない。年ごとの件数をみると宣宗の即位直後と宣徳中期の四・五・六年に多い傾向があり、地域ごとの件数では、北辺が圧倒的に多く六二パーセントを占める。内訳は、遼東一件・薊州永平山海一件・居庸関二件・宣府二件・大同二件・開平一件・山西二件・陝西二件・寧夏三件・甘粛二件である。当然ながら、私役も他の不正同様に、大兵力が配置された地域で多く起こっていたことがわかる。ただ、放棄前の交阯を含めれば、北辺に次ぐ大軍が置かれ、他の犯罪では北辺に次いで多かった南辺が案外に少ない。別稿で述べたように、北辺では小規模な事件はともかく、虜・番の大規模な侵入や戦闘はなく、大率、平穏だったのに対し、南辺では、断えず少数民族との間に激しい戦闘が続いていた[3]。軍士の私役は、実際に戦闘が展開されている地域ではかえって起こりにくい、或いはおこっても問題にされない不正なのかもしれない。又、告発され

た武臣の官衙をみると、都指揮が断然多く、指揮がこれに次ぐ。両者を合わせると六七・四パーセントに及ぶ。その職務が確認できる例をみると、平時に軍士を掌握している指揮・千戸・百戸・鎮撫の衛所官には比較的少なく、総兵官・鎮守・参将・備禦等の、戦時編成のもとで直接軍を掌握している武臣に多い。この点からすると、軍士の私役は、平時に衛所官によって行われるよりも、動員先、特に北辺でより上位の武臣による場合が多かったといえる。つまり、宣宗朝の大凡の傾向として、軍士の私役は、中期を中心として、北辺で都指揮クラスの武臣によって起こされることの多い犯罪だったとみることができる。それでは次にいくつかの事例を示してその内容をみてみよう。

まず『宣宗実録』洪熙元年閏七月戊午の条に

行在都察院左僉都御史劉観等奏すらく、掌陝西都司事の右軍都督僉事胡原は、前に六罪を犯すも、聖恩もて之を宥し、之をして改過せしめらる。今、陝西按察司、又、奏すらく……軍士五十余人を家に私役し、又、擅に屯種の軍士を役して、其の農業を廃せしむ。悪を累ねて悛めず。請うらくは其の罪を治されんことをと。上、原に命じて京に赴き自陳せしむ。

とある。胡原が先に六罪を宥されたとあるのは、前月に、秦王府に対する不敬や、私茶の売買等を告発されたが、宣宗が「旧臣なるを念う」という理由で、罪に問わなかったことをさす(4)。今回は、陝西按察司が六ケ条にわたる胡原の不正を告発したが、その中に、軍士五〇余人を自宅で私役していることと、屯軍を私役していることが含まれている。このとき告発された罪状の中に、軍の教場を占奪しているとの項目がふくまれているので、屯軍はそこで耕種に私役したのであろう。宣宗は北京に召還して自陳させる措置をとった。一二月になって、都察院は胡原に対して「応徒」を論告したが、宣宗は「但だ、其の先朝に歴事して、年已に老なるを念い、之を宥して致仕せしめよ」と命じた(5)。次に、洪熙元年一〇月戊子の条に行在監察御史李笴奏すらく、山西天城衛鎮守の都指揮僉事魏清は、官軍の屯田二頃を私占し、及び軍士五十余人を家に役す。罪として応に杖して罰役に当つべしと。之に従う。

とある。先の胡原と同じようなケースだが、魏清も五〇余人の軍士を自家で私役したこと、軍屯二頃を占奪したことを劾奏され、杖刑のうえ罰役に当てられることになった。両者とも軍士を自家で私役したとされている。次に宣徳元年五月丙申の条に

隆慶三衛指揮李景等、劾奏すらく、都督沈清は居庸関に鎮守するも、己を約《つづまやか》にし、人を恤れみ、公を奉じて、法を守る能わず。……軍余を私役し……軍を役して木を伐らしめて私に用う。凡そ十八事ありと。行在都察院、其の罪を治さんことを請う。上曰わく、都府の大臣は、重過有るに非ざれば、宜しく恩意を存すべし。先ず使いし所の人を鞫し、事果して実有らば、別に処置を奏すべしと。

とある。隆慶衛指揮李景らが、上官である鎮守居庸関の都督沈清の一八条に及ぶ不正を劾奏したが、その中に軍の余丁を私役したこと、軍士を使って私用の木材を伐採させたことが挙げられている。行在都察院は沈清の処罰を要請したが、宣宗は、都督は大臣であるから、まず沈清に命ぜられて事にあたった者を取り調べるように命じた。この告発の背景には、鎮守とその節制を受けるべき衛との間の軋轢があったのかもしれない。というのは、同月丁酉の条に

鎮守居庸関・都督僉事沈清、隆慶三衛指揮向広・李景等の軍士を私役せしこと、及び軍伍を売放せし等の事を奏す。上、行在都察院左都御史劉観に付するに、言えらく、清と景等と互相に訐奏す。質対せしめられんことをと。

上、之に従う。

とあり、沈清も、透かさず李景らの私役・売放を告発しているからである。左都御史劉観は沈清と李景らの対質を要請し、宣宗もこれを承認した。対質の様子はわからないが、結局、八月になって宣宗は「是に至り、旨有りて、武臣

罪を犯すも、大故に非ざる者は倶て之を釈せと。遂に清を宥す。」とあり沈清を宥した。(6) ただ一〇月になって、沈清は「理後府事」として北京に戻ったので、鎮守居庸関の任からは離れることになったとみられる。(7) また、宣徳四年二月壬午の条に

広西按察司奏すらく、鎮守竜州・都指揮僉事張貴・黄玹は、先に、兵を擁するも進まざるを以って、城池を失陥せしも、其の罪を宥さる。今、過ちを改めず、日に貪婪に務め、厚く部属の供給を索し、財物を掊剋し、民居を折毀し、軍を役して漁猟せしめ、蛮民を激変して、多く逃竄せしむるに至ると。上、行在兵部の臣に命じて曰わく、黄玹は土民なり、思明に還らしめよ。張貴は即《ただ》ちに人を遣わして逮え、京に赴かしめて之を治せと。

とあり、鎮守竜州の都指揮僉事張貴・黄玹は、先に軍務上の罪を特に宥された立場を弁えず、相い変らず不法を重ねているとして、広西按察司に劾奏された。その罪状の中に、具体的な人数等はわからないが、軍を私役して魚猟させていることが挙げられている。宣宗は土官の黄玹は思明に帰し、張貴は北京に連行して処罰するように命じた。(8) 又、宣徳四年六月壬寅の条に

陝西岷州衛の軍雷霖なるもの言えらく、岷州衛の山口は、旧《もと》関隘を設け、哨備に軍千五百人を用う。今、多く管軍官の私役するところと為り、仍りて岷州に於いて、民丁五百余人を調集し、軍を助けて巡守せしむ。農業を妨廃し、甚だ民の患と為る。乞うらくは所司に勅し、旧例に依りて、軍を以って哨備せしめ、管軍官に戒約して私役を許さざらしめんことを。若し死亡するもの有らば、急ぎ其の関に補えば、軍民をして各々其の職を得しむに庶からんと。之に従う。

とある。これは岷州衛の軍士の訴えであるが、岷州衛の山口に、もとは一五〇〇人の軍を配置していたが、管軍官の私役の為に減少し、仕方なく、民丁五〇〇余人を動員して守備の補助に当てている、農事を妨げ民患となっているの

で、もとどおり軍士で哨備させるようにし、管軍官には軍士を私役しないよう命じてもらいたいというのである。管軍官とあって具体的な人名がないが、岷州衛の衛所官一般ということだと思われる。軍士の私役が兵力不足を招き、防衛態勢の障害となった例である。私役の規模はわからないが、民丁五〇〇余人を調集したというのだからそれに近い人数だったのだろう。この訴えに対し、宣宗は「之に従う。」というのみで、管軍官に対する処置は何も記されていない。衛所官を挙げての行為で誰と特定できない事情もあったのかもしれない。次に宣徳四年八月己丑の条には

宣府前衛指揮章容は、軍二人を私役し、出境して採木せしめ、私居を営まんとするに、寇の殺す所と為りて、其の乗る所の官馬を掠めらる。巡按御史李笴、容の罪を治さんことを請う。上曰わく、辺関は出入を謹防するに、乃ち私かに人をして出境せしめ、寇至るも又知らず。容の罪、豈に私役に止まらんやと。命じて之を治すこと律の如くせしむ。

とある。宣府前衛指揮章容が、軍士二人を出境させ、自宅造営の為の採木をさせていたところ、虜に殺害され乗馬も奪われてしまった。宣宗は、勝手に出境させただけでなく、虜の接近も知らなかったと指摘して、減刑は考慮せずに律の規定通り処罰するように命じた。次に宣徳五年二月庚辰の条に

山東按察司奏すらく、平山衛千戸潘礼は、老軍を私役し、小過を以って撃傷し、死に到らしむ。請うらくは其の罪を治されんことをと。上曰わく、私役已に応に罪すべし。況んや私憤もて之を殺すをやと。命じて執えて之を罪すること律の如くせしむ。

とある。山東按察司が、平山衛千戸の潘礼は、退役軍士を私役し、些細なことで殺してしまったことを告発し、宣宗は私役がすでに処罰の対象となるのに、私憤からこれを殺すとは何事かと怒り、律の規定通りの処罰を命じた。又、宣徳五年七月甲子の条に

中都留守司奏すらく、留守左衛指揮陳鑑は……軍匠一百三十七人を私役して、私宅を修蓋せしむ。……刻害厭くこと無し。請うらくは其の罪を治されんことをと。上、行在都察院に命じて逮問せしめ、因りて曰わく、武官の操備は自ずから是其の職なり。豈に当に軍士を剥削し、以って無厭の欲を充たすべけんや。宜しく之を窮治すべしと。

とあり、留守左衛指揮の陳鑑が四ケ条の不法を弾劾されたが、その中に自宅の修築に軍匠一三七人を私役したことが挙げられている。宣宗は陳鑑の逮問を命じた。更に同年一一月庚子の条に

監察御史沈敬等劾奏すらく、行在後軍都督僉事張廉は、官木及び甎瓦を盗み、軍匠を役して私居を創造せり。請うらくは法に寘かれんことをと。上曰わく、武夫辜《つみ》を識る無し。之を宥せと。

とあり、行在後府の都督僉事張廉が、木材や瓦などの官物を盗用し、軍匠を私役して私宅を造らせたとして、御史に劾奏された。宣宗はこれを宥したが「武夫辜を識る無し」との言葉には、武臣の身勝手さや非常識ぶりに対する帝の慨嘆が窺えるようである。

次の宣徳六年二月壬子の条の記事は、寧夏左屯衛指揮の張泰が、上官に当たる寧夏総兵官陳懋の七項目にわたる不正を告発したもので、宣宗朝における、武臣の犯罪の代表的な例の一つである。その中の軍士の私役に関わる部分を示すと

寧夏左屯衛指揮使張泰奏すらく、寧陽侯陳懋は、私《ひそ》かに軍士二百余人を遣わして、舟三十余艘を操《あやつ》り、出境して捕魚・採木せしめるに、虜の執らう所と為る者十余人なり。又、軍士二十人を遣わし、人ごとに二馬を給し、銀を齎《あた》えて、杭州に往きて貨物を市《もと》めしむ。……又、軍を私役し、三千余頃に種田せしめ、民の水利を奪い、歳収の粟は商を召きて買収せしめ、糴して塩に中《あ》てしむ。又、（都指揮）閻俊等と軍を遣わして、車九百余輌を輓きて、

大塩池の塩を載せ、西安・平涼等の府に往きて売らしむと。上、侍臣に謂いて曰わく、懋の過ち此くの如ければ、辺を禦るべけん乎。然れども未だ遽かに一人の言に聴《したが》うべからず。姑く奏せられし所を録して之に示し、有無をして自陳せしめ、然る後に処置せよと。〈（　）内は筆者が補った〉

とある。四ケ条あるが、一つは、軍士二〇〇余人をつかい、舟三〇余艘を仕立てて捕魚・採木に当たらせていたところ、虜に襲われ、一〇余人が捕虜になってしまったこと、一つは、二〇人の軍士に、各々馬二頭を連れ、銀をもたせて杭州に派遣し、貨物を買い入れさせたこと。(9) 一つは、軍を私役して三〇〇〇余頃の土地に種田させ、収穫した粟を納糧開中に応じようとする商人に売りつけたこと、もう一つは、都指揮閻俊らと共謀し、軍士を私役して車九〇〇余輌を仕立てて、西安・平涼府に私塩を運んで売らせたことである。陳懋が、軍士を私役して様々の不正を行っていたことがわかる。私役された軍士の数は具体的に記されているのは二二〇余人だが、種田の軍士や塩を運んだ軍士を加えれば、非常に多くの人数にのぼるだろう。これに対して、宣宗は、このようなことでは陳懋は辺防の任を全うできるのかといいつつも、指揮使という責任ある立場の者の告発であるにも拘わらず、一人の訴えのみではにわかに信ずることはできないとして、本人に自陳を命じた。この例からも、高位の武臣の処罰に非常に慎重な宣宗の姿勢を窺うことができる。この後、陳懋は、更に行在工部侍郎羅汝敬に弾劾され、宣徳七年一〇月に至って、北京に召還されることになった。この時点で総兵官の職は解任されたわけだが、北京到着後、改めて科道官に弾劾された。しかし、宣宗は「上曰わく、懋の罪は固より重けれど、特に其の勲戚の大臣なるを念い、姑く曲げて之を宥す。其の子の昭も亦た問わずと。盗みし所の銭糧、贓物は、行在都察院に命じて悉く之を追せしむ。」と、盗物を追徴するにとどめた。(10) 更に宣徳八年二月に至って、陳懋から牛・馬・騾等を購入する財がないとの訴えを受けて、宣宗は「上、其の旧労を念い、特に之を免ず」として追徴も免ぜられることになった。(11) 結局、陳懋は総兵官の職を解かれただけで、実質的な処罰を受けることはなかったことになる。次の宣徳六年一二月己酉の記事も、高位の武臣が一〇ケ条に及ぶ不正を告発された例だが、そのうちの私役に関するものを示すと

掌中都留守司・都督陳恭の死罪を宥し、遼東に発戍す。恭は中都に在りて……擅に軍士を役して、皇陵の前の馬鞍山の頂きを平らかにす。……軍士の田地十余頃を強占し、歳ごとに軍民を役して耕種せしめ、米麦三千余石を収む。…軍士六百八十余人・匠七十余人を占めて更番私役す。……事覚れ、上曰わく、人言えらく、大臣の罪は必ず審察して、実なるを得ば、乃ち処置すべしと。遂に御史焦宏を遣わして之を察せしむ。宏還りて奏すらく、皆実なりと。恭を逮えて京に至らしめ、公・侯・伯・都督・尚書・三法司・掌科給事中・掌道御史に命じて、同に鞫さしむるに、悉く引伏す。上曰わく、恭の罪は至重にして、法として宥すべからず。但だ其の父、皇祖靖難の時に在りて、忠力を効《あらわ》すこと多く、恭も亦た従征して労有りしを念い、姑く死を宥し、杖一百、遼東の辺衛に戍し、仍《かさ》ねて其の家を籍せよと。

とある。陳恭は、目的ははっきりしないが、擅に軍士をつかって、皇陵の前の馬鞍山の頂を平らにしたこと、軍士の田土一〇余頃を奪って軍・民に耕種させたこと、軍士六八〇余人・軍匠七〇余人という多数を更番で私役したことを告発された。耕種に充てたのは軍・民とあるので、軍士のみではなかったようである。訊問の結果、陳恭は全て事実であることを認めたが、宣宗は、その父が靖難の役で功があり、本人も従軍したことを考慮して、死罪を宥して満杖のうえ遼東に謫戍し、籍没するよう命じた。私役のみでなく他の罪も加わってのことだが、陳恭は重い処罰を受けた。

中都の状況については、更に翌宣徳七年八月戊子の条に

中都正留守蕭譲等、軍を私役するを以って罰俸とさる。是に先だち、駙馬都尉趙輝に命じて、鳳陽に往きて皇陵を修理せしめんとするに、輝奏すらく、軍少なく用いるに足らずと。上、御史を遣わして査理せしむ。是に至り、

御史奏すらく、皆譲及び掌中都留守事・都督陳恭、都指揮僉事徐震、署都指揮僉事楊興・李弘等の私役せしものにして、一千六百八十余人を計う。請うらくは倶に之を罰せられんことをと。上、命じて姑く皆罪を記し、私役すること十名以上の者は罰俸半年、十名に及ばざる者は罰俸三月とせしむ。

とある。駙馬都尉趙輝を、皇陵の修理の為に鳳陽に派遣したところ、趙輝から軍士が足りなくて工事ができない旨の上奏があった。御史を現地に派遣して調査させた結果、正留守蕭譲・都督陳恭・都指揮僉事徐震・署都指揮僉事楊興・李弘等による軍士の私役が、一六八〇余人にも及んでいることが判明した。宣宗は、各々の罪を記録したうえで、私役一〇人以上の者は罰俸半年、一〇人以下の者は三ヶ月とするよう命じた。陳恭については、前述のように、既に六年一二月に遼東に謫戍されることになった。ここでまた陳恭の名が挙げられていることは、この段階でも、陳恭に私役されていた軍士が、まだもとの部署に戻されていないか、新たに補充されておらず、欠員のままになっていたということであろう。中都では、前年の陳恭の摘発・処罰以後も、武臣による軍士の私役が相変わらず後を断たず、恒常的な弊害になっていたことが窺える。しかも、蕭譲以下の中都留守司の幹部の名が挙げられているが、私役された人数と、新たに示された罰則の規準を合わせてみると、これらの幹部以外にも多くの武臣が関わっていたことは明らかで、中都留守司ぐるみの悪慣行となっていたのだろう。この中都留守司の事例は、宣宗朝を通じて、私役が摘発された最も大きなケースの一つである。私役が恒常化していること、組織ぐるみであること等、中・後期の様相を彷彿とさせるものがあるが、次のようにもみられよう。ここで示された罰則の基準は、この段階での現実を反映して、それなりの妥当性をもったものと思われるが、一〇人以上とそれ以下で分けており、意外に少ない人数である。しかも、罰則も罰俸三ヶ月・半年と極く軽いものである。軍士の私役が、朝廷からみて無視できない問題になってきてはいるが、同時に、特に内地では、まだそれほどには深刻化していない状況を示していると考えられる。

それでは北辺はどうなのか。約一年後の宣徳八年閏八月丁巳の条に

監察御史鄭夏・給事中蔡錫劾奏すらく、総兵官・都督僉事陳敬、鎮守官・都指揮銭義、李英、蕭敬、劉銘、馬驥、指揮張鎮等は、辺疆に鎮守するも、城垣は修めず、部伍は整えず。山海より隆慶に至るまで、凡そ関寨二百四十八処・営堡二十二所あり。臣等、守備の官軍を閲視するに、失伍離次する者、一千二百余人なり。蓋し統領の人、或いは私家に役し、或いは財を受けて放間し、或いは月糧を剋減して、困苦支えず、遂に逃竄に至りしものならん。倶て敬等の紀律不厳の致す所に由る。請うらくは其の罪を正されんことをと。上曰わく、陳敬は姑く之を宥し、銭義等六人は倶に罰俸三月とせよ。軍の逃げし者は、兵部をして追捕せしめよ。其の所管の官軍の逃げること、二十名以下の者は罪を記し、五十名以下の者は罰俸三月、百名以下は罰俸一年とせよと。

とある。御史鄭夏・給事中蔡錫が、山海関から隆慶までの営・堡・関・寨を点検したところ、配置についているべき軍士のうち欠員が一二〇〇余人あった。鄭夏らは、これは武臣による私役・売放・月糧剋減によるものだとして、総兵官陳敬以下七人の「紀律不厳」を告発した。宣宗は、陳敬は宥し、銭義ら六人を罰俸三月とするとともに、配下の逃亡軍士数、二〇・五〇・一〇〇人を基準として、記罪から罰俸半年までの罰則を定めた。このケースは、科道官が、いちいち実地に取り調べた結果ではないようだが、私役・売放・月糧剋減をセットとして考え、それが軍士の逃亡と兵力不足を齎すものと認識したことは注目しなければならない。前年の中都留守司と同様の事態が、北辺でも起こっていたことがわかる。『大明律』では、百戸は配下の逃亡一〇名で減俸一石、二〇名で二石、三〇名で三石、四〇名で四石、五〇名で総旗に降格とし、千戸は逃亡一〇〇名で減俸一石、二〇〇名で二石、三〇〇名で三石、四〇〇名で四石、五〇〇名で百戸に降格とし、指揮以上もこの比率で同様に処置するとしている。(12) これに比べて、今回の対応は、程度の差はあるが、記罪あるいは罰俸のみで、より軽減された処置といえる。次に宣徳九年二月癸酉の条に

山西行都司都指揮呂整奏すらく、鎮守大同参将曹倹は、壮士六百余人を選びて家に私役し、応州等の処の荘地一百五十余頃を占め、又、大同諸衛の軍百余人を私役して耕種せしむと。……倹も亦た、整の強を恃みて私を逞しくし、節制に聴《したが》わず、馬を領し粮を護りて開平に往くに、官軍の財物を科斂せし等の事を奏す。上、行在兵部の臣に諭して曰わく、二人は互相に訐る。姑く未だ処置せず、各々作す処の過ちを録して之に示し、虚実を自陳せしめよと。

とある。別稿でも述べたが(13)、この両者の対立の背景には、大同総兵官と山西行都司の統属関係をめぐる軋轢があった。大同総兵官の武安侯鄭亨が、宣徳九年二月に在職のまま没すると、すぐには後任が発令されず、参将の都指揮曹倹が、征西将軍の印信を預かって、総兵官の職務を代行したが、都司側がこれに反発したのである。呂整は、曹倹の不法四ケ条を弾劾したが、その中に壮士六〇〇余人を自家で私役していること、大同諸衛の軍士一〇〇余人を私役して耕種させていることが挙げられている。曹倹も反発して呂整の不法を告発したが、そこに総兵官の権限に関わる事情があった為か、宣宗の対応は慎重で、二人に自陳を命じた。宣徳九年三月壬午の条に曹倹の自陳の記事があり、

大同参将・都指揮使曹倹奏すらく、昨《さきごろ》、都指揮呂整奏すらく、臣は壮士六百人を家に私役すと。又、諸軍を役して私田を耕種せしむと。……伏して聖恩の寛容なるを蒙り、即《ただ》ちには誅戮せず、臣をして実を具えて以って対えしむ。臣は添備の将領なるに縁りて、曩《さき》に運粮・修城・焼荒・巡辺に因り、大同諸衛の官軍は、倶て調遣するを聴《ゆる》さる。間《まま》、閒暇あるに因りて、暫く三・五人、或いは十数人を留め、以って使令に備う。応州・白堂《ママ》等の処に所種の田荘あるも、歳ごとに例の如く税粮を輸納し、実に人力を備えて耕種せしむ。……伏して乞うらくは、愚昧を矜宥され、まさに改過を図らしめられんことをと。上、法司の官に諭して曰わく、倹の逃卒を笞《むちう》つは過ちと為さざるも、其の他は未だ飾詞たるを免れず。今、方《はじ》めて任ずるに辺事を以ってせんとす。窮究するを欲せず。

姑く之を容し、後效を図らしめよと。

とある。曹倹は、呂整に告発にされた壮士六〇〇人を自家で私役していることについては、軍務の暇な時に軍士の数人から十数人を手元において召し使っただけであると述べた。呂整のいう「壮士」が配下の軍士であることを認めたわけであるが、六〇〇余人という人数については否定した。又、私田の耕作に一〇〇余人の軍士を使っていることに関しては、確かに応州や白道に荘田をもっているが、税糧は規定通りに納めているし、そこでは「人力」を備えて耕作させていると述べ、軍士の私役を否定した。曹倹のいう人力は佃戸や奴僕をさすのであろう。宣宗は、曹倹のこれらの釈明については粉飾だろうと述べたが、曹倹を総兵官代行の任に充てたばかりなので、これ以上は敢えて追求しないとして容した。他の例でもみられるが、ここでも、辺防の任務が第一で、これさえ役目を果たしていれば、他のことでは、少々の不正があっても罪を問わないという、宣宗の現実的な態度が示されている。

以上のように、武臣が配下の私役を告発された主な事例をみてきたが、このほかにも次のような例がある。宣徳元年四月、寧夏参将の保定伯梁銘が、同僚の参将・都督同知陳懐を告発した。それによれば、陳懐は、騎兵二〇騎を私役して出境させようとしたが、配下の守備・指揮張善に制止され、これを憾んだ陳懐が張善に杖を加えたというのである。騎兵を出境させようとした目的がはっきりしないが、当時、武臣が狩猟や採木の為に軍士を出境させる例がよくみられるので、或いはこの場合もそうだったかもしれない。又、後に陳懐も梁銘を告発しており、二人の参将の間に軋轢があったのかもしれない。宣宗は「上曰わく、懐は大臣なり。姑く其の実を自陳せしめよ。」と述べて自陳を命じるにとどめた。(14) 又、宣徳元年五月には、告発者はわからないが、掌青州左衛事の山東都指揮僉事王銘が、軍士の私役と受賕の事を訴えられた。法司は絞罪を論告したが、宣宗は「上曰わく、武人は利を知りて法を知らず。姑く其の死を宥して罰役せしめ、以って贖わしめよと。」と慨嘆しつつ、罰役贖罪に当てるよう命じた。(15) 続いて同年七月、監察御史石璞が、寧夏参将・保定伯梁銘の不法五ケ条を劾奏したが、その中に、軍士を私役し、出境して野馬を捕獲させたことが挙げられている。宣宗は「上曰わく、比《このごろ》、都督陳懐其の過《つみ》を言い、又、軍士に屢《しばしば》其の貪黷なるを訴えし者有るも、朕、皆之を容し、諭して改過せしめんとす。而《しか》れども終に改めず。其れ之を治《ただ》せと。」と処罰を命じた。[16]その結果、梁銘は一旦獄に下されたが、結局宥され、安遠侯柳升の副将として交阯に出征し現地で病没した。[17]更に同年一〇月、鎮守宿州の都指揮僉事胡貴が、軍士を私役したこと、賄賂を受けて罪人を解き放ったことを告発され、逮捕されようとしたが「貴言えらく、勅を奉じて鎮守す。逮に就かず。朝廷の行法として、貴の近きより始めよ。」と逮捕を拒否した。胡貴のいう朝廷の行法というのは、前述の鎮守居庸関・都督沈清の例にみられるような扱いをさしているのだろう。宣宗は、左都御史劉観から報告を受けて「上曰わく、小人敢えて爾るやと。錦衣衛に命じて人を遣わし、械して京に赴かしめ、之を罪せしむ。」と逮捕処罰を命じた。[18]ただ、このケースは、胡貴に余罪があり、告発された後の態度が悪かった為に厳しい処置がとられたもので、必ずしも私役だけに対する対応ともいえない。又、宣徳二年正月、広西全州千戸所の軍吏が、広西都指揮陳全と全州守禦千戸所千戸の畢忠は、軍士を私役し、その財物を科斂していると告発した。これに対し、宣宗は「上曰わく、都指揮は方面の大臣なり。事の虚実は未だ知るべからず。姑く実を具えて奏来せしめ処置せよ。其の余は逮治すること律の如くせよ。」と述べ、陳全には自陳させ、畢忠らは逮捕処罰するよう命じた。[19]又、宣徳四年七月には、宣府総兵官・都督譚広が、指揮王林は擅に煙墩の守備軍をつかって、出境して鹿を捕獲させようとしたところ、虜の追蹤を受け、人畜を殺掠される事態になったと劾奏した。宣宗は「上、行在兵部の臣に諭して曰わく、王林等の罪は宥すべからず。今《ただ》ちに、京師に械送して之を罰せよと。又、翰林の臣に諭して曰わく、比《このごろ》、亦た広の号令不厳、戒飭至らずして、屢《しばしば》失有るに致る。其れ勅を降して之を責めんと。」と述べ、王林を北京に械送して処罰させるとともに、翰林院に命じて勅を起草させ、譚広の監督不行き届きを叱責した。[20]同じく四年一二月に、甘粛総兵官・都督僉事劉広が奏するには、劉広のもとに動員されてきている漢中衛千戸陳庸と、陝西都指揮趙恭が、互いに不法を告発しあっていると述べ、二人を併せて処罰するようもとめた。この中で、趙恭は、人数はわからないが、陳庸が軍士を私役していることを挙げている。これに対して、宣宗は「上曰わく、都指揮たるもの、苟しくも能く身を持し法を守らば、何ぞ千戸と相い訐るに至らんや。亦た廉恥有るを知らず。巡按御史に命じ、陝西按察司と同に並びに之を鞫さしめよと。」と述べ、巡按御史・按察司に取り調べを命じた。[21]

又、五年五月、行在後軍都督府が、山西の寧山衛指揮李昭の六ケ条に及ぶ不法を劾奏したが、その中に李昭が旗・軍を私役して、漆・豆をとらせていることが挙げられている。この李昭の事件は、官物の毀損・軍士の私役・財物の逼取・土地占奪・軍糧の横領と、武臣の犯罪によくみられる殆ど全ての罪状を含んでおり、武臣による犯罪の典型的な例の一つである。それに不正を告発しようとした軍吏二人を殺害したことまで加わっている。宣宗は「上、都御史顧佐に諭して曰わく、為治の道は、善を賞し悪を罰するのみなり。其の悪此の如し。治さざるべからず。即ちに《ただ》擒治することと律の如くせよと。」と述べ、他の悪質かつ凶悪な余罪をも勘案してだが、即時逮捕と厳罰を命じた。[22]

次に宣徳五年閏一二月に、監察御史孫泓が、行在府軍衛指揮傅全の軍士の私役と売放を告発した。宣宗は「上曰わく、親軍は専ら守衛に備う。私役已に不可なるに、況んや又其の財を取る、罪逃るべけんやと。命じて逮治すること律の如くせしむ。」と述べ、親軍衛であること、私役に加えて財物を逼取したことを重視して、律の規定どおりの処罰を命じた。[23]

又、宣徳六年七月、巡按山東監察御史張政が、開原備禦の都指揮鄒溶は、私役や売放した軍士が一〇〇人にも及ぶと劾奏した。しかし、宣宗は「上、右都御史顧佐に謂いて曰わく、溶は罪すべきと雖も、然れども善処も多し。今、辺将艱難なり。其れ之を宥せ。但だ移文して改過せしめ、再び犯すことなからしめよと。」と述べ、都察院を通じて注意するにとどめた(24)。他の場合にもしばしばみられるが、これも、辺防の任さえ全うしていれば、少々の不正には目を瞑るという、宣宗の現実的な姿勢が看取されるケースの一つである。次いで同年一〇月、行在都察院が、開平の守備に当たっている都指揮唐銘を劾奏した。唐銘が薪・芻《まぐさ》を採る為に軍士を出城させたところ、虜に捕らえられてしまった。結局、彼らは脱れて帰還することができたが、唐銘の私役の罪は糺さなければならないというのである。これに対し、宣宗は「上曰わく、辺将の軍士をして薪・芻《まぐさ》を取らしむるは大過に非ず。且つ掠せられしものも既に帰る。之を宥すべしと。」と述べ、唐銘の罪を問わなかった(25)。ここでも宣宗の現実的な態度が窺える。又、宣徳七年四月、貴州前衛の鎮撫龔海が、上官である都指揮僉事蘇保の五ケ条の不正を告発したが、そのなかに軍士を私役して、河で溺死させてしまったことが挙げられている。宣宗は「上、其の章を以って、右都御史顧佐等に示すに、佐、巡按監察御史及び按察司をして体実具奏せしめられんことを請い、上、之に従う。」と、巡按御史・按察司に調査報告させることとした(26)。続いて同年六月に、行在通政司が朔州衛指揮王瑛を劾奏した。王瑛は、軍卒を私役して、煙墩から一〇里余り出したところで、虜に捕らえられてしまい、虜は王瑛の馬・騾を掠めて境外に去ってしまったという。軍卒が逃げ帰って、このことを千戸谷勝に報告したが、王瑛と谷勝は匿して報告しなかったというのである。王瑛が何の為に軍卒を出したか記されていないが、文言からみて王瑛個人の馬・騾を放牧させる為だったようである。宣宗は「上曰わく、……今、虜寇の偷竊は小事なりと雖も、人臣蒙蔽すれば、乃ち大悪漸く長ずべし。武安侯をして之を鞫さしめ、罪を定めて以って聞せしめよ。」と述べ、事実を隠匿して報告しなかったことを咎め、大同総兵官鄭亨に、取り調べのうえ、当てるべき処罰を考慮して報告するよう命じた(27)。

ここまで、武臣が配下の私役を告発された事例をみてきたが、次のようなことを確認できよう。まず、告発された武臣をみると、総兵官・鎮守・参将・備禦等の、辺境地域に臨戦態勢で駐劄し、直接軍を掌握しているポストに多い。

又、私役の対象として、軍士・軍卒・軍・軍余・老軍・旗軍・軍匠・屯軍等が記されており、軍士のみでなく、余丁や退役軍士、あるいは小旗・総旗・軍匠も私役されたことがわかる。私役の規模、つまり人数が具体的に記されている例は多くないが、掌陝西都司事・右軍都督僉事胡原の五〇余人、鎮守天城衛・都指揮僉事魏清の五〇余人、寧夏参将・都督同知陳懐の二〇余人、宣府前衛指揮章容の二人、留守左衛指揮陳鑑の軍匠一三七人、開原備禦・都指揮鄒溶の私役と売放を合せて一〇〇人等の例がある。飛び抜けて多いのが、一つは、寧夏総兵官・寧陽侯陳懋によるもので、記された人数だけで二二〇余人あるが、示された罪状の内容からみて、これより遙かに多くの軍士が私役されたと思われる。もう一つが、掌中都留守司・都督陳恭の場合で、軍士六八〇余人・軍匠七〇余人の合わせて七五〇余人に及ぶ。いずれも高位の武臣によるものである。このほか総兵官代行の大同参将・都指揮曹倹は、告発された私役数は七〇〇余人にのぼるが、本人の自陳による釈明をみると、実際の人数はわからない。又、中都正留守蕭譲ら七人が合せて一六八〇余人を私役したと告発されたが、これは中都留守司全体の人数で、一人当りの私役数はそう多くないだろう。このようにみると、例外的に大規模なケースはあるが、率ね一〇〇人未満の場合が多く、中・後期のような大掛りなものはまだ少ないようである。

次に私役の目的をみると、一つには、出境して狩猟や採木をさせたもので、鎮守居庸関・都督沈清、寧夏参将・保定伯梁銘、鎮守竜州・都指揮僉事張貴、黄竑、指揮王林、宣府前衛指揮章容、寧夏総兵官・寧陽侯陳懋、鎮守開平・都指揮唐銘の場合がそれで、寧夏参将・都督同知陳懐と貴州都指揮僉事蘇保のケースも、これに含めていいかもしれない。このような例が全体の約三分の一を占め、北辺に特に多い。もう一つが、自家で私役したとあるもので、掌陝西都司事・都督僉事胡原、鎮守天城衛・都指揮僉事魏清、薊州永平山海総兵官・都督僉事陳敬ら七人、大同参将・都指揮曹倹らの場合がそれだが、具体的にどのような仕事をやらせたのかはっきりしない。ただ、留守左衛指揮陳鑑、後軍都督僉事張廉のように、私宅の修理や築造に当たらせたと記されている例があるので、このような仕事が多かったのかもしれない。このほかに、寧夏総兵官・寧陽侯陳懋、掌中都留守司・都督陳恭、大同参将・都指揮曹倹のように、いずれも高位の武臣の例だが、田土の耕作に当たらせたものがある。中・後期の典型的なパターンとして、軍屯等の土地を占奪して、そこで軍士を私役して耕作させるというかたちがあるが、それはまだ必ずしも多くはないようである。又、陳懋は不正な商業行為にも軍士を私役している。以上のように、告発された罪状をみると、私役以外の余罪を含んでいるのが約半数あり、私役は様々な不正の一環として行われる場合が多かったといえるかもしれない。私役に対する朝廷の対応をみると、処分がわからないもの、「宥之」や自陳・記罪等で事実上処罰されなかったもの、何らかの処罰を受けたものが、各々三分の一である。処罰された例の多くは、私役以外にも余罪を含むケースである。宣徳七年八月の、中都留守司での大規模な私役摘発を機に、私役一〇人以上が罰俸六月、以下が三月と罰則の規準が示されたが、決して厳罰といったものではない。このような朝廷の対応をみると、武臣による私役の弊害は既に明瞭に現れてきているが、朝廷が深刻な危機感をもち、厳罰をもって禁ずるほどの段階ではなかったといえよう。中・後期には、私役は大規模化し、恒常的かつ組織的なものとなり、月糧の横領や売放と連動して、兵力の減少、さらには防衛態勢の動揺をもたらす一因になった。宣宗朝では、まだそこまでいっておらず、単発的かつ個人的な段階だったとみることができる。

二　軍士の売放

この項に該当するのは一九件で(28)、各年次・地域ごとの件数と、告発された武臣の官衙は表2のとおりである。売放

表2

洪熙1	0
宣徳1	3
宣徳2	1
宣徳3	1
宣徳4	1
宣徳5	3
宣徳6	4
宣徳7	1
宣徳8	3
宣徳9	2
合計	19

勲臣	1
都督	1
都指揮	13
指揮	9
千戸	2
百戸	2
鎮撫	0
合計	28

北辺	9
北京	3
内地	3
南辺	4
合計	19

について荻生徂徠は

　売放軍人・包納月糧とは、金をとりて軍人に軍役をゆるして、其軍人のとるはづの月糧銭を手前にとりこむことなり。

と述べている。(29) 売放は、軍士から直接に搾取するのとかたちは異なるが、月糧等の横領・詐取であることは同じである。ストレートに兵力の減少を齎す点では、朝廷にとってより深刻であるといえる。ただ、売放は、軍士が武臣に賄賂を贈って任務を逃れるのだから、軍士が一方的な被害者というわけではなく、ある意味で武臣と軍士は共犯者ともいえる。武臣は、売放時の賄賂と、その後の軍士分の月糧の両方を取り込むことになる。

　一九件しかないから、明確なことはいえないが、強いていえば、次のような傾向がみられる。各年ごとの件数をみると、宣宗即位直後と中期の宣徳五・六年がやや多くなっており、これは他の犯罪と同じだが、宣徳末も多い傾向がある。地域ごとの件数は、やはり北辺が最も多く、南辺がこれに次ぐ。南辺がやや多くなっている点は、私役の場合と異なる。両者を合わせると全体の六八・四パーセントとなり、売放の大部分は、軍事的緊張地帯で大軍が配置されていた南北辺で起こっていたといえる。又、武臣の官衙をみると都指揮が最も多く、指揮がこれに次ぎ、合わせて七八・六パーセントを占める。売放も、他の犯罪と同様に、その殆どはこれらの武臣によって行われたものであった。

それでは幾つか事例を示してその内容をみてみよう。まず『宣宗実録』宣徳二年三月乙巳の条に

福建按察司奏すらく、平海衛指揮同知卜祥・指揮僉事朱銘は、軍士の賄賂を受けて、縦令《たと》い間逸なるも伍に著《つ》けず。請うらくは執えて之を罰せられんことをと。上、行在都察院の臣に諭して曰く、朝廷軍を養うは、豈に以って彼の利の為ならんや。朕、嘗て皇祖の言を聞くに、残元の時、管軍の頭目、財を貪り貨を好み、軍伍を放廃して、遂に大壊に至れりと。此、戒めとなさざるべからずと。之を罪せしむ。

とある。平海衛の指揮同知卜祥と指揮僉事朱銘が、軍士から賄賂をとって任務につけない、つまり売放を福建按察司に告発され、宣宗は、成祖から聞いた元の故事を引いて処罰を命じた。ただ、どのような処罰に当てられたかはわからない。宣徳三年四月癸亥の記事は、金品の強奪や月糧等の横領・搾取の項とも重複する例だが

軍官の軍士を虐害するを禁ず。時に行在都察院奏すらく、大寧中衛百戸劉勉は、軍を管《つかさど》り操練するに、軍士の賂いを受け、縦《ほしいまま》に家に遣還せしむ。……律に於いて当に斬るべしと。上曰わく……教場に械置し、榜して以って衆に示し、然る後、処決すること律の如くせよ。都察院は仍りて中外の管軍の官員に榜示して、皆警《いましめ》を知らしめよと。

とあり、大寧中衛百戸劉勉は三ケ条の不法を告発されたが、その最初に、訓練に当たって、賄賂を受けて軍士を勝手

に帰宅させたことが挙げられている。他に悪質な余罪もあったので、宣宗は極刑に処するよう命じた。又、宣徳五年二月癸酉の条に

江西按察司奏すらく、遼東金州衛の指揮陶春は、豊城等の県より軍丁五人を取るに、皆其の賄いを受け、放免して解《おく》らず。請うらくは之を罪せられんことをと。上、行在都察院の臣に諭して曰わく、将為《た》るもの、全て軍士に頼りて功を立つ。将の志有る者は、常に軍伍に人を缺くを慮《おもんぱか》る。今、此の輩、賕いを受けて軍を売る。是、復た功を立つるを思わず。蓋し志無き愚人なり。其れ之を治すこと律の如くせよと。

とあり、豊城県等で軍士の勾補に当たっていた金州衛指揮陶春は、そこで得た軍士五人から賄賂を受けて、みな放免してしまったという。江西按察司からの劾奏に対し、宣宗は、無志の愚人であるとして、陶春を律の規定通りに処罰することを命じた。又、宣徳五年五月壬子の条に

巡按直隷監察御史余思寛劾奏すらく、永平都指揮僉事蕭敬は、縦《ほしいまま》に所部の軍士を放ち、守備を厳しくせず。寇、境に入りて殺掠するに致るも、又、兵を出して追捕せず。賊の去りし後、始めて三十余人を以って、追いて蟒山に至るも、兵寡なく敵せずして退き還る。後に内使馬真等と同に賊を追い、鶏林山の下《もと》に至り、人馬を擒獲すと雖も、亦た前の罪を贖い難しと。上曰わく、鶏林に頗る捷つを聞く。前の過ちを贖うべし。姑く之を宥し、仍りて停俸三月とせよと。

とある。巡按直隷御史余思寛が、鎮守永平の都指揮僉事蕭敬を劾奏したが、蕭敬は配下の軍士を売放したため、兵力不足で守備を厳重にできず、寇の侵入殺掠をゆるし、出兵することもできなかった。寇が引き上げてから三〇人ばかりで追撃したが、兵力不足で虜に敵することができずに退却してきた。その後、鎮守内臣馬真とともに再度追撃して、鶏林山で寇を擒獲することはできたが、当初の罪を帳消しにはできないとして、蕭敬の処罰をもとめたのである。余

思寛の主張の主旨は、売放の結果、兵力不足になって賊の侵入を阻止できなかったという点にあるが、宣宗は、その点については咎めず、後の勝利を評価して停俸三月にとどめた。次の宣徳五年閏一二月丙午の条の記事は、私役の項でも示したものだが、私役と売放が連動した典型的なケースなので、再度示すと

監察御史孫泓等奏すらく、行在府軍衛指揮傅全等は、軍士を私役し、月を按じて財を取り、守衛上直せしめず。請うらくは之を罪せられんことをと。上曰わく、親軍は専ら守衛に備う。私役すら已に不可なり。況んや又其の財を取るをや。罪逃るべけんやと。命じて逮治すること律の如くせしむ。

とある。親軍衛たる府軍衛の指揮傅全らは、軍士を私役するとともに、月ごとに財物を取って上直守衛の任務から外していた。つまり売放である。残念なことに人数等の詳細がわからないが、指揮使が弾劾されたのだから、府軍衛全体に関るものだったと思われる。御史の上奏を受けて、宣宗は律の規定通りの処罰を命じた。又、宣徳六年正月癸巳の条に

金吾右衛千戸閻順は、軍を領《す》べて西華門を守衛するに、私《ひそ》かに三人の下直を縦《ゆる》す。御史の点視に及び、又、私かに余丁をして之に代らしむ。御史、順を劾奏す。上、行在都察院に命じ、縦《はな》たれし所の軍を併せて之を治さしむ。

とある。金吾右衛千戸の閻順は、西華門の守衛に当たって、軍士三人を任務から外し、御史の点検の際には、余丁を代わりに当ててごまかしたとして弾劾された。賄賂の授受の記述はないが売放とみられる。宣宗は、閻順とともに、任務を逃れた軍士も併せて処罰するよう命じており、売放が武臣と軍士双方の共謀による不正であったことを示している。これらの例をみると、生活の困難な辺境地域ばかりでなく、皇帝の直率軍である北京の親軍衛でも売放が横行しており、綱紀が弛緩していた様子が窺える。次に宣徳六年一二月壬子の条に

行在大理寺奏すらく、営州左屯衛百戸范英は、金華等の府に往き、勾軍して六十六人を得るも、回りて通州に至

るに、銀幣等の物を受け、皆縦《ほしいまま》に之を遣《はな》つ。律に於いて応に絞すべきも、近例として罰役還職せしめられんことをと。上曰わく、軍官は惟だ軍伍の実たざるを恐る。軍を売りて死せざるを得るは倖《さいわい》なり。若し更に職に還さば、人何ぞ懲らす所あらんや。赤城に発して軍に充て、売りし所の軍も悉く追逮して之を罪せよと。

とあり、これも金州衛指揮陶春の場合と同じく、軍士の勾補に当たって売放が行われた例である。営州左屯衛百戸の范英が金華府等で勾補に当たり六六人を得たが、帰途通州まで来たときに、銀幣等を受けてみな放還してしまったという。大理等は、律では絞罪に当たるが、近例によって罰役還職の処分とするように奏請した。これに対して、宣宗は、売放して死を免れるのは僥倖というべきで、このうえ還職させては示しがつかないと述べて、赤城での充軍を命じた。前述の金吾右衛千戸閻順の場合と同様に、武臣と合わせて売放された軍士についても逮捕・処罪を命じている。

又、宣徳九年一〇月辛未の条に

陝西行都司・都指揮僉事紀勝奏すらく、比《このごろ》臣を告《うった》えるもの有り。先に通州右衛指揮に任ぜられし時、知州王琬を殴りて傷つけ、及び賂いを受餽して軍人を縦放せりと。旨を奉ずるに、臣をして其の実を自陳せしめらる。臣勝は、王琬と公事を争論し、語相《とも》に激して推すに、琬は地に仆れたるも、実は傷無し。軍人を縦放して賂遺を受くるは、臣実に之有り。請うらくは罪を受けんことをと。上、右都御史顧佐等に謂いて曰わく、勝は武人にして語は直なり。既に罪に服せんとす。之を宥せと。

とある。陝西行都司の都指揮僉事紀勝が通州右衛指揮だった時に、知州王琬を殴って怪我させたこと、軍士を売放したことを告発され、宣宗に命じられて、これに対して自陳した記事である。紀勝は、知州王琬と裁判に関することで争論し、互いに興奮して王琬を押したところ、王琬はたおれたが怪我はなかったと述べ、売放については事実であると認めた。宣宗は「勝は武人にして語は直なり」として宥したが、この言葉は主に知州との争論についてのもので、売放に関してはさして問題にしていないような印象も受ける。

ここまで、武臣が軍士の売放を告発された主な例をみてきたが、このほかにも、単に軍士から賄賂を受けたというものも含むが、次のような事例がある。まず私役でも示した例だが、宣徳元年五月、鎮守居庸関の都督僉事沈清と隆慶衛指揮李景・向広らが互いに不法を劾奏しあったが、沈清は、李景・向広らが軍士を私役したことと、売放したことを告発した。これに対して宣宗は「上、以って行在都察院左都御史劉観に付するに、言えらく、清と景等と互相《たがい》に訐奏す。請うらくは質対せしめられんことをと。上、之に従う」とあり、両者を対質させることとした。(30)同年五月、掌青州左衛事の山東都指揮僉事王琬が、軍士から賕《まいな》いを受けたことと、軍士を私役したことを告発され、法司は絞罪を論告したが、宣宗は「上曰わく、武人は利を知りて法を知らず。姑く其の死を宥して罰役せしめ、以って贖わしめよ。」と述べ、罰役贖罪を命じた。(31)ただ、この「受賕」が売放の代償だったかどうかについては必ずしも明かでない。又、宣徳元年七月、監察御史石璞が、寧夏参将の保定伯梁銘の四ケ条の不正を劾奏したが、その中に、梁銘が、守辺の軍士を任務から外して、原籍地に帰って商業に従事することを許したことが挙げられている。(32)当然、軍士からの贈賄があったとみられ、売放の例であろう。宣宗は梁銘の召還と処罰を命じた。宣徳四年一二月には、甘粛総兵官のもとに動員されてきている漢中衛千戸陳庸と陝西都指揮趙恭が、互いに不法を告発しあって、総兵官劉広が双方の処罰を奏請した。この中で趙恭が配下の贓物を受けたことが挙げられており、宣宗は巡按御史と按察司に取り調べを命じた。(33)更に宣徳六年六月、兵部が、受贓の廉で、都指揮僉事劉銘の配置転換を奏請したが、宣宗は「上曰わく、銘は久しく天城に在りて、辺事を習知す。姑く復職せしめ、再び悛めざれば貸《ゆる》さず。」と述べて、鎮守天城衛のポストはそのままとした。(34)辺防を第一とし、この点さえ有能であれば、少々の不正は咎めない例は外にもみられ、宣宗の非常に現実的な姿勢が窺える。又、同年七月、巡按山東監察御史張政が、開原備禦の都指揮鄒溶は、軍士を私役し、「納粟買間」を許した者が一〇〇人にも及ぶと劾奏した。これも私役と売放が連動したケースだが、納粟買間は売放の軍士の側からの言い方である。この場合も宣宗は「上、右都御史顧佐に謂いて曰わく、溶は罪すべしと雖も、然れども善処も多し。今、辺将艱難なり。其れ之を宥せ。但だ移文して改過せしめ、再び犯すことなからしめよ。」と述べ罪に問わなかった。(35) 宣徳七年三月、広東都指揮花英が、配下から銀一三〇両を受けたことを告発され、宣宗が巡按御史陳汭に調べさせたところ、事実であることが判明した。しかし、宣宗は「上曰わく、朕、其の祖父先朝に功有りしを聞く。姑く法を屈して之を宥せ。若し武臣軍功に慢《おご》れば、必ず宥さず。」と述べて宥した。(36) 花英は二年後の宣徳九年四月にも、恵州衛で軍の点検・選抜を行った際に銀一八〇両を受け、巡按御史丁寧に劾奏された。宣宗が花英に自陳を命じたところ、花英は罪を認めたが、宣宗は「上曰わく、英は軍を箇びて餽を受く。豈に服た公道有らんや。但だ実を隠さず。姑く之を記し、都察院に命じて移文して戒飭し、行いを改めしめよ。」と述べ、このときも戒飭するにとどめた。(37) 又、宣徳八年閏八月、広西都指揮同知陳全が、潯州の防備に当たって、配下の財物を受けて備えを疎かにしていたことを告発された。文言にはないが、内容からみて売放である。その結果、猺族に軍士二人を拉致された際にも、兵を出して奪回しようとせず、密かに猺族に塩を贈って取り戻したというのである。法司は満杖のうえ謫戍することを論告したが、宣宗は、その行為を武臣にあるまじきこととして、軍士に充てて、参将陳濬の下において立功に努めさせるよう命じた。(38) 更に同月、詳しい内容がわからないが、府軍右衛指揮丘讃が「受贓」の罪で降格のうえ辺衛に左遷された例がある。(39)

以上のように、武臣が軍士の売放や受賄を告発された例をみてきた。その内容についてまとめると次のようである。売放の例では、その人数や賄賂の内容等が記されていない例が多い。それは他の犯罪とは異なり、軍士が一方的な被害者というわけではなく、武臣と軍士の納得ずくの不正という面があるので、軍士の側からの訴えがないことと関係があるのだろう。それは金吾右衛千戸閻順や営州左屯衛百戸范英の場合のように、武臣のみでなく、軍士に対しても追捕処罰の命令が出されたことにも示されており、他の犯罪と異なる売放の特徴である。その中で売放の人数がわかるケースとしては、金州衛指揮陶春の五人、金吾右衛千戸閻順の三人、開原備禦・都指揮鄒溶の私役と合わせて一〇〇人、営州左屯衛百戸范英の六六人等の場合がある。これらの例からみると、宣宗朝では、まだ売放の人数は必ずしも多くなかったといえるかもしれないが、同時に、永平都指揮僉事蕭敬や広西都指揮同知陳全のように、売放の為に守備が疎かになったと記されている例もあり、次第に深刻化しつつあったことは確かである。売放に当たって、軍士が差し出した賄賂については粟・銀幣とあるのが各一件だけで、他は「財」や「賄い」と記されているだけでよくわからない。売放の場所をみると、軍士の所属衛と動員先の前線でほぼ八〇パーセントを占め、前述のように、告発された武臣は、前線で戦闘単位を指揮することの多い都指揮と衛をあずかる指揮が多いという、表2の数字と照応している。又、売放の外にも余罪を含めて告発された例が約半数あり、特に私役と連動しているケースが目立つようで、両者は一所に起こりやすいのかもしれない。勾補時の売放が二件あり、清軍にまつわる問題として注目される。更に、売放を告発された武臣で、実質的な処罰を受けないで宥されたのは二件のみで、他は何らかの処罰を受けた。朝廷が兵力の減少を招来するものとして、売放に対して厳しい態度で臨んでいたことが窺える。

おわりに

以上、『宣宗実録』に記されている武臣による軍士の私役・売放の例をみてきた。私役は、字の如く武臣が公務によらず、配下の軍士を私的に使役することである。この私役と連動することが多いのが売放で、軍士の側からみれば

「納粟買間」と称されるように、武臣に賄賂を贈って任務を外してもらうことで、武臣はこの賄賂を受け取るだけでなく、軍士の名簿はそのままにしておいて、以後の月糧等の給与を横領する。このような不正は、多かれ少なかれ時期や地域を問わず、常にみられたものであろうが、要は程度の問題である。一六世紀には、軍戸制は、兵力供給源としての機能を殆ど失い、兵力は無頼・遊民層からの召募に頼らざるを得なくなった。その原因は軍士の逃亡と、その結果としての兵力不足である。軍士の逃亡を招く最大の要因が、武臣による軍士の酷虐で、そのうち私役と売放は兵力の減少に直結する不正である。

本稿でみてきたのは『宣宗実録』に記載された事例で、史料の性格からして、記事がどうしても高位者に偏る傾向があり、実録に記されない軽微なものはもっと多かったと思われる。又、売放は武臣と軍士の共謀ともいえる不正で、元来、発覚しにくい面もある。このような条件を考慮しても、私役・売放の告発例は予想よりも少なかった。宣宗朝の告発件数や規模・或いは宣宗・朝廷の対応をみると、私役・売放の弊は、既に明軍の内にはっきり現れてきているが、中・後期のように、極めて深刻という状況には未だ及んでいない段階だったといえよう。

註

(1) 拙稿「明・宣徳朝における武臣の罪と罰㈠」(『明清史研究』一〇、二〇一四年)。

(2)『宣宗実録』洪熙元年閏七月戊午、一〇月戊子、宣徳元年四月壬午、五月丙申、丁酉、己酉、七月癸巳、一〇月癸亥、二年正月乙卯、四年二月壬午、六月壬寅、七月庚午、八月己丑、一二月申戌、五年二月庚辰、五月辛丑、七月甲子、一一月庚子、閏一二月丙午、六年二月壬子、七月丁丑、一〇月壬子、一二月己酉、七年四月甲寅、六月丙午、八月戊子、八年閏八月丁巳、癸酉、九年二月癸酉の条。

(3) 拙稿「明・宣徳朝の総兵官㈠」(『史朋』四五、二〇一二年)

（4）『宣宗実録』洪熙元年七月壬辰の条。
（5）『宣宗実録』洪熙元年一二月辛卯の条。
（6）『宣宗実録』宣徳元年八月丁卯の条。
（7）『宣宗実録』宣徳元年一〇月丙寅の条。
（8）『宣宗実録』宣徳四年一〇月己丑の条に
　　鎮守竜州・都指揮僉事張貴、以貪刻害民被逮、論法当死、詔免死、杖一百、謫戍開平。

とあり、張貴は死罪を論告されたが、宣宗は死を宥して満杖のうえ開平に謫戍するよう命じた。
（9）陳懋が購入させた「貨物」について、寺田隆信氏は『山西商人の研究』（同朋舎、一九七二年）の第四章・第三節「官僚・軍人の商業活動」でこの記事を示され
　　杭州で買い求められたのは、恐らく、彼の地の特産品である絹織物であったろう。この絹織物は、馬の背によって、はるばると、陳懋のいた寧夏まで運ばれ、高級衣料として発売されて、彼に大きな利益をもたらしたと考えられる。

　　（二一一頁）

と述べられた。
（10）『宣宗実録』宣徳七年一〇月癸丑の条。
（11）『宣宗実録』宣徳八年二月辛卯の条。
（12）『大明律』兵律二・軍政「従征守禦官軍逃」。
（13）拙稿「明・宣徳朝の総兵官㈢」（『史朋』四七号、二〇一四年）。
（14）『宣宗実録』宣徳元年四月壬午の条。
（15）『宣宗実録』宣徳元年五月己酉の条。
（16）『宣宗実録』宣徳元年七月癸巳の条。
（17）梁銘については『明史』一五四、『明史列伝』二三、『吾学編』一九等に伝がある。
（18）『宣宗実録』宣徳元年一〇月癸亥の条。
（19）『宣宗実録』宣徳二年正月乙卯の条。

(20)『宣宗実録』宣徳四年七月庚午の条。
(21)『宣宗実録』宣徳四年一二月甲戌の条。
(22)『宣宗実録』宣徳五年五月辛丑の条。
(23)『宣宗実録』宣徳五年閏一二月丙午の条。
(24)『宣宗実録』宣徳六年七月丁丑の条。
(25)『宣宗実録』宣徳六年一〇月壬子の条。
(26)『宣宗実録』宣徳七年四月甲寅の条。
(27)『宣宗実録』宣徳七年六月丙午の条。
(28)『宣宗実録』宣徳元年五月丁酉、己酉、七月癸巳、二年三月乙巳、三年四月癸亥、四年一二月甲戌、五年二月癸酉、五月壬子、閏一二月丙午、六年正月癸巳、六月乙未、七月丁丑、一二月壬子、七年三月庚午、八年閏八月壬子、乙卯、丁巳、九年四月丙子、一〇月辛未の条。
(29)『明律国字解』(創文社・一九六八)七五三頁。
(30)『宣宗実録』宣徳元年五月丙申、丁酉の条。
(31)『宣宗実録』宣徳元年五月己酉の条。
(32)『宣宗実録』宣徳元年七月癸巳の条。
(33)『宣宗実録』宣徳四年一二月甲戌の条。
(34)『宣宗実録』宣徳六年六月乙未の条。
(35)『宣宗実録』宣徳六年七月丁丑の条。
(36)『宣宗実録』宣徳七年三月庚午の条。
(37)『宣宗実録』宣徳九年四月丙子の条。
(38)『宣宗実録』宣徳八年閏八月壬子の条。
(39)『宣宗実録』宣徳八年閏八月乙卯の条。

辺境紛争と統治 ―万暦九年の遼東鎮―

荷見守義

はじめに

辺境に「外夷」が攻めて来た場合、前線の将兵たちはいかに対応し、その対応についての情報はいかなるルートで上官に報告され、将兵たちの行動はいかに評価されたのだろうか。明代についてこのようなことを考える場合、『明実録』の記述は詳細がかなり省略されているので、細かい現場の動きを捕捉することが難しい。一方、明末に残された档案[1]の数は決して多くはないが、『明実録』では窺えない詳細なやりとりを知ることが出来る。ただ、档案は当該の報告事項しか扱わないので、とても記載範囲が狭く、全体を見渡した議論は出来ないので、複数の档案をつなぎ合わせて検討する必要がある。

明朝の北辺防衛体制は所謂「九辺鎮」と呼ばれ、東北の遼東鎮から西北の甘粛鎮まで辺鎮と呼ばれる防衛拠点を横列させて、主にはモンゴルのウリャンハ部・タタル部・オイラト部、東北にあってはジュシェンの南下を防ぐことを目的とした。この北辺の防衛線はもともと洪武年間に朱元璋による明朝建国後の北伐において形成されたものであった。この頃の北元（タタル部）の勢力は相当に弱体化していたため、洪武年間の防衛線は後代のものよりはずっと北にあった。ところが、建文元年（一三九九）に勃発した靖難の役において、寡兵で戦わざるを得なかった燕王（のちの永楽帝）が北平行都司の中核部隊である大寧の大部隊をそっくり引き抜いて自軍の補強に使ったことなどから防衛線に大きな穴が空き、ウリャンハ部の南下を許してしまった。戦後、永楽帝は北平行都司を内徙し、大寧の地をウリャンハ部に割譲せざるを得なかった。これ以降、明朝の北辺防衛線は現在の長城線で固定されることになる。また、辺鎮であるが、防衛に従事する将兵は現地に設けられた衛所もしくは全国の衛所から班軍番戍として春秋に半年交替でやって来る将兵によって維持されていた。(2) 衛所官家は世襲制であるので明末まで制度が維持されたものの、軍士の大量逃亡は深刻で、やがて私兵が多く使われるようになる。明朝末期は特にそうであった。なお、明初期には都司・行都司の将官が中核となって辺鎮が編成されていたものが、やがて総兵官、巡撫、提督、総督が派遣されて来るようになると都司・行都司の役割は低下して行ったと推測されるが、今後の検証が求められる。

九辺鎮の東端に当たる遼東鎮においては、洪武年間にこの地をモンゴルから切り取るに当たり、洪武四年（一三七一）、遼陽に遼東衛指揮使司と定遼都衛を設置して橋頭堡となし、定遼都衛の下に遼東の諸衛を所属させたが、洪武八年（一三七五）に定遼都衛を遼東都指揮使司（以下、遼東都司）に改称した。行政に関しては当初、遼陽に府県を設置したがすぐに撤廃され、永楽年間に置かれた安楽・自在の特殊な二州を除いて遼東鎮管内に府州県は置かれず、専ら遼東都司の下に二五衛（定遼中・左・右・前・後、東寧、海州、蓋州、復州、金州、広寧中・左・右・中屯・左屯・右屯・前屯、義州、寧遠、瀋陽中・左・右・中屯、鉄嶺、三万）が置かれた。また、遼東都司に置かれた都指揮使が遼東鎮の全軍を統轄した。ただ、出軍に関しては中央から開国功臣が総兵官として派遣され、その指揮下に入った。その後、都指揮使が総兵官として出軍をするようになるが、(3) じきに総兵官そのものが中央から定期的に派遣されるようになり、遼東鎮では広寧城を居城とした。基本的に軍隊を動かす統兵権は総兵官に付与されていて、都司の都指揮使にはそのような権限は与えられていない。さらにのち巡撫・提督・総督が派遣されるようになると、督撫を中心に遼東鎮の軍務は運用され始め、一方で弘治年間（一四八八―一五〇五）を最後に遼東都指揮使は任命されなくなり、遼東鎮における都司の権限は地盤沈下を起こしていったと思われる。ただ、この点は必ずしも明確には証明されてはいない。加えて、万暦年間（一五七三―一六一九）には李成梁が遼東総兵官として絶大な権限を握ったことは周知の事実であるが[4]、それでは督撫の権限は一体どうなってしまったのかはなお解決を待つ問題である。このように様々研究課題の多い遼東鎮ではあるが、本稿では鎮における遼東都司の役割について、鎮に関わる档案が比較的多く揃う万暦九年（一五八一）のモンゴル・ジュシェンによる遼東鎮襲撃の際に絞って、前線の将官たちはどう動き、その情報はどのように上官に上げられていったかという動的側面から観察する。

一　別稿における検討から

なお、本稿における検討に先立ち、別稿[5]において検討した『中国明朝档案総匯』第九七冊の第四档案（九七―四）「遼東都司経歴司為官軍斬獲犯辺達子首級等事給巡按山東監察御史的呈文　万暦九年三月初十日」（『明代遼東档案匯編』第二二一档案「遼東都司経歴司為虜賊犯辺官軍斬獲首級等事給巡按山東監察御史的呈文　万暦九年三月初十日」）の内容について振り返り、本稿における検討の要点を押さえておきたい。本档案は万暦九年三月十日に遼東都指揮使司経歴司（以下、遼東都司経歴司）の経歴任梓等から巡按山東監察御史于応昌に送られた呈文である。ただ、档案の全体的な内容からすると、駐劄遼陽地方副総兵中軍都督府署都督僉事である曹簠が万暦九年二月二十二日から翌三月六日にかけて行った戦闘の戦功評価を巡按山東監察御史である于応昌に求めたということである。この档案の構成を見て行くと、曹簹の箚付を受け取った遼東都司経歴司が于応昌のところに呈上しているのであるが、この曹簹の箚付はおおよそ四つの部分から構成される。

①市夷那安児等の報↓鎮静守備劉崇政の稟↓巡按山東監察御史于応昌の憲牌↓分守遼海東寧道張参政の手本↓曹簹の順に伝わって来た情報

　鎮静堡守備の劉崇政が市夷の那安児等の報告を受けて、報告を上げたものであった。そこには、「市夷那安児等、関に到り報ずるに据りたるに説へらく、土蛮等の衆の頭脳、境外の地名、平山等の処に下営し、貢を講ずるを要め、准さざれば、就ち進搶して城堡を攻尅せんことを要む等の情有り」とあり、互市に出入りする市夷を通じて土蛮らが入貢を求め、それが認められなければ侵攻という手段に訴える計画をしているという情報であった。鎮静堡守備の劉崇政の報告が一旦、巡按山東監察御史于応昌に上げられ、于応昌から分守遼海東寧道の張参政に情報が下り、張参政から曹簹に情報が上げられている。鎮静堡は総兵官の居城である広寧城に属する堡であり、鎮静堡守備の劉崇政からの稟は当然、総兵官李成梁の元に届いていると見なければならない。その一方で情報は鎮静堡守備劉崇政から巡按山東監察御史于応昌に上げられ、同じ監察の官である遼海東寧道張参政に下され、その上で副総兵官の曹簹に上げられているのである。

②夷人王台差部落の報↓開原参将楊五典の稟↓欽差鎮守遼東総兵官寧遠伯李成梁の火牌↓曹簹の順に伝わって来た情報

　開原参将楊五典が夷人の王台が寄越した部落の報を受けて報告を上げたものであった。そこには、「夷人王台差するの部落、報じたるに据るに説へらく、大虜達子老撒卜児亥等の伍個頭児は西北に在りて下営し、南朝地方を搶《っ》かんことを要む」とあり、明朝とは開原の馬市に出入りし、ジュシェンの王台が人を遣わして、大虜達子の老撒卜児亥ら五人のリーダーは西北に着陣し、南朝（明朝）地方への攻撃を計画しているという情報を通報してきた。そこで開原参将の楊五典はそれが辺境に対する攻撃計画だったため総兵官に情報を上げている。総兵官は基本的に広寧に居城しているので、開原に近い遼東河東の遼陽に居城する副総兵官曹簠に指示を出したものと思われる。

③欽差巡撫遼東都御史周詠の憲牌→曹簠の順にもたらされた指示

鎮静堡と開原からの情報を踏まえて、巡撫周詠は曹簠に対して、軍隊を整え、遠方まで探索を行い、人や家畜を収容して守備を厳しくするようにとの注意喚起を行った。つまり、①②の情報は遼東巡撫の周詠にも上げられていて、曹簠に遼東河東の防備についての注意喚起が行われたのである。

④曹簠に直接もたらされた報告

4―1．万暦九年二月二十二日　長勇堡備禦何応魁が夜不収王成を派遣して報告して来た情報で、「称すらく、二十一日、達賊十騎ばかり、墻を上りて殺死し、空墩軍を走ら」せたとのことであった。そこで、曹簠は分守遼海東寧道参政張とともに官軍・家丁を率いて本日（恐らく二十二日のことであろうか）に長勇堡に赴いて駐防し、三月三日に至って長勝堡に移動した。

4―2．万暦九年三月六日卯時（午前六時頃）守長勝堡百戸古大相の稟によれば、「本堡瞭火軍人王好漢の稟に据りて報ずらく、堡南より台に挨づき、単旗を扯挙し、海螺を吹掌」したということであった。そこで、曹簠は即座に中軍范芝等官軍・家丁を率いて辺沿いに追跡して虎伯大臺で待ち構えた。

4―3．長安堡備禦崔吉が夜不収王義を派遣して稟をもたらし報告して来たところでは、「達賊百十騎余り、長安堡の該営の孫真臺南空より一半が進入、一半は墻外に在り、前賊遥かに順辺の南北両路兵馬の灰塵を見て、即ち回りて出境す。」とあった。そこで、曹簠は中軍の范芝、旗鼓兼管家丁事の楊四維、備禦の崔吉・何応魁、千総の凌雲・周體元・王景魁・陳鵬・金承武・佟暹、把総の李志公・郭文才・白万鎰・金文高・王善・佟棟・潘汝相・張大化・佟応科・李開先・石定玉・王延祚・馬騰霄、守堡の古大相・呉胤祖を率いて孫真台南空から出境し、追撃して爛蒲河に至って賊に追いついた。そこで号令一下、官軍や家丁の曹珮・曹天得・曹国勲らを率いての乱戦となった。家丁は曹簠の一族なのであろう。本営では首級六顆を斬獲し、敗走する敵を追って中遼河でさらに首級九顆を斬獲した。長安堡備禦崔吉の部下が首級一顆を斬り、長勇堡備禦何応魁の部下が首級五顆を斬り、総計で斬首の数は二十一顆となり、降夷の証言で本営の姚得勝は賊首の哈当打剌漢を斬ったことが判明した。また、獲得した達馬は十六匹（本営十四匹・備禦何応魁の部下が二匹）、射殺した達馬十三匹、また、甲伍副、盔伍頂、弓箭二十一副、夷器等を獲得した。味方の死傷者は、死亡が長安堡夜不収の侯得山・長勇堡夜不収の王尚卿の二名、負傷が本営の家丁于見ら二十一名、射殺された官馬は十七匹（本営馬十四匹、長安堡馬一匹、長勇等堡馬二匹）、賊の内地への侵入と人畜の略取は無かったとのことであった。

4―4．この三月六日の戦闘について、曹簠はすでにその経過・成果・被害について述べているが、曹簠の率いる部隊は曹簠自身が率いる本営、長安備禦指揮崔吉隊及び長勇備禦都指揮何応魁隊の三グループから形成された。そして、崔吉隊及び何応魁隊の戦闘経過等はそれぞれからの曹簠への報告に拠った。

4―4―1．長安堡備禦指揮崔吉の呈に拠ると、「守長安堡指揮呉胤祖の呈に据りて称すらく、初陸日寅時分（午前四時頃）、遠哨夜不収祝内の稟に据りて称すらく、伊等出境し、哨して地名　下死河倒臺に至り、達賊約有百拾余騎、西北より東に往き跑走するを哨見したる、等の情あり」、との報告が届く間、卯時（午前六時頃）、孫真臺を監視する夜不収姚玉六の稟に据る報告では、「伊は本臺（＝孫真臺）直日甲軍の普敬先と境外の長泊林内を瞭見したるに、達賊約有百拾余騎突出し、徑ちに本臺（＝孫真臺）南空毟墻に奔り、一半は進入し、一半は墻外に在り、該臺（＝孫真臺）

は即ち旗を扯げて砲を放ち、左右の隣臺は一斉に接挙した」と。備禦崔吉がこのことを報告するところでは、「一面、夜不収王義等を差して走報に分投し、一面、職等（＝崔吉）の兵馬を統領し、曹副総兵に跟随して境外に追出す。卑職（＝崔吉）の部下は首級一顆を斬獲し、射死したる本堡（＝長安堡）の擺撥の夜不収一名侯得山、射傷したる長定堡の家丁一名朴景禄、射死したる長安堡軍人李那海の官馬一匹なり。前賊並びに深入する無く、亦た人畜を搶擄する無し。」とあり、曹簠による崔吉配下の戦績報告は崔吉の呈に拠ることが分かる。

4―4―2．長勇備禦都指揮何応魁の呈に拠ると、「守長勝堡百戸の古大相の開呈に据りたるに、在□の卑職（＝古大相）の部下は首五顆を斬り、達馬二匹を得獲し、射傷せる長勇堡の回営して身故せる夜不収一名王尚卿、射死せる長勇等堡の官馬二匹なり」とある。

やはり、曹簠の何応魁配下の戦績は何応魁の呈に拠ることが分かる。

④についての別稿の記述には訂正を要する点があり、つまり、遼陽城とその所属堡は本稿で見て行くように、遼陽城の城兵を率いる遼陽副総兵官、長安堡を中心として長定堡を含む単位、長勇堡を中心とする単位の三グループに分かれているのである。

さて、つまり本档案では曹簠は三方からの情報提供・指示を受けており、自身の戦闘指揮においても、配下の備禦二名からの報告を受けて、全体としての報告書をまとめて遼東都司経歴司に提出し、同司はこれを受けて巡按山東監察御史于応昌の検閲を要請しているのである。問題は曹簠が遼東都司経歴司に報告したこと自体であり、遼東都司経歴司を経由するということは恐らく遼東鎮全域で普遍的に行われている手順ではなくて、遼陽城の管轄内でのみ限定して行われていると見るべきだからである。この点を遼東鎮全域で検証することが本稿における作業課題である。

二　遼東鎮の守備区画―『遼東志』と『全遼志』の比較から―

『遼東志』と『全遼志』は明代遼東鎮について残された二つの地方志である。刊行の順は『遼東志』が嘉靖年間で、四十五年後の万暦年間に『全遼志』が編纂されたことになっているが、『全遼志』の刊行は内容からしてさらに後の記述も含む。この二つの地方志には遼東鎮内部の軍事上の領域区分が掲載されていて、これを整理して表にしたものが表①遼東鎮内領域区分表である。これによれば、『遼東志』段階では遼東鎮は東路・中路・西路・北路・南路・沿海城堡墩架の六区分になっているが、『全遼志』段階では五路の表示が消えて〇〇地方という表記となり、基本的に当該区域を守備している将官の肩書きによって区域名を表す方法へと変化している。また、所々で細かな管轄区域の変更が起こっていることが分かる。ただ、後述のように档案を見て行くとこのような変化が実際に起きたかどうか実は疑わしいことが分かる。

表①遼東鎮内領域区分表

『遼東志』	『全遼志』
東路　遼陽等処城堡墩空操守	遼陽城副総兵地方
遼陽城堡墩空操守	
本城	遼陽城副総兵
長安堡	迤西　長安堡等処墩臺障塞操守
長寧堡	長安（長寧堡は長安堡に属するの意。以下同じ。）
長定堡	長安
長静堡	長安

長勇堡	迤西　長勇堡等処墩臺障塞操守
長勝堡	長勇
長営堡	長勇
武静営堡	長勇
奉集堡	長勇
威寧営	｜
	険山堡　険山参将地方　険山等処墩臺障塞操守
	寧東堡　険山
	江沿臺堡　険山
甜水站堡	険山
青苔峪堡	険山
鎮夷堡	険山
鎮東堡	険山
鳳凰城堡	険山
湯站堡	険山
東州堡	清河
馬根単堡	清河
靉陽城堡墩空操守	
新安堡	険山
草河堡	険山
靉陽堡	険山
洒馬吉堡	険山
清河堡	迤東　清河堡等処墩臺障塞操守
鹻場堡	清河
	散羊峪堡　清河

	一堵牆堡　清河
	孤山堡　清河
撫順城堡墩空操守	迤東　撫順所城堡墩臺障塞操守
本城	撫順
会安堡	撫順
瀋陽城堡墩空操守	迤北　瀋陽衛城堡墩臺障塞操守
本城	瀋陽
静遠堡	瀋陽
平虜堡	瀋陽
上楡林堡	瀋陽
蒲河城堡墩空操守	迤北　蒲河所城堡墩臺障塞操守
本城	蒲河
十方寺堡	蒲河
海州城堡墩空操守	海州参将地方
本城	海州等処城堡墩臺障塞操守
東昌堡	海州
東勝堡	海州
帰州堡	｜
西興堡	鎮武（中路へ）
西平堡	鎮武（中路へ）
西寧堡	鎮武（中路へ）
中路　広寧地方城堡墩空操守	広寧地方
本城	広寧城
鎮静堡	鎮静等堡墩臺障塞操守
鎮夷堡	鎮静

鎮辺堡	鎮静
鎮安堡	鎮静
鎮遠堡	鎮静
鎮寧堡	鎮静
鎮武堡	鎮武堡游撃地方・鎮武等堡墩臺障塞操守
右屯城架操守	右屯衛（沿海城堡墩架）
本城	—
西路　義州等処城堡墩空操守	錦義参将地方
錦州城堡墩空操守	錦州城堡墩臺障塞操守
本城	錦州
大興堡	錦州
大福堡	錦州
大鎮堡	錦州
大勝堡	錦州
大茂堡	錦州
	松山所　錦州
	大凌河所　錦州
義州城堡墩空操守	義州城堡墩臺障塞操守
本城	義州
大定堡	義州
大安堡	義州
大康堡	義州
大平堡	義州
大寧堡	義州
大静堡	大清堡　義州

大清堡	義州
北路　開原等処城堡墩空操守	開原参将地方
開原城堡墩空操守	開原城堡墩臺障塞操守
本城	開原
慶雲堡	開原
古城堡	開原
鎮夷堡	開原
清場堡	開原
鎮北堡	開原
威遠堡	開原
靖安堡	開原
松山堡	開原
	永寧堡　開原
懿路城堡墩空操守	懿路城堡墩臺障塞操守
本城	懿路
丁字泊堡	懿路
三岔兒堡	懿路
汎河城堡墩空操守	汎河城堡墩臺障塞操守
本城	汎河
宋家泊堡	汎河
	白家衝堡　汎河
鉄嶺城堡墩空操守	鉄嶺城堡墩臺障塞操守
本城	鉄嶺
曾遅堡	鉄嶺
撫安堡	鉄嶺

	平定堡　鉄嶺
	鎮西堡　鉄嶺
	彭家湾堡　鉄嶺
中固城堡墩空操守	中固城堡墩臺障塞操守
本城	中固
定遠堡	中固
柴河堡	中固
南路　寧遠等処城堡墩空操守	寧前参将地方
広寧前屯城堡墩臺操守	前屯城堡墩臺障塞操守
本城	前屯
広寧中前所	前屯
広寧中後所	前屯
鉄場堡	前屯
永安堡	前屯
三山営堡	前屯
平川営堡	前屯
瑞昌臺	前屯
高臺営堡	前屯
三道溝堡	前屯
新興営堡	前屯
錦川営堡	前屯
	背陰障堡　前屯
寧遠城堡墩空操守	寧遠城堡墩臺障塞操守
本城	寧遠
寧遠中左所	寧遠

寧遠中右所	寧遠
黒荘窠堡	寧遠
仙霊寺堡	寧遠
小団山堡	寧遠
興水県堡	寧遠
白塔峪堡	寧遠
塞児山堡	寧遠
灰山堡	寧遠
松山手堡	寧遠
沙河児堡	寧遠
長嶺山堡	寧遠
椵木衝堡	寧遠
沿海城堡墩架	金復守備地方
金州等城堡墩架操守	金州等城堡墩架操守
本城	金州
旅順口城守堡	金州
望海堝堡	｜
紅嘴堡	金州
黄骨島堡	金州
	帰服堡　金州
復州城堡墩架操守	復州城堡墩架
本城	復州
楊官塞堡	羊官堡　復州
欒古駅堡	復州
蓋州城堡墩架操守	蓋州衛城堡墩架

本城	蓋州	
熊岳駅堡	熊岳堡	蓋州
五十塞駅堡	蓋州	
	伏兵堡	蓋州

三　検討対象档案の発信元

万暦九年のモンゴル及びジュシェンの遼東鎮襲撃に関わる档案は『中国明朝檔案総匯』（第何冊目—第何番の档案であるかを示す）換算で二十四本あり、括弧の中は比較対象となる『明代遼東档案匯編』（通し番号）を都司・衛所ごとに表②万暦九年の遼東鎮襲撃関係档案一覧に示すが、その全ては遼東鎮の都司と各地の衛所等から巡按山東監察御史に発信された档案である。[6]関係する档案は全て現地で巡按山東監察御史に呈上されたものであることが分かる。発信元は『中国明朝檔案総匯』換算で、

定遼右衛	一
遼東都司経歴司	九
三万衛経歴司	一
鉄嶺衛経歴司	一
義州衛指揮使司	八
広寧前屯衛	一

広寧左衛左所　一
広寧指揮使司　一
寧遠衛経歴司　一

であり、遼東河西の広寧・義州・寧遠で十二本、遼東河東の遼東都司（含　定遼諸衛）・三万・鉄嶺で十二本と、遼東の河西と河東で半分ずつであることが分かる。また、受け取り先の巡按山東監察御史は基本的に全て于応昌である。于応昌については、『明実録』には万暦九年正月から同十一年九月まで巡按山東監察御史の肩書きで確認することが出来る。ただ、前稿の検討から万暦十一年代の于応昌の記事は過去のことに対するものであり、現役のそれではない。また、万暦九年六月五日には職を去っていることが分かるので、現役としての記事は万暦九年四月までである。明朝档案では于応昌の名前が万暦八年二月、七月、九年五月に確認出来るので、任期としては万暦八年二月から九年五月までの約一年少々であったと考えるべきであろう。(7)

表②　万暦九年の遼東鎮襲撃関係档案一覧

定遼右衛
○九七―一　定遼右衛為達子在捕捉遠哨夜役事給巡按山東監察御史的呈文　万暦八年七月初七日（二一五　定遼右衛為窃賊在寛甸堡捕捉遠哨夜役事給巡按山東監察御史的呈文）
遼東都司経歴司
九七―四　遼東都司経歴司為官軍斬獲犯辺達子首級等事給巡按山東監察御史的呈文　万暦九年三月初十日（二二一　遼東都司経歴司為虜賊犯辺官軍斬獲首級等事給巡按山東監察御史的呈文）

九七―五　遼東都司経歴司為達子在長安堡殺擄人畜事給巡按山東監察御史的呈文　万暦九年三月十八日（二一二二　遼東都司経歴司為達賊在長安堡殺擄人畜事給巡按山東監察御史的呈文）

九七―六　遼東都司経歴司為哨報遼陽地方夷情事給巡按山東監察御史的呈文　万暦九年三月十九日（二一二三　遼東都司経歴司為哨報夷情事給巡按山東監察御史的呈文）

九七―九　遼東都司経歴司為長定堡哨探被達子擄掠事給巡按山東監察御史的呈文　万暦九年三月（二一二四　遼東都司経歴司為窃賊捕捉長定堡遠哨事給巡按山東監察御史的呈文）

九二―三八　遼東都指揮使司経歴司為請明捕捉逃故官軍以利征戦事給巡按山東監察御史的呈文　万暦九年四月初一日（一八　遼東都司経歴司為請明捉捕逃故官軍以利征戦事給巡按山東監察御史的呈文）

九七―一二　遼東都司経歴司為達子擄去長定堡人畜事給巡按山東監察御史的呈文　万暦九年四月初三日（二一二六　遼東都司経歴司為窃賊騒擾長定堡事給巡按山東監察御史的呈文）

九七―一四　遼東都司経歴司為報達子騒擾孤山新堡搶擄人畜事給巡按山東監察御史的呈文　万暦九年四月初十日（二一二七　遼東都司経歴司為窃賊騒擾孤山新堡搶擄人畜事給巡按山東監察御史的呈文）

九七―一五　遼東都司経歴司為達子犯辺官軍迎戦事給巡按山東監察御史的呈文　万暦九年四月十八日（二一三〇　遼東都司経歴司為達虜犯辺官軍迎戦事給巡按山東監察御史的呈文）

九七―二〇　遼東都司経歴司為達子在清河堡擄掠人畜事給巡按山東監察御史的呈文　万暦九年四月（二一二八　遼東都司経歴司為窃賊在清河堡擄掠人畜事給巡按山東監察御史的呈文）

三万衛経歴司

九七―三　三万衛経歴司為達子捕擄永寧堡哨夜事給巡按山東監察御史的呈文　万暦九年三月初八日（二一一八　三万衛経歴司為窃賊捕擄永寧堡哨夜事給巡按山東監察御史的呈文）

鉄嶺衛経歴司

九七―一八　鉄嶺衛経歴司為達子犯辺官軍拒堵出境事給巡按山東監察御史的呈文　万暦九年四月（二一三六　鉄嶺衛経歴司為達賊犯辺官軍拒堵出境事給巡按山東監察御史的呈文）

広寧前屯衛指揮使司

九七―二　広寧前屯衛指揮使司為軍夜張仁隆等披境外達子擄架事給巡按山東監察御史的呈文　万暦九年二月（二一七　広寧前屯衛指揮使司為境外達賊捕捉辺上夫役事給巡按山東監察御史的呈文）

広寧左衛左所

九七―一三　広寧左衛左所為官軍斬獲犯辺達子首級得獲馬匹事給巡按山東監察御史的呈文　万暦九年四月初十日（二二九　広寧左衛左所為達賊犯辺殺擄人畜及官軍斬獲首級得獲馬匹事給巡按山東監察御史的呈文）

広寧衛指揮使司

九七―二二　広寧指揮使司為達子在狼洞溝擄去人馬事給巡按山東監察御史的呈文　万暦九年四月（二三七　広寧衛指揮使司為窃賊入鎮夷堡搶擄人馬射傷余丁事給巡按山東監察御史的呈文　万暦九年五月初二日）

義州衛指揮使司

九六―一〇六　義州衛指揮使司為報審理被虜回郷男子胡根牢的呈文　万暦八年二月（二一四　義州衛指揮使司為厳稽大康堡回郷人口事給巡按山東監察御史的呈文）

九七―七　義州衛指揮使司為官軍斬獲犯辺達子首級等事給巡按山東監察御史的呈文　万暦九年三月二十日（二一九　義州衛指揮使司為達賊犯辺官軍抵抗斬獲首級等事給巡按山東監察御史的呈文）

九七―八　義州衛指揮使司為報防犯達子那安児等情形事給巡按山東監察御史的呈文　万暦九年三月（二二〇　義州衛指揮使司為申飭虜情事給巡按山東監察御史的呈文）

九七―一〇　義州衛指揮使司為厳稽太平堡等処被達子擄去逃回人員事給巡按山東監察御史的呈文　万暦九年四月（二一六　義州衛指揮使司為走回人口事給巡按山東監察御史的呈文（二份）　万暦九年三月、二三五　義州衛指揮使司為厳稽太平堡等回郷人口事給巡按山東監察御史的呈文　万暦九年四月）

九七―一六　義州衛指揮使司為大静堡哨夜稟報達情事給巡按山東監察御史的呈文　万暦九年四月（二三三　義州衛指揮使司為大静堡夜不収呈報達情事給巡按山東監察御史的呈文）

九七―一七　義州衛指揮使司為大鎮堡境外哨探被達子擄去事給巡按山東監察御史的呈文　万暦九年四月（二三二　義州衛指揮使司為境外哨探被擄事給巡按山東監察御史的呈文）

九七―一九　義州衛指揮使司為厳稽大鎮堡被達子擄去逃回人口事給巡按山東監察御史的呈文　万暦九年四月（二三四　義州衛指揮使司為厳稽大鎮堡回郷人口事給巡按山東監察御史的呈文）

九七―二一　義州衛指揮使司為達子在大興堡捕捉墩軍事給巡按山東監察御史的呈文　万暦九年四月（二三一　義州衛指揮使司為窃賊在大興堡捕捉墩軍事給巡按山東監察御史的呈文）
寧遠衛経歴司
九七―一一　寧遠衛経歴司為達子在白塔峪堡捕擄哨夜事給巡按山東監察御史的呈文　万暦九年四月初二日（二二五　寧遠衛経歴司為窃賊在白塔峪堡捕擄哨夜事給巡按山東監察御史的呈文）

四　衛所ごとの検討

さて、一では別稿における検討の一節を殊更に取り上げた。遼東都司経歴司為官軍斬獲犯辺達子首級等事給巡按山東監察御史的呈文（万暦九年三月初十日）は、遼陽城に根拠を置く遼東副総兵官曹簠の報告を遼東都司経歴司が巡按山東監察御史に送るのであるが、それでは遼東鎮全域の同種の「夷狄」侵入とそれへの応戦とその結果報告は果たして遼東都司経歴司を経由するものなのだろうか、それともどのようなルートを通してどこに報告されて行くものなのであろうか。本節では紙幅が許す限り、守備区画である東路・中路・西路・北路・南路から衛所をピックアップしてその報告内容を検討して行くことにする。検討に当たっては『中国明朝檔案総匯』をベースに『明代遼東档案匯編』によって補訂を行った。ここで五路による区画分けをした理由は、西路の義州衛指揮使司档案から五路の表記がなお使われていると判断したためである。また、沿海部は該当する档案がないことと、おおよそ襲撃の舞台となっていないため、検討から外してある。

四―（1）東路・定遼右衛の場合

定遼右衛は鳳凰城にあり、東路もしくは遼陽城副総兵地方に当たるが、この当時は険山参将地方に区分けされており、副総兵直属ではない。定遼右衛為達子在捕捉遠哨夜役事給巡按山東監察御史的呈文（万暦八年七月初七日）では、まず表紙の残档に、

定遼右衛指揮使司呈竊賊撲捉遠哨夜役……

とあり、恐らく貼り紙の一部であろう。また、押印の一部を見ることができる。「定遼右衛指揮使之印」であろうか。この部分は『明代遼東档案匯編』にない。次に本文が続き、一行目に「東北図書館蔵檔」印の部分が見える。その上で、

定遼右衛指揮使司為竊賊撲捉遠哨夜役事。承奉分守遼東寛奠等処地方副総兵仍管参将事都指揮同知姚大節（大節は小文字）箚付、本年柒月貳拾壹日、据江沿備禦張奇功呈、据守寛奠堡指揮王懋徳呈称、本月拾伍日亥時、据本堡松子嶺臺挙火発梆、当据守衝(8)夜不收安長命走報、本日戌時、哨見境外歩行達子約有貳拾余名、跟赶近哨夜不收等情、到職隨稟、副総兵姚大節（大節は小文字）統領本営中軍千把総并職等官軍馳至本衝、前賊聴見兵馬声勢、即時騰山、欲要追逐時、因夜黒山険林稠、不能馳馬、収兵回営。時有備(9)禦張奇功領兵応至大奠堡界迎。据卑職差人稟止回堡□□（防御）外、査得前賊止是撲捉辺外遠哨夜不收董朝甫・劉仲礼□□深入辺裏。呈報間、又据王懋徳呈、本月拾陸日酉時、据松子嶺等臺挙火発梆、隨処遠哨夜不収黄友走報、本日申時瞭見境外歩行達賊約有拾数名、従北往南行走、有墩夜楊真等肆名前去跕爪向往賊踪、忽被林内掩伏歩賊貳拾余名突出、将楊真等赶散等情、分投稟報。副総兵姚大節（大節は小文字）即統兵馬馳至本衝(10)前賊預已騰山遠遁去訖。収兵間、備禦張奇功領兵馳至大奠堡南、卑職差人稟止、各回営堡防禦外、及査前賊止是辺外(11)撲捉夜不収壹名楊真・甲軍壹名許漢・射死夜不収壹名姜祥・甲軍壹名金鐸、亦無深入辺裏等情、転呈到職（職は小文字）。据此、擬合呈報。為此、今将前項縁由

合行劄仰本衛官吏、即便具呈巡按山東監察御史于処、伏乞照詳施行。奉此、理合備由具呈施行。須至呈者。
計開。撲去并射死墩夜陸名。[12]
拾伍日、撲去夜不収貳名[13]　董朝甫・劉仲礼
拾陸日、撲去并射死墩夜肆名[14][15]
撲去墩夜貳名・夜不収壹名楊真・甲軍壹名許[16]
漢射死墩夜貳名[17]
夜不収壹名姜祥係広寧招首楊英下集軍
甲軍壹名金鐸祥係広寧招首劉承武下集軍
万暦捌年柒月初七（初七は書込）日[18]
管屯指揮僉事鄢希堯（希堯は小文字）
掌印指揮僉事宋継殷（継殷は小文字）
管局指揮僉事房承祖（承祖は小文字）
経歴畢光（光は小文字）
典吏欽（欽は小文字）

とある。本档案は定遼右衛指揮使司が分守遼東寛奠等処地方副総兵仍管参将事都指揮同知姚大節からの劄付を受けて巡按山東監察御史于応昌に二日間の被害について報告をしたものであり、ジュシェンが夜間の物見を拘束して連れ去った件であった。姚大節の報告は万暦九年七月二十一日に鴨緑江沿いの警備に当たる江沿備禦張奇功の報告を受けてのものであったが、張奇功の報告も守寛奠堡指揮王懋徳の報告に基づいていた。寛奠堡は万暦四年（一五七六）には設置が確認出来る。王懋徳は七月十五日午後十時、本堡の松子嶺臺からの挙火発梆（火と音による合図）と夜不収

安長命からの報告によって、本日八時に境外でジュシェン二十名余によって物見が追われている旨の報告をした。そこで姚大節が即座に出軍したところ、ジュシェンは逃げたので、暗夜であることから帰陣した。また、張奇功も呼応して新設の大奠堡付近まで出軍したので、姚大節は帰陣を促した上で辺外の物見が連れ去られたこと、境内への侵入はないことを確認した。これらのやりとりの間に、重ねて王懋徳からの相次ぐ報告によると、十六日午後六時、また松子嶺等の臺からの挙火発梆と物見の黄友からの報告によると、当日午後四時、ジュシェン十数名が境外を北から南へと移動しているとのことで、斥候四名が追跡したところ、林に伏せていたジュシェン二十余名によって拘束されて連れ去られたとのことであった。そこでまた姚大節は出兵したものの、ジュシェンは逃げ去った後であった。今時も張奇功が呼応して大奠堡の南まで出張って来たので、帰陣を促すとともに、被害を調査したところ、夜不収や武装兵が連れ去られたり射殺されたりしたが、境内への侵入はなかったことが姚大節に伝達・報告された。以上の内容が定遼右衛指揮使司の官吏に報告されたので、巡按山東監察御史于応昌の官署に報告され、検分が依頼された。ただ、総督・巡撫・総兵官への報告の有無には触れていない。具体的には十五日は夜不収二名が連れ去られ、十六日は夜不収一名と武装兵一名が連れ去られ、夜勤の二名が射殺された。その二名のうち、夜不収姜祥は広寧の招首楊英によって集められた軍士であり、武装兵金鐸祥は広寧の招首劉承武によって集められた軍士であった。本档案の問題点は定遼右衛指揮使司から于応昌のところに報告がなされた日付である。七月であることは動かないものの、『明代遼東档案匯編』では七月七日としているが、これは原档案のこの箇所が「初七」と読めるところから来ているのであるが、これでは内容との前後関係が整合的ではない。この日付は廿七と読むべきであろうか。ともあれ、本档案は分守遼東寛奠等処地方副総兵仍管参将事都指揮同知姚大節→定遼右衛指揮使司→巡按山東監察御史于応昌と情報が伝達されており、東路でありながら遼東都司も遼東副総兵官も経由しないことが分かる。

四―（2）―①　中路・広寧左衛左所の場合

広寧左衛左所為官軍斬獲犯辺達子首級得獲馬匹事給巡按山東監察御史的呈文（万暦九年四月初十日）は表紙の部分は収録がなく本文からの提示となるが、本文の最初の行に掛かるように「東北図書館蔵檔」の印が押されており、また、本文には、

広寧左衛左所帯管高平・遞運所代印百戸黄耀武（耀武は小文字）所呈、為達賊犯辺、斬獲首級、得獲馬匹事。承奉遼東鎮武堡遊撃将軍都指揮使蘇国賦（国賦は小文字）劄付、据西平堡備禦康元吉呈称、本年肆初壹日未時、据本堡瞭火軍人徐驢兒稟称、沿辺竪扯雙旗。卑職（卑職は小文字）与正兵営設伏、千把総張相等即時統領兵馬、順路河馳至河灣鋪臺与賊対敵情由稟報外、本月初参日、据守西寧堡都指揮宋貴呈称、参月貳拾玖日、蒙撫鎮并分巡兵備道周副使撥発正兵営官旗塗必登・李柏・□□・管前鋒左哨家丁千総指揮張相・把総劉宗義等在西平堡駐[19]□□□撥官旗姜承恩・高尚仁・把総雷応坤・祖承訓在本堡禦防。肆月初壹日午時、蒙備禦康元吉伝卑職（卑職は小文字）、本日巳時、据守西興(堡百戸于国差在辺監雙溝臺夜不収姚清稟称、瞭見境外従西北来的達賊貳攢伍拾余騎、往東南行走。隄備間、本日未時、有正兵営官旗塗必登・李栢・張相・劉宗義等、与同備禦康元吉帯領中軍謝来賓等、各聞警統領兵馬合営、順路壕馳至大平山臺迎[20]。据卑職（卑職は小文字）差在辺夜不収沈真走報、本辺王家庄臺直日甲軍董方、瞭見境外従東来的達賊伍百余騎、徑奔本臺南空窓墻、[21]各臺扯雙旗放砲、賊聯絡進入、分為貳枝、壹枝貳百余騎、徑奔横壕大路迤南。卑職（卑職は小文字）并設伏官旗姜承恩・高尚仁・把総雷応坤・祖承訓兵馬、并公差官楊継祖等即出迎敵、衝砍壹陣。壹枝参百余騎、順路壕往北跑走。賊見張相・康元吉兵馬馳至河灣鋪北空、即来対敵。張相・康元吉等官丁奮不顧身、勇往直前、壹擁衝砍。賊見兵勢勇猛、且戦且却、徑奔墻口。時有

卑職（卑職は小文字）与西寧堡設伏官旗対砍、前賊亦奔墻口、貳処兵馬方纔合[22]営壹処。砍至墻下、又有境外正東湖内掩伏達賊、約有□□□[23]起奔墻衝入、卑職（卑職は小文字）跟随張相・康元吉等官丁極力拒堵鏖戦[24]□励。時有鎮武堡遊撃蘇国賦（国賦は小文字）預撥西興堡設防家丁蘇勇等兵馬馳奔到彼。賊又遥見遊撃蘇国賦（国賦は小文字）統領兵馬馳至倒橋臺、灰塵大起、至酉時、賊方退遯。将砍死・砍傷達賊拉駄出墻、仍従原拆墻口出境、往東北去訖。時因天晩夜黒、各収兵回堡。查功走報間、至次日、又蒙備禦康元吉行据守鎮武堡百戸李俊差夜不収蔡文稟称、本日丑時分、有敗陣達賊従本辺邢百戸臺南空出境去訖。卑職（卑職は小文字）查係西寧堡設伏把総祖承訓・雷坤等砍散哨馬達賊、因見兵馬堵截墻下、乗黒遠退迸命逃走至爪底湖。戳死馬壹匹、本堡住民陳二漢等得獲丟棄馬貳匹。及查前項設伏把総祖承訓司斬獲首級壹顆、得獲達馬貳匹。在陣砍死家丁・軍伴玖名、家丁捌名、潘交・焦文挙・管貴・張守仁・楊得什・黒英・李合尚・呂合尚・軍伴壹名、徐忙兒、被傷官丁伍員名、祖承訓・高尚仁・王景羔・大劉達子・張文挙、射死官馬壹拾肆匹、潘文・焦文挙・管貴・張守仁・楊得什・黒英・李合尚・呂合尚・曹良・王景羔・牟孜・陳尚礼・大張四・李継才・射傷官馬伍匹、薛□□・言朝良・郭得功・王友慶・大劉達子・把総雷応坤司斬獲首級[25]壹顆。被傷家丁貳名、陳仲良・張文道、射死馬参匹、張文道・李承恩・趙良臣、射傷官馬伍匹、劉景奎・白用・王恕・唐群羊・宋士合。西寧堡得獲達馬貳匹。砍死軍士貳名、曽通・程清、射傷守堡宋貴、射死官馬貳匹、曽通・程清、被傷住民男子貳名、呉二漢・徐双子、擄去本堡男子伍名、高海州・王三小・沈五子・高柳・高三、経行不知姓名男婦伍名口、鄭顕牛参隻、驢壹頭、跑馬参匹、任紀・戴寛・高佐、殺死不知姓名経行男子肆名・婦女壹口。截下牛拾隻、王天禄牛貳隻、周仲良牛壹隻、李孟浩牛参隻、劉五牛壹隻、劉仲仁牛参隻、王国用驢壹頭、無主認馬貳匹・驢貳頭。西平堡設伏把総劉宗義得獲達馬肆匹。射傷家丁肆名、瓦乞・邢仲武・張朝真・殷天隆。射傷官馬肆匹、邢仲武・張森・張犇兒・欒世七。把総竇勇得獲達馬壹匹。西平堡得獲達馬参匹。射傷家丁壹名、蔣一挙。射死官馬伍匹、郭瑾・徐景節・朱真・孫賽兒・曽尚得。射傷官馬拾匹、李正三・劉堂・牟遠成・邵奉・劉伏保・黄五漢・胡保兒・曲道兒・李継宗・柳応節。截[26]□□行驢馬壹拾壹匹頭、王繳兒馬壹匹、董当道馬壹匹、□□奎驢壹頭、楊友時驢壹頭、梁時驢壹頭、趙曹兒驢壹頭、高中驢壹頭、焦禿子驢壹頭、唐文挙驢壹頭、張四兒驢壹頭、張奉春驢壹頭。鎮武堡射死馬壹匹、蔣汝明。内除斬獲首級、得獲達馬已経各徑呈報解験外、其截下牛馬驢頭、省令各主跟随認実領去、等因。具呈到職（職は小文字）。据此、擬合呈報。為此、今将前項縁由合行本所、即便用印、具呈巡按山東監察御史処、伏乞照詳、等因。奉此、前事理合備由具呈施行。須至呈者。右呈巡按山東監察御史于。

万暦玖年肆月初十（初十は書込）日代印百戸黄耀武（耀武は小文字）所

とあり、年月日の上から「広寧左衛経歴司之印」が押されている。本档案はモンゴルの辺境侵入を撃退して得た戦果についての報告であり、遼東鎮武堡遊撃将軍都指揮使蘇国賦の劄付を受けた広寧左衛左所帯管高平・遁運所代印百戸黄耀武が広寧左衛経歴司として山東巡按監察御史于応昌に対して送ったものである。また、蘇国賦の報告は西平堡備禦康元吉からの報告に基づくもので、万暦九年四月一日午後二時、本堡の瞭火軍人徐驢兒の報告によって敵の動きを察知した康元吉は伏兵を置いた上で出軍して河灣鋪臺で対陣したほか、四月三日、守西寧堡都指揮宋貴の報告では、三月二十九日、巡撫と分巡兵備道周副使の兵の派遣があって、西平堡と西寧堡の防御を固めた。四月一日昼十二時、康元吉から蘇国賦へ伝達して来たところでは、本日午前十時、守西興堡百戸于国が派遣して来た在辺監雙溝臺夜不収姚清の報告で、モンゴルの騎馬部隊が西北から東南に移動して行ったとのことで、軍を出動させて防備を固めた。一方、蘇国賦が派遣した在辺夜不収沈真からの報告で、東から来たモンゴル騎兵五百騎余が王家庄臺南空窨墻に至り、二隊に分かれて侵入したため、蘇国賦は軍を率いて迎撃し、境外に撃退した。ところが再び押し寄せたため、重ねて午後六時までに撃退し、帰陣した。翌日午前二時、侵入したモンゴル軍は出境して行った。蘇国賦はその後、戦果と被害についての報告を黄耀武に対して行い、四月十日、そこから巡按山東監察御史于応昌に報告がなされた。つまり、本档案は遼東鎮武堡遊撃将軍都指揮使蘇国賦↓広寧左衛左所帯管高平・遁運所代印百戸黄耀武↓巡按山東監察御史于応昌と情報が伝達されており、中路も遼東都司を経由しないことが分かる。また、総督や巡撫・総兵官に対する報告がどうなったかここからは見えて来ない。なお、鎮武堡を核とした管轄区域に東路海州城から西寧堡・西平堡が移動していることが、実際の档案からも確認出来る点は注意したい。

四—（2）—② 中路・広寧指揮使司の場合

広寧指揮使司為達子在狼洞溝擄去人馬事給巡按山東監察御史的呈文（万暦九年四月）も表紙は未収録であり、本文からの検討であるが第一行目に「東北図書館蔵檔」の印の残存を認めることができる。さて、

広寧衛指揮使司為竊賊犯辺事。遼東副総兵仍管車営参将事都指揮使唐朴箚付、本年肆月貳拾貳日辰時、据鎮静守備劉崇正呈称、本月貳拾壹日酉時、据守鎮夷堡指揮馬衛都呈、本日午時、据督臺夜不収朱月稟報、瞭見境外地名狼洞溝掩伏達賊貳拾余騎突起、徑奔新臺兒東空窗墻進入、時有該臺并左右隣臺挙放砲火。卑職聞砲、帯領兵馬馳至下韓口臺、賊見兵馬灰塵、即従来路出境去訖。及査、擄去墩軍王討兒妻夏氏并走報夜不收于元兒・官馬壹匹、射傷墩軍余丁壹名劉元。前賊並無深入腹裏。縁由具呈到職。据此、合行箚仰本衛官吏、即便用印、転呈施行、等因。奉此、前事擬合呈報、為此、今将□□縁由理合具呈。[27]伏乞照詳施行、須至呈者。[28]右呈巡按山東監察御史于。

五

万暦玖年肆月初二（初二は書込）日指揮僉事孫世勳（世勳は小文字）

代経歴楊勝梧（勝梧は小文字）
吏欽[29]

とあり、モンゴルの辺境襲撃についてのもので、遼東副総兵仍管車営参将事都指揮使唐朴の劄付を受けた広寧衛指揮使司が巡按山東監察御史于応昌に報告を上げたものである。具体的には万暦九年四月二十二日午前八時、鎮静堡守備劉崇正の報告によれば、四月二十一日午後六時、守鎮夷堡指揮馬衛都の報告を受けたもので、更にこの報告も二十一日午前十二時に督臺夜不収朱月の報告を受けたものであった。そこでは狼洞溝に伏せていたモンゴル二十余騎が突如、新臺兒東空窗墻に侵入したので、該臺と左右隣臺が一斉に発砲した。それを聞いた劉崇正は軍を出動させて撃退に成功した。その後の調査で墩軍王討兒の妻夏氏と走報夜不収于元兒及び官馬一匹が略取され、墩軍劉元が手傷を負った。ただ、モンゴルの境内への侵入はなかった。報告を受けた唐朴は広寧衛指揮使司に報告するとのことであった。そこで五月二日、巡按山東監察御史于応昌に報告されたというものであった。なお、その他の留意点は前所と同じである。

四―（3）　西路・義州衛指揮使司の場合

義州衛指揮使司為官軍斬獲犯辺達子首級等事給巡按山東監察御史的呈文（万暦九年三月二十日）は表紙の部分は『明代遼東档案匯編』に収録がないが、

義州衛指揮使司今将達賊犯辺官軍奮勇追撃斬獲首級得獲達馬等事縁由

とあり、「義州衛指揮使司之印」が上から押印されている。次に本文は、

義州衛指揮使司為達賊犯辺、官軍奮勇追撃、斬獲首級、得獲達馬・夷器等事。本年参月貳拾貳日酉時、承奉分守遼東西路錦義貳城地方右参将署都指揮僉事栗卿（卿は小文字）劄付、本月貳拾貳日、据義州備禦指揮王廷鑰呈、

案照本年貳月貳拾柒等日、節蒙分守参将栗卿（卿は小文字）火牌、蒙撫鎮衙門白牌・火牌、及准分巡兵備周副使手本、伝据鎮□堡守備劉崇正報、据通事達子那安兒等捌騎□□□称、土蠻等会差両箇頭兒、以兒鄧・黄台吉帯領達□貳千余騎、来到境外地名平山・仏筵[30]寺等処住下、差我們来講、土蠻等比照宣大俺答等乞討大賞、依了、殺馬祭天説誓、両家壹家、不准、我們土蠻等待青草時、帯着擠奶子牛馬・小房子、会合青把都等上関住着進搶、攻克城堡。卑職等宣布那安兒等、俺答等他将趙全等献進、有大功労、你土蠻有甚好処。怎麼比的他、不敢替你稟報。各夷聴説回以兒鄧等話、出境去訖。至貳拾陸日巳時、前賊起営、都往西北去訖。当蒙計料各賊起営往西北行走、必犯錦・義等処地方。時各営軍夫分脩錦義臺座、畢集在辺、恐堕撲犯。蒙行参将栗卿（卿は小文字）厳行卑職（卑職は小文字）等哨探隄備。蒙発広寧前鋒参将孫守廉等兵馬、錦義壹帯辺堡、各設備併防脩工。本年参月貳拾壹日、据守大康堡指揮李喬呈、本月拾伍日午時、据出哨夜不収李文挙報称、本日巳時、瞭見境外達賊約有壹百余騎、到[31]祝青営新臺上墻窺視、後面灰塵大起。該臺甲軍□□義、壹面走報、当即挙放砲火。参将栗卿（卿は小文字）据報、帯領□把総劉翊元等、与孫守廉等兵馬合営馳追。賊見兵馬斉出勢猛、未得深入腹裏搶掠人畜、即回出境。参将栗卿（卿は小文字）等督率官軍・家丁驟馬尾追、至地名青山口離墻壹百余里赶上。前賊約有貳千余騎、即来迎敵。参将栗卿（卿は小文字）等申厳号令、各官軍・家丁壹斉衝撃、奮勇射砍、混戦壹処。是日、狂風大作、境外灰塵蔽天、各賊力不能敵、披靡敗遯、各奔上山。因林木稠密、恐堕賊計、兵馬難以遠追、収兵団営。備禦王廷鑰聞報、領兵馳至墻下応援。参将栗卿（卿は小文字）営得獲達馬陸匹。射死軍丁劉遷・徐尚仁・張志羔、官馬参匹。兵馬於拾柒日辰時、進境回城防禦、縁由具呈到職。据此、理合呈報施行、等因。据此、除本営得獲達馬与参将孫守廉等営斬獲首級等件、類呈解験外、縁係達賊犯辺、官軍奮勇追撃、斬獲首級、得獲達馬・夷器等事理、除呈巡[32]撫衙門照詳外、為此、合行箚仰本衛官吏、即便具呈巡[33]按山東監察御史于処照詳施行、等因。奉此、[34]前事理合備由具呈、伏乞照詳施行。須至呈者。
万暦玖年参月廿八（廿八は書込）日指揮僉事成印
使孫守廉
同知田朝相
経歴葉敷華
令典……(35)

とある。本档案はモンゴルの辺境侵犯を官軍が奮勇して追撃して挙げた戦績についての報告であり、分守遼東西路錦義貳城地方右参将署都指揮僉事栗卿が巡撫に上呈するほか、劄付を義州衛指揮使司に送り、それを受けた義州衛指揮使司は巡按山東監察御史于応昌に報告したものである。ここで注意を要する点は栗卿の肩書きに分守遼東西路錦義貳城地方とあることで、錦州と義州から構成されている西路の表記が使われていることが確認できることである。つまり、『遼東志』から『全遼志』に至る間に五路の表記が消滅したわけではないのである。本稿で五路表記を使う所以である。ともあれ、栗卿の劄付は万暦九年三月二十二日午後六時に義州衛指揮使司に提出されたが、同日に義州備禦指揮王廷鑰の報告を受けたもので、王廷鑰は二月二十七日に栗卿の火牌、巡撫の白牌・火牌と分巡兵備周副使の手本を受けたものであった。そこには鎮□堡守備劉崇正の報告により、モンゴル人通事那安兒らが言うことでは、土蠻らは宣府・大同においてアルタン＝ハーンに与えられている恩賞と匹敵する恩賞が彼らにも下賜されなければ侵攻するとの内容であった。そこで劉崇正は那安兒らを説得した。二十六日午前十時、土蠻は陣営を畳んで西北に去ったので必ず錦州・義州などの地方を襲うだろうということで、王廷鑰は栗卿の指示で防備を厳しくすることにした。また、広寧前鋒参将孫守廉らの軍勢と錦州・義州一帯の辺堡の軍士を動員して防備を固めた。三月二十一日、守大康堡指揮李喬の報告により、十五日正午、出哨夜不收李文挙の報告で、午前十時に境外のモンゴル騎兵百騎あまりが祝青営新堡に現れ、後続もあるようであった。報告を受けた栗卿は出軍し孫守廉らの軍勢と合流したところ、敵兵はすぐに出境したので追尾して青山口で千騎あまりの敵勢と交戦となった。この時、強風荒れ狂い、敵兵は山上に逃げたので、味方の軍勢をまとめて十七日午前八時に帰陣した。また、王廷鑰も応援に駆けつけていた。このことの報告が栗卿にあり、栗卿の本陣と孫守廉らの陣営の戦功についての検分を求めるとともに、戦利品に関する報告を巡撫に行い、また義州衛指揮使司の官吏にも劄付で報告があり、同司からこのことを三月二十八日に巡按山東監察御史于応昌に報告して検分を求めた。本档案では分守遼東西路錦義貳城地方右参将署都指揮僉事栗卿・巡撫・分巡兵備周副使↓義州備禦指揮王廷鑰↓分守遼東西路錦義貳城地方右参将署都指揮僉事栗卿↓巡撫・義州衛指揮使司／義州衛指揮使司↓巡按山東監察御史于応昌の流れになっており、分守・巡撫・分巡・巡按の間での情報共有が為されていること、遼東都司経歴司は無関係であることが分かる。なお、総督・総兵官への報告の有無には触れていない。

四―（4）―① 北路・三万衛経歴司の場合

三万衛経歴司為達子撲擄永寧堡哨夜事給巡按山東監察御史的呈文（万暦九年三月初八日）では原档案の表紙の部分には、

……経歴司承奉開原参将楊五典（五典は小文字）劄付、据慶

謄写識字邵□……

印（薄くて不明）

………擄哨夜由書

とあり、題簽が貼付してあってそれに押印が為されているが、印面が薄くて判読が難しい。ここまでの部分は『明代遼東档案匯編』にはない。続いて本文の一行目に掛かるように「東北図書館蔵檔」の印が押されていて、

三万衛経歴司為竊賊撲擄哨夜事。承奉分守開□□（原等）[36]処地方右参将署都指揮同知楊五典（五典は小文字）劄付、本年参月[37]初伍日、据慶雲堡遊撃管備禦事戴良棟呈、据守永寧堡衛鎮撫劉維藩呈称、本月初参日辰時分、据本堡北方[38]直瞭軍人周雲稟称、瞭見沿辺空心様臺挙放砲火、左右隣臺一斉接挙、一面差夜不収楊虎等分投走報、一面帯領馬歩官軍出堡迎敵、途遇本臺直日甲軍孟堯稟称、瞭見境外溝内突出掩伏竊賊約有拾数余騎、撞遇預差出哨夜不収洪阻二・薛祥等貳名[39]躲避不及、被賊[40]擄去。時有遊撃管備禦事戴良棟[41]聞砲、統領兵[42]馬馳至地名王生溝迎遇本堡夜不収王現報称、賊見兵馬灰塵、即従来路出境去訖。当有参将楊五典聞報、統領官軍馳至地名紅岩子嶺迎遇、復差夜不収馬聚報賊出境止兵、各回城堡防御外、及査前賊並無深入腹裏、搶擄別項人畜等情、具呈到職。据此、縁係竊賊撲[43]擄哨夜事理、擬合呈報。為此、今将前項縁由合行本司、即便具呈巡按山東監察御史于処、伏乞照詳施行。奉此、理合備由具呈施行。須至呈者。右呈巡按山東監察御史于。

とあり、続けて年月日と押印がなされているが、この部分も『明代遼東档案匯編』にはない部分である。そこには、

万暦玖年参月初八[44]日経歴王敬

とあり、年月日の上から押印されているが、印面が薄くて判読が難しい。或いは「三万衛経歴司之印」であろうか。『明代遼東档案匯編』では本档案を万暦九年三月初八日とするが、その判断根拠は『明代遼東档案匯編』には掲載されなかった最後の年月日の部分を見てのことである。本档案は夜間の物見に当たっていた軍士がモンゴルに連れ去られた件であるが、分守開原等処地方右参将署都指揮同知楊五典からの劄付を受けた三万衛経歴司が巡按山東監察御史于応昌に報告したものである。楊五典は万暦九年三月五日、慶雲堡遊撃管備禦事戴良棟の報告を受けたが、守永寧堡

衛鎮撫劉維藩の報告に基づくものであった。そこでは三月三日午前八時、永寧堡北方直瞭軍人周雲の報告で、モンゴルの侵入に空心様臺などが一斉に応射したとのことだったので、劉維藩は断続的に夜不収楊虎らを走らせて報告を上げ、一方では官軍を率いて迎撃に出たが、途上で出会った本臺直日甲軍孟堯の報告で、境外の溝内に伏せていた敵兵十数騎に襲われて物見に出ていた夜不収二名が連れ去られたと知った。また、戴良棟は砲撃の音を聞いて出兵して王生溝まで至り、本堡夜不収王現と出会い、すでに敵兵は逃げ去ったとの報告を受けた。楊五典は報告を受けて出軍して紅岩子嶺まで至って敵兵の出境を聞いて帰陣、防御を固めるとともに被害を調査したところ、境内への侵入はなく、かの連れ去られた夜不収二名の件の報告が楊五典のところまで届いた。そこで楊五典は三万衛経歴司に報告し、三月八日、同経歴司から巡按山東監察御史于応昌へ報告がなされた。本档案も分守開原等処地方右参将署都指揮同知楊五典→三万衛経歴司→巡按山東監察御史于応昌の流れであり、遼東都司経歴司とは無関係である。なお、総督・巡撫・総兵官への報告の有無には触れていない。

四―（4）―② 北路・鉄嶺衛経歴司の場合

鉄嶺衛経歴司為達子犯辺官軍拒堵出境事給巡按山東監察御史的呈文（万暦九年四月）の表紙は採録されておらず本文からの収録であり、

鉄嶺衛経歴司為達賊犯辺、官軍拒堵出境事。承奉遼東鉄嶺城遊撃将軍都指揮僉事王維貞（維貞は小文字）劄付、案查本年貳月初壹等日、節蒙総鎮府火牌、蒙総督軍門梁案験、又准撫院手本、据古北路参将杜桐稟、据属夷差李通事等報称、東虜土蠻黒石炭帯領達子肆万要搶等情到職。又蒙総鎮府火牌参次、節据鎮静堡守備劉崇正稟報、土蠻并男卜言台・周脳木・大黄台吉・克石岩・大小委正(45)・以兒鄧・煖兔(46)・拱兔・四兔・紗花兒・速把亥・花大・克忒木要犯等情。又蒙協守副総兵曹簠紙牌、亦□□撫院案験、据守備劉崇正稟報、土蠻并男卜言等要搶等情、又[47]□□兵備道手本、蒙本院憲牌、相同前事、倶経節行所属備禦等官厳加隄備、貼守单堡、遠為哨探、遇有向犯情形、分投収斂人畜、相機戦守。去後、又据本職輪班遠哨丁夜劉継仁等稟称、参月貳拾柒日、哨得鎮西堡辺外達賊参百余騎往南行走。本日、又据懿路城備禦李宗召稟報、哨見丁字泊堡辺外達賊拾伍余騎従十方寺地名夾河往東行走、至塔兒山往裏窺望、仍回原路去訖。随差夜不収伝諭所属収斂人畜外、本月参拾日申時、据備禦李宗召呈、据守丁字泊堡千戸譚孔問呈称、本月貳拾玖日巳時分、据本堡東北角瞭火軍人牟保稟称、瞭見沿辺石家泊空挙放煙砲、左右隣臺一斉接挙、等情到職。随即督率軍壮登城擺守。即時、又据該臺甲軍楊達報称、瞭見境外達賊約参百余騎、従本臺空窗墻進入。卑職帯領有馬軍士護守堡門、一面差夜不収尹通走報本城備禦李宗召・張興一、走報游撃王維貞。前賊分為貳枝、壹枝径堵堡門与卑職敵戦、射傷管隊旗軍貳名、耿奴二・葉世賢、壹枝順路逩掠、至鮑家崗趕上前差走報夜不収、射死尹通、射傷張興一、擄去各役原騎官馬貳匹、殺死路行男子貳名、王朝用・孫顕得、擄去楊畏制大小牛肆隻。時有備[48]禦李宗召・游撃王維貞各据預設擺撥夜不収楊恕・史尚佐稟□□□地方挙放煙砲、即統領本部兵馬飛馳応援、賊見遠近灰塵大起、仍[49]従原路出境去訖。李宗召兵馬追趕至辺、游撃王維貞兵馬追至懿路城[50]北腰舗、迎遇擺撥夜不収史尚礼、止兵無事、回城防御、等情。又行据掌印管屯千戸郝世高等掲開、擄去路行小厮壹名劉根牢、并王得倚牛貳隻、並無殺擄別項人畜等情、具呈到職。据此、擬合呈報。為此、今将前項縁由合箚本司、即便具呈巡按山東監察御史于処、伏乞照詳施行。奉此、理合備由具呈施行。須至呈者。

万暦玖年肆月　日経歴傅邦佐

典吏缺

とあり、年月日の上から「鉄嶺衛指揮使司経歴司之印」が押されている。『明代遼東档案匯編』ではこの印のことには触れていない。本档案はモンゴルの侵入に官軍が応戦出境したことについての報告で、鉄嶺城遊撃将軍都指揮僉事王維貞の劄付を受けて鉄嶺衛経歴司が巡按山東監察御史于応昌に報告を行ったものである。その王維貞の劄付は、まず、万暦九年二月一日、総兵官李成梁の火牌、総督梁夢龍の案験、巡撫周詠の手本を受けたところ、古北路参将杜桐の報告で、属夷が差し遣わした李通事らの報告により、東虜土蠻の黒石炭がモンゴル軍四万を率いて侵攻しようとしているとのことであった。また、総兵官の火牌が至ること三度、鎮静堡守備劉崇正の報告で、やはり土蠻に侵攻の意図ありとの情報であった。また、遼陽の協守副総兵曹簠の紙牌を受け、巡撫の案験を受けるに、守備劉崇正の報告で、土蠻侵攻の恐れありとの情報であった。さらに、兵備道の手本、巡按山東監察御史于応昌の憲牌を受けるに同様の内容であり、守備を固めて遠くまで物見を放って、もし侵攻の恐れがあったら人畜を避難させ、状況に応じて戦守せよとのことであった。それ以降、王維貞が放った輪班遠哨丁夜劉継仁らが、三月二十七日、鎮西堡辺外でモンゴル軍三百騎余が南に向かっていると報告して来た。また、同日、懿路城備禦李宗召は探索に基づき、丁字泊堡辺外でモンゴル軍十五騎余が十方寺の夾河で東に向かい、塔兒山で境内を探って戻って行ったと報告した。そこで人畜を収容する旨の伝令を出した後、三月三十日午後四時、備禦李宗召は守丁字泊堡千戸譚孔問の報告に基づき、二十九日午前十時、本堡東北角瞭火軍人牟保の報告で沿辺石家泊空からの烽火が届いて来たとのことで、本城の守りを固めたとのことであった。同時刻、該臺甲軍楊達の報告で境外のモンゴル軍約三百騎余が本臺空窨墻から進入したため、楊達は守りを固め、李宗召・張興一・王維貞に襲撃情報を報告した。モンゴル軍は二隊に分かれて侵攻したため、応戦において死傷者、人畜の略取があったとのことであった。李宗召と王維貞はそれぞれ物見を放つとともに応戦に駆けつけたが、敵は逃げ去った後であり、追撃を途中で切り上げて帰城した。そこで被害の状況がまとまって王維貞に報告され、これが鉄嶺衛経歴司に伝達され、四月に巡按山東監察御史于応昌に報告がなされた。本档案の概略としての流れは、総兵官李成梁の火牌、総督梁夢龍の案験、巡撫周詠の手本、遼陽の協守副総兵曹簠の紙牌、兵備道の手本、巡按山東監察御史于応昌の憲牌↓鉄嶺城遊撃将軍都指揮僉事王維貞の劄付↓鉄嶺衛経歴司↓巡按山東監察御史于応昌であり、大きな襲撃情報は遼東鎮を挙げて共有されていることが分かる。北路は広くは副総兵曹簠の管轄なのであろう。ただ、ここでも遼東都司経歴司は系統に含まれてはいない。

四―(5)　南路・寧遠衛経歴司の場合

寧遠衛経歴司為達子在白塔峪堡捕擄哨夜事給巡按山東監察御史的呈文（万暦九年四月初二日）の表紙の部分は『明代遼東档案匯編』に収録がなく、

……□歴司承奉代寧遠参将事閑住参将楊燮
……白塔峪等堡選情由冊

と題簽が貼ってあり、「寧遠衛指揮使司経歴司之印」の官印が押されている。次に本文は、

寧遠衛経歴司為境外竊賊撲擄哨夜事。承……住、参将復《ママ》署都指揮僉事楊燮劄付、本年参月貳拾[51]……揮張箴呈、本月貳拾参日、据守白塔峪堡百戸曹大章呈、本[52]……分、据本堡原差出哨夜不収康学報称、学同夜役李仲美・張……等参名、自貳拾壹日従本堡地方旧河口出境、哨至地名筆……牆壹百余里坐山瞭望守、至貳拾参日卯時分、摘□……道攔踪、忽遇林内突出有馬達賊伍・陸騎、看見[53]……被賊捉擄。康学進境稟報、曹大章具呈、……又据代守寨兒山堡原任百戸田良漢……出哨夜役楊虎報称、虎与夜役楊仲金[54]……日、従高峯出境、哨至地名打魚塘、離牆貳……拾参日辰時分、瞭見西北来有馬達賊壹拾余騎[55]……差丁志羔走報、忽遇林内突出有馬達賊柒・捌騎、窺……走不及、被賊捉擄。楊虎進境稟報、田良漢具呈、備禦張箴転[56]……職。据此、擬合呈報。為此、今将前項縁由合行劄

仰本司、即便具呈[57]巡按山東監察御史于処、伏乞照詳。奉此、前事理合備由具呈施行。須至呈者。右呈巡按山東監
察御史于。

四　初二

万暦玖年参月貳拾伍日　経歴張……

帯事指揮僉事……

境外竊賊撲擄哨夜事

とあり、日付の訂正及び最終行の内容要約は『明代遼東档案匯編』に採録されていない。本档案は境外で物見が略取された件の報告であり、参将復《ママ》署都指揮僉事楊燮の箚付を受けた寧遠衛経歴司から巡按山東監察御史于応昌に報告がなされている。本档案は欠損が多いので正確な情報を捉えがたいのであるが、楊燮の箚付は万暦九年三月下旬（二十三日より後）、備禦指揮張箴の報告を受けたもので、三月二十三日、守白塔峪堡百戸曹大章の報告により、その情報源は白塔峪堡原差出哨夜不収康学の報告にあった。そこでは康学は三名で二十一日、本堡地方の旧河口から出境して百里（五十キロ）の地点に至り、二十三日午前六時、敵の形跡を発見して追跡中、モンゴル騎兵に仲間を奪われた。康学は逃げ帰って曹大章に報告したものであった。また、代守寨児山堡原任百戸田良漢の報告は、やはり夜間の物見に出かけた楊虎が二十三日（？）午前八時、モンゴル騎兵に襲われて逃げ切れず仲間を奪われたことについてである。楊虎は逃げ帰って田良漢に報告し、田良漢は張箴に伝え楊燮に報告した。楊燮は寧遠衛経歴司に報告し、寧遠衛経歴司は四月二日に巡按山東監察御史于応昌に報告したものである。本档案では参将復《ママ》署都指揮僉事楊燮の箚付↓寧遠衛経歴司↓巡按山東監察御史于応昌の流れとなっており、やはり遼東都司経歴司は無関係である。なお、総督・巡撫・総兵官への報告の有無には触れていない。

おわりに

本稿においては万暦九年（一五八一）の遼東鎮におけるモンゴル・ジュシェンの侵攻と撃退、及びモンゴル・ジュシェンによる夜不収[58]などの略取に関わって、鎮の防衛網はどのように情報をやりとりして対処していたのかを、別稿と併せて八本の档案を分析しつつ検討して来た。辺鎮においては鎮守に当たる総兵官が全軍を指揮し、さらに遼東鎮の場合は分守として遼東河西の広寧と河東の遼陽に副総兵官が置かれ、それぞれの区域の軍を統率した。また、路ごとに分守に当たる参将、主たる堡に備禦、各城堡に守備が配置されていた。夜不収は各指揮官の下に置かれており、本稿の事例では夜間の警備及び情報の収集と伝達に活動している。本稿で取り上げた八本とも各衛所経歴司から巡按山東監察御史于応昌に対する報告になっているため、巡按以外とのやり取りを含めて鎮全体についての動きを把握することは出来ない。ただ、遼東都司経歴司が報告に関わる事例は、東路の中でも遼東副総兵官曹簠の報告に限定される極めて狭い範囲でしかない。この点はもっと事例を増やして検討してみたいが、東路を含めて、遼東鎮の軍事情報は副総兵官・参将などに集約され、副総兵官・参将が配置された衛所経歴司を通じて総督・巡撫・総兵官・巡按・分守・分巡に伝えられて行ったことが予測されるが、ただ、情報のレベルの問題があり、特に重要な情報だけがセレクトされて上げられた可能性は考えてよい。逆に総督・巡撫・総兵官・巡按・分守・分巡に集約された重大情報は備禦のレベルまで直接伝えられ、防備に生かされていたのではないか。義州の事例からはそのように考えられる。そうしてこそ鎮全体で「夷狄」侵入に伴う辺境紛争に有機的な防衛が可能となるのではないか。勿論、集約・集積された情報が鎮首脳部の間でどのように判断されたのかはさらに大きな問題である。また、和田正広が指摘しているところでは、この当時の総兵官李成梁に迎合した于応昌は戦功評価において曹簠などを酷評して、やがて曹簠失脚の要因となったとする。権力と人間関係はこのようなシステムをどのように動かすものなのか、追求する点は多く、解明は始まったばかりである。さらに、明初の体制である都司のその後の役割低下は、万暦年間における遼東都司の役割を見ても明瞭で、明朝全体での防衛における体制転換がどのように進んだのか、今後の実証が待たれる点である。

註

（1）拙稿「明朝档案を通じて見た明末中朝辺界」『人文研紀要（中央大学人文科学研究所）』第七七号、二〇一三年。
（2）川越泰博『明代中国の軍制と政治』国書刊行会、二〇〇一年、参照。
（3）拙稿「明朝遼東総兵官考―洪武年間の場合―」『人文研紀要（中央大学人文科学研究所）』第六八号、二〇一〇年。
（4）和田正広『中国官僚制の腐敗構造に関する事例研究―明清交替期の軍閥李成梁をめぐって―』九州国際大学社会文化研究所、一九九五年。
（5）拙稿「実録と档案の間―明代万暦初期の事例から―」『人文研紀要（中央大学人文科学研究所）』第八二号、二〇一五年。
（6）『中国明朝檔案総匯』所収档案の検索には、いつもながらに岩淵慎編『中国第一歴史檔案館・遼寧省檔案館編　中国明朝檔案総匯　総目録』のお世話になった。
（7）拙著『明代遼東と朝鮮』（汲古書院、二〇一三年）、第四章、及び註（5）論文参照。
（8）『明代遼東档案匯編』では衛とするが誤りである。
（9）『明代遼東档案匯編』では備とするが原档案には見えない。
（10）『明代遼東档案匯編』では衛とするが誤りである。
（11）『明代遼東档案匯編』では捕とするが誤りである。
（12）『明代遼東档案匯編』では捕とするが誤りである。

(13)『明代遼東档案匯編』では捕とするが誤りである。
(14)『明代遼東档案匯編』では捕とするが誤りである。
(15)『明代遼東档案匯編』では六とするが誤りである。
(16)『明代遼東档案匯編』では衛とするが誤りである。
(17)『明代遼東档案匯編』では漢とするが原档案には見えない。
(18)日付のところは『明代遼東档案匯編』未収録で、年月日の上から「定遼右衛指揮使之印」が押されている。
(19)『明代遼東档案匯編』では駐とするが、原档案からは読み取れない。
(20)『明代遼東档案匯編』では迎の後に撃とするが原档案には見えない。
(21)『明代遼東档案匯編』では臺を各とするが誤りである。
(22)『明代遼東档案匯編』では合とするが、原档案からは読み取れない。
(23)『明代遼東档案匯編』では起とするが、原档案からは読み取れない。
(24)『明代遼東档案匯編』では鏖戦とするが、原档案からは読み取れない。
(25)『明代遼東档案匯編』では首級とするが、原档案からは読み取れない。
(26)『明代遼東档案匯編』では截とするが、原档案からは読み取れない。
(27)『明代遼東档案匯編』では「今将」の後段「□□縁由理合具呈。伏乞」が欠落している。□□には前項あたりの文言が入るのであろう。
(28)『明代遼東档案匯編』では「照詳施行」としているが、原档案からは読み取れない。また、「須至呈者」の呈も読み取れない。
(29)『明代遼東档案匯編』では年月日は「五月初二日」としているが、五と初二は後からの書込であり、また、一度「肆」と書かれた上から訂正を入れている。また、「吏欽」については欠落している。さらに年月日の上から押印されているが不鮮明で分からない。或いは「広寧衛指揮使司之印」であろうか。
(30)『明代遼東档案匯編』では筵は筵筵とするが衍字である。

(31)『明代遼東档案匯編』では到としているが、原档案からは読み取れない。
(32)『明代遼東档案匯編』では巡としているが、原档案からは読み取れない。
(33)『明代遼東档案匯編』では呈巡としているが、原档案からは読み取れない。
(34)『明代遼東档案匯編』では前としているが、原档案からは読み取れない。
(35)『明代遼東档案匯編』には「令典……」は収録されていない。
(36)『明代遼東档案匯編』では□□は……と表記するが、原档案から「原等」二文字であろうと推測した。
(37)『明代遼東档案匯編』では月とするが、原档案からは読み取れない。
(38)『明代遼東档案匯編』では直は値としている。
(39)『明代遼東档案匯編』では名の後ろは……としているが誤りである。
(40)『明代遼東档案匯編』では「不及、被賊」としているが、原档案からは読み取れない。
(41)『明代遼東档案匯編』では聞は開としているが誤りである。
(42)『明代遼東档案匯編』では兵馬としているが、原档案からは読み取れない。
(43)『明代遼東档案匯編』では撲は捕とする。
(44)初八は本文等とは別に書き込まれたものである。
(45)『明代遼東档案匯編』では委正とするが、原档案が不鮮明で読み取れない。
(46)『明代遼東档案匯編』では煖を暖とするが誤りである。
(47)『明代遼東档案匯編』では又とするが、原档案からは読み取れない。
(48)『明代遼東档案匯編』では備とするが、原档案からは読み取れない。
(49)『明代遼東档案匯編』では「起、仍従」とするが、原档案からは読み取れない。
(50)『明代遼東档案匯編』では城とするが、原档案からは読み取れない。
(51)『明代遼東档案匯編』では拾とするが、原档案からは読み取れない。
(52)『明代遼東档案匯編』では本とするが、原档案からは読み取れない。

(53)『明代遼東档案匯編』では見とするが、原档案からは読み取れない。
(54)『明代遼東档案匯編』では金とするが、原档案からは読み取れない。
(55)『明代遼東档案匯編』では騎とするが、原档案からは読み取れない。
(56)『明代遼東档案匯編』では転とするが、原档案からは読み取れない。
(57)『明代遼東档案匯編』では呈とするが、原档案からは読み取れない。
(58) 夜不収は情報収集から情報操作、破壊工作までも行うスパイのことで、川越泰博『明代長城の群像』(汲古書院、二〇〇三年)所収論文の定義に従った。夜不収の役割の範囲が極めて広いので、本稿では史料の前後関係から適宜、訳語を選択している。

明末奢安の乱再考

道上峰史

はじめに

明朝は「北虜南倭」の言葉が表すように、外患に苦しめられた王朝であったが、特に中期以後は内憂にも苦しんでいた。西南地域では正徳年間（一五〇六―一五二一）以後、苗をはじめとした土司が支配する地域での反乱が激化していった。特に四川・湖広・貴州三省が隣接する地域の反乱は苛烈を極め、「万里長城」との対比で「南方長城」[1]と称される軍事防衛施設を設置するまでに至っていた。

この苗による騒乱は、万暦年間（一五七三―一六二〇）に「南方長城」が完成すると、小康状態とはなったものの、「萬暦三大征」で名高い、明朝の西南地域支配を揺るがす大反乱である楊応龍の乱が発生し、四川・貴州・湖広はその害を被ることになった。この反乱は、土司のなかでも強大な勢力を誇る四川播州の楊氏が反乱を起こしたという点が、前述の苗による反乱とは異なっていた。苗による反乱も大規模なものであったが、明朝に統治体制の変更を余儀なくさせるものではなかった。この楊応龍の乱は、その規模と影響力から、注目を集めており、中国だけでなく日本の歴史学界でも研究が進み、その歴史的意義は明らかになっている。しかしながら、明朝の西南地域では、この反乱の後も注目すべき反乱が起こっていたのである。その反乱とは本稿で取り上げる奢安の乱である。

楊応龍の乱は、上記の様に三省に渡る被害を与え、約九年間に及ぶ規模であったが、奢安の乱は、その規模を更に大きくしたもので、影響を与えた地域は四川・貴州・湖広・雲南四省に渡り、楊応龍の乱同様に約九年間に及んでいた。ところが、この反乱について、現状ではあまり研究が進んでいない。そこで本稿では、奢安の乱[2]について検討した上で、その歴史的意義を明らかにしたい。

一　先行研究

奢安の乱についての専論は、日本ではごく僅かであり、管見の限り浅井紀氏の論考[3]だけである。浅井氏の研究は、奢安の乱の歴史的意義を指摘しており、更にこの反乱と白蓮教との関係をも明らかにした画期的なものである。

中国では貴州を中心として、奢安の乱の専論が複数ある。東人達氏の「明末奢安事件的起因与作用[4]」では、奢安の乱勃発の原因について、詳細に検討されており、于暁燕氏の「奢安之乱与沙普之乱比較研究[5]」では、奢安の乱とその直後に雲南で勃発する沙普之乱について比較検討されている。その他に、水西安氏に関するものでは、郝彧氏「論明代水西土司与周辺土司之関係[6]」があり、水西安氏と周辺土司との婚姻関係が明らかになっている。また、本稿で用いる史料の一つである「明季水西記略」の校訂をおこなった陳訓明・陳暁静両氏の業績[7]は、今後奢安の乱を研究するに当たって有用である。

貴州の土司に関する研究は、歴史学だけでなく、民族学的な見地からの研究の蓄積もある。水西安氏は現在の民族のカテゴリでは彝族となる。この彝族に関する研究は、言語や風俗などを含めると、日中両国だけでもかなりの蓄積がある。その中で、注目すべき研究は、栗原悟氏[8]の研究である。栗原氏の研究は、水西安氏の政治社会組織や彝語文献を用いて種族系譜を明らかにしており、歴史学で当該地域を研究するに当たっても、非常に有用である。

本稿では、先行研究では言及されていない奢安の乱の全容を明らかにすると共に、その歴史的意義について改めて指摘したい。

二　水西安氏について

まずは、歴代貴州宣慰使である水西安氏が明朝に反乱を起こしたという事件が、明朝にどれほどの影響を与えたのか、またどれほどの歴史的意義があるのかを確認するために、水西安氏について確認しよう。

水西という名称は、長江の支流であり貴州省最大の河川である烏江の上流にあたる鴨池河の西に位置していたために付けられた。元代にはすでに水西宣撫司が設置されていたことから、この名称は定着していたようである。また、鴨池河の東側は水東と呼ばれ、同じく元代には水東宣撫同知が設置されていた。

明朝は太祖洪武帝以来、西南地域については、土司を通じての間接統治をおこなっていた[9]。特に明初の貴州では、府州県が設置されず、明朝は湖広から雲南へ至る主要交通路を守るように衛所を配置し、交通路から外れた広大な地域は土司に統治を任せていた。その中で、特に水西安氏は歴代貴州宣慰司に任命され、洪武帝からは破格の待遇を受けていた[10]。『蛮司合志』によると、三国時代に蜀から羅甸国王[11]に封じられた一族であり、それ以後、明朝に至るまで当該地域では一大勢力を誇っていたという。明朝に至っても、彼らは四八の頭目を束ねる支配層であり、周囲の有力な頭目は、彼らと婚姻関係を結ぶことでその力を誇示していた。

明朝は洪武帝以後も、彼らを厚遇することが当該地域の安定に繋がると考えていた。その証左として、正統帝は、姓を持っていなかった彼らに対して、「安」という姓を下賜している。[12]この様に、水西安氏は明朝にとって貴州統治の根幹であり、彼らの反乱は、明朝の貴州、そして西南地域の支配を揺るがすものであった。

三　安邦彦の乱

『北京図書館古籍珍本叢刊』所収の「明季水西記略」[13]は、一六二一（天啓元）年から一六三八（崇禎一〇）年まで続いた水西安氏及び永寧宣撫使奢崇明の反乱について、詳細に記述している。陳訓明・陳暁静両氏が指摘しているように、この史料は『明史』、『康熙貴州通志』等を参考にしつつも、部分的にはこれらの史料にない記述もあり、反乱の詳細を知ることが出来る史料である。ただし、筆者の李峰は、乾隆年間（一七三六―一七九五）の人であり、この史料も一七七四（乾隆九）年に作られたものであるため、大筋で参考にしつつも、一時史料である朱燮元の記した史料[14]や官撰史料である『明実録』や地方志等を用いて確認していきたい。

奢安の乱と言われる反乱は、奢崇明の反乱に端を発するものであった。

一六二一（天啓元）年九月、四川永寧宣撫使奢崇明が指揮する反乱軍は、重慶・遵義・瀘州・合江・興文・納渓等を陥れ、成都城に迫った。[15]奢崇明は成都城を包囲すると、国号を大梁と定めて、周囲にも反乱を促していた。

この反乱に乗じたのが、貴州水西安氏一族の一人安邦彦[16]である。明朝は、永寧宣撫使奢崇明の反乱を知ると、即座に反乱鎮圧のための軍を召集した。この時、明朝は周辺土司にも派兵を命じている。これは土司や非漢人の反乱の際、衛所の兵の他に必ずおこなっている「以夷制夷[17]」政策であった。今回も周囲の土司に成都城へ援軍を送るように命令を下していた。この命に従って、四川石砫土司秦良玉をはじめ、多くの土司が奢崇明が囲む成都城へ向けて軍を発したが、その中に安邦彦も居たのである。

四　前貴州巡撫李橒の抵抗

李橒は、一六一九（万暦四七）年に貴州巡撫の任に就いた。彼は貴州宣慰同知安邦彦が野心を秘めた人物であることを見抜いていた。朝廷が議論していた「征西南兵援遼」（西南地域の土司の兵を用いて後金から遼東半島の防衛をおこなう）案件で、安邦彦が援軍に赴く事を求めたが、李橒は制止した上、朝廷に度々上疏して安邦彦に備えるための兵員と糧食の増強を求めたが、朝廷は遼東半島の防衛を重視して、李橒の上疏を採用しなかった[18]。その後、李橒は弾劾されたこともあって貴州巡撫からの辞任を求め、一六二一（天啓元）年一〇月になって王三善がその任に当たることになったのである。しかし、奢崇明の乱を聞くと、貴陽に残って静観していたのである。

安邦彦は成都が陥落したという報を聞くと、李橒の予想通り、一六二二（天啓二）年二月、明に対して反乱を起こした。貴州宣慰使安位を擁して水西配下の四八頭目や他部の頭目安邦俊・陳其愚・水東土舎宋万化・四川烏撒土司安效良らの土司を率いて反旗を翻し、自らは羅甸王を称した。安邦彦は貴州畢節攻略を手始めに、四川烏撒衛を占領し、兵を分けて、貴州安順・平坝を落とし、龍里・瓮安・偏橋・沅州・普安・安南、更には雲南の霑益をも攻め落として雲貴回廊を分断する。これは官軍の進路や糧道の分断を意味していた。さらに安邦彦は貴陽城を包囲し、辰州・常徳まで攻め落とした、と豪語して明廷を震撼させた。

当時、貴陽城には二千足らずの兵しか居らず糧食も少なかったが、李橒らは徹底抗戦をしていた。李橒、貴州巡按御史史永安は、雲南と湖広から兵士及び銀四万と糧食を借り受けると、貴陽城の防御を固めた。安邦彦の軍は一〇万とも言われ、圧倒的な兵数で貴陽を包囲していたが、堅牢な貴陽城は陥落することなく耐え続けた。

安邦彦は貴陽城を囲むと糧道を断ったまま城外の村や砦を焼き払った。更に貴州総兵官張彦方らが数万の援軍を引き連れて来ると、安邦彦は敢えて囲みを解いて貴州城内へ誘い込ませた。このことで、元々糧食の備蓄が少なかった貴州城は非常に苦しい状態になったが、李橒と史永安らは「人相食」状況に陥りながらも、城内の軍民と協力して約一年間の籠城を耐えきった。その間（同年二月）、李橒と史永安の救援要請に応えた朝廷は、川広総督張我続に援軍として貴陽に向かわせようとしたが、張我続は軍を動かさずにいた。そこで貴州巡撫王三善は、湖広沅州府にて兵と糧食を調達すると、救援のために鎮遠府から平越衛に至り、貴陽のすぐ近くまで迫った。ここで四川に援軍を求めると、兵を三つに分けて進軍を開始する。自らは二万の軍勢を率いて龍里城を奪還して、貴陽城を目指した。王三善の大軍が迫ったことを知った安邦彦は逃亡を図り、貴陽城の包囲していた水西軍は壊滅したのである。

五　貴州巡撫王三善の攻勢と敗北

王三善は「新撫至矣（新巡撫が到着した）」の声と共に貴陽城に到着した。この言葉によって士気が上がった城内では、李橒と史永安が王三善に貴陽城に留まるように求めたが、反乱軍がまだ遠くまで逃げていないから、と断り、城外南門に設営して追撃の準備をしていた。翌日、王三善は追撃戦をおこない、反乱軍は陸広河（鴨池河下流域）を渡って敗走していった。数日後、四川・湖広・広西の援軍が貴陽城に到着すると、王三善は反乱軍から糧食を得る作戦を立て、一六二三（天啓三）年正月、陸広河を渡って安邦彦の本拠地へ向けて兵を進めようとした。

その頃、奢崇明は、占拠した重慶を明朝に奪還され、永寧へと戻っていたが、秦良玉らの官軍が永寧を攻撃すると、奢崇明・奢寅父子は永寧を棄てて共に安邦彦を頼って貴州まで逃亡した。安邦彦は奢崇明を匿うと、わざと敗北することで官軍を誘き寄せ、糧道を断つように軍を動かしていた。官軍は勝利に乗じて兵を進めるも、陸広河を渡ったところで反乱軍に囲まれて敗北を喫した。この敗北で官軍が不利だと知ると、周囲の苗は明朝に反旗を翻し、再び龍里城を占領した。これに乗じた安邦彦は、再度、貴陽城へと兵を進めようとしていたので、王三善は即座に龍里城に兵を派遣して取り戻すと、苗を懐柔して安邦彦に付け入る隙を与えなかった。これにより、安邦彦は鴨池河を防衛線として兵を配置して様子を伺い、小康状態を保つことになったのである。

同年閏一〇月、王三善は、四川から逃れてきた奢崇明が水西にて匿われているという情報を確認すると、周囲の反対を押し切って、自ら六万の官軍を率いて鴨池河を渡り、安邦彦の本拠地であり、貴州宣慰使安位が居るという貴州大方に向かった。大方は貴州の北西、四川との境に設置された畢節衛の南西部にあり、鴨池河の支流である響水河の上流に位置していたので、貴陽からの道は険しさを極めていた。官軍は数度の戦いに勝利して軍を進めるも、糧食は乏しく補給線は伸びきっていた。諸将は王三善に遠征中止の進言をしたが、全て却下されてそのまま軍を進めた。この強行軍が功を奏したのか、官軍は大方まで到達して、多くの反乱勢力を投降させることに成功した。しかし、安邦彦をはじめ奢社輝、安位、奢崇明・奢寅父子らの反乱軍の主要人物はすでに逃亡しており、捕らえることは出来なかった。

しかし、官軍が大方を占領すると、反乱軍に動きがあった。貴州鎮遠府に居た川広総督楊述中(19)の元に、安位から降伏の使者が遣わされたのである。楊述中は、奢崇明・奢寅父子の捕縛と引き替えに安位らの降伏を認めようとしたが、王三善は、あくまで安邦彦も差し出すことを条件として譲らなかった。結局、この降伏は認められなかったが、その間、安邦彦は兵を集めつつ策を講じていた。

一六二四（天啓四）年正月、大方を占領していた官軍の糧食が尽きてしまう。この際、王三善に対して楊述中は一切の支援をしなかったので、王三善はやむを得ず貴陽へと軍を引き返した。この帰路において、安邦彦の謀略が成功するのである。王三善に降伏した中に、陳其愚という人物が居た。彼は偽って降伏した間諜であった。この陳其愚の密告により、帰路は筒抜けとなり、王三善は反乱軍に襲われて自刃してしまうのである。

六　朱燮元の勝利

自ら大軍を率いて反乱軍の根拠地まで占領した王三善の政策は、彼自身の死により失敗に終わった。彼の死を受けて、朝廷は新たに兵部右侍郎蔡復一を派遣することに決定した。この際、川広総督楊述中が積極策を採らずに王三善を見殺しにしたことで罪を得たため、蔡復一を湖貴総督兼貴州巡撫に任じて、軍務をより迅速に行えるようにした。

蔡復一は将吏を集めて規律を厳にすると、総理川貴湖広軍務魯欽に一軍を与えて安邦彦の逃亡先である貴州織金の攻略に向かわせた。魯欽は織金を攻略して合計四千余級を斬首し、反乱軍を討伐したが、安邦彦を見つけることは出来なかった。その後、蔡復一は貴州に隣接する四川からは遵義に、雲南からは霑益に兵を出すように求め、朝廷から認可され、安邦彦の包囲網は固まりつつあるかにみえた。一六二五（天啓五）年正月、魯欽は織金を占領したまま、四川と雲南からの援軍を待っていたが、糧食の欠乏から撤兵を開始した。その際、反乱軍に後ろを取られ敗北を喫して自刃してしまった。これは、王三善の敗北と同様に、官軍の連携及び兵站の不備が招いた敗北であった。この時、蔡復一はあくまで湖貴総督兼貴州巡撫であり、雲南や四川は兵部尚書兼四川雲南総督朱燮元に兵権があったため、魯欽と四川や雲南の援軍との連携が取れず、魯欽は陣没してしまったのである。

この蔡復一と王三善の失敗を重く見た朝廷は、貴州と四川・雲南とを軍事的に連携させるために、朱燮元を兵部尚書兼貴州四川雲南広西総督に命じて[20]、反乱鎮圧に向かわせた。一六二六（天啓六）年二月、安邦彦は、官軍が動かないことに乗じて、雲南・遵義に攻撃を仕掛け、奢寅には永寧を攻略させた。しかし、奢寅は、朱燮元の策略により暗殺され、永寧攻めは未然に防ぐことが出来た。子を失った奢崇明は、老齢で何も成すことが出来ないことを理由にして降伏を求め、安邦彦もまた降伏を求めてきた。朱燮元は朝廷の許しを得ると、参将楊明輝を派遣することにした。この時、朱燮元は父の喪に服すため職を退いている。

楊明輝は制書を奉じて安位の帰順を認めたが、安邦彦については触れていなかった。そこで安邦彦は怒って、楊明輝を殺したので、降伏は無に帰してしまう。安邦彦は、明朝が積極策に出ないことを知ると、徐々に兵を養って機を伺っていた。

一六二八（崇禎元）年六月、再び朱燮元を貴州四川雲南広西総督兼貴州巡撫に命じると、彼は戦乱によって荒れ果てた貴陽の復興に努め、流民を招撫し土地を開墾させ、勇敢な兵を募って、反乱鎮圧の準備を進めた。準備が整うと、朱燮元は前貴州巡撫閔夢得が考えた戦術を実行に移した。まず、雲南から烏撒衛を攻め、四川から永寧より畢節を攻略させ、貴州の本隊は貴陽から陸広に兵を進めて大方に迫った。貴州総兵官許成名らは永寧から赤水城を奪還した。安邦彦はこの動きを察知して、陸広・鴨池・三岔の要害に兵を置き、別働隊を遵義に急行させて、自ら四裔大長老と称し、奢崇明は大梁王と号して一〇余万の兵を集めて赤水城に迫った。朱燮元は許成名に策を与えて、反乱軍本隊を永寧に誘うと、官軍本隊には陸広を攻めさせ、遵義の兵を南下させて反乱軍を完全に包囲した。一六二九（崇禎二）年八月、官軍は反乱軍を殲滅し、この戦いで実質的な反乱の首謀者である安邦彦及び奢崇明は戦死し、組織的な反乱は収束した。

その後、朱燮元は、大軍で威圧することで烏撒を奪還し、安位に降伏するように促した。安位はなかなか決断しなかったが、朱燮元は王三善らの失敗に鑑みて事を慎重に進め、百余日をかけて持久戦を計った。この間に、首級数万を挙げ、大方に兵を進めたので、安位は大いに恐れ、一六三〇（崇禎三）年、朱燮元に降伏する。朱燮元は降伏の条件を四つ提示した[21]。これらを全て受け入れた安位は、四八頭目を率いて投降した。

朱燮元は、一六三一（崇禎四）年、雲南阿迷州の土司普名声が反乱を起こすと鎮圧に当たった他は、苗による単発的な騒乱を鎮め、貴陽城北東の洪辺一二馬頭を改土帰流して州を設置するなど、貴州の復興に尽力した。

一六三七（崇禎一〇）年、安位が没すると、後継者争いが勃発した。朝廷はこの機にさらなる改土帰流を推進しようとしたが、朱燮元は断固反対の意思を表明すると、土司たちはこれを徳と感じ、朱燮元に対して争って土地を返還し始めた。これに対して、朱燮元は、改土帰流を推進するのではなく、土司の領域を細分化して再配置し、要害には兵を置き、当該地域には漢人の法を適応させて、漢人の功績がある者と土司とによる統治を進めるように提言した[22]。これは、有力土司による間接統治の終焉を意味すると同時に、改土帰流ともまた異なる政策で、西南地域を統治した数少ない事例である。

七　奢安の乱の特徴

以上、奢安の乱を概観すると、反乱が長期化した理由が複数見て取れる。官軍は、局地戦に勝利しておきながら、糧食の欠乏に悩まされて撤退、敗北をしていた。王三善や魯欽の敗北は、いずれも糧食の欠乏に起因するものである。

反乱前から安邦彦の動向に注意していた李標が恐れていたとおり、糧食の不足によって官軍は完全に勝利を収めることができなかった。安邦彦が反乱を起こすと、烏撒土司安效良が従ったため、烏撒衛、畢節衛と、四川と貴州をつなぐ要地が攻略されている。そして、安順・平垻・龍里・瓮安・偏橋・沅州・普安・安南・霑益といった、雲貴回廊沿いの城が陥落したために、貴陽城は飢えてしまい、その後の官軍の動きも制限されてしまった。その制限を超えて軍事行動を起こした王三善や魯欽は陣没してしまったのである。

この補給の問題以外にも、官軍の軍事行動を制限したものがある。それは官軍の指揮系統の不統一である。川広総督張我続と楊述中は王三善との軍事的連携が取れていない様子が分かる。王三善は、張我続が貴陽を包囲された危機的状況においても、湖広からの援軍をなかなか動かさなかったため自ら軍を率いて援軍に向かっているし、楊述中もまた鎮遠府に留まり、大方に兵を進めた王三善の軍を援護していなかった。また、王三善を継いだ蔡復一の失敗は、四川の兵権を持つ朱燮元との連携が取れていなかったため、魯欽の軍が孤立化してしまった点にある。

安氏の乱は、複数の軍管区に及ぶ反乱だったため、官軍の指揮系統の統一出来ずに制限を受けていた。朱燮元が統一した軍権を得られた後、反乱を完全に鎮圧できたことからも、それ以前の指揮系統の不統一が大きな障害であった証左であろう。それに引き替え、安邦彦は安氏を束ねる安位の母である、奢社輝の兄奢崇明をはじめとして、安氏一族の安邦俊・安效良を従えて、統一された軍事行動をおこなっている。この差が官軍を苦しめていたのである。

おわりに

奢安の乱を考察して明らかになったことは、まず明末崇禎年間（一六二八―一六四四）に及んでもなお明朝の軍事組織は基本的に機能していたことである。李自成の乱や後金の侵入などからは、明朝の地方組織の弛緩や崩壊が見て取れていたが、西南地域（ここでは貴州・四川・湖広・雲南を指す）の軍事活動は、大規模な反乱に対しても対処することが可能であった。あくまで一地域の例ではあるが、明末においても衛所制が機能していたことは注目すべき点[23]である。

二点目は、奢安の乱が長期化した原因の一つとして挙げられるのが、反乱が複数の軍管区に渡ったために生じた連携の不備である。これは楊応龍の乱や正徳年間の苗の反乱でも生じたことであるが、特に奢安の乱では、明朝の行政区や軍管区を越えておこなわれた土司間の長期にわたる姻戚関係によって、反乱が拡大していく過程が見て取れた。朱燮元は、その献策のひとつに、四川・貴州・雲南の境界を明確化して駅站の整備を提唱している。これもまた奢安の乱のような拡大を防ごうとしたからであろう。

三点目は、朱燮元による西南地域の新支配体制の構築である。朱燮元は、有力土司の存在が、大規模な反乱につながることを考慮し、土司の支配領域を細分化して、彼らによる間接統治を継続させつつ、要所には功績を挙げた漢人を配置し、いずれの土地も漢の法によって支配するという体制を実現させた。この体制に移ってから明朝が滅亡するまでの約七年間は、当該地域での反乱は起こらなかった。無論、この短期間では評価することは難しいが、一つの支配モデルが生まれたという点は、評価することが出来る。

四点目は、明朝の基本政策である「以夷制夷」政策に破綻が生じていたという点である。確かに奢安の乱においても、石砫土司秦良玉が明朝に協力して、永寧奢氏の鎮圧に活躍したという事実はある。しかし、播州楊応龍の乱の鎮圧において活躍した水西安氏が、奢安の乱を起こしている。そして奢安の乱の直後、一六三一（崇禎四）年に、雲南阿迷州の土司普名声が反乱を起こしている。この反乱の連鎖は、明朝の弱体化だけでなく、土司同士の婚姻関係や、勢力図の変化によって生じた可能性は大いにあり得る。本稿では確証を得るまでには至っていないが、この点に関しては今後の考察を待ちたい。

以上が明末西南地域において起こった奢安の乱がもつ歴史的意義である。

註

（1）道上峰史「明代の「南方長城」について」（『中國史研究』六二、二〇〇九年）

（2）奢安の乱とは、一六二一（天啓元）年九月に四川重慶で永寧宣撫使奢崇明が乱を起こし、翌一六二二（天啓二）年二月に貴州の水西宣慰使安邦彦がこれに呼応して決起し、四川・貴州・雲南・湖広を巻き込んだ事件である。この反乱は、以後、戦間期を含めて一〇数年に渡り、重慶は陥落し、成都・貴陽は包囲されて陥落寸前まで追い込まれた。付近の土司は彼らに従い、貴州巡撫王三善他、多数の戦死者を出した。一六三〇（崇禎三）年、貴州宣慰使安位が降伏し、一六三七（崇禎一〇）年、安位が没して後、朱燮元の新たな統治政策によって安んじられた。

（3）浅井紀「明末における奢安の乱と白蓮教」（『史学』三田史学会、四七―三、一九七六年）。

（4）東人達「明末奢安事件的起因与作用」（『貴州民族研究』六、二〇〇五年）。

（5）于暁燕「奢安之乱与沙普之乱比較研究」（『貴州民族研究』一、二〇〇八年）

（6）郗彧「論明代水西土司与周辺土司之関係」（『西南民族大学学報』人文社会科学一〇、二〇一四年）。

（7）陳訓明・陳暁静校点「明季水西記略」（『貴州文史叢刊』四、二〇〇七年）

（8）栗原悟「明代彝族系土司にみられる種族連合の紐帯：彝族（ロロ・ノス系）の民族史的研究の一考察」（『東南アジア：歴史と文化』一一、一九八二年）

（9）明朝前期、貴州の成立については、小林隆夫「貴州省の成立について」（『史苑』五二、一九九二年）、川勝守「明代、雲南・貴州両省の成立」（『東方学』一〇二、二〇〇六年）に詳しい。

（10）道上峰史「明代貴州の改土帰流」（『山根幸夫教授追悼記念論叢明代中国の歴史的位相』上、汲古書院、二〇〇七年）。

(11)毛奇齢撰『蛮司合誌』巻二「貴州」一。貴州古羅施鬼国。自蜀漢火済従諸葛亮討孟獲、有功封羅甸国王。嗣後唐阿珮、宋普横、元阿画世居、水西有爵土。洪武初、阿画子靄翠与蒙古歹、又名宋欽者、皆以元宣慰使献地帰附。太祖嘉之、使仍為宣慰。

(12)『水西安氏譜』不分巻。『北京図書館蔵家譜叢刊』「民族刊」四七冊。

(13)李珍撰『明季水西記略』一巻。『北京図書館古籍珍本叢刊』「史部・雑史類」一二冊。

(14)「恭報逆賊情形機宜疏」『皇明経世文編』巻四八六「朱司馬督蜀黔疏草一」、「水西夷漢各目投誠措置事宜疏」『皇明経世文編』巻四八七「朱司馬督蜀黔疏草二」。

(15)『明熹宗実録』天啓元年九月乙卯の条。四川永寧司宣撫奢崇明叛。戕巡撫徐可求等遂拠重慶。初崇明与其子奢寅久懐逆志。因調兵援遼、遣其婿樊龍、部党張彤等、領兵至重慶、久駐不発、而巡撫徐可求為調、兵科道明時挙等所挾移鎮重慶、是日於教場内、点発各兵而樊・張二悪以増行糧為名、乗機作乱、殺撫臣及道・府各官孫好右・駱日升・李継周・章文炳・洪世科・熊嗣先・王三宅款高選等総兵黄守魁・別将萬全・王登爵皆遇害、明時挙・李達逃竄得脱、分兵攻合江納渓、破瀘州及富内・資簡、遂攻成都偽号大梁。

(16)安邦彦は、貴州織金出身で、貴州水西宣慰土同知に就任していた。水西安氏の一人で、貴州宣慰使安位の叔父である。安位がまだ幼少であったため、安位の母である奢社輝(永寧宣慰使奢崇明の妹)が後見であったが、水西安氏の実権は安邦彦が握っていた。

(17)一四一三(永楽一一)年二月に貴州思州宣慰使田琛と思南宣慰使田宗鼎の争いに端を発した騒乱、一五九一(万暦一九)年の四川播州楊応龍の乱など、貴州やその周辺での戦闘に、明朝は水西安氏に出兵させている。これは、水西安氏だけでなく、奢安の乱で活躍した四川石砫土司が召集されているように、戦闘地域付近の土司は、官軍と共に反乱軍討伐に参加していた。

(18)『明熹宗実録』天啓二年正月己未の条。貴州巡撫侯代李橒疏言、藺・播二賊謀既陰連勢、亦遙応藺籍・播孽之盤踞、以断我援蜀之路。播籍苗仲之狂逞、以増我内顧之憂所恃者、死守湄烏、以防其合駕馭、安氏以携其交此黔中一線生路。然而防江之兵、猶虞単弱。計非募数萬不可、而芻餉無辦脱中可虞、不得已求救滇・楚。幸滇以二萬金至、楚以二萬五千金至。

隨差官召兵鎮筸・銅仁、以萬余計。此四萬五千金、僅足供数月之需要、以扼関隘、清道路為旦夕、固圉之謀耳。若以復播滅藺、非合数省之兵、聚百萬之餉、設総督、以専征簡道将、以分闖其何能濟。皇上切勿謂遼事重、黔事軽。如臣前請餉之疏、屢上屢寝付封疆于一擲也。命所司知之。

(19) 張我続は、安邦彦が貴陽を包囲した際に、速やかに援軍を送らなかったことで弾劾され、一六二三(天啓三)年正月に職を解かれ、楊述中が総督となっていた。『明熹宗実録』天啓二年十一月辛酉、天啓二年十一月乙巳、天啓三年正月辛亥の条。

(20)『明熹宗実録』天啓五年四月戊戌の条。戊戌、賜川湖雲貴広西総督朱燮元勅書、仍頒尚方剣。自大将以下、不用命者、以賜剣従事。

(21)『明史』巻二四九「朱燮元伝」三年春、遣使乞降。燮元与約四事。一、貶秩。二、削水外六目地帰之朝廷。三、献殺王巡巡者首。四、開畢節等九駅。位請如約。率四十八目出降。燮元受之。貴州亦靖。

(22) 朱燮元「水西夷漢各目投誠措置事宜疏」『皇明経世文編』巻四八七「朱司馬督蜀黔疏草二」臣査該司有宣慰之土、有各目之土。宣慰公土宜還朝廷。各目私土、宜聴分守。惟将田土・戸口査勘造冊、徵其賦税、則一切辺夷、皆我赤子。其大方・西渓・谷里・比那、各要害処所。参拠衆議宜各築嚴城、分遣各将、督兵弾圧、自可不振国威。永銷反側。維是局面初改、措置方新、不得不寛以文法。普示招徠。査雲・貴両省、処処皆設土司、即如定番弾丸一小州、亦立十七長官司、二参百年、勢分力弱、並未敢有跳梁者。祖宗成例、似可倣行。其臥這安世、係正枝、首先献土、化沙亦係親枝、具呈献印、似応各加土知州、職銜世襲、以示激勧。其各頭目、輸心向化者、応各授長官司、俾令世守。漢把李奇芳・周廷鑑・劉光祚・陳国基・袁倖・陳萬典・楊啓鸞・呉道端・丁士林等、招集納款者、或盈萬或盈千、合照部議、分別授以世官。一切粮額、各玀鬼、最苦宣慰之苛。応照夷額、十中減二、以甦其困。所遣撫諭各将深入化導、俾各效順、併応敘録、以示激勧。臣愚未敢擅便謹将各酋情形、併措置梗槩先行馳奏、恭請聖裁。

(23) 奢安の乱を概観する限り、衛所制度の下で官軍が組織され、反乱鎮圧に赴いていた。もちろん、その運用の面で問題が生じたために、反乱鎮圧に至るまで多数の犠牲と時間を要したが、やはり制度的崩壊がなかったことが確認できた。

清代黒龍江における社会変容と馬賊

塚瀬　進

はじめに

本稿の目的は、清代の黒龍江で生じていた社会変容を検証し、社会変容との関わりから馬賊[1]の活動、清朝の対応を検討することにある。拙著[2]では、マンチュリア全体の社会変容を述べたことから、盛京、吉林、黒龍江それぞれの地区の状況については詳しく考察することはできなかった。本稿では黒龍江[3]を事例として、どのような社会変容が生じていたのか明らかにしたい。

もう一つの目的は、馬賊に関してである。日本人の満洲認識には満洲と言えば馬賊という観念が強く、満洲は馬賊が跳梁した場所というイメージがある。これまでの研究は馬賊の任侠的な活動に焦点をあてた側面が大きく、馬賊を生み出した地域社会の動向との関連から論じる観点は稀薄であった[4]。また、マンチュリアで活動した馬賊は単純な略奪集団ではなく、自衛組織的な性格を持っていたことが指摘されているが、こうした集団がどのような社会的土壌から生まれてきたのか、その生成過程についての考察は不十分である[5]。

清代の黒龍江に関する研究としては、石方[6]による成果がある。しかしながら、静態的な分析が多く、社会変容を動態的には描いていない[7]。本稿では、まず清朝統治下の黒龍江はどのような状況であったのか考察し、そうした状況が一九世紀に入ると、いかなる要因から社会変容していくのか考察する。そのなかで馬賊がどのように生まれ、活動したのか明らかにしてみたい。

史料は中国で刊行された档案の分析を中心にする。光緒年間については大きな史料集が二つ刊行されている。一つは黒龍江省档案館、黒龍江省社会科学院歴史研究所が編纂した『清代黒龍江歴史档案選編』[8]であり、四冊刊行されている。もう一つは中国社会科学院中国辺疆史地研究中心が編纂した『光緒朝黒龍江将軍奏稿』[9]である。また「清実録」、「地方志」も使い、黒龍江で生じていた社会変容を描き出したい。

一　一九世紀以前の黒龍江の状況

清朝の入関後、黒龍江はソロン、ダグール、オロチョン、バルガなどの人々が散居する状況であった。ロシアとの抗争の余波を受けて移動した人々を、清朝はニルに編成した。ニルに編成されたとはいえ、課せられた義務は貂皮の貢納だけであり、ニルの管理は在地の有力者に官位を授与することでおこなわれた。

こうした状況は一六八一年（康熙二〇年）に康熙帝が三藩の乱を平定し、ロシアとの抗争に決着をつける方向に踏み出したことから変化した。一六八三年（康熙二二年）に黒龍江将軍をアイグンに設置して、アムール川上流方面の軍事力の強化に着手した。清朝は現地住民により編成されたニルの一部を、駐防八旗に組み込むことをおこなった。アイグン、メルゲン、チチハルに置かれた駐防八旗には、ソロン、ダグールなどから抽出された合計三九個のニルがあてられた。

次いで、ジュンガルとの抗争激化、戦乱を避けて外モンゴルから移動してきた人々を八旗に編入することがおこなわれた。この際には正規の駐防八旗とは異なり、その集団の状況に即して「準八旗組織」を編成することが多かった。例えば、一七三二年（雍正一〇年）にソロンやダグールなどの五〇個ニル、壮丁三〇〇〇名が抽出され、フルンブイルに移動して通称ソロン八旗が編成された。ソロン八旗は毛皮の貢納は免除され、俸餉の支給を受けたが通常の半額であった。そして、平時には遊牧、狩猟をおこない、兵役に集中しなかった点は一般の駐防八旗と異なった[10]。

以上のように、ロシア、ジュンガルとの抗争のなかで、清朝は黒龍江の現地住民を駐防八旗へ組み込むことと「準八旗組織」の拡大により、その組織化をおこなった。こうした組織化のなかで、原住地に留まる人々もいたが、多数の人々は原住地から移動し、黒龍江の住民状況は大きく変化した。例えば、チチハルの住民は古くから土着する人々ではなく、各地から寄せ集められた人々であった[11]。また、黒龍江は人口が希薄で、その定着性も低い状況にあったので、清朝は領域の囲い込みよりも人間集団を把握することに重点を置き、八旗制を基軸に人々を組織化した。

一六九九年（康熙三八年）に黒龍江将軍はチチハルに移駐し、黒龍江を統轄した。黒龍江将軍の下にはアイグン副都統（一六八五年設置）、チチハル副都統（一六九九年設置）、メルゲン副都統（一七一〇年設置）が設けられた。アイグン、メルゲン、チチハルの周囲には、八旗兵の食糧を確保するため官荘が置かれた。黒龍江の官荘は乾隆年間に増加し、チチハル、メルゲン、アイグン、呼蘭の合計は一三五に達していた[12]。

駐防八旗が駐屯した以外の場所は、荒漠な土地が広がっていたと考えられる。清朝は黒龍江の人口を増やそうとは考えてはいなかった。清朝は順治年間から康熙年間にかけて柳条辺牆をつくり、マンチュリアにおける居住地の画定をおこなった。柳条辺牆の外側は旗人の居住地として区画され、吉林、黒龍江への民人の流入は禁止された[13]。清朝は黒龍江への民人の流入を認めないことを表明しており、民人が増えて黒龍江の状況に変化が生じないよう配慮していた。[14]

清朝は黒龍江を罪人の流刑地にしており、流刑された人々は流人と呼ばれていた。流人は八旗兵の奴僕（「給官兵為奴」）となったり、官荘での農業生産に従事していた。また、駅站の人丁や水師営の水手としても働いていた。[15]

官荘で働いていた人々の状況として、黒龍江将軍恒秀による一七八三年（乾隆四八年）四月の上奏を見てみたい。[16]

黒龍江将軍の恒秀（宗室）の上奏には、任地に着任した後、駅站と官荘の状況を見たところ、それぞれ人丁の風気は倹僕であった。ただ新設した十の官荘の屯丁は、旗人の家の奴僕の子であり、土着の生まれなので労働に耐えることができ、分に安んじている。その他の屯丁は、罪を犯して流されてきた人の子や来歴不明の民人であり遊惰な人が多く、納糧の時には往々にして経済的に困窮している。

この史料からは、流人の子も官荘の屯丁として働いていたが、寒冷な黒龍江での労働に耐えることが難しかったことがわかる。また、民人の流入は禁止していたにもかかわらず「来歴不明之民人」がおり、熱心に働かないので困窮する人が多かったことを述べている。

清朝は黒龍江を旗人の暮す空間として保護し、八旗兵の軍事力が低下しないように配慮していた。そのため、嘉慶年間においても、「今黒龍江之兵勝於吉林、而吉林又較勝於奉天」（今黒龍江の兵は吉林より強く、吉林の兵は奉天より強い）と称され、マンチュリアのなかでも黒龍江の兵は最も強いと評価されていた。[17]

乾隆年間にジュンガルが滅亡したことから、マンチュリアを兵站とする軍事動員は終わり、静かな時代を迎えた。一九世紀前半以前の黒龍江は、総じて軍事的色彩の濃い状況であったと指摘できる。駐防八旗が配置された軍事拠点が数か所あるだけで、商業都市などは存在しなかった。軍人以外では罪を犯して流刑となった人々が、兵士の下で奴隷として働いたり、官荘で農業労働者として働いていた。黒龍江の土地はすべて官地であり、民有地は存在しなかった。[18] 農業により生計を立て、清朝に税金を払うという民人はまだいなかった。これらの点から、黒龍江の様相はかなり殺風景で、荒々しいものであったと推測される。略奪の対象となる村落や商店はほとんどなかったので、馬賊が出没する条件はなかった。だが、一九世紀中頃以降黒龍江の状況は変化し、馬賊の略奪を可能とする状況が生まれていった。以下では一九世紀以降の状況について見てみたい。

二　一九世紀以降の黒龍江

一八世紀半ばにジュンガルが滅亡して以後、黒龍江は静かな時代をすごしたと推測される。しかしながら、清朝内で反乱が起きた時には、黒龍江から軍隊が派遣されることがあった。嘉慶年間には白蓮教徒の反乱鎮圧のために[19]、道光年間ではアヘン戦争の時に錦州や天津に約一〇〇〇名ほどの兵隊が派遣された。[20] とはいえ、黒龍江に暮らした旗人らに大きな影響をおよぼしてはいなかった。

黒龍江の状況に大きな影響を与えたのは太平天国の乱であった。太平天国の乱が勃発したことから、多数の兵士が関内に動員された。また、兵士の俸餉が不足するという、財政的な危機が生じた。財源確保の手段として土地の開放がおこなわれたので、旗人以外の人々が黒龍江に流入し、黒龍江の様相は大きく変化した。さらに、ロシアの勢力拡大を食い止める重要地域としての意味も加わった。以下では、一九世紀後半に黒龍江はどのように変化していたのか見てみたい。

黒龍江の財政的特徴として域内独自の税収に乏しく、他省からの協餉（甲省から乙省に送られる）に大きく依存していた点があげられる。黒龍江で支給された俸餉は、先ず盛京戸部が受領し、黒龍江からは協領など五、六人が奉天に派遣されて俸餉を受け取り、黒龍江まで持ち帰っていた。しかし受領した俸餉は車両で五〇～六〇台にもなり、長距離の輸送には困難が伴うとともに安全への危惧が指摘され、道光年間には輸送に関わる人員を増やすことになった[21]。道光年間になると、清朝は収入減による財政悪化に悩むようになった。そのため、東三省に送られる俸餉が不足している状況を述べる上奏文が現れる[22]。俸餉の不足は一八二〇年代から問題になってはいたが、この時点ではまだ大きなものではなかった。

太平天国の乱が勃発すると、清朝は財政制度の大きな転換を余儀なくされた。これまでは戸部が各省の収支状況を把握し、京餉（戸部に送られる）と協餉により、全国的な財政平衡をはかっていた（酌撥制）。しかし、太平天国の乱の勃発後、戸部による各省への指示は、指示通りには達成できなくなった。清朝は各省へ京餉や協餉を割り当てる方式に転換し（攤派制）、全国的な財政平衡をはかる志向は後景に退いた。こうした変化は太平天国の乱鎮定後も続き、以前の状況に戻ることはなかった。さらに、戸部が各省に協餉を指示しても、各省はその指示通りに協餉を送らないことが常態化した[23]。このような財政制度の変化は、黒龍江にも影響を及ぼした。

黒龍江では農業は盛んではないので、地租などの収入はほとんどなかった。黒龍江での税収には牛馬税があったが、将軍衙門の経費をまかなうに過ぎなかった。そのため官兵の俸餉の大半は、外省からの協餉に依存していた。しかし太平天国の乱勃発後、協餉は滞り、俸餉の支給に苦労するようになった[24]。黒龍江の官兵の俸餉で、一八五三年（咸豊三年）から一八八七年（光緒一三年）にかけて受領していない額は、合計で二七〇万両に達していたという記述がある[25]。

太平天国の乱後、黒龍江の軍隊の変化として三点を指摘したい。第一には、太平天国の乱や捻軍の鎮圧のために出征した兵士のなかで死亡・負傷した兵士は多く、黒龍江の軍隊は弱体化した[26]。第二に、他省からの協餉が滞っているため軍備を整えることが難しく、十分に演習ができないことから兵士の練度が低下するという、財政難による軍事力の低下を指摘したい[27]。第三に、出征して死亡した兵士の家族への俸餉が、協餉の滞りから十分に支給できず、反乱鎮圧に尽力した遺族の生活が不安定になり、不満が高まっていた[28]。

一八七七年（光緒三年）の黒龍江将軍豊紳の上奏には、もともと黒龍江には正規兵六〇〇〇名、西丹兵六〇〇〇名[29]がいて、春と秋に教練をおこなって練度の向上に取り組んできた。しかし、外省への出征と財政難から軍隊の維持は難しく、現在では合計七〇〇〇名にまで減ってしまったと述べている[30]。呼蘭では、咸豊年間以後一〇年間にわたり関内に二〇回出撃し、帰ってきたのは一〇人中三、四人に過ぎないと指摘されていた[31]。以上のように、黒龍江の軍隊は以前より弱体化したので、反乱が生じ易い状況が生まれていた。

ロシアは一八五八年にアイグン条約を、一八六〇年にペキン条約を清朝と結び、アムール川以北、ウスリー川以東を領有した。黒龍江はアムール川によりロシアと国境を接することになった。アムール川を越えて黒龍江にやってくるロシア人は「俄人越界」と表現され、黒龍江当局にとってはやっかいな問題となっていた[32]。ロシアに対抗するためにも軍隊の増強が求められたが、財政難のため増強は見送られていた。

黒龍江での土地の開放、払い下げは一八六〇年（咸豊一〇年）に黒龍江将軍特普欽の上奏により初めて認められた。これ以前にも土地開放を求める意見はあったが、清朝は旗人の生計保護を重視して認めなかった。しかし財政難を解決し、俸餉を確保する方法には土地を払い下げ、地租を徴収する以外に良案はなく、清朝も土地の開放に踏み切った。

しかし一八六七年（同治六年）に徳英が黒龍江将軍に就任すると、再び土地を封禁する方針に戻った。徳英は土地払い下げによる財政補填は必ずしもうまくいっていないこと、「無業之人」が入り込み治安が悪化していることを理由にあげていた。封禁政策の継続が表明されたとはいえ、民人による開墾を禁止することはできず、呼蘭付近の開墾地は増加していた[33]。

呼蘭以外では通肯近隣の開放が光緒年間に主張されたが、清朝は旗人の生計維持を理由に認めなかった。しかし、日清戦争後の一八九五年（光緒二一年）に旗人の生計を圧迫しないために旗屯を設置し、併せて民墾により軍費を充当する案が認められた[34]。清朝は旗人の生計維持にこだわり、旗人だけが耕作する旗屯を設けることを条件として、ようやく呼蘭に続く土地開放を認めた[35]。

土地開放に伴い民人が流入したので、清朝は統治機構を改編して対応した。呼蘭では一七三六年（乾隆元年）に城守尉が設けられ、その下に屯官（官屯の管理）、倉官（倉庫の管理）、学官（学校の管理）が置かれていた。つまり城守尉をトップとする機構であった。呼蘭の土地が開放された後の一八六二年（同治元年）に理事同知が設けられ、民人からの徴税や旗民交渉をあつかうようになった。ここに、呼蘭の統治機構は城守尉と理事同知の併存という新たなものへと移行した[36]。

呼蘭の北に位置する綏化にも、一八八五年（光緒一一年）に綏化庁が設けられた。一九世紀の黒龍江で民人を管理する官吏が置かれたのは、呼蘭と綏化だけであった。綏化には増えた民人を管轄するため、通判と巡検が置かれた。これ以前は旗署が民人も管轄していたが、綏化庁設置後は旗民分治となった[37]。外省からの協餉の遅滞に苦しんでいた黒龍江にとって、新たに官吏を増やすことは財政的に難しかった。そのため、開墾をすすめて地租を徴収し、新設官吏の経費に充てることがおこなわれた[38]。

兵士の俸餉不足を補うことを目的に、黒龍江では土地の開放がおこなわれ、民人による開墾は拡大した。民人の増加により、民人を統轄する官吏も新設された。新設された官吏を維持するためにも、さらなる土地開放、開墾がすすめられた。こうした状況が一九世紀後半の黒龍江に生まれていたので、軍事的色彩が濃かった黒龍江の風景は変化したと思われる。しかしながら、民人の増加は略奪対象が増えたことをも意味し、馬賊の活動が激しくなり、黒龍江の治安は悪化した。

三　馬賊の横行と清朝の対応

太平天国の乱鎮圧のため、咸豊年間にマンチュリアから関内へ多数の兵士が派遣されたことから、治安維持の圧力が弱まり、馬賊が横行するようになった。同治年間では、盛京と熱河の接する付近に馬賊は出没した。次いで、開原から昌図、長春付近のマンチュリア中央の平原で横行した。そして、吉林の西南部から盛京東辺へと活動地は拡大していくと、馬賊の活動地は北上していた傾向が指摘されている。[39] 光緒年間になると、呼蘭付近でも馬賊による略奪が横行し、馬賊の活動は黒龍江にもおよんできた。[40]

档案の記述は馬賊を「山匪」、「匪徒」、「盜匪」、「乗馬持械三人以上（馬に乗り、武器を持った三人以上）」などと記している。これらの表記は、厳密に区別して用いられていたわけではなかった。『清代黒龍江歴史档案選編』には、馬賊の経歴が記述されている档案が散見するので、どのような人物が馬賊であったのか、以下では見てみたい。

一八七五年（光緒元年）六月に約四〇〇名の馬賊が呼蘭を襲撃し、文武衙門を焼いて住民の財産を強奪した。この時官兵により捕縛された、陳風淋という人物の経歴が記録されている。陳風淋の年齢は二六歳、奉天府で生まれ育った。父親は死去しており、幼少から正業にはつかず、博打にのめり込んでいた。一八七二年（同治一一年）に貧困から馬賊に参加し、阿城付近で商人、住民から略奪をおこなっていた。正業を持たなかったことと、貧困が馬賊加入の要因だと考えられる。[41]

一八八一年（光緒七年）の档案には、捕えられた徐五（許五）という名前の馬賊の経歴が記述されている。徐五（許五）は吉林の民人であり、最初は李遥幅を匪首にする集団約三〇人と行動をともにした。その後、属する集団を次々に変え、匪首叢万金の集団に属して商店を強奪し、次いで匪首潘洛五の集団に加わり略奪を働き、さらに李竣や喬玉克（賞銀一〇〇両がかけられていた）の集団に加わり、略奪を続けていた。[42] 頻繁に所属集団を変えていた点からは、集団の人的結合が緊密ではなかったことが推測される。馬賊内部の人間関係について述べた档案を探すことはできなかったので、この点についてはこれ以上の言及はしない。

官兵が馬賊の拠点を破壊した際に、拠点の内部状況について記した档案がある。馬賊の住居のなかには農具はなく、干し肉、穀物などの食糧、武器があるだけであった。また、人質となっている男女一〇名がいたので解放したとしている。そして馬賊の拠点は深山にあり、野生の熊、鹿などが多くいるので、馬賊はこうした動物をも捕えて暮しており、「在山則為窩主、出山則為巨盗」（山にいるなら潜伏した主人であり、山を出れば巨盗となる）と描写されている。[43] この档案からは、馬賊は農業はしておらず、略奪と誘拐、野生動物の捕獲により生活の糧を得ていたと考えられる。

馬賊が政治的な目標を掲げて行動していたのか、詳細を示す記述は今回参照した史料から見つけることはできなかった。しかし、一八七七年（光緒三年）に呼蘭を襲撃した馬賊から捕獲した旗には「官逼民反」（官が無理強いするので、民は反抗する）の文字があったとしている。[44] 清代では黒龍江には属さなかった三姓副都統の報告には、討伐した馬賊のなかに「殺富済貧（金持ちを殺し、貧者を救う）」と書かれた旗を持っていたとある。[45] メルゲン副都統恩合が捕まえた馬賊のなかには、太平天国の乱に参加して官軍に敗北した後、マンチュリアに逃げてきて馬賊になった人もいた。[46] 清朝打倒を掲げていたわけではないが、清朝に反発する人たちが参加していたと思われる。

官憲側も馬賊対策を講じていた。武器の取締りや、盗賊が隠れることのできないように林を伐採するなどの措置をこうじていた[47]。呼蘭近隣では馬賊の拠点約二〇か所を焼き払い、一〇〇名以上をとらえて処刑することも行っていた[48]。しかしながら、馬賊の活動は神出鬼没であり、移動の速度が速く、官側の捕捉を逃れていた。呼蘭付近では山林に逃げ込む馬賊や、水路を使って官軍の追撃をかわす馬賊もいた[49]。一八八八年（光緒一四年）の呼蘭副都統の報告には、「兵到則賊早遁去、隊過則賊復突出、忽聚忽散」（官兵が到着すれば賊はすばやく遁走し、兵隊が通過すれば再び賊は出現し、集まったかと思うとたちまち分散した）と記述されている[50]。

清朝は駐屯する軍隊を増強することで、馬賊の横行に対応しようとした。しかし新たな兵隊を編成することは、外省からの協餉遅滞による財政難のなかでは難しかった。そこで清朝は、開墾をすすめて地租を徴収することで兵隊の財源にあてる方向をとった[51]。軍隊の増強で治安維持をはかろうと清朝は考えたが、既述したように黒龍江の軍隊は弱体化していた。兵隊の練度が低下していただけでなく、土地の開放、民人の流入によりこれまで黒龍江にはなかったものが持ち込まれ、アヘン吸飲の弊害に染まる兵士もいた[52]。

清朝は盛京、吉林、黒龍江の軍隊再建をおこない、一八八五年（光緒一一年）に辦理東三省練兵事宜を置いた[53]。黒龍江では一八八六年（光緒一二年）に斉字営が編成された[54]。しかしながら、治安維持に果たした効果は限定的であった。

馬賊の横行、治安の悪化は開墾にも影響をおよぼしていた。一八九四年（光緒二〇年）に招墾行局事務の英智が通肯方面の開墾状況を調査した報告がある。その中で、手続き的にはすでに土地の払い下げは終了しているが、実際に開墾に来ているのは一〇戸のうち一、二戸に過ぎないと指摘している。開墾に来ない理由の一つとして治安の不良を挙げている。この調査中にも英智の一行は馬賊と思われる一団に遭遇しており、開墾して食料や財を貯めても、馬賊に強奪されてしまうことを農民は恐れていると述べている[55]。

日清戦争、義和団事件、日露戦争という三度の戦乱にマンチュリアは遭遇し、黒龍江も大きな影響を受けた。戦乱に乗じて活動する馬賊がいても、軍隊は戦乱への対応に追われ、治安維持まで手が回らなかった。軍隊は頼りにならないと考えた住民は、自衛することで状況に対応した。日清戦争の時には黒龍江からも軍隊が派遣された。[56]呼蘭方面に駐屯した軍隊は盛京方面に派遣され、残った兵士は三〇〇名になってしまった。これを知った「奸宄之徒」（悪徒の輩）が、呼蘭近隣を略奪した。この時は自衛組織の練会[57]も馬賊と戦い、その略奪を防いでいた。[58]清朝は財政難、兵士の腐敗を解決できなかったため、住民は自衛組織を発足し、治安維持をおこなっていたのである。

清朝は軍隊を十分に編成することのできない状況にあったので、黒龍江将軍のなかには民間の自衛組織を利用して、治安維持を担当させる意見を出すものもいた。黒龍江将軍恩澤は一八九九年（光緒二五年）に、軍隊を十分に駐屯させることはできないので、治安維持は保甲・団練で補うことを主張した。[59]黒龍江将軍薩保は一九〇一年（光緒二七年）に、馬賊が跳梁しているが、財政難のため兵士を増やすことはできないので、治安維持は民団に依存するという意見を述べていた。[60]

官に依存できないため、民間は独自に防衛策を案出していた。『黒龍江述略』には一八八〇年代ごろの商家が移動する場合にとっていた措置について述べている。[61]

東三省では馬賊が横行しているので、商家は往来に際して鏢手（護衛する人）を護衛にしている。チチハル、呼蘭、黒龍江（アイグン）の三城にはみな行局（鏢手の差配をする機関）がある。多くは直隷の滄州（武術の盛んな場所）の人である。官吏もつねづねこれを頼って使っており、練軍の力は借りていない。

商家は遠距離の移動にあたって「行局」に行き、「鏢手」を依頼して一行の安全をはかっていたのであった。そして官吏も「鏢手」に頼ることは多く、清朝の軍隊である練軍の力は借りないという状況を述べている。後年の日本人による報告には、「鏢手」は馬賊と裏では気脈を通じ、安全に移動できるように心掛けていたとある(62)。

ロシアによる中東鉄道の敷設、義和団事件に伴うロシア軍のマンチュリアへの侵攻などから、財政難、治安悪化という内政問題だけでなく、強まるロシアの圧力に対応することも求められた。一九〇〇年代に入ると、清朝の黒龍江への対応は大きく変化した。一九〇四年（光緒三〇年）に署黒龍江将軍達桂が出した、黒龍江の管轄地は広いので地方官を置かなければ統治は難しいとの上奏が認められ、清朝は州県の増設に踏み切った(63)。光緒三〇年一二月（西暦では一九〇五年）に大賚庁、巴彦州、蘭西県、木蘭県、余慶県、青岡県、海倫庁が置かれ、綏化庁は綏化府に、呼蘭庁は呼蘭府になった(64)。州県を増設する一方で、副都統は撤廃した。一九〇五年（光緒三一年）にはチチハル、ブトハ、呼蘭、通肯の副都統が、〇八年（光緒三四年）にはメルゲン、黒龍江、呼倫貝爾の副都統が撤廃され、黒龍江の副都統はすべて廃止された。

呼蘭では一八六二年（同治元年）に理事同治が置かれた以後、行政機構は城守尉と併存する状況にあった。しかし、副都統廃止（一九〇五年）に伴い屯官や倉官なども撤廃され、協領一員が旗務を接管するために残された。そして、州県衙門がほとんどの行政案件をあつかうことになった(65)。ここに清朝は黒龍江での行政は州県衙門を中心におこなうことにしたと解釈したい。治安維持も軍隊ではなく、州県衙門が管轄する警察が設けられ、その担当にあたった。

一九〇三年（光緒二九年）にチチハル副都統に就任した程徳全は移民実辺政策を標榜し、黒龍江の開拓を推進した。程徳全は漢人としては初めて副都統に就任した人物であり、その後黒龍江将軍（一九〇五年―〇七年）、黒龍江巡撫（一九〇七年―〇八年）を歴任した。程徳全は以前に清朝が固執した旗人の生計保護を第一にした政策はおこなわず、農業開発に力点を置いた政策をおこなった(66)。ここに黒龍江は以前とは異なった、新たな時代を迎えたと理解したい。

おわりに

一九世紀後半以降、黒龍江では太平天国の乱の影響により、外省からの協餉が遅滞し、兵士の俸餉不足が生じていた。また多くの兵士が出征により死傷したが、財政難から兵士の補充は十分にはできなかった。財政難を補うため土地の開放がおこなわれ、民人が耕作する農地が増えた。ここに略奪の標的となる村落が形成され、軍事力の低下も加わり、馬賊が跳梁するようになった。治安維持のためには財政難を解決して軍隊を整える必要があり、さらなる土地の開放が求められた。しかし、民人による開墾の進展は馬賊による略奪対象の増加をも意味し、馬賊の活動は収まらず、黒龍江の治安は悪化した。その一方で、民間では公権力に依存しない自衛団をつくり、治安の悪化に対応していた。ここに黒龍江には略奪集団と自衛団という二種類の民間武装団体が生まれた。こうした状況が、二〇世紀の馬賊がもっていた両義性につながると理解したい。

そうしたなか、清朝は二〇世紀に入ると黒龍江での統治方針を転換し、州県を増設して、副都統は撤廃する措置に出た。この時、清朝は八旗制により人間集団を把握して統治するという方針は放棄し、特定の領域を一元的に統治する方針へと転換したと言えよう。言い換えるならば、帝国的な統治から近代主権国家的な統治へと切り替えたとも表現できよう。

駐防拠点が点在するだけの人口稀薄な黒龍江では、一九世紀後半以降に開墾がすすめられ、その結果として馬賊が略奪を働くようになった。治安維持に十分な軍隊を編成できなかったことから、馬賊の跳梁は続いた。本稿では、馬賊による略奪を可能としていた社会的状況の考察をおこなった。馬賊を「特殊満洲的風物(67)」とする見解もあるが、十分な治安維持をおこなえる状況がなく、かつ人々が生活した場所では、どこでも馬賊のような略奪集団は存在していたと考えられる。戦前の日本人が持っていた「馬賊イメージ」を、あたかも歴史事実であったかのようにみなすことは、档案の分析がすすむ今日では慎重さが求められよう。

註

(1) 史料上では「匪賊」、「馬賊」、「盗匪」、「胡子」などさまざまな語句が使われている。これらの語句は厳密に使い分けられてはいなかったと考えている。本稿では馬賊で統一して記述する。

(2) 塚瀬進『マンチュリア史研究—満洲六〇〇年の社会変容』吉川弘文館、二〇一四年。

(3) 清代の黒龍江の範囲は、現在の黒龍江省の範囲とはかなり相違する。本稿では黒龍江将軍の管轄地を黒龍江とする。

(4) フィル・ビングズリー、山田潤訳『匪賊　近代中国の辺疆と中央』筑摩書房、一九九四年。

(5) 渡辺龍策『馬賊　日中戦争史の側面』中央公論社、一九六四年。渋谷由里『馬賊で見る「満洲」　張作霖のあゆんだ道』講談社、二〇〇四年。

(6) 石方『黒龍江区域社会史研究　1644-1911』黒龍江人民出版社、二〇〇二年。石方『黒龍江区域社会史研究（続）1644-1911』黒龍江人民出版社、二〇〇四年。

(7) 荒武達朗は一九世紀後半の北満洲（吉林、黒龍江）への移民の流入、商品取引の状況を検討し、ロシアの極東への勢力拡大が、北満洲（吉林、黒龍江）の景気を刺激していたと指摘している。（「一九世紀後半北満洲の辺境経済と漢民族の進出」『近代満洲の開発と移民』汲古書院、二〇〇八年）。本稿は社会変容を軸に論じており、やや視点を異にしている。

(8) 黒龍江省档案館、黒龍江省社会科学院歴史研究所編『清代黒龍江歴史档案選編（光緒元年—七年）』黒龍江人民出版社、一九八六年。同編『清代黒龍江歴史档案選編（光緒八年—十五年）』黒龍江人民出版社、一九八六年。同編『清代黒龍江歴史档案選編（光緒十六年—二十年）』黒龍江人民出版社、一九八七年。同編『清代黒龍江歴史档案選編（光緒二一年—二六年）』黒龍江人民出版社、一九八七年。

（9）中国社会科学院中国辺疆史地研究中心編『光緒朝黒龍江将軍奏稿（上、下）』全国図書館文献縮微複製中心出版、一九九三年。
（10）柳沢明「清代黒龍江における八旗制の展開と民族の再編」『歴史学研究』第六七八号、一九九七年。
（11）柳沢明「駐防城チチハルの風景」細谷良夫編『清朝史研究の新たな地平』山川出版社、二〇〇八年。
（12）李帆「試論清代黒龍江地区的官荘」『北方文物』一九八六年第一期、一〇七頁。
（13）塚瀬進「清代、中国東北における封禁政策再考」中央大学東洋史学研究室編『池田雄一教授古稀記念アジア史論叢』白東史学会、二〇〇八年。
（14）『高宗実録』巻一六二、乾隆七年三月庚午。
（15）川久保悌郎「清代に於ける辺疆への罪徒配流について（一、二）」『弘前大学人文社会』第一五号、第二七号、一九五八年、一九六二年。
（16）『高宗実録』巻一一七八、乾隆四八年四月癸亥。
黒龍江将軍宗室恒秀奏、臣抵任後、査看台站官屯。各丁風気、尚属倹僕。惟新設十荘屯丁、除旗人家生奴僕、原係土着、俱能耐労、亦各安分。其余屯丁係遣犯随来子、及来歴不明之民人。遊惰者多、納糧時往往拮据。
（17）『仁宗実録』巻一二六、嘉慶九年二月辛未。
（18）『黒龍江述略』巻四貢賦。
（19）『仁宗実録』巻七一、嘉慶五年七月。
（20）『宣宗実録』巻三五七、道光二一年九月丁巳。『宣宗実録』巻三七二、道光二二年五月己未。
（21）『宣宗実録』巻二九五、道光一七年三月己丑。
（22）『宣宗実録』巻六三、道光三年一二月甲子。
（23）岩井茂樹『中国近世財政史の研究』京都大学学術出版会、二〇〇四年、第二章、第三章。
（24）『清代黒龍江歴史档案選編（光緒元年—七年）』光緒三年一二月一六日、一九三頁。
（25）『黒龍江述略』巻五兵防。『徳宗実録』巻一一七、光緒六年八月己酉には咸豊四年から光緒五年までの期間、約二三〇万両の俸餉の送金が遅滞しているとある。
(26)『文宗実録』巻二三八、咸豊七年閏五月辛丑。
(27)『光緒朝黒龍江将軍奏稿（上）』光緒二年四月五日、三一頁。
(28)前掲書、二七二頁。
(29)正規兵（披甲）ではなく補充兵的な兵士を西丹と呼んだ（許虹「清代晩期東北西丹兵問題簡析」『黒龍江史志』二〇一四年第三期）。
(30)『光緒朝黒龍江将軍奏稿（上）』光緒三年一二月一六日、一五三頁。
(31)『呼蘭府志』巻八武事略。
(32)例えば、『清代黒龍江歴史档案選編（光緒元年—七年）』光緒元年正月一〇日、二—三頁。
(33)有高巖「黒龍江省呼蘭平野の開発に就きて」『内藤博士還暦祝賀支那学論叢』弘文堂、一九二六年。柴三九男「呼蘭地方の植民地的発達」『史観』第六号、一九三四年。
(34)『徳宗実録』巻三七三　光緒二一年七月己未。
(35)柴三九男「清末に於ける北満洲海倫拜泉地方の土地開発」『史観』第四号、一九三三年。
(36)『呼蘭府志』巻二政治略。
(37)『綏化県志』巻三吏治。
(38)『黒龍江設置（下）』黒龍江省档案館、一九八五年、四七九—四八四頁。
(39)川久保悌郎「満洲馬賊考—咸豊・同治期におけるその活動を中心として—」『文経論叢（弘前大学）』第三巻第四号、一九六八年。
(40)川久保悌郎「続満洲馬賊考」『江上波夫教授古稀記念論集　歴史篇』山川出版社　一九七七年。
(41)『清代黒龍江歴史档案選編（光緒元年—七年）』光緒元年六月一八日、四〇—四二頁。
(42)前掲書、光緒七年九月二〇日、四一九—四二〇頁。
(43)前掲書、光緒元年一一月一日、七二—七四頁。

(44) 前掲書、光緒三年七月二三日、一六三頁。
(45) 前掲書、光緒三年四月四日、一五〇頁。
(46) 前掲書、光緒四年三月一五日、一九九頁。
(47) 『清代黒龍江歴史档案選編（光緒八年―一五年）』光緒一五年五月二三日、四一〇―四一二頁。
(48) 『東華録』光緒一六年二月庚辰。
(49) 『清代黒龍江歴史档案選編（光緒一六年―二一年）』光緒一六年閏二月七日、一六―一八頁。
(50) 『清代黒龍江歴史档案選編（光緒八年―一五年）』光緒一四年八月一二日、三七一―三七四頁。
(51) 『光緒朝黒龍江将軍奏稿（上）』光緒六年一月八日、一八六～一八七頁。
(52) 前掲書、光緒一〇年一一月一五日、三一七頁。
(53) 古市大輔「清代光緒年間の東三省練軍整備計画とその背景―一八八〇年代前半における朝鮮問題との関わりを中心に―」弁納才一、鶴園裕編『東アジア共生の歴史的基盤』御茶の水書房、二〇〇八年。
(54) 石岩「試論清末黒龍江的斉字営」『北方文物』一九九三年第三期。
(55) 『清代黒龍江歴史档案選編（光緒二一年―二六年）』光緒二四年五月一六日、二二三―二二八頁。
(56) 劉剛「甲午戦争中黒龍江調撥部隊、軍火状況概述」中国第一歴史档案館編『明清档案与歴史研究（下）』中華書局、一九八八年。
(57) 一八八七年（光緒一三年）に組織された民間の自衛組織（『呼蘭県志』巻二自治、自衛）。
(58) 『東華録』光緒二〇年一二月己未。
(59) 『光緒朝黒龍江将軍奏稿（下）』光緒二五年二月一七日、五七七頁。
(60) 前掲書、光緒二七年五月二九日、六六四頁。
(61) 『黒龍江述略』巻六叢録。

東三省馬賊充斥、商賈往来、輒以鏢手護行。斉斉哈爾、呼蘭、黒龍江三城、皆有行局。大率直隷滄州人為多。官家亦毎倚以為用。不借練軍之力。

(62) 満鉄臨時経済調査委員会『満蒙の荷馬車』満鉄、一九二八年、一一五頁。
(63)『徳宗実録』巻五三八、光緒三〇年一一月乙未。
(64)『清代政区沿革綜表』中国地図出版社、一九九〇年、一一〇—一一一頁。
(65)『呼蘭県志』巻二司法志
(66) 楊郁松「程徳全与黒龍江地区的移民実辺（一九〇四—一九〇八）」『東北史地』二〇〇七年第一期。
(67) 小峰和夫『満洲—起源・植民・覇権』御茶の水書房、一九九一年、二二〇頁。

一九世紀初頭の雲南省元陽県一帯における漢人流入とその影響について
―窩泥人高羅衣の蜂起を通して―

西川和孝

はじめに

雲南における漢人移民の入植は、明代の屯田設置を契機として開始された。[1]清代になるとそれまでの農業開発を中心とした入植から鉱山開発や商業を目的とした工商業中心へと移行する。[2]さらに一八世紀後半から一九世紀初頭には、新大陸産作物の伝播により全中国規模の人口爆発が引き起こされ、膨れ上がった人口が雲南を含む周辺地域に一気に流れ出た。[3]また、傾斜地でも栽培可能な新大陸産の玉蜀黍やジャガイモは、それまで平地を中心に入植していた漢人が山地にも進出することを可能にし、土着民である非漢人社会に深く関っていく中で様々な軋轢を引き起こしたのである。

近年、環境史への関心の高まりとともに、大規模漢人移民の流入にともなう生態環境の変化と絡めて、両者間の関係性を論ずる研究成果が多数現れている。楊偉兵は、膨大な史料に裏付けられた定量分析に加え、現地調査から獲得された知見に基づき、清朝期を中心とした雲貴高原の環境の変遷を通史的に読み解いていく中で、土地利用の変化から説き起こし、移民活動だけでなく、その受容器となる自然環境をも視野に入れ、両者の関係性の中に環境の歴史的変遷を位置付ける[4]。また、野本敬・西川和孝は、現地で得た碑文をもとに[5]、新大陸産作物の流入にともなう急激な山地開発により、森林破壊が進行し、洪水や土壌浸食が引き起されたため、限られた資源を巡り、漢人移民と土着民の間に対立が生まれたことを明らかにする[6]。このほか、一八世紀から一九世紀のメコン川流域に住むラフ族の政治的自立化を分析した片岡樹は、自立化の原因の一つに漢人移民の稲作技術移転にともなう山地民である焼畑住民の定住化が大きく関係していたことを指摘する[7]。

こうした新たな生活空間を求めて山地開発を行なう漢人移民の入植に加え、商品作物の栽培など市場経済を持ち込み、現地の生態環境を急速に変えていく事例も存在した。例えば一八二〇年に起きた永北リス族蜂起では、その背景として漢人流入によるシイタケ栽培などの略奪的農業があり、その結果として生じた生態的破壊が、焼畑を営むリス族の生業手段や空間を奪ったことに原因が求められる[8]。また、一八世紀末のシプソンパンナー王国の漫撒では石屏出身の漢人が国王の奨励を受けて宮廷用の貢茶を請け負うことで大々的に普洱茶栽培を開始し、入植者の増大とともに茶園が周辺部に拡大するきっかけを作った[9]。

本稿のテーマである一九世紀初頭に雲南省南方の紅河流域に位置する元陽県一帯で起きた高羅衣蜂起も、こうした大量の漢人移民の入植にともなう生態環境の変化が関係していると推測され、漢人移民が地域社会に与えた影響を考察する上で貴重な事例となりうる。

高羅衣蜂起に関する先駆的研究としては『哈尼族簡史』があり、横暴な土司に堪えかねた土着民の反抗という視点から解釈されてきた[10]。こうした古典的な議論に対して、近年では、様々な視角から論じられるようになった。例えば、楊煜達は、土司による土着民への抑圧に原因を求めるという従来の見方に加えて、前年に雲南を襲った冷害による飢餓が高羅衣蜂起の急激な拡大を引き起こしたという見解を示す[11]。さらに、武内房司は、高羅衣蜂起の要因が、この頃省内全域で起こりつつあった漢人商人や漢人茶栽培農民の山地進出が在地の窩泥の不満を引き起こした点にあるとする[12]。両者の研究では、気象条件や漢人移民などの新たな視点が提示され、従来終始してきた階級闘争論から大きく踏み込んだものではあるが、当該地域を取り巻く当時の社会状況とその変容に関して十分に議論されているとはいいがたい。こうした問題点を補うべく、本稿では、これまで使用されてきた編纂史料に加え、高羅衣蜂起に関して詳細な記述が残る軍機檔案、現地社会を知るために有用な碑文史料（資料）、さらには当該地域で最近盛んとなりつつあるフィールド調査報告などの様々なデータを活用し、蜂起の経緯や現地の状況を丁寧に掘り起こしていく。その上で蜂起の背景にある大量の漢人移民の入植によってもたらされた具体的な影響、とりわけ生態環境の変容、漢人移民との間に生じた矛盾に焦点を当て、当地における生態環境のシステムとそこに生じた変化から説き起こし、周辺地域をも含む当該地域の経済状況を踏まえた上で、漢人移民と土着民の間で如何なる利害関係を巡って対立が起き、高羅衣蜂起に至ったかを読み解いていくこととする。

そこで、まず高羅衣蜂起の経緯と蜂起の主体となった人々を明らかにした上で、漢人移民の入植による環境面への影響および入植を促した社会経済的要因について論じていく。

一　蜂起の経緯と特徴

高羅衣蜂起の舞台は、雲南省の省都昆明より約三〇〇キロ南下した紅河州元陽県を中心とし、隣接する紅河県および金平県の一部も含む地域である。この地区の地形は起伏に富み、紅河流域は海抜四〇〇メートル前後である一方、紅河流域から山側に進むと、二〇〇〇メートル以上の山々が広がっている。気候は基本的に亜熱帯の季節風帯に

写真１　棚田の風景。元陽県新街鎮多依樹村にて、総合地球環境学研究所研究プロジェクト4-2「アジア・熱帯モンスーン地域における地域生態史の総合的研究」中国歴史班撮影（以下撮影者同じ）。

属すが、標高差があり、南北気流の影響を受けるため、気候の垂直変化が非常に大きいという特徴を持つ。また、県中央部の高い山々は東南および西南からの暖かい湿った空気をせき止めるため、山岳部では多雨となる。[13]

現在、標高七〇〇メートル以下の地域では、紅河沿いの水の利便性に優れた場所に傣族が居住するのみであるが、標高一〇〇〇メートル以上の斜面には哈尼族を中心とする多くの人々が棚田を築き生活を営んでいる。[14]

中国では一つの民族に分類されている哈尼族であるが、大きく「アカ」と「ハニ」という二つの支系に分類される。「アカ」は、雲南省西双版納州から北ラオス、北タイ、ミャンマーにわたる一帯に住んでおり、焼畑を主な生業とし、「ハニ」は元陽を含む紅河州から北ベトナムに広がる地域に住み、水田稲作を生業の中心としている。両者間には言語的連続性と文化要素のある程度の共有は見られるものの同朋意識は存在しない。本論文で扱う哈尼族（本文中では原史料の記述に倣い「窩泥」と表記する）は、この中の「ハニ」に属すグループに当たる。[15]

一九世紀初頭、「江外」と呼ばれ、臨安府に属する当該地域は、紅河流域以南から、南は現在の北ベトナム、東は元江直隷州、西は開化府との境までの一帯を指し、窩泥（現在の民族分類では哈尼族）・果羅（現在の民族分類では彝族）・僰夷（現在の民族分類では傣族）などの様々なエスニック・グループが居住しており、納楼土司（果羅）・納更土司（窩泥）・稿吾卡土司（窩泥）などの一一の土司と一五の猛が分布していた。[16] 土司とは王朝より名目的に官職を受け、地方の自治を任された土着の首長のことを指し、臨安府の紅河南岸は彼らが実質的に管轄していた。元来、非漢人が多数を占めていた雲南では、王朝支配において土着民との安定した関係性の構築が大きな課題であった。明朝や清朝などの中華王朝は、非漢人である土着民が居住する地域に対しては、土着の首長に官職を与え、形式上王朝側に帰順させる一方、世襲を認めて自治を任せるという間接支配を行なった。こうした体制は一般的に土司制度と呼ばれる。この制度は土司側からすれば、中華王朝の権威を利用して自らの地位を高め、領地を管理統治するのに都合がよく、両者にとって互いに利点があった。[17] また、しばしば一括りに土司と称されるが、正確にいえば兵部に属す土司と吏部に属す土官の二つに分類される。[18] ちなみに前記の納楼土司と稿吾卡土司は土司で、納更土司は土官にそれぞれ当る。

続いて、蜂起の経緯について、主に台湾中央研究院に現存する軍機檔案に依拠し、その詳細を辿っていく。[19]

一八一七年（嘉慶二二年）一月六日、現在の元陽県宗巧村の窩泥人の高羅衣は、商売をして過酷に利をむさぼる、江西・湖広等の漢人排除を唱え、窩泥王と称し、部下に大都督や軍師等の官職を与え、蜂起した。[20] 高羅衣は、子弟の家庭教師で蒙自出身の漢人章喜に漢人排除の檄を書かせ、附近の村々に配り、蜂起に加わるよう促し、一月一三日に宗哈寨で挙兵するに至った。この際、高羅衣は、轎に天授されたとする飛刀や銅鏡を載せ、刀は自ら飛び敵兵を殺し、鏡は陰兵を呼び出すと主張し、人々の結束を図ったのである。(21)

高羅衣軍は、まず大魚塘など三寨において窩泥の人々を集め、麻栗・新街・芭蕉嶺など一〇余寨を攻め落とした。同時に高羅衣の甥の高借沙は東方の逢春嶺に向かい、稿吾卡土司を襲い、土司の龍定国および漢人商人四、五〇人を殺害した。(22)この蜂起によって紅河の対岸に逃れた四川・両湖・雲南・貴州などの漢人商人は一二〇〇人に上ったという。(23)また、この過程で当初二、三〇〇人であった高羅衣軍は、瞬く間に一六〇〇〇人にまで膨れ上がった。(24)こうした事態に対し、清朝は雲貴総督伯麟を現地に派遣し、鎮圧に乗り出すのである。(25)

二月に入り、軍師の章喜が紅河の渡航に失敗し、清朝軍に捕えられた。そこで、高羅衣は老王を、甥の高借沙は観音山主を、弟の高借折は王をそれぞれ名乗るなど引き締めを図ったものの(26)、三月末には高羅衣は官軍に追い詰められ、自害し、蜂起は鎮圧された。(27)ただし、翌年に高羅衣の甥の高老五が再び蜂起するなどその余波はしばらく続いたのである。(28)

このように高羅衣蜂起では、高羅衣が窩泥王を、甥の高借沙が観音山主をそれぞれ名乗り、天授された刀は敵を倒し、また鏡は陰兵を召喚すると称するなど、蜂起軍の団結を図る上において宗教が人々の結集に一定の役割を果たしている。同じ頃省内で起きた永北リス族の反乱やメコン川流域のラフ族地区の政治統合などでも、大規模漢人移民の入植や商業活動の活発化にともなう巨大な社会変動の中で同様の称天行為が確認でき、ともに宗教的要素が色濃く表れている。(29)こうした現象は、大量の漢人移民の流入といった大きな社会変化と古い秩序の崩壊の中で、民衆が弥勒信仰の影響を受け、救世主の降臨と人々の救済、そして新しい秩序の構築を望んだ、一種の千年王国運動の現れであろう。このような宗教運動が雲南で広まった背景として、清代中期から本格化した鉱山開発にともなって他省から流れ込むようになってきた鉱山労働者の存在が深くかかわっていたことは従来から指摘されてきたが[30]、紅河以南からベトナム北部にかけての一帯においても鉱山開発が盛んに行なわれ、多数の広東や両湖出身の漢人が富を求めて往来していたことから、こうした人々によって伝来した可能性が高いといえよう[31]。これに、一八世紀末以降に起きた人口爆発に起因する大量の漢人移民の流入によって急激な変化がもたらされたことで、社会不安が急速に広がり、窩泥の人々の間で救世主を希求する弥勒信仰が深く浸透し、「窩泥王」と称する高羅衣のもとで、人々は救済を求め結集するに至ったと推測される。

高羅衣が人々の団結を図るべく「窩泥王」と名乗ったことにも象徴されるように、蜂起軍は主として窩泥の人々によって構成されていたことがうかがわれる。軍機檔案には蜂起軍の指導者の姓名および称号が確認できるが、漢人である軍師の章喜を除き、副軍師および一二人の大将全員が窩泥人であったことからも窩泥人が主体となったことはほぼ間違いないであろう[32]。次節では高羅衣軍の主体が、果羅や棘夷ではなく、窩泥であった原因を探るべく、当地に住む人々の生業と彼らを取り巻く状況について論じていくこととする。

二　元陽一帯における漢人移民の流入と社会変化

高羅衣軍の主体が窩泥によって構成され、漢人商人の排除を掲げて蜂起し、急速に勢力を拡大させたことは、漢人に対して窩泥人の間に共通する利害状況が存在したことを物語っており、同時期窩泥人を取り巻く状況に何らかの大きな変化が生じ、両者間の軋轢が極限に達していたことが読み取れる。そこで、当該地域に居住する主要民族の生活基盤となる生業に注目し、一八世紀末から始まった漢人流入が与えた影響について検討していくこととする。

高羅衣蜂起が起きた当時に臨安府属の江外に居住する民族は、窩泥のほかに果羅や僰夷などがいたが、この中でも窩泥と果羅がその多くを占めていたという(33)。

では、高羅衣軍を形成した窩泥や果羅といった人々は、元々どのような生活を営んでいたのであろうか。これに関しては、嘉慶『臨安府志』巻一八には次のように記されている(34)。

果羅は……耕作に務め、飲酒を好み、蕎麦や豆を食す……窩泥は……稲・綿花・藍を栽培して生業としている。

つまり、果羅は蕎麦や豆などの畑作を主な生業としている一方で、窩泥は稲作を中心として、綿花や藍草の栽培も行ないながら生計を立てていたのである。

前述したように紅河南岸の元陽一帯、とりわけ標高一〇〇〇から二〇〇〇メートルの比較的高い地域では、哈尼族の人々による広大な棚田を目にすることができるが、こうした大規模な棚田に関して、当時の地方志にも次のように見える(35)。

臨安府属の地域は山が多く田が少ない。土着の人々は山裾に沿って土地を平らにして、田園を開いており、(水田は)幾重にも交互となり、遠望するとまるで絵画のようである。山々は険しく、でこぼこ道を歩いて登ると、石段があり、これを棚田と呼ぶ。

これら記述より、棚田が窩泥人によって担われていたと考えて間違いない。こうした山地の斜面を利用して築かれた水田は、八世紀に記述された『蛮書』の中にも確認することができることから、雲南の山間部では古くから造成されてきたのであろう(36)。即ち、臨安府に属する紅河南岸では、窩泥の人々が山の斜面に広大な棚田を拓き、水田稲作に依存することで生活を営んできたのである。

こうした広大な棚田を有する当該地域に漢人移民が大量に入植し、巨大な変化をもたらすきっかけとなったのが、清朝中期の全中国規模の人口爆発であった。中国西南隅に位置する雲南省は、膨張した余剰人口の主な受け入れ先の一つとなったが、とりわけ雲南東南部から雲南産銅の主要な運搬路である広西ルートを介して華南各省と密接に繋がった臨安府や開化府では人口増加が著しかった。(37) 加えて、省内においても、工業の発展と都市の拡大が進展しつつあった雲南中部の人口集中地域から新たな土地を求めてこうした人口希薄地帯に移住する動きも存在した。(38) 当時の臨安府知府であった江濬源は、紅河以南の江外地域への漢人移民の流入について強い関心を示しており、引き起こされた問題について言及した上で、その対策を提言している。(39) その善後策である「條陳稽査所属夷地事宜」には、漢人移民の状況について次のように記されている。(40)

所轄の一〇の土司と一五の掌寨地域は、連絡に要する時間を計算すると、遠く郡城から離れているため、到着するまでに常に五、六日から一〇日余りを要す……数年来、内地の民は商売のために行き来し、その盛んな様子は、まるで機の杼が行き来するようである。楚・粤・蜀・黔の各省から家族を連れてやってきて代々その土地に住み、そのうち三割から四割の者が土地を借りて開墾し生計を立てている。往々にして凶悪で狡賢い連中は、最初土地を耕したりし、茶・布・針・糸を仕入れて売ることをきっかけとし、不法に占拠しようと妄想し、夷民の状況に熟知してから、あらゆるやり口であおりたて、好き勝手に振舞おうとする。極端な場合ではならず者を誘い、ほしいままに奪い取り、事を構えて事件を作り出し、無辜の人々を巻き込もうとする。しかし、この連中は相変わらず自らの名前を隠し、自分は安全な立場に立ち、陰険なやりくちを用い、その団結力は決して揺るがない。これら漢奸はまさに夷民の人々にとって（木を虫食むのと同じように彼らを蝕む）キクイムシである。

つまり、ここ数年来、外省の漢人が、盛んに商売のために家族を連れてやって来て、そのままこの地に住み着き、そのうちの三割から四割は土地を借りて開墾し生計を立てる一方、小商いや強訴を通して現地の人々から財産を強奪しようとした。さらに、報告書では漢人移民の所業に関して以下のように続いている。[41]

調べて明らかにした所では、客民が商売をしにこの地を訪れるのに、家族を引き連れやってくる者が次第に増えている。さらに物を携えて入り込む独り身の者も、最初はただこの地で漢奸に頼り代わりに商売を行なうだけであるが、おろかな土着民がその術中に堕ち、一時的に都合をつけることで、婚姻関係を結び、娘をめあわせることとなる。こうして彼らは土着民の妻を頼りに村々を往来し、高利貸しを行ないむしり取るのである。たいてい連中は、最初は漢奸の威を借り、漢奸に援助を受けていることをおおっぴらにし、次いで土着民の妻を使って土着民と交わり、過酷に搾取し、財貨を掠め取る。そして（借金を）田畑と相殺する。連中は集まり、しばしば問題を起こすが、こうしたことは日ごとにひどくなっている。

このように流入してきた漢人の中には、家族を連れてくる者だけでなく、独り身で訪れ、地元の女性を娶り、婚姻関係を媒介として現地社会に根を下ろし、高利貸しなどを通して人々の財産・田畑を奪っていく者もいたのである。こうした土地、とりわけ耕地が漢人の手に渡ることに関しては、現地の土司も危惧を抱いていた。一八〇五年（嘉慶一〇年）に納更土司は以下のような通知を出している。[42]

納更土司管轄内の空いている未開墾の土地は、人々が水を引いてきて田を開くことができれば、三年間その土地を耕作し、その後に税金を課し、財産とすることを許可する。急を要する事態になれば、土地を抵当に入れてもよいが、外来の人々に抵当として土地を貸し耕させ、その結果、騒擾を起こすようなことになってはならない。再び示す。一八〇五年（嘉慶一〇年）正月二七日に告示する。

即ち、土司側は納税の優遇政策による水田の開拓を勧める中で、外来の人々、つまり大部分を占める漢人移民に対しては開拓した土地を抵当に入れることを禁止する通知を発布しており、当時、漢人による耕地の占有がかなりの程度進んでいたことを示している。このように土地財産の強奪が進行する中で、土着民の間に漢人移民に対する不満が増幅していったと考えられる。

そもそもこの地方では斜面に大規模な棚田を拓き、そこから生み出される富に依存した生活を送っており、経済的には比較的恵まれていた。しかし、漢人移民が流入し、急速に人口増加が進展するにともない、現地の生活にも大きな変化が生じるようになったのである。こうした事情に関して雲貴総督伯麟は高羅衣の蜂起後に提出した善後策に次のように記している。(43)

調査した所、臨安府の江外地方（＝紅河以南の地域）には多くの棚田がある。昔は人家が少なく、ここで取れる収穫だけで事足りたが、最近では人口が日々増加し、貧しい土着民が生活に困り、詐欺の被害にあうことはますます避けがたくなっている。ここは山が連なり森も深く、辺疆の山地で未使用の土地が多いので、法を備え調整し、産物を増やし人々の生活を豊かにすべきである。

つまり、蜂起が起きた背景の一つには、漢人移民流入にともなう人口増加による現地民の困窮化、さらにはこれに付け込んだ詐欺行為の横行があり、根本的解決には耕地開発が必要であることが指摘されている。このように急激かつ大規模な漢人移民の流入と窩泥人の土地財産に対する強引な収奪方法こそが、漢人に強烈な反感を生み出した直接的原因であったと考えられる。

続いて次節以降、こうした急激な人口増加によって窩泥人の生業基盤である棚田に生じた変化と、棚田を取り巻く状況について具体的に検討していくこととする。

三　生態環境の変容と異常気象

本節では、最初に元陽県の棚田の概要について若干の説明を加えた上で、漢人移民流入にともなう棚田への影響を論じていく。近年、自然科学者による現地でのフィールドワークを通して元陽一帯の棚田に関する研究が進んでおり、その実態が徐々に明らかになりつつある。ここでは、こうした成果を踏まえつつ、当該地域の棚田の特徴を見ていくこととする[44]。

（1）棚田拡大にともなう水資源の需要増大

この元陽県から紅河県一帯は山地でありながら、耕地面積に占める水田の割合は五〇パーセントを超え、標高一〇〇〇メートルから一八〇〇メートルまでの斜面に棚田が築かれている。そして、これを可能にするのが、雨季のモンスーンによる多量の雨と乾季の濃霧によって形成される山地上部の雲霧林であり、そこから流れ出る無数の渓流と、斜面の各所で湧き出る水源である。そのため、棚田の開発は、まず、水源が豊富で、谷も浅く、簡単な水利施設によって開発可能な雲霧林直下の緩い傾斜面から造成が開始され、徐々に標高の低い尾根上、あるいは元陽東部などの谷が深く水の得にくい地域に拡大していくという過程を辿る[45]。

一八世紀末頃から本格化した大量の漢人移民の流入は、元陽一帯に急激な人口増加を引き起こし、窩泥人が築いてきた棚田にも少なからず変化を与えた。これに関しては、当時建てられた碑文からその具体的な状況を知ることができる。次に見えるのがこれをまとめた表である。

表　新田開発関連碑文一覧表

碑文名	立碑年代と場所	内　容
糯咱水溝碑記	一八二六年（道光六年）立碑、元陽県嘎娘郷新嘎娘村龍克村	惟我此寨尽是乾地、雖開挖田坵成糧、倶是缺乏水蔭注、以致国課不能畢完…曽於乾隆五十二年丁未十月初十日我龍坎・繳迷・糯咱三寨共議、欲同往壁甫河頭龍潭前、開挖溝一条、開至龍坎寨子脚□蒼樹下…以後無経理、故此抛荒数載。致于嘉慶十一年十月初四日莫不嗟嘆曰、於斯已也、由此消然為有矣。是以三寨再議復捐工本、重修溝道、以蔭糧田…至于二十二年正月内、被野賊作乱、各自逃生以至荒蕪。数年後道光元年六月初六日慶祝水源溝頭楊泗将軍・各山龍神聖誕、又嘆曰、又議将衆所有息之銀、重修溝道、□工価銀伍拾弐両伍分、塩米□石、照水閙辦、合祀神聖弐□、溝道可以成実田糧、安妥水口無得改移。
臨安府告示碑	一八〇七年（嘉慶一二年）、元陽県上新城郷蛮堤村	一納更界内空余荒地、百姓有能引水開田、許種三年後科租、即准為世業。遇有緩急、聴従典当。但不許與外境人民典種致滋擾累。再示。嘉慶十年正月二十七日告示…其納更界内有空余荒地、准龍夔等自行墾種、不得覇佔百姓糧田阻截水源…嘉慶十一年五月二十三日告示。嘉慶拾弐年四月初五日、納更各寨民人公立。
趙波薩墓碑	一七八〇年（乾隆四五年）、元陽県馬街郷丫多村	時大清乾隆四十五年…招募百姓、開溝墾田、納辦糧租、永為子孫之業乎。波自備工本銀一百五十両・牛一条・猪一口・塩菜各項。由観音山開溝一条、自寨中近過。
修亜庸中溝水利碑	一八一〇年（嘉慶一五年）、元陽県上新城郷稜山河至下亜庸村	磨滅により詳細不明であるが、碑文の題名から用水路掘削に関する内容であると考えられる。

（国家文物局主編『中国文物地図集』（雲南分冊）雲南科学技術出版社、二〇〇一年、一六七―一六八頁。唐立編『中国雲南少数民族生態関連碑文集』（総合地球環境学研究所研究プロジェクト４―２「アジア・熱帯モンスーン地域における地域生態史の総合的研究」中国歴史班編）総合地球環境学研究所、二〇〇八年、三一、四二―四五、五〇―五三、五四―五七頁。）

写真２　元陽県東部の嘎娘郷新嘎娘村龍克村に残る用水路の出口。2005 年 12 月の時点で水の流れは確認できず。

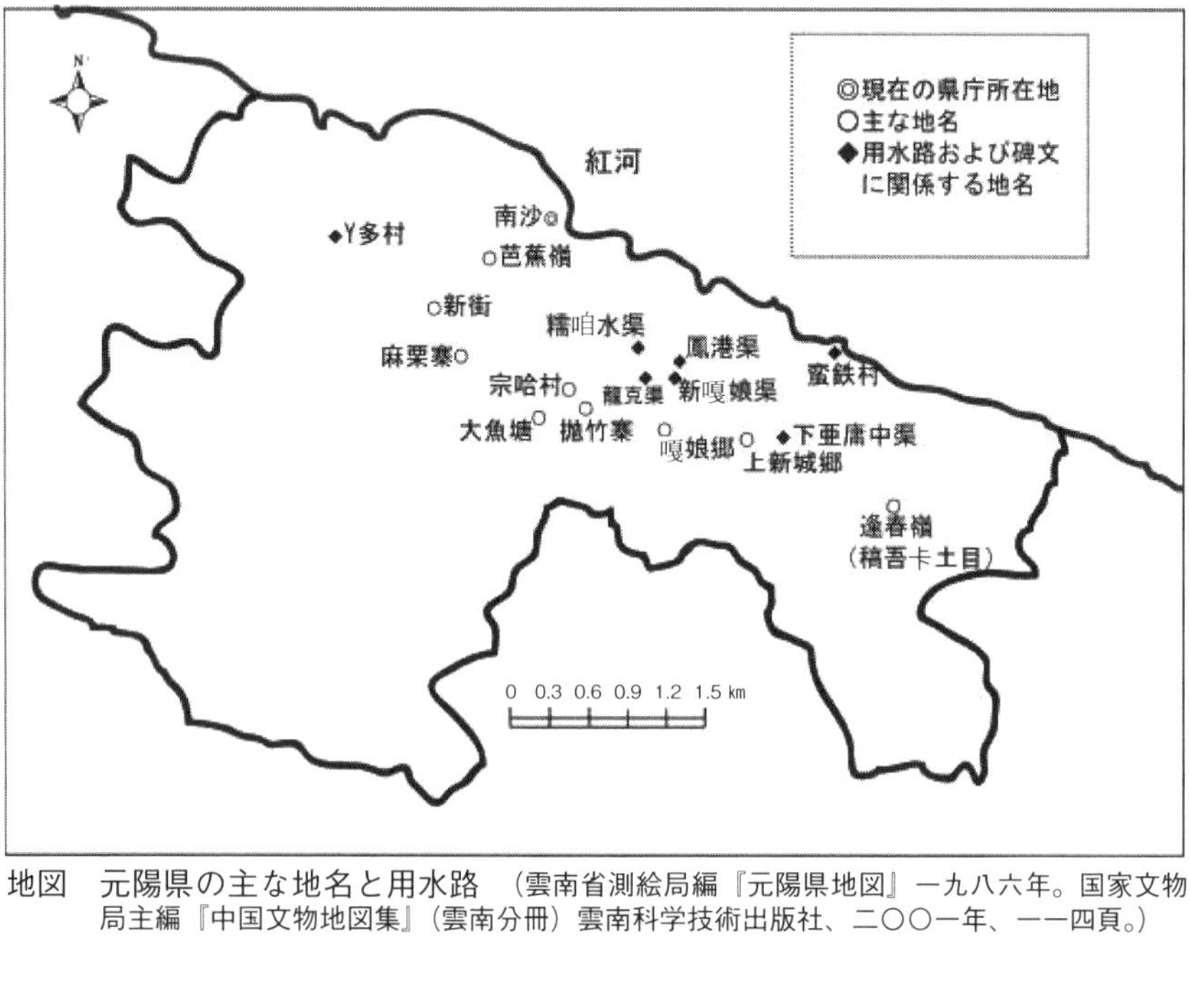

地図　元陽県の主な地名と用水路　（雲南省測絵局編『元陽県地図』一九八六年。国家文物局主編『中国文物地図集』（雲南分冊）雲南科学技術出版社、二〇〇一年、一一四頁。）

磨滅のため内容の詳細が不明な「修溝碑記」を含め、ともに用水路の掘削や水田の開発に関する記述であり、一九世紀前後に新田開発が盛んに実施されたことがうかがわれる。そして、これら碑文が集中して分布している元陽県東部の嘎娘郷・上新城郷は、元陽県中部に比べて、水の得にくい急な斜面が広がっていたことから（地図参照）[46]、一九世紀前後の急激な人口増加に対応するように、従来棚田の造成に不向きで灌漑に適していなかった周辺地域にも用水路が引かれ、盛んに新田開発が進められたことを示しているといえる。

また、水田稲作はその特徴として、畑作や焼畑に比較すると、単位面積当たりの収穫高は安定して高く、作物として優れており、また食糧として栄養価において、麦・粟・稗・黍より高く、調理も容易であり、多くの人間を養うことが可能である。ただし、一方で水田稲作は、稲の生育期間中において大量の水が不可欠となる[47]。従って、この時期、急速かつ大規模に造成された棚田は、既存の棚田と比較して、その地理的条件から水の利便性に乏しく、用水路もまだ十分に建設されておらず、水を大量に必要とする稲作の特徴などから水不足に対して非常に脆弱であった[48]。

(2) 棚田システムと干害

元陽の棚田は、その規模のみならず、水田に湛えられた水面に映える光の美しさでも世界的に名高いが、こうした光景を生み出す要因として、乾季である冬季にも灌漑し、田に水を張るという通年灌漑が挙げられる。この理由として、次の五点が挙げられる。つまり、①水牛や豚の糞である固形厩肥を乾季の間に水路を使い、雲霧林の直下に築いた村から下方の水田に流し込み、田植えに備える。②火災時の消火用に用いる。③一年中水を張る棚田を利用してコ

写真３　雲霧がたちこめ水が湛えられた棚田。元陽県嘎娘郷大伍寨から勝村郷勝村に向かう途中で撮影

写真４　雲霧林直下の村と棚田　元陽県嘎娘郷大伍寨から勝村郷勝村に向かう途中で撮影

イやフナなどの水田養魚を行なう[49]。④この地域は標高が高いために作期が雨期である気温の高い夏に限られ、最も水が必要とされる田ごしらえと田植えの作業が時期的に乾季の終わりに当たる四月末から五月初旬と重複するため、田植え前の時期は、水源となる渓流の水量が最も減少することもあり、事前に農作業用の水を確保しておかなければならない。実際、これを無視した大躍進運動（一九五八―一九六〇年）では、冬に水田を干し小麦の栽培を行なったため、田植え期に深刻な水不足に陥っただけでなく、田の崩壊が相次ぎ、食糧の減産を招いた。⑤当該地域の土は粘土質が強いため、乾燥すると亀裂が入りやすく、その状態で田に水を張れば、水漏れ引いては、棚田の崩壊にまでつながるので、水を溜めることで未然に防ぐ必要がある。実際、こうした棚田の構造維持のため、畦塗りや代掻きなどの田ごしらえには、田植え、除草、収穫などの栽培期間中に匹敵するほどの労働力が投入されるという[50]。

このように棚田は稲を植えるだけでなく、防火用水を溜め、魚を養殖する機能も果たしており、人々の生活に有機的に結びついているため、水不足は土着民の生活に多大な影響を及ぼすこととなった。さらに、日照りが続き、農業用水が不足すれば、この地域特有の強い粘土質土壌からなる棚田にひび割れが入り、水漏れを引き起こし、その維持が難しくなると同時に、田植えの時期が遅れることで、収穫の時期が晩夏に重なり、低温の影響を直接受けることとなるのである。

こうした棚田に依存する窩泥の人々の生業については、康熙『蒙自県志』巻五に次のように記されている[51]。

　自ら哈泥と呼ぶ。蒙自県に河泥里があり、そこが彼らの住むところである。その性格は温和で法を畏れ、盗賊行為は行なわない。多く茅居に居住し、男は土地を耕作し、女は布を織る。春は牛を用いて耕し、終われば、牛を野に放っておき、秋になれば稲を穫り入れる。

ここには「春に田起こしを実施し、秋に収穫を行なう」という稲作に関する記述が確認でき、当時から水不足の時期に当たる春季に田植えを行なっていることから、冬季には前もって水田に水を張っていたと推測される。

これまで述べてきたように、元陽一帯では、人口増加と急速な新田開発とともに、用水路などの水利施設も発展途上にあり、全体の農業用水使用量が飛躍的に増加し、従来と比較して、水不足の影響をうけやすい状況が生じつつあったと考えられる。

こうした中、一八一六年から翌年にかけて地球規模の異常気象が世界各地を襲った。この年、ヨーロッパや北アメリカでは「夏の無い年」ともいわれ、この時期は気候寒冷化の時代である「小氷河期」の末期に相当した上に、前年に起きたインドネシア東インド諸島スンバワ島タンボラ山の史上最大規模とされる大噴火の影響が重なり、世界的に深刻な冷夏に見舞われた(52)。同じ頃、こうした影響の一端と見られる気温の低下や雨季のずれにともなう日照りが雲南の広い地域で確認でき、農作物に深刻な被害を与えていた。米価は高騰し、子供を売る者、さらには土を食べる者まで現れるなど各地で多数の餓死者を出したのである。その範囲は、雲南全省八七の州県のうち、確認できるだけで一八一六年には二八か所、そして、一八一七年には二九か所に上ったという(53)。元陽においても、こうした天候不順の影響と考えられる現象が、伯麟の報告の中に確認できる(54)。

調べた所では、澧社江(=紅河)は綿々五〇〇余里にわたり、かつて渡し場は一一個所あった。しかし、日照りによる被害がすでに久しく、川の水は浅く、歩いて渡れる場所が非常に多い。

即ち、一八一六年(嘉慶二一年)末から一八一七年(嘉慶二二年)年初頭にかけて雨が降らない状態が続いており、この結果として川の水は浅くなり、多くの場所で紅河を徒歩で渡れるようになった。前述したように春季の日照りは、棚田に水が張れなくなることで、田植えの時期が遅れ、引いては稲の生長時期が気温の下がる晩夏にずれ込むことを意味する。実際、この季節の水不足による影響は大きく、一九六九年春に元陽を襲った干害の事例では、用水路の水は枯渇し、水田に亀裂が生じ、飲み水にも困るほどであり、その被害面積は七万畝に上ったという[55]。このように春先の日照りは、作付けの時期に直接的な影響を与えるため、凶作が予想された。当時周辺に向けて急速に拡大しつつあった棚田は、従来のそれに比べて水の利便性に乏しく、水不足に対して脆弱な状態であり、わずかな干害でも影響を受けやすかったと推測される。加えて、前年雲南全域が冷夏であったため、標高の高い当該地域において作物の生長全般に影響が出た可能性が高く[56]、この年の春先の日照りはこうした社会不安をより一層増幅させ、棚田に寄る窩泥の人々の生活を更に苦しめるものであったであろう。

ただし、棚田を取り巻く生態環境の変容は、窩泥の人々を蜂起に追い込み、勢力の急速な拡大を後押しする要因の一つとはなりうるものの、蜂起軍が矛先を敢えて漢人商人に向けた直接的な理由にはならないであろう。そこには、漢人商人が窩泥の人々の生活を脅かし、強烈な不満を直接的に買うに至った、棚田を取り巻く経済的要因が存在したと考えるのが妥当である。そこで、第四節では漢人移民が元陽一帯で行なった窩泥人の土地財産の収奪の背景に関して、元陽の周辺地域にも視野を広げつつ更に検討していく。

四　鉱山開発の進展と漢人経済圏の波及

清代中期の大量の漢人移民の流入では、程度の相違はあれ、雲南各地で漢人移民による現地の人々の土地財産の収奪が発生したが、あらゆる地域で大規模反乱が引き起こされたわけではない。では、当該地域の窩泥人を大規模蜂起に向かわせるほど漢人移民の収奪が激しさを増した要因はどこに求められるのであろうか。この命題を解明するために、本節では、元陽の周辺地域にまで視野を広げ、当時の棚田を取り巻く経済的状況の分析を通し、窩泥人が漢人商人に不満を抱くようになった原因を検討していく。

（1）鉱山労働者の急増

先述したように窩泥の人々は、水田稲作を主要な生業とし、ここで収穫される米に依存して生活を営んでいた。そこに漢人移民が流入し、小作人や婚姻などの形で居を定め、小商い、高利貸し、強訴などの手段で土地財産を奪っていったのである。そして、これに対し不満を抱いた窩泥の人々が蜂起に同調する形で、わずか一か月余りで急速に拡大した。つまり、窩泥人の漢人に対する強烈な不満の根源には、蜂起軍の急速な拡大を可能にさせるほどの漢人移民による窩泥人の土地財産への収奪があったのである。では、なぜ収奪が人々の心を蜂起に共鳴させるほど激しく行なわれたのであろうか。

①個旧錫山と金釵廠銅山の開発

紅河を挟んだ元陽の北方には、錫で有名な個旧鉱山があり、民国期には世界でも有数の産出量を誇った[57]。この個旧の錫山の開発が本格的に開始されるきっかけとなったのが、一七四〇年（乾隆五年）に浙江布政使の張若震が提言した、銅銭に錫を混入することで、銅銭溶解による銅製品などへの再利用を防止する政策であった[58]。

採掘された錫は、雲南省内を中心に、四川にも運ばれ利用された[59]。例えば、省内の東川新局では五五〇七九斤、順寧府と永昌局ではともに八八二一斤、曲靖局では一九八二八斤、個旧産の錫がそれぞれ銅銭の鋳造に使用されている[60]。また、清朝が銅山開発を官主導で行なったのに対し、錫山の開発には民間資本を導入したことも個旧の錫採掘の強力な後押しとなり、個旧は大いに栄えることとなった[61]。一八世紀半ば、慢梭金山の視察に向かった余慶長は、途中個旧を通過した際にその様子を次のように記している[62]。

一七五七年（乾隆二二年）冬一二月、余慶長は通海県の命で檄を受け、慢梭金廠の調査を行なう……南に行って蒙自界に入り、四〇里で個旧廠に到る。商人が方々から集まり、炊煙が盛んに立ち昇っている。摸黒銀廠を視察し、土地を巡るに、銀・錫・鉛・白錫が産出されており、その質の良さは天下一品である。

当時、個旧は非常に賑っており、人々の往来も盛んであった。蒙自には個旧錫山のほかにも多数の鉱山があったが、その中でも代表的なのが当時雲南有数の産出量を誇った金釵廠銅山であった。金釵廠の開発は、一七〇五年（康熙四四年）に本格化され、乾隆嘉慶年間には多くの銅が採掘され、全盛期には年に一六〇万斤に達したという。[63]

雲南における銅山開発の開始は、江戸幕府の銅の輸出抑制政策と密接に結びついている。[64]即ち、日本からの銅の輸入が減少するに従い、清朝政府は雲南の銅山開発を推し進めた。その結果、開発は軌道に乗り、全国に移出されることとなったのである。中でも金釵廠で採掘された銅は、長江以南の全省および湖北・陝西・江蘇の各省に銅銭鋳造用として供され、これら他省による金釵廠産銅の購買は、蒙自と他の地域を結ぶネットワークの構築にも寄与した。金釵廠で採掘された銅は、当時の主要交通路であった長江を使ったルートではなく、陸路でそのまま東に輸送され、雲南の東南隅にあたる広南府の剥隘、ついで隣の広西省の百色を経由し、そこから水路を使って各地に運ばれた。[65]そして、こうした交通路の活性化は、運搬費用を押し下げ、新たな東西交流をも促すこととなったのである。[66]『碑伝集』に見える、雍正年間から乾隆年間にかけて雲南省の巡撫や総督などの要職にあった張允随の事績には、次のようにある。[67]

金釵坡銅廠では、鉱山経営者は損失を出し、公金もなく、採掘の停止を検討していたが、公（張允随）は、坑道は深いが、鉱産物はなお盛んであり、採掘量が増え、銅価が値上がりし、無駄使いを節約すれば、鉱山労働者は喜び励み、銅の年産は数百万斤余りに達すること間違いなく、隣接する省が制銭を鋳造するために皆これを必要とするであろうことを理解していた。銅は日に日に増加し公金は益々節約出来た。こうして現在二十年余りとなる。江楚各省の民は先を争って鉱山に赴き、春にやってきては冬に帰り、地元の貧民のみならず各省の商人もそれによって潤っている。

即ち、金釵廠が繁栄した結果、江楚から人々が集まり、その恩恵は、商人はもとより地元の民にも及んだ。『碑伝集』の記述が個人の業績を讃える性質を持つことを鑑みれば、すべてを鵜呑みにすることはできないが、鉱山開発の進展が東西交流を後押ししたことは間違いないであろう。

②鉱山における食糧問題と米価高騰

蒙自では、乾隆年間以降、清朝の貨幣政策と絡み合いながら個旧と金釵廠の開発が積極的に進められた。これは、銅を中心とした他省との取引、つまり東西交流の活発化と同時に、この地域に多くの鉱山労働者を引きつけることとなり、その数は、湖南・湖北・江西出身者を中心として、数万人に上ったという。(68)

そこで課題となったのが、鉱山開発をきっかけとして集まった膨大な数の鉱山労働者に対する食糧の安定的供給であった。そもそも一般的に鉱山は山中に位置し、農作物の栽培に適しておらず、鉱山労働者のために周辺地域から食糧を収集しなければならなかった。(69) 蒙自県自体もまた土地が平坦で灌漑には適しておらず、個旧や金釵廠に集まった鉱山労働者の対応に苦慮していたとあり、(70) こうした人々への食糧供給は、必然的に周辺地域に依存せざるをえなかったのである。乾隆年間に署雲南巡撫を務めた彰宝は、一七六九年（乾隆三四年）に鉱山労働者の食糧問題について述べた際に、雲南布政使銭度の報告を次のように引用している。(71)

ここに布政使銭度の報告によると、雲南の銅山は多いが、その中の主な湯丹・大碌・金釵・義都各鉱山はともに山中にあり、水田がなく、鉱山経営者が求める食糧は全て外部の客商に頼っている。むかしは米価が低く鉱山経営者が食糧を買うのに、資本にも余裕があり、広く労働者を雇って、各地で採掘を行ない、銅を獲得して豊かであった。しかし、近年、鉱山にやってくる商人が減少したため、食糧の価格は日ごとに上昇し、ついに一石十数両で売るものも現れる始末である。鉱山経営者は資本を出して高額で食糧を購買し、労働者に供給することで鉱石を手に入れるため、多くの場合原価を割り込み損失を出す。それゆえ鉱山経営者も次第に少なくなり、採掘する人は減り、扱う銅の量もおのずと減少している。

ここでは、金釵廠は清代雲南を代表する湯丹や大碌の銅山と並んで名前が挙げられており、その地理的条件から食糧の供給を周辺地域に頼らざるを得ず、流通の要である商人の往来の減少が米価の高騰を引き起こし、ひいては銅山経営にも悪影響を与えていたことが記されている。安定した食糧供給は、鉱山開発のアキレス腱ともなる重要な課題であった。

即ち、乾隆年間以降、蒙自では、鉱山開発にともなう他省からの鉱山労働者の集中により、食糧の慢性的不足が起こり、米価の高騰を招いたのである。これは、蒙自に隣接する米の産地である元陽一帯の経済的価値が相対的に上昇することを意味し、漢人を魅了する下地が醸成されつつあったといえる。

（2）商品作物としての米の移出

蒙自における鉱山周辺の食糧不足は乾隆年間半ばから存在していたが、従来、元陽の棚田一帯への漢人の進出は限定されており、経済面における直接的影響は少なかったと考えられる。しかし、大規模漢人移民の入植が始まり、土着民の田畑が奪われ、漢人商人が大挙して押し寄せるにともない、地元経済は急速に周辺の漢人経済圏と関係を深めることとなり、米価の高騰などの経済的影響をより直接的に被ることとなったと推測される。食糧の一大消費地である蒙自に隣接する元陽の棚田で生産される米は、漢人にとって利益を生み出す格好の商品作物となり得たのである。実際、民国期において個旧錫山に対する大量の米の供給が確認でき、実に元陽における産出量の三分の一に当たる四〇〇〇万斤が個旧や建水に運ばれ(72)、鉱山労働者の食糧供給に一役買っていたという(73)。

また、民国時期、雲南を治めていた龍雲政権（一九二八―一九四五年）は、隣接する英仏植民地のベトナムや緬甸からの影響力の浸透を危惧しており、雲南辺疆に対する関心を高めつつあった。こうした中、元陽産の米は、産出量が多く、地元や外地で消費する以外にも豊富な余剰米があり、当該地域の治安を安定させ、交通路を整備さえすれば、ベトナムからの輸入に頼らずに雲南中部の食糧問題は解決可能であるとして注目していた(74)。

このように米の商品作物としての魅力は、鉱山開発の進展を起因とする米価の高騰を背景として、この地に漢人の移民や商人を誘い寄せた。そして、漢人経済圏に深く組み込まれるに従い、漢人は利益の源となる水田や米を狙い、窩泥の人々からより一層強引にその生業空間である棚田などの土地財産を奪うようになり、追い込まれた窩泥人が漢人への不満を募らせ、異常気象の影響も加わり、遂に高羅衣による大規模蜂起へと突き進んでいくこととなったと考えられる。

おわりに

本稿では高羅衣蜂起の主体である窩泥人の生業の中心であった棚田を取り巻く状況に関して、生態環境と経済的側面から検討を加えてきた。従来の研究では高羅衣蜂起の原因として苛斂誅求を極めた土司に対する土着民の反抗や、漢人移民の大規模入植が指摘されてきた。しかし、本稿の分析を通して、棚田の拡大にともなう水資源の不足という生態環境の変容、更には鉱山開発の進展に起因する米価の高騰といった市場経済的要因を背景として、そこから派生した問題が窩泥の人々の生業手段を奪い、気候的要因も重なることで結果的に大規模蜂起へと追い詰めていったことが明らかになった。これまで論じてきたことをまとめると、次の四点となる。

①元陽一帯では古くから窩泥の人々が棚田を営み水田耕作に頼る生活を送ってきたが、一八世紀後半から一九世紀初頭にかけて、漢人移民の増大にともない、棚田が周辺地域に拡大し、水資源の需要が急速に増大するなど生態環境に大きな変化がもたらされた。

②一八一六年から翌年にかけて火山噴火を主因とする世界的な異常気象の影響により、雲南全域で冷夏や日照りなどの深刻な天候不順が起きた。元陽の棚田は、その地理的特徴から通年灌漑を行なわざるを得ず、春先の日照りは、灌漑を妨げ田植えの時期を遅らせ、作物の生長時期が気温の低い晩夏に重なることで不作となることを意味したため、土着民の間に社会不安が広がり、高羅衣蜂起を急速に拡大させる要因の一つとなった。

③乾隆年間以降、隣接する蒙自では個旧や金釵廠の鉱山開発が進展し、多数の労働者を必要としたため、食糧の安定供給が必須の課題となり、周辺地域に米価の高騰をもたらした。

④漢人の入植にともない、元陽一帯は漢人経済圏と密接に結び付くようになり、外部の影響をより直接的に受けることになったと推測される。その結果、米価の高騰を直接被るようになり、米を生み出す窩泥人の棚田に対する収奪が激しさを増し、生業手段を奪われた窩泥人は漢人に対する不満を最終的に高羅衣蜂起へと昇華させていったと考えられる。

これまで一八世紀前後の大規模漢人移民の入植にともなう山地開発については、新たな生活空間を求めた耕地開発にせよ、商品作物の栽培などに絡んだ市場経済的開発にせよ、主に焼畑農耕を営む山地民を対象として、新大陸産のトウモロコシなどの栽培作物による環境の破壊や商品作物導入による生業手段の喪失といった視角から研究が行なわれてきた。しかし、本稿で述べてきたように、元陽一帯の棚田に代表されるように山間部における山地民の水田稲作にも、漢人移民の入植を契機として周辺地域に棚田の拡大を促すなど大きな影響を与えていた可能性が示され、後世、世界屈指となる個旧錫山の発展を支える役割の一端を担うなど、漢人移民進出に起因する山地開発の意義は決して小さくない。ラフの政治的自立を分析した片岡が、政治統合を可能にした要因の一つとして、当地への漢人移民入植による稲作技術の移転がラフの定住化と集住を促した点を挙げていることにも見られるように、漢人移民の流入にともなう雲南の山間部における水田耕作の広がりに関して、その意義をもう一度精密に問い直す必要があろう。

最後に、本論文の作成過程において、二〇〇七年四月に開催された東京外国語大学アジア・アフリカ言語文化研究所共同プロジェクト「タイ文化圏における山地民の歴史的研究」の研究会で学習院大学の武内房司教授より貴重なご指摘を頂いた。この場を借りて謝意を示したい。

註

（1）方国瑜「明代在雲南的軍屯制度與漢族移民」林超民編『方国瑜文集』第三輯、雲南教育出版社、二〇〇三年、一四五―三三二頁。

（2）李中清「明清時期中国西南的経済発展和人口増長」（『清史論叢』第五輯、一九八四年）五〇―一〇二頁。

（3）曹樹基『中国人口史』（第五巻、清時期）復旦大学出版社、二〇〇一年、二一四―二四三頁。何炳棣「美洲作物的引進、伝播及其対中国糧食生産的影響」『大公報在港復刊　卅周季紀念文集』大公報出版、一九七八年、六七三―七三一頁。

（4）楊偉兵『雲貴高原的土地利用与生態変遷（１６５９―１９１２）』（５００年来環境変遷與社会応対叢書）上海人民出版社、二〇〇八年。

（5）唐立編『中国雲南少数民族生態関連碑文集』（総合地球環境学研究所研究プロジェクト4―2「アジア・熱帯モンスーン地域における地域生態史の総合的研究」中国歴史班編）総合地球環境学研究所、二〇〇八年。
（6）野本敬・西川和孝「漢族移民の活動と生態環境の改変―雲南から東南アジアへ―」秋道智彌監修・クリスチャン・ダニエルス責任編集『論集モンスーンアジアの生態史―地域と地球をつなぐ―第2巻地域の生態史』弘文堂、二〇〇八年、一五―三四頁。
（7）片岡樹「山地からみた中緬辺疆政治史―18―19世紀雲南西南部における山地民ラフの事例から」（『アジア・アフリカ言語文化研究』七三号、二〇〇七年）七三―九九頁。
（8）武内房司「清代雲南焼畑民の反乱―一八二〇年永北リス族蜂起を中心に」（『呴沫集』七号、一九九二年）二七六―二八八頁。
（9）西川和孝「清末民国期の雲南省普洱における漢人移民と茶山開発について―漢人の技術移転と市場開拓の視点から―」（『東洋学報』第九三巻第二号、二〇一一年）一四五―一七一頁。西川和孝「18世紀末の雲南省普洱府漫撒における会館建立と茶園開発―石屏漢人移民の活動を中心として―」『東アジアの茶飲文化と茶業』（周縁の文化交渉学シリーズ1号）関西大学文化交渉学教育研究拠点、二〇一一年、一四七―一六二頁。
（10）哈尼族簡史編写組『哈尼族簡史』雲南人民出版社、一九八五年、六二―六四頁。尤中『雲南民族史』雲南大学出版社、一九九四年、五六七―五六八頁。
（11）楊煜達『清代雲南季風気候与天気災害研究』復旦大学出版社、二〇〇六年、一一九―一三二頁、一七〇―一七一頁。
（12）武内房司「《民族図説》の成立とその時代―一九世紀初、伯麟『雲南種人図説』に見るシプソンパンナーの辺疆風景」長谷川清・塚田誠之編『中国の民族表象―南部諸地域の人類学・歴史学的研究』風響社、二〇〇五年、二一九―二五五頁。武内房司「地方統治官と辺疆行政―十九世紀前半期、中国雲南・ベトナム西北辺疆社会を中心に―」山本英史編『近世の海域世界と地方統治』（東アジア海域叢書1）汲古書院、二〇一〇年、一七一―二〇一頁。
（13）雲南省元陽県志編纂委員会編『元陽県志』貴州民族出版社、一九九〇年、四四―四五頁。
（14）吉野晃・中田友子・安達真平「民族移動の今と昔」秋道智彌監修・責任編集『論集モンスーンアジアの生態史―地域

と地球をつなぐ―第3巻くらしと身体の生態史』弘文堂、二〇〇八年、一二七―一四六頁。

(15) 稲村務「ハニ」末成道男・曽士才編『講座世界の先住民族』(ファースト・ピープルズの現在01東アジア)明石書店、二〇〇五年、二七七―二八九頁。また、ハニの支系については、稲村務「中国ハニ族の「支系」について―民族識別と「支系」概念の整理」(『歴史人類』三〇号、二〇〇二年)一五九―一八六頁に詳しい。

(16) 当時の江外地域の概要に関しては嘉慶『臨安府志』(巻一八、土司志)に詳しい。

(17) 大林太良「中国辺境の土司制度についての民族学的考察」(『民族学研究』第三五巻二号、一九七〇年)一二四―一三八頁。

(18) John E. Herman, *Empire in the Southwest: Early Qing Reforms to the Native Chieftain System*, The Journal of Asian Studies Vol.56,No1,1997,pp.47-74. 龔蔭『中国土司制度』雲南民族出版社、一九九二年、五二―六三頁。

(19) 本稿で使用する軍機檔案(台湾故宮博物院所蔵、以下の軍機処檔案はすべて同院所蔵のものを使用)に関しては、国際基督教大学の菊池秀明教授からご提供いただいた。

(20)『清仁宗実録』巻三二九、嘉慶二二年四月辛卯の条。「主犯の高羅衣は江外の土着民を使い、大胆にも反乱を起こした。高羅衣軍のいうところによると、江西や湖広等の漢人がこの土地で商売を行ない、過酷に利を貪るので、ついに漢人を駆逐するとの名目で、人々を集め蜂起したのである(首犯高羅衣以江外夷民胆敢謀逆滋事。拠該犯供称、因江西・湖広等処漢人在夷地貿易取利甚為刻苦、遂借駆逐漢人為名、聚衆謀逆等語)」。

(21) 軍機檔、供単、五一一八六号。内容は以下の通り。「章喜の供述によると…高羅衣は、まず二、三百人を集め自ら窩泥王と称し、高借沙を大都督に、私章喜を軍師に、そして朱申を副軍師にそれぞれ封じた……高羅衣は蜂起する考えがあることを私に相談し、宣伝ビラを書かせた……正月一三日に抛竹箐で挙兵し、まず大魚塘など三つの村に向かい、窩泥の人々を集め、多数の人間が、数日にわたり麻栗・新街・芭蕉嶺等の一〇余寨を攻めた。土着民たちは強奪や殺害されることを恐れ、皆これに従った(拠章喜供……高羅衣先聚了二三百人自称為窩泥王、封借沙為大都督、封小的為軍師、又封朱申為副軍師……高羅衣商同小的要想造反、叫小的書写伝単……正月十三日即在抛竹箐起事、先到大魚塘等三寨、糾約窩泥夷衆、多人連日打麻栗・新街・芭蕉嶺等十余寨。各夷人怕他劫殺均被脅従)」。

(22) 伯麟奏、嘉慶二二年二月二五日、軍機檔、五〇九四〇号。内容は以下の通り。「(高羅衣の甥である) 高借沙がまた人々を率いて、逢春嶺に行き、土目の龍定国の住居を取り囲み、この村にいた土着の人々やここで取引を行なっていた漢人四、五〇人を殺害した (高借沙又帯人至逢春嶺囲住土目龍定国住拠、殺死該寨夷人並在彼貿易漢民四五十人)」。

(23) 伯麟奏、嘉慶二二年二月二五日、軍機檔、五〇九四〇号。内容は以下の通り。「紅河を渡り、逃げ帰った商人は川・楚滇・黔の者たちで、一二〇〇余名に上る (至江外逃回貿易人等籍隷川楚滇黔者一千二百余名)」。

(24) 伯麟奏、嘉慶二二年四月一八日、軍機檔、五一二七七号。内容は以下の通り。「正月一三日に拋竹箐で兵を挙げ、まず大魚塘などの三つの村に行き、窩泥の人々を糾合し、麻栗・新街・芭蕉嶺等の一〇余寨を攻めた……多くの人々が脅され従い、至る所で数えきれないほどの略奪や暴行が行なわれ、脅迫され加担する者は一六〇〇〇人余りにもなる……高羅衣はひそかに内地をうかがい、二月一八日に紅河を渡って擾乱した (正月十三日即在拋竹箐起事、先到大魚塘等三寨糾約窩泥夷衆、多人連打麻栗・新街・芭蕉嶺等十余寨……多被脅従、到処横行搶殺不可勝数、裹脅夷衆一万六千余人……高羅衣窺伺内地、敢於二月十八日過江滋擾)」。

(25) 伯麟は満州人の出身の官僚で、一八〇四年 (嘉慶九年) から一八二〇年 (嘉慶二五年) まで雲南および貴州の民事・軍務を統制する雲貴総督を務めた。

(26) 伯麟奏、嘉慶二二年四月一八日、軍機檔、五一二七七号。内容は以下の通り。「(二月) 七日に (高羅衣は) 章喜に命じて二千人余りを連れてまず強行渡河し偵察を行なおうとしたが、紅河守備隊の砲撃にあい、賊匪十余人が殺傷された。高羅衣が大将に封じた帰落が殺された上に、漢奸の章喜および仲間の李長楊と李郁も捕らえられた。ついで高羅衣は官兵が来ることを耳にすると、自らは年老いて陣頭に立ち戦うことに向かず、甥の高借沙は力があり賊兵を指揮できることを理由に、高借沙を王に改称させ、自身は老王と称した。高借沙は王を称した後に、弟の高借折を封じて王とし、参将・州県・千総・把総などの官職を数十人余に偽封した (《二月》初七日嘱令章喜帯領二千余人先行搶渡探視、経防江官兵施放鎗砲撃退傷斃賊匪十余人。高羅衣封為大将之帰落亦在傷斃之外、並将漢奸章喜及夥賊李長楊・李郁拏獲。嗣高羅衣聞風官兵将到、因已身年老不能臨陣打仗、伊姪高借沙強横有力可以帯領賊兵、即令高借沙改称為王、又称観音山主、高羅衣称為老王、高借沙称王後、又封弟高借折為王、並偽封参将・州県・千総・把総等官、共有数十人余)」。

(27) 伯麟奏、嘉慶二二年四月一八日、軍機檔、五一二七七号。内容は以下の通り。「三月二八日に改めて官兵が線目を引き連れ、前進し撃破した。高羅衣は、官兵が雲集し、勢い叶わないのを目の当たりにした上、甥の高借沙や高借折はすでに殲滅されており、援軍もないので、逃げおおせることも難しいと判断し、甥の朱木頭とともに軍勢の前に進み出て、頭を地面に叩きつけ、自殺した(《三月》二十八日改経官兵帯領線目前往攻剿、該犯見兵練厚集、勢不可当、且因伊姪高借沙・高借折業被殲斃、別無幇助親属、料難逃匿、即帯同伊甥朱木頭、出至軍前、叩頭納命)」。

(28) 伯麟奏、嘉慶二三年四月一一日『嘉慶朝上諭檔』。中国第一歴史檔案館編『嘉慶道光両朝上諭檔』(第二三冊)広西師範大学出版社、二〇〇〇年、一八六頁、四七八号。内容は以下の通り。「反逆者の高老五は人々を糾合し江外で掠奪を行ない、その数は三千人余りに上った。連中は蛮蜜から紅河を渡航し、土着の村々に加わることを迫り、脅され追従するものは五六千人に至った。臨安府の府城をうかがい群がる者は凡そ二三千人であり、賊どもの勢いはたけり狂うほどのものである(逆夷高老五糾衆搶掠在江外已聚衆至三千余人、自蛮蜜渡江後、逼令夷寨入夥、以致脅従至五六千人。其窺伺臨安郡城蜂擁而至者約有二三千人、似賊勢甚為披猖)」。

(29) 武内一九九二年 前掲論文、二七六—二八八頁。片岡 前掲論文、七三—九九頁。

(30) 神戸輝夫「清代後期の雲南回民運動について」(『東洋史研究』第二九巻第二・三号、一九七〇)一一八—一四六頁。鈴木中正「清朝中期における民間宗教結社とその千年王国運動への傾斜」鈴木中正編『千年王国的民衆運動の研究—中国・東南アジアにおける—』東京大学出版会、一九八二年、一五一—三五〇頁。

(31) 武内二〇一〇年 前掲書、一七一—二〇一頁。

(32) 伯麟奏、嘉慶二二年四月一八月、軍機檔、五一二七七号。内容は以下の通り。「本年正月六日に高羅衣は、章喜、朱申、そして、甥の高借沙と造反を謀る……高羅衣は自称し窩泥王となり、高借沙を大都督、章喜を軍師となし、朱申を副軍師に封じ、さらに窩泥人の李雅二・銭以戞・馬直借・高此門・阿痴・李老長・黒者・薩者・馬哈雑・帰落・嘎波・馬居阿ら一二人を集め、封じて大将とし、まず三〇〇余人を集めた(本年正月初六日高羅衣與章喜・朱申並伊姪高借沙商謀造反……高羅衣自称為窩泥王、封高借沙為大都督、封章喜為軍師、封朱申為副軍師、又糾約窩泥夷人李雅二・銭以戞・

馬直借・高些門・阿痴・李老長・黒者・薩者・馬哈雑・帰落・嘎波・馬居阿等十二人封為大将、先驟集三百余人)」。

(33) 伯麟奏、嘉慶二二年二月六日、軍機檔、五〇七一一号。内容は以下の通り。「臨安府辺疆に位置する納楼土司の普承恩は、もともと勢力が貧弱である。納楼土司が管轄する紅河以南の数百里の地域には窩泥や果羅などの人々が居住しており、山には木々が密生し、煙瘴が甚だしいため、当該地域の土着の民は納楼土司に容易には従わず、性格は荒々しく、礼法も心得ていない（該府辺外納楼土司普承恩素本貧弱。其所轄澧社江外数百里多係窩泥・玀猓等種夷人萃処。山源箐密、煙瘴甚感。該処夷衆難属納楼土司所管内、性情剽悍、不知礼法）」。

(34) 江濬源纂『臨安府志』嘉慶四年（一七九九）、巻一八、土司志。以下嘉慶『臨安府志』と記す。原文は以下の通り。「果羅…務耕作、好飲酒、飯多間以莜豆……窩泥……種稲穀・棉花・靛草為業」。

(35) 嘉慶『臨安府志』巻二〇、雑記。原文は以下の通り。「臨属山多田少、土人依山麓平昿処、開作田園、層層相間、遠望如画。至山勢峻極、躡坎而登、有石梯磴、名曰梯田」。

(36) 樊綽撰『蛮書』巻七、雲南管内物産第七（向達校注一九六二『蛮書校注』中華書局、一七二頁）。内容は以下の通り。「土着の民は山田を治め、非常に整っている（蛮治山田、殊為精好）」。

(37) 野本・西川　前掲書、一五一―三四頁。

(38) 李中清『中国西南辺疆的社会経済：1250―1850』（林文勲、秦樹才訳）人民出版社、二〇一二年、九四―一六八頁。

(39) 江濬源は、安徽省懐寧県出身で、乾隆三五年（一七七〇）挙人に、乾隆四三年（一七七八）に進士となった。清廉の士で災害への対応や書院の建設にも大きな業績を残した。阮元等修『雲南通志稿』一八三五年（道光一五）刊、巻一二九、循吏にその名が見える。以下道光『雲南通志稿』とのみ記す。

(40) 江濬源『介亭文集』一八七四年（同治一三）刊、巻六、條陳稽査所属夷地事宜。以下『介亭文集』とのみ記す。原文は次の通り。「所轄十土司十五掌寨計其文報程期、遠距郡城、動需五六日及旬余而後至年……歴年内地民人貿易往来紛如梭織、而楚・粤・蜀・黔各省攜眷世居其地、租墾営生者亦幾十之三、四。毎有狡詐剽悍之徒、始或認種田畝、並借販売茶・布・針・線為端、希覬盤踞、継則夷情既熟、輙敢多方煽誘恣其把持、甚至窩引匪人、肆竊攘奪、搆衅醸案、牽累無辜、而若輩仍得隠匿姓名、置身事外、鬼蜮伎倆、固結不揺。此等漢奸実為夷方之蠹」。
(41)『介亭文集』巻六、條陳稽査所属夷地事宜。原文は次の通り。「査客民経商投向夷地、挈家而往者漸次已繁、更有本属単孑之身挟貲潜入。初惟倚漢奸在彼代為営謀、已而愚夷墮其術中、取便一時、至與聯為婚姻妻以子女、因而憑藉夷婦、往来邨寨、行放銭債滾剥。多方是若輩始則以漢民倚勢漢奸張其声援之助、継且以夷婦交通夷衆逞其刻削之私攘取財貨、由於此準折土田、由於此鳩聚滋多鵲張滋甚日復一日」。
(42)唐立編 前掲書、五〇―五三頁「臨安府告示碑」。原文は以下の通り。「納更界内空余荒地、百姓有能引水開田、許種三年後科租、即准為世業。遇有緩急、聴従典当。但不許與外境人民典種致滋擾累。再示。嘉慶十年正月二十七日告示」。
(43)伯麟奏、嘉慶二二年七月一三日、軍機檔、五二七八四号。原文は以下の通り。「査臨安江外地方多係山梯田畝。従前烟戸数稀、所産糧食足敷餬口。近来生歯日繁、貧乏夷民絀於生計、難免詐偽漸滋。査該処雖係層巒叠嶂、而山頭地角、尨土尚多、自応設法調剤、以饒物産而厚民生」。
(44)元陽の棚田に関してフィールド調査をしてきた安達真平氏によると、元陽にみられる山地斜面に開かれた棚田は、谷間盆地周辺部の扇状地や支谷などの沖積地に開かれた棚田と異なり、特定の山地環境に適応した伝統的灌漑稲作である可能性が高く、農業技術においても平地の水田とは異なる特徴が見られるという。宮川修一・竹中千里・小野映介・藤田裕子・安達真平「水田稲作の多様性」秋道智彌監修・河野泰之責任編集『論集モンスーンアジアの生態史―地域と地球をつなぐ―第1巻生業の生態史』弘文堂、二〇〇八年、四九―七〇頁。
(45)安達真平・西川和孝「棚田」秋道智彌編『図録メコンの世界―歴史と生態』弘文堂、二〇〇七年、一一八―一一九頁。
(46)これら碑文のほかにも、元陽県東部の嘎娘郷新嘎娘村龍克村には、磨滅のため年代など詳細は不明なものの、用水路の掘削と水資源管理に関する「龍克水溝碑」がある。唐立編 前掲書、一九八―一九九頁。
(47)田村善次郎『棚田の謎―千枚田はどうしてできたのか』OM出版、二〇〇三年、一六・一九頁。
(48)実際、筆者が二〇〇五年に現地調査を行なった際、「糯咱水溝碑記」の傍にあった用水路はすでに枯れており、水田は畑にされていた。この様子に関しては、唐立編 前掲書(五七頁、写真3)を参照されたい。
(49)当該地区には当時から大魚塘という地名があり(前掲註(21)参照)、当時から魚を養殖する習慣があったと推測される。

(50)棚田の実態に関して、近年現地調査にもとづく研究報告が増えつつある。ここでは、百瀬邦泰「雲南の棚田地帯を涵養する雲霧帯の土地利用の変遷と竜山の消長」(『アジア・アフリカ地域研究』三、二〇〇三年)八七—一〇二頁、安達真平「雲南省哀牢山地の多民族棚田地域における灌漑システム」(『ヒマラヤ学誌』一三、二〇一二年)三四一—三五三頁、宮川修一・竹中千里・小野映介・藤田裕子・安達真平　前掲書、四九—七〇頁を参照。

(51)韓三異等纂修『蒙自県志』康熙五一年(一七一二)、巻五、彝俗、窩泥の条。以下康熙『蒙自県志』とのみ記す。原文は以下の通り。「自呼哈泥。蒙邑有河泥里、即其所居也。其性柔畏法、不敢為盗賊。所居多茅屋。男能耕、女能織。春耕用牛、畢則放之於野、秋成獲稲」。

(52)桜井邦朋『夏が来なかった時代—歴史を動かした気候変動—』吉川弘文館、二〇〇三年。

(53)楊煜達　前掲書、一一九—一三一頁。楊煜達は、この年の異常気象に関して雲南に止まらず、中国国内および世界各地の事例を挙げている。

(54)伯麟奏、嘉慶二二年二月二五日、軍機檔、五〇九四〇号。原文は以下の通り。「(雲貴総督伯麟)伏査澧社江綿亘五百余里、其向渡口十一処、而晴害已久、江水陋浅、可渡地方甚多」。

(55)雲南省元陽県志編纂委員会編　前掲書、五〇頁。こうした冬から春先にかけての干害は一九七九年、一九八六年、一九八七年にも発生しており、ともに大きな被害を出している。元陽県地方志編纂委員会編『元陽県志』雲南民族出版社、二〇〇九年、一七八頁。

(56)元陽における冷害が起きた場合の棚田への具体的な影響については、楊煜達　前掲書(一七〇—一七一頁)に詳しい。

(57)清末民国期の個旧錫山の発展については、武内房司「近代雲南錫業の展開とインドシナ」(『東洋文化研究』五、二〇〇三年)一—三三頁に詳しい。

(58)黨武彦「乾隆九年京師銭法八条の成立過程およびその結末—乾隆初年における政策決定過程の一側面」(『九州大学東洋史論集』二三、一九九五年)三九—八六頁。

(59)楊斌・楊偉兵「近代雲南個旧錫鉱的対外運銷(1884—1943)」楊偉兵編『明清以来雲貴高原的環境與社会』東

方出版中心、二〇一〇年、八三―一一一頁。

(60)『銅政便覧』(撰者不明)巻六、東川新局・順寧府・永昌局・曲靖局の項目。

(61)武内二〇〇三年 前掲論文、一―三三頁。

(62)余慶長撰『金廠行記』(王錫祺輯『小方壷斎輿地叢鈔』第八帙所収)。原文は以下の通り。「乾隆丁丑冬十有二月余以通海県令奉檄、委査慢梭金廠……南入蒙自界、又四十里抵個旧廠、商賈輻輳、煙火繁稠、視摸黒迴勝地、産銀・錫・鉛・白錫、質良甲於天下」。

(63)道光『雲南通志稿』巻七五。内容は以下の通り。「金釵等銅山は蒙自県地方にある。康熙四四年(一七〇五年)、雲貴総督の貝和諾が開発を主導した……金釵銅山は臨安府蒙自県の西南九〇里にあり、採掘量は年間約一、二〇万斤から一六〇万斤と一定ではない(金釵等銅廠坐落蒙自県地方。康熙四十四年総督貝和諾題開……金釵廠在臨安府蒙自県西南九十里、年獲銅一二十万至一百六十万不等)」。

(64)川勝守「清、乾隆期雲南銅の京運問題」(『九州大学東洋史論集』一七、一九八九年)一―九四頁。市古尚三『清代貨幣史考』鳳書房、二〇〇四年、八三―一二八頁。

(65)これら一連の歴史過程と銅の運搬ルートに関しては、西川和孝『雲南中華世界の膨張―プーアル茶と鉱山開発にみる移住戦略』(慶友社、二〇一五年)一三五―一五〇頁に詳しい。

(66)李中清 前掲書、七一―九三頁。

(67)銭儀吉輯『碑伝集』光緒一九年(一八九三)江蘇書局刊本、巻二六、張允随、「大学士広寧張文和公神道碑」。原文は以下の通り。「有金釵坡銅廠、廠民虧本、官帑無着、衆議停採、公知洞雖深、而壙仍旺、量増銅価、節省浮費、大匠踴躍、歳約産銅数百余万、隣省鼓鋳、皆需於此。銅日多而帑益省、今亦二十余年矣。江楚各省之民争趨赴廠。春至冬帰、不独可以養本境之窮黎、并可以養各省之商民」。

(68)李焜等纂修『蒙自県志』乾隆五六年(一七九一)、巻三、廠務。内容は以下の通りである。「個旧は蒙自の一郷である。戸はすべて甲に編入され、瓦葺の家屋に居住している。商人はそのうち八割から九割を占めており、土着の者はほとんどいない……最初に方連硐鉱山の開発が盛んとなり、四方から採掘に来る者が数万人に上った。その中で湖南湖北の者が七割、江西の者が三割を占め、山西と陜西の者がこれに次ぎ、またその他の省がこの後に続く（個旧為蒙自一郷。戸皆編甲、居皆瓦舎。商賈貿易者十有八九。土著無幾……初因方連硐興旺、四方来採者不下数万人。楚居其七、江右居其三、山陜次之、別省又次之）」。

（69）楊偉兵　前掲書、二二〇―二二三頁。

（70）嘉慶『臨安府志』巻四、疆域。内容は以下の通り。「田地が平らに広がっており、灌漑は困難であり、かつ個旧、金釵は財宝が出てくる場所であるので、鉱山労働者が集まり雑然としている。治安維持に関してその時この地を管理する者は、注意する必要がある。（至於土田平衍、灌漑維艱、以及個旧・金釵為財宝之所出、砿徒叢雑、綏靖以時官斯土者、尚加之意哉）」。

（71）中国人民大学清史研究所・中国人民大学檔案系中国政治制度史教研室合編『清代的砿業』（上巻）中華書局、一九八三年、一五〇頁。原文は以下の通り。「乾隆三十四年九月二十七日、署雲南巡撫彰宝奏……茲據布政使銭度詳称、滇省銅廠雖多、惟湯丹・大碌・金釵・義都為最、各廠俱在万山之中、并無稲田、廠民所需口粮、全頼外州県客商販運接済。従前米価平減、廠民買食、計算工本有余、即広招砂丁、多方開採、是以獲銅充裕。近年来商販到廠稀少、粮価日増、竟有売至十数両一石者、廠民領出工本、貴価買食、供給砂丁採辦砿砂、多将成本虧折、廠民亦漸次星散、開採之人既少、辦出銅斤、自不能多」。

（72）雲南省編輯組『中央訪問団第二分団雲南民族情況滙集』（下巻）雲南民族出版社、一九八六年、二一二頁。一九五〇年代に行なわれた調査によると、「最も米の生産が多い地区は、稿吾・太和・敦厚の三地区であり、毎年外地へ四〇〇万斤を移出している……江外は米の産地であり、約三分の一が移出されている（産米最多的地区、為稿吾・太和・敦厚三個区、毎年向外輸出約四〇〇万斤……江外是産米区、約三分之一輸出）」とあり、また同書「元陽県新街貿易状況」の「運輸路線・運価」の項目（二一五頁）には「個旧、建水から貨物を運搬してくるか、或いは新街から米を運び出して個旧に赴くのはともに馬のキャラバンによる（由個旧・建水運貨来、或由新街運出大米去個旧、均用馬幇駄運）」とある。

（73）雲南省編写組編『雲南回族社会歴史調査』（一）雲南人民出版社、一九八五年、一〇頁。内容は以下の通り。「二つ目は個旧は一大消費地であり、一五万人の鉱山労働者が集まっているが、この地域には農業生産できる田畑がなく、穀物はすべて開化府、澂江府、宜良県、および江外の土司地域から運んでくる（一是個旧這一個大銷場、一五万砿工聚集一地、地方上没有田畝可供農業生産、喫的米穀皆由開化・澂江・宜良、以至江外土司地運来）」。

（74）雲南省立昆華民衆教育館編輯『雲南辺地問題研究』（下巻）雲南省立昆華民衆教育館、一九三三年、二九一―二九二頁。本書編集の中心人物である陳玉科は、当時、実質的に雲南を治めていた龍雲政権の下で、雲南省党務指導委員宣伝部長を務めていた。内容は以下の通り。「穀米の生産量に関しては、ハニ地方の広平村や全福庄などが最も豊かである。毎年の収穫は一家の食を満たすだけでなく、外部や土猓・沙人・擺人などの他の部落に売るほかにも、数年にわたる備蓄がある……内地各県は米や薪で大騒ぎしており、混乱することこの上ないが、辺境の地では却って食べきれないほどの数千百石の米穀が焼却され灰に帰しており、もし政府が匪賊を徹底的に退治し、交通路を開き、この地の余剰米を内地に運搬して用いるなら、どうして気を煩わせた上に金銭を使ってまで安南の東京米に頼ることがあろうか（致於穀米之生産量、以猡猊地方的広平村、全福庄等処最豊、不惟毎年的収穫足够一家之食、再除了售給外人以及其他部落（如土猓、沙人、擺人……等）外、還積年剰余着……内地各県在鬧着米珠薪桂、恐慌得無以復加、辺地却食不完的穀米幾千百石地焚為灰燼、如果政府肯澈底粛清匪患、開闢交通、把辺地的余米運輸到内地来用、又何必費神費銭費事地仰給於安南的東京米呢？）」。

日露戦争期における奉天軍政署と清朝官民
―『小山秋作氏旧蔵奉天軍政署関係史料』所収文書の紹介を中心として―

高遠拓児

はじめに

「軍政」という語は通常、軍事上の政務を指し、近代日本の場合は「陸海軍大臣の主管事務とされた[1]」政務が軍政と呼ばれた。ただ、近代日本の軍事用語としては、戦時下の占領地において行われた施政を指す場合があり[2]、明治・大正期には日清戦争・北清事変（義和団戦争）・日露戦争・第一次世界大戦の各時期にこの意味での軍政が施行されている。このうち日清戦争期には遼東半島の安東・金州などに軍政機関が設置されたが、近代日本がはじめて経験した対外戦争での占領地統治は、組織・施政のいずれも一貫性を欠く試行錯誤の連続であり[3]、また、北清事変の際の天津・北京における軍政は、聯合軍の一角としてこれを担うという特殊性を抱えていた[4]。一方、日露戦争期の軍政は、日本単独で南満洲の広範な地域[5]を対象に行われたもので、統属関係にこそ変遷があったものの、組織的には各地に設置された軍政署がこれを担う体制で一貫しており、それまでの軍政とは自ずから様相を異にするものとなった。とくにこの時期の満洲における軍政は、日本の権益扶植の先触れ[6]、あるいは満洲経営をめぐる問題の発端[7]と先行研究上で位置づけられており、近代日本の大陸政策の文脈からも重要な意味を持つものとなった。この満洲軍政に関する専論としては、これまでに大山梓氏、佐藤三郎氏、寺本康俊氏、川島淳氏による諸論考が公表されている(8)。

近代日本の軍政について多くの業績を残された大山氏は、日露戦争期については参謀本部の『明治三十七八年日露戦史』や陸軍省の『明治卅七八年戦役陸軍政史』といった書物を精査され、満洲各地における軍政署の設置から撤廃にいたるプロセスを明らかにされた。さらに氏の研究は、上記の書物に加えて外務省の『日本外交文書』も広範に活用し、軍政署の設置から撤廃にいたる過程を日露戦争期の外交史に位置づけた点でも、重要な意味を持つものとなっている。

佐藤氏の論考は、大山氏と同じく『明治三十七八年日露戦史』と『日本外交文書』を主たる素材としたもので、軍政署の沿革やその事業内容について整理し、満洲軍政全般を論じた先駆的な業績となった。また、寺本氏は戦時下の軍政および戦後に設置された関東都督府の施政に対する現地官民の対応について、『日本外交文書』の領事報告などを中心に、日本の領事や政府要人が現地社会の抗議などをどう受け止めていたのかを分析された。そして、川島氏は軍政委員派遣当初の史料である「満州軍政委員心得」や軍政委員に対する訓示などの検討を通じて、派遣当初の軍政委員が各軍司令官と大本営陸軍参謀福島安正少将の双方に隷属する特異な統属関係を有したこと、また軍政委員に課せられた使命の中に日本の権益扶植が含まれていたことなどを明らかにされた。

このように日露戦争期の満洲の軍政については、すでに一定の研究成果が世に示されてきている。しかし前述の四氏の研究は、いずれも大きな史料的制約を抱えざるを得なかった。それは『明治三十七八年日露戦史』や『明治卅七八年戦役陸軍政史』など、戦役後に軍組織自らが編纂した書物に多く依拠している点からも窺えるであろう。すなわち戦時中の同時代史料については、大山氏が利用された営口軍政署編『営口軍政志』や、川島氏が利用された陸軍内部の断片的な記録などが利用・紹介される程度に止まっていた。これは戦前の軍、とくに参謀本部や関東都督府などの記録の多くが散逸したことに起因しており、満洲軍政の実態研究には大きな壁が立ちはだかってきたのである。比較的近年の川島氏の論考の中でも、たびたび「史料的制約」に言及されるが、これもその壁を如実に示すものといえよう。

ただ、一九九九年と二〇〇二年に『明治三十七八年戦役満洲軍政史』が復刻出版[9]されたことは、日露戦争期の満洲軍政に関する史料環境を大きく改善する契機となった。同史料もまた、戦後の大正年間に入ってから関東都督府の手で出版された編纂物ではあるが、当時まだ散逸せずに保管されていた軍政に関わる記録類を踏まえて編まれた大部の書物となっている。復刻版の凡例によると、今日では『明治三十七八年戦役満洲軍政史』の所蔵は国立公文書館にのみ確認されるとのことであるが、この復刻版の刊行によって同史料の利用が容易となったことは、今後の軍政研究に裨益するところ大であろう。

そしてじつは、この総合的な編纂物である『明治三十七八年戦役満洲軍政史』と相補しうる同時代史料もまた残されている。それはこの日露戦争初期に大本営陸軍幕僚として各軍政署との連絡役を勤め、その後戦線が北上するに伴って自身も奉天軍政委員の任に就くなど、満洲軍政の最前線に携わった小山秋作が残した史料群である。彼の残した史料については、未公刊であるがかつて宮本高明氏の修士論文[10]にて取り上げられたことがあり、宮本氏はこの小山遺蔵の史料群を駆使して奉天軍政署の詳細な活動実態を明らかにされた。しかし、その後の軍政研究の中でこの史料が利用されたことは管見の限りなく、なお、検討の余地が残されているように思われる。そして宮本氏の論考は、主として軍政署自体の活動の分析に主眼が置かれており、同史料に含まれる「照会」や「呈」「稟」といった現地の官庁や住民が軍政署に宛てて送った文書の類については、その大半が手つかずの状態に残されていた。そこで本稿では、従来の研究でほとんど注目されることのなかった、この清朝官民の作成した文書類を紹介し、小山秋作遺蔵史料の価値の一端を示すことにしたい。

以下、第一章では小山秋作の略歴と彼が残した史料の概要をまとめ、第二章では日本の軍政署に対して清朝側の機関である奉天交渉事務総局（交渉局）が送った「照会」という文書を紹介する。次いで第三章では、現地の一般人民が提出した「呈」という文書と、郷紳など地位ある人々が主に提出した「稟」という文書をそれぞれ紹介する。

一　小山秋作と彼が残した史料

小山秋作(11)は一八六二年（文久二年）六月一日、長岡藩藩医小山良雲の三男として生まれた。彼は蒲生漢学塾、次いで二松学舎で漢学を学んだ後、陸軍教導団を経て、一八八四年（明治十七年）に陸軍士官学校に進み、一八八七年（明治二十年）の卒業後には、歩兵少尉として小倉歩兵第十四聯隊に配属された。以降、彼は日清戦争・北清事変・日露戦争といった明治日本の岐路となる諸戦役に陸軍軍人として関わり、一九〇九年（明治四十二年）に予備役に入り、一九二七年（昭和二年）九月十五日に享年六十六で没した。軍人としての最終階級は歩兵大佐であった。

軍務に就いている間の小山について、その伝は「多く参謀本部々員として支那関係の事に心血を濺ぎ、隠れたる功績大なるものがある」(12)と記しており、彼が中国関係の実務に携わった情報将校であったことを伝えている。小山が携わった職務は、日清貿易研究所幹事（一八九〇年八月より。参謀本部から派遣）、台南守備（一八九五年十月より）、韓国守備（一八九七年五月より）、大本営陸軍幕僚（一九〇四年三月より）、奉天軍政委員（一九〇五年三月より）などであり、ほかにも一八九六、一八九九、一九〇〇、一九〇一年の各年に中国に派遣され、劉坤一・張之洞をはじめとする清朝の地方大官との折衝に当たった経歴も有している。このように彼の職務・活動は、当時の日本陸軍の大陸政策と深く関わっており、後のいわゆる陸軍支那通の走りのような人材であったと評することができよう。かかる経歴を有する小山秋作は、その職務に関わって受け取った文書、あるいは自らがまとめた文書の控えや草稿の類を極力破棄せず手元に保管していたようで、今日では彼の名を冠する二つの史料群が、明治期の日本陸軍に関する貴重な情報源として残されている。

その一つは防衛省防衛研究所の所蔵する「小山史料」である。一九八五年に原清士氏が発表された「史料紹介「奉天考」」の解題によると、小山秋作の曾孫にあたる小山泰男氏より、防衛庁防衛研修所（防衛研究所の前身）に「元陸軍大佐小山秋作の遺品である軍関係史・資料が防衛研修所に寄贈された」[13]というのが、その来歴とのことである。この「小山史料」は独立した文庫とはなっておらず、かつては研究所閲覧室のカード目録に「小山史料」と注記されるものを一件一件探し当てるしかなかったが、現在では防衛研究所ホームページにて「公開史料目録」[14]が公表されたため、史料群の概要が把握しやすくなった。すなわち、この「公開史料目録」に「小山史料」ないしは「小山秋作」と記されている史料は二百件余に上り、主として明治期の陸軍に関する諸種の記録、国内外の地図、相当量の私信など、様々な種類の史料が収められていることがわかる。この防衛研究所蔵「小山史料」については、前述の宮本高明氏の修士論文がこれを活用しているほか、一九〇一年の福島安正による南清旅行について論じた拙稿がその一部を利用[15]、また近年では川島真氏が日清戦争後の日本軍による台湾占領時の貴重な記録を紹介されている。[16]

いま一つの史料群は中央大学図書館の所蔵する『小山秋作氏旧蔵奉天軍政署関係史料』で、同史料は「神田東城書店より稲生典太郎先生、中田易直先生、大学図書館のご尽力により蒐集され[17]」たものとのことである。中央大学図書館整理課和書担当の作成した受け入れ時の目録の凡例には「八五年度受入分」と記されており、防衛研究所の「小山史料」とほぼ同時期にこちらも現所蔵機関に入ったものと思われる。この『小山秋作氏旧蔵奉天軍政署関係史料』は、小山が生前所蔵していた各種史料約二百八十点より成り、その標題の通り日露戦争期の軍政署関連史料がその多数を占めるが、日露戦争期以外の二十六件、時期不詳の四件も含んでいる[18]。これが日露戦争期の満洲軍政研究に関する好個の史料群であることは、すでに宮本氏の研究によって実証されており、さらに日露戦争期以外の史料にも興味深い内容のものが含まれていることについては、過去に筆者が指摘したことがある[19]。

なお、防衛研究所の「小山史料」と、中央大学図書館の『小山秋作氏旧蔵奉天軍政署関係史料』は、いずれも小山の経歴に密接に結びついており、本来はひとまとまりのコレクションだったと考えられる。例えば、小山は一八九〇年（明治二十三年）に、荒尾精や根津一らの設立した日清貿易研究所に参謀本部から派遣され、研究所の経理等を支えたと伝えられている[20]。そして彼の残した史料には、同研究所で編纂された『清国通商綜覧』の稿本と思われる原稿が含まれるが、現在それは防衛研究所と中央大学図書館に分かれて収蔵されているのである[21]。小山遺蔵の史料がいかなる経緯で二つに分かれたのかは定かでないが、上記の例以外にも、同種の記録が両機関に分蔵されている例が確認されるため、「小山史料」と『小山秋作氏旧蔵奉天軍政署関係史料』を扱う者は、その双方に目を配る必要がある。

以下、第二章と第三章では、奉天軍政署軍政委員時代に小山が受領した清朝官民からの文書をいくつか紹介してゆくが、その前に軍政署の設置沿革とその当時の小山の履歴について確認しておきたい。

日露戦争期の満洲における軍政は、一九〇四年（明治三十七年）四月二十三日の大本営「満洲軍政委員派遣要領」の発令によりはじまり、同年五月十一日には最初の軍政署となる安東軍政署が開設された。その後、日本軍占領地の拡大に伴って軍政署は増設されていったが、一九〇六年（明治三十九年）八月三十一日の関東総督府の廃止前後から順次撤廃に向かい、最後の軍政署となった営口軍政署が同年十二月六日に撤廃されたことによって、この戦役期の軍政は終結した[22]。

一方、小山は歩兵少佐として日露開戦を迎え、当初は大本営陸軍幕僚として軍政関連の実務に携わり、[23]その後、奉天会戦後の一九〇五年（明治三十八年）三月四日に奉天における軍政署の開設を命ぜられた。これを受け、彼は同月十日に奉天に入り、その翌日には奉天城内の旧ロシア総督府を接収して軍政署を開設し、軍政委員としての業務を開始した。同年九月には中佐に陞進し、軍政委員としての業務は、彼が病気療養のために帰国の途に就いた一九〇六年（明治三十九年）四月十六日まで続けられた。なお、軍政署の後事は初め奉天軍政署の通訳官、ついで軍政委員代理として派遣された池内己巳男少佐に引き継がれた。奉天軍政署はこの池内少佐のもとで一九〇六年八月一日の閉署を迎えることとなった。[24]

二　「照会」奉天交渉局から奉天軍政署に送達された文書

清朝は一六四四年（順治元年）の北京遷都の後、満洲の盛京（瀋陽）を陪都とし、一六五七年（順治十四年）には京府として奉天府を置いた。こうして都市としての盛京は、また奉天とも呼ばれるようになり、鎮守盛京等処将軍（盛京将軍、奉天将軍）の駐在地として、満洲、とりわけ南満洲における政治の中心となった。[25]このため、清末の奉天に置かれた軍政署は単にその都市と近郊の軍政に携わるだけでなく、日本軍と盛京将軍との交渉の窓口としての性格も帯びることとなった。『明治三十七八年戦役満洲軍政史』は、十八の軍政署について取り上げているが、その中でも「交渉」と題された章の分量は奉天軍政署のものが他を圧しており、[26]奉天軍政署が外交的機能を強く備えた機関であったことを示唆している。

そして、奉天における日本側の窓口が軍政署であったのに対し、清朝側の窓口となったのは奉天交渉事務総局（奉天交渉局）であった。交渉局は、清末の各地方長官（内地の場合は督撫、ここでは盛京将軍）の下に組織された部局の一つで、その名の通りもっぱら外国との交渉事務に当たる機関であった。一九〇六年（明治三十九年）四月、小山が奉天を離れる際に引き継ぎ用の資料としてまとめた『奉天考』（防衛研究所「小山史料」所収）では、この奉天交渉局について「其ノ他ノ委員ノ体制ヲ為ス者アリ。之ヲ差使ト称ス。差使ヨリ成ル局処ハ交渉局［内外交渉ノ事務ヲ掌ル］」、（中略）各々総辦、幫辦、提調、委員等ヲ置キ、候補官吏ヲ用ヒ、将軍之ヲ撰任ス」[27]と記している。奉天軍政署では、ときに交渉局を越えて盛京将軍に直接働きかけることもあったようだが[28]、現地における日清間の交渉は基本的に軍政署と交渉局の間で進められるのがルーティンであった。そして、両者の間でやりとりされる文書のうち、交渉局が軍政署に宛てて送った文書には、主として「照会」と呼ばれる形式のものが用いられた[29]。

「照会」は「清国と外国との同格の役人の間の文書往復の形式[30]」とされ、奉天交渉局のものについては、遼寧省档案館に一部が収蔵されていることが知られている[31]。そして宮本高明氏がその一部を利用されたことを除くと、従来、ほとんど注目されることがなかったが、『小山秋作氏旧蔵奉天軍政署関係史料』にはこの奉天交渉局の発した「照会」の原物が計九点収められている。一方、防衛研究所の「小山史料」にも、管見の範囲で同じく九件の「照会」が収められている[32]。「小山史料」の照会は現在、国立公文書館アジア歴史資料センターを通じて閲覧することができるので[33]、本稿ではその具体的な内容がいまだ公開されたことのない、『小山秋作氏旧蔵奉天軍政署関係史料』の照会九件を掲出することにしたい（句読点は引用者による。次章の「呈」「稟」も同様）。

1E-01 照会［威遠堡門収捐事件ニ付照会］光緒三十一年十一月十日（一九〇五年十二月六日）発[35]

奏辦奉天交渉事務総局為照会事。案査威遠堡門収捐委員寧樹槐・張鴻図稟、有貴国副官阻止収捐一案。当経照会在案。茲拠該委員寧樹槐・張鴻図稟称。伊等曽往謁野津将軍云、先已有人在彼収捐、因委員太多、是以阻止、如欲抽収、須有将軍来文、等語。当査前次収捐之人名維発・馮玉清二人、係属假冒。現已稟請軍督部堂、査拏懲辦。至寧樹槐・張鴻図二人、実係趙将軍所派。相応照会貴軍政官、査照、希即転知、勿再阻止可也。須至照会者。右照会大日本駐奉軍政官小山。光緒三十一年十一月初十日。

1E-02　照会［游民李二等、西関長発園執事佟祥閣ノ房ヲ硬要シ娼妓ヲ安設セントスルコト、査明禁止ヲ請ウ一件］光緒三十一年十一月十七日（一九〇五年十二月十三日）発

奉辦奉天交渉事務総局為照会事。案拠西関長発園執事佟祥閣呈称、小西関伊有祖遺房屋一所、開設長発園飯館。外有楼房、開設福徳戯園。稟准有案。現因福徳戯園算賬停演数日、算清再開、忽有游民李二、帯同日人、硬要此房、安設娼妓。伊与告説、拠彼等称、若不謄房十五日定必強搬、等語。当伝佟祥閣訊拠称、李二係無業游民、不知住在何処。惟該日人係在北関楽子園内人甚矮小、等語。相応照会貴軍政官、請煩査明、希即禁止為盼。須至照会者。右照会大日本駐奉軍政官小山。光緒三十一年十一月十七日。

1E-03　照会［日本兵ニヨリ勅書ヲ奪取セラル件ニ付照会］光緒三十一年十一月十九日（一九〇五年十二月十五日）発

奉辦奉天交渉事務総局為照会事。案奉軍督部堂交。拠管理盛京等処駅務掌関防永錫・副監督延彬呈。拠開原駅丞何恩錫呈、十一月初六日、接収站丁邱文彬送到吉林将軍票四張・咨北京正白廂紅正黄旗満洲都統公文四角・随文勅書四軸。当派役王永瑚、送往高麗堡駅。旋拠該役稟称、行至開原城南孫家台屯南路、遇日本兵四、五名攔阻、

不容前進。解開文包、翻閲見有勅書、硬行奪去一捲。当向央懇、揮刀便砍、幸未傷身、等情。査勅書関繫重要。相応照会貴軍政官、査照、希即査明交還。須至照会者。右照会大日本駐奉軍政官小山。光緒三十一年十一月十九日。

1E-04　照会［工兵少尉稲村貞止、失火シ、沙嶺屯朱永祥ノ廂房等ヲ焼尽セル件ニツキ、体恤ヲ求メル一件］光緒三十一年十一月二十三日（一九〇五年十二月十九日）発

奏辦奉天交渉事務総局為照会事。案准郷鎮巡警総局移。拠西路分局呈、道義屯工兵大隊長佐藤中佐所管之第七隊工兵少尉稲村貞止、於十月十九日到沙嶺屯朱永祥家居住。該兵於廂房南間立湯池沐浴、多聚乾柴煎湯。二十四日該兵等失火、将朱永祥廂房五間及板棚・粮石・器具焼尽、等情。当派徐繙訳官前赴、与稲村貞止晤面査詢。已将被焼困苦情形面告佐藤允、許体恤、等因。前来。相応照会貴軍政官、査照応如何体恤之処、望即査明見覆。須至照会者。計粘被焼粮石・器具清単一紙。(36) 右照会大日本駐奉軍政官小山。光緒三十一年十一月二十三日。

1E-05　照会［中山義輝遼西方面遊歴一条ニ付照会］光緒三十一年十二月十六日（一九〇六年一月十日）発(37)

奏辦奉天交渉事務総局為照会事。案准督轅営務処移。拠駐広寧属新立屯管帯蔡永鎮呈称、光緒三十一年十一月二十四日、有日員四人、帯清人十余名、持槍到境、住距新立屯里許之小黄台屯。該管帯派弁往詢。該日員亦即到営、称係満洲特派員中山義輝、游歴過境、並査辦機密事件、兼有印文、当即妥為保護。該日員尚属相安、惟随従清人中有著名匪首王禄等数名。在新立屯街買得馬姓狐皮褂甬一件、因争価値、将馬姓扭至日員処、捏以不使手票、除皮褂不給銭外、擬罰銭数百元。該馬姓小本経済、逼令扳連巨商八家、以便索賄。幸中山義輝不従、将馬姓交該

営辦理、並勧舗商手票不得異価。於二十六日啓程、該管帯親往護送。伏査王禄積年巨匪。十一月初旬、尚在辺外捐搶。該管帯与之接仗数次。此次所過地方、在荒山子以要車為由、向民間索使洋九十余元、等情。呈経転移前来。査王禄既係巨匪、随同日員游歴、復敢到処滋擾。相応照会貴軍政官、査照、希即転行査明禁止、並知会中山義輝、将該匪王禄迅交華官究辦、並望見覆。須至照会者。右照会大日本駐奉軍政官小山。光緒三十一年十二月十六日。

1E-06　照会〔貸与露銃回収件ニ付キ猶予願〕光緒三十一年十二月二十六日（一九〇六年一月二十日）発

奏辦奉天交渉事務総局為照会事。案奉軍督部堂文。拠郷鎮巡警局稟。拠巡弁邸孟鄰等呈称、十二月二十日、接烟台兵站部来文。現奉総督府来文、各巡警局原先借用俄槍、不日即全要収回。又恐馬賊乗衅而起、現特設法、欲売与各巡警局日本槍使用。所有俄槍限十日収回、等因。査各処巡警所用俄槍、当時原係借用。第此項俄槍、各巡警局先亦由各処備価買来。現如全数収回、令其另買日本槍、戦事初平、実属無此財力。且自戦事以後、俄槍子母遍地皆是。如将俄槍収回、所有俄国遺失子母毫無用処。而各処馬賊所用者均係俄槍、此項子母必致入於馬賊之手。各処巡警既無款買槍、即無槍使用、将何以保護地方。相応照会貴軍政官、査照、希転請駐遼総督免収俄槍、並望見覆。須至照会者。右照会大日本駐奉軍政官小山。光緒三十一年十二月二十六日。

1E-07　照会〔貸与露銃烙印ノ件ニ付照会〕光緒三十一年十二月二十八日（一九〇六年一月二十二日）発

奏辦奉天交渉事務総局為照会事。案奉軍督憲札。拠営務処申准東路統巡烏爾棍布咨称。拠岫巌州総巡楊得春呈、十月二十一日、有貴国陸軍通訳官市川徹彌、帯日兵三名、由海城来岫。打烙巡警及郷間暨各営槍、印字曰大日本遼東兵站監印可証外、另烙一岫字。詢其来意、拠称奉上所差不知何意、等情。相応照会貴軍政官、査照所有該通訳帯兵赴岫巖州、将各槍烙印、究竟何意、望速査明見覆。須至照会者。右照会大日本駐奉軍政官小山。光緒三十一年十二月二十八日。

1E-08　照会［未烙印露銃押収事件ニ付照会］光緒三十一年十二月二十九日（一九〇六年一月二十三日）発

総辦奉天交渉事務総局為照会事。案准郷鎮巡警総局移称。拠東路正巡長文倫報称、前於五月十九日拏獲盗犯羿小群・劉得勝二名、起有俄槍二桿、留局使用。因未烙印、被日憲兵官査知、令送軍政署向巡長追問、誰令使用、等情。当査此係五月間之事。維時敝総局尚未開辦。即詳査旧巻内、有拠正白旗界趙家溝巡警分局董杜発・富景報称。拠正巡長雙慶・副巡長果奇斯琿呈称、有盗首王四胖同党羿小群・劉得勝在鄰屯避雨。当帯什兵、将該盗犯羿小群・劉得勝二名拏獲。起獲該二賊所使俄槍二桿、暫行留局使用、等情。当経前辦理巡警局王幫辦・王総辦批行在案。査該俄槍二桿実係前局董杜発・富景所報、係正巡長雙慶拏獲賊犯羿小群等所得留局使用。現在該局董及該巡長雙慶均已撤差、実与現当巡長之文倫無干。惟文倫於接辦巡長時、並不査明将該俄槍二桿烙印、係属疎忽。已由敝総局厳加申斥。請貴交渉局照会軍政署、査照免其追究、等情。相応照会貴軍政官、査照此項俄槍実係拏獲賊犯羿小群・劉得勝時所得、可否免再追究。須至照会者。右照会大日本駐奉軍政官小山。光緒三十一年十二月二十九日。

1E-09　照会［火車運貨収税ニ付停車場附近税局設置ノ件ニ付照会］光緒三十一年正月初五日（一九〇六年一月二十九日）発

総辦奉天交渉事務総局為照会事。案准管理斗秤各税餉場火車税務総局移称、敝局徴収火車所運糧貨、於到桟卸儎

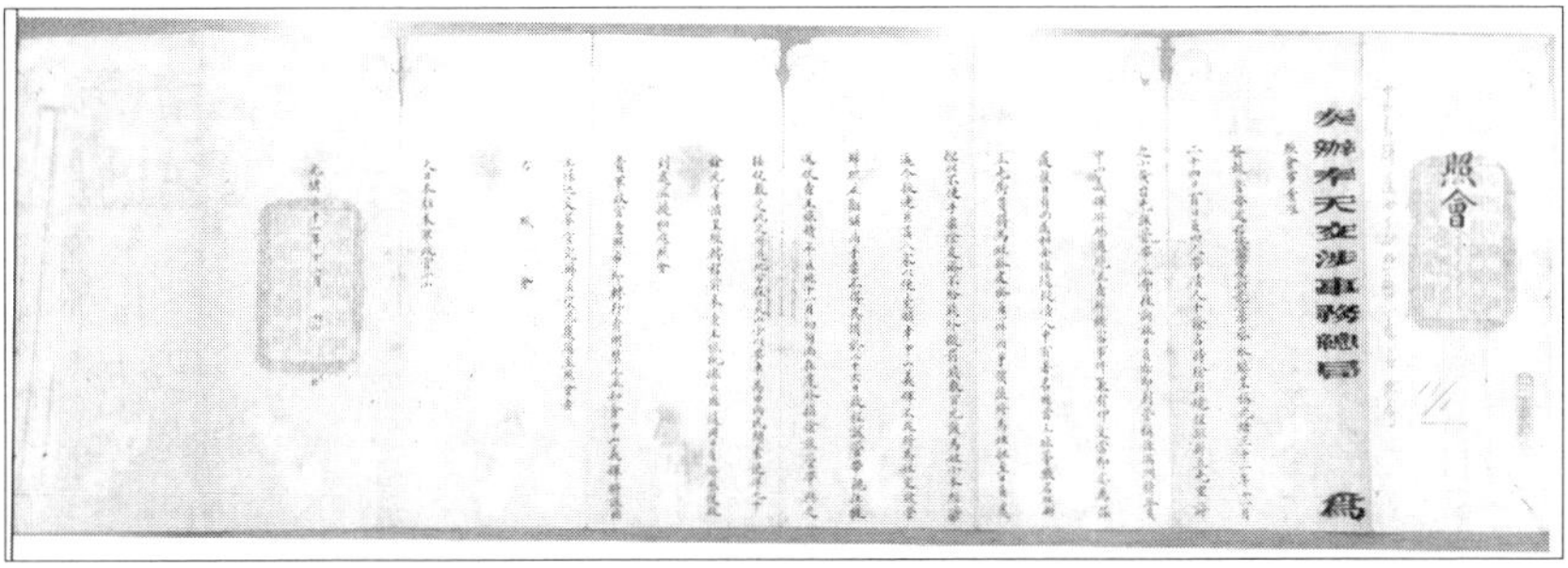

【写真①】　1E-05 照会［中山義輝遼西方面遊歴一条ニ付照会］（中央大学図書館蔵『小山秋作氏旧蔵奉天軍政署関係史料』）

時査験抽税。該糧貨卸於某桟客店、即帰某桟客店徴収。故由遼陽而至昌図共有分局五処。均在車站附近設局、験収其火車所運、不卸儎之糧貨並不過問。移請照会貴署、転飭関照、等因。相応照会貴軍政官、査照。須至照会者。右照会大日本駐奉軍政官小山。光緒三十二年正月初五日。

『小山秋作氏旧蔵奉天軍政署関係史料』には、以上九件の奉天交渉局照会文書が収録される。これら「照会」の用紙には、高さ二十六・五センチ、幅九十センチ前後の白紙が用いられ、用紙はおよそ十・五センチの幅に折り畳まれている。その表紙に当たる部分の中央やや上方に「照会」と墨書、さらにその上から公印が押され、末尾の発行日の上にも公印が押されている（写真①参照）。

ここで紹介した九件は、光緒三十一年十一月十日（一九〇五年十二月六日）から翌年正月五日（一九〇六年一月二十九日）までの約二ヶ月分に相当する。一方、防衛研究所「小山史料」に含まれる「照会」は、光緒三十二年正月二十三日（一九〇六年二月十六日）より四月三日（四月二十六日）にかけてのものであることから、[38] 小山は軍政委員在任の後半期に受け取った「照会」の一部を手元に残し、これが今日の『小山秋作氏旧蔵奉天軍政署関係史料』と「小山史料」とに伝わったものと考えられる。

さて、右に引いた九件の「照会」で取り上げられるのは、大略、下記のような事柄である。

1E-01　清朝の収捐委員の行動が日本軍に阻まれたことをめぐり、交渉局が当該委員の身元を保証し、今後は阻止しないよう求めた一件。

1E-02　現地の游民と姓名不詳の居留邦人が奉天の劇場を強占して娼館を開設しようとしていることについて、軍政署を通じて禁止させるよう求めた一件。

1E-03　開原駅の駅丁が送達中の勅書を日本兵に没収されたため、その返還を求めた一件。

1E-04　日本の工兵少尉らが失火によって民家を焼毀したことについて、補償の方法について問い合わせた一件。

1E-05　機密事件にかかわって広寧付近で活動していた満洲特派員中山義輝なる日本兵が連れていた清国人に、著名な匪首の王禄という人物が含まれており、清朝側がその身柄の引き渡しを求めた一件。

1E-06～08　ロシア軍の遺棄した銃器の回収・管理をめぐる案件。06は日本によるロシア製銃器の回収について再考を求めたもの。07は日本軍のロシア製銃器に対する烙印についての岫巌州からの問い合わせ。08は烙印のないロシア製銃器二丁を郷鎮巡警総局が所持・利用していたことについての弁明。

1E-09　当時、日本軍の管理下に置かれていた鉄道の停車駅（遼陽・昌図間）に税務総局の分局を設置することについて、許可を求めた一件。

以上、いずれも何らかのかたちで日本軍か日本人に関わるものとなっている。地域的に見ると奉天およびその近郊のほか、1E-03開原、1E-05広寧、1E-07岫巌、1E-09遼陽・昌図間と、盛京各所に関わる事柄が奉天交渉局を通じて奉天軍政署に持ち込まれている様子を見て取ることができる。また、清朝側の徴税業務に関わる1E-01、09や公文書の伝達に関わる1E-03、巡警局や営務署の治安維持業務に関わる1E-05、06、07、08など、自ずから清朝側の公務に関わるものが多数を占めているが、日本兵の失火による民家焼失の補償（1E-04）や現地の游民と居留邦人による劇場強占の企て（1E-02）など、日本兵や日本人と現地の民間人との間で生じた問題が、交渉局を通じて軍政署に届けられている例も含まれる。

そして右の九件は、時期的には一九〇五年十二月以降のもので、同年九月に日露間の講和が成った後のものとなるが、なお北方の開原周辺では日本兵による勅書没収事件（1E-03）が発生し、西方の広寧周辺では馬賊と思われる王禄らを日本の軍人が使役して策動しており（1E-05）、またロシア軍の遺棄した弾薬等が馬賊の装備を充実させるという指摘（1E-06）がなされるなど、同時期の満洲がなお不安定な緊張状態にあった様子が浮かび上がってくる。また、1E-06では、日本軍が清朝側の治安当局にロシア製銃器の回収を指示する一方、代わりに日本製の銃の購入を要求しているが、これは現地に対する日本の権益扶植の一例と見ることもできよう。

三　「呈」と「稟」　現地住民が軍政署に送った文書

前章では、清朝の官庁である交渉局が日本の軍政署に送った公文書を取り上げたが、本章では現地住民らが軍政署に直接持ち込んだ文書を取り上げる。かかる文書は小山が残した史料群のなかでも、とくに『小山秋作氏旧蔵奉天軍政署関係史料』に集中的に収められており、同史料には「呈」や「稟」などと題される訴状・陳情書の類が延べ八十件含まれている。その内訳は、「呈」二十六件、「稟」四十三件、「啓」一件、「呈稟」「稟呈」と題するもの三件、不明[39]七件となっている。これらは軍政署が設置された一九〇五年三月に受理されたものから、翌年一月に受理されたものまで、前章で取り上げた「照会」に比べて長い時期にまたがっていることが特徴である。筆者は先にこの「呈」と

「稟」を各一件づつ紹介したことがあるが、(40) 本章ではこれに数例を加えて、現地住民から日本の軍政に対していかなる申し立てが行われていたのか、その一端を示すこととしたい。

(1)「呈」

清代の「呈」は、一般の人民が官になにがしかの申し立てを行う際に、広く用いられた書式である。(41) 清末の満洲に日本が設置した軍政署は、もとより清朝人民にとっての官ではないが、軍政署に対して何らかの訴えや陳情などを出す際、彼らはそれまで慣れ親しんだこの書式を援用した。

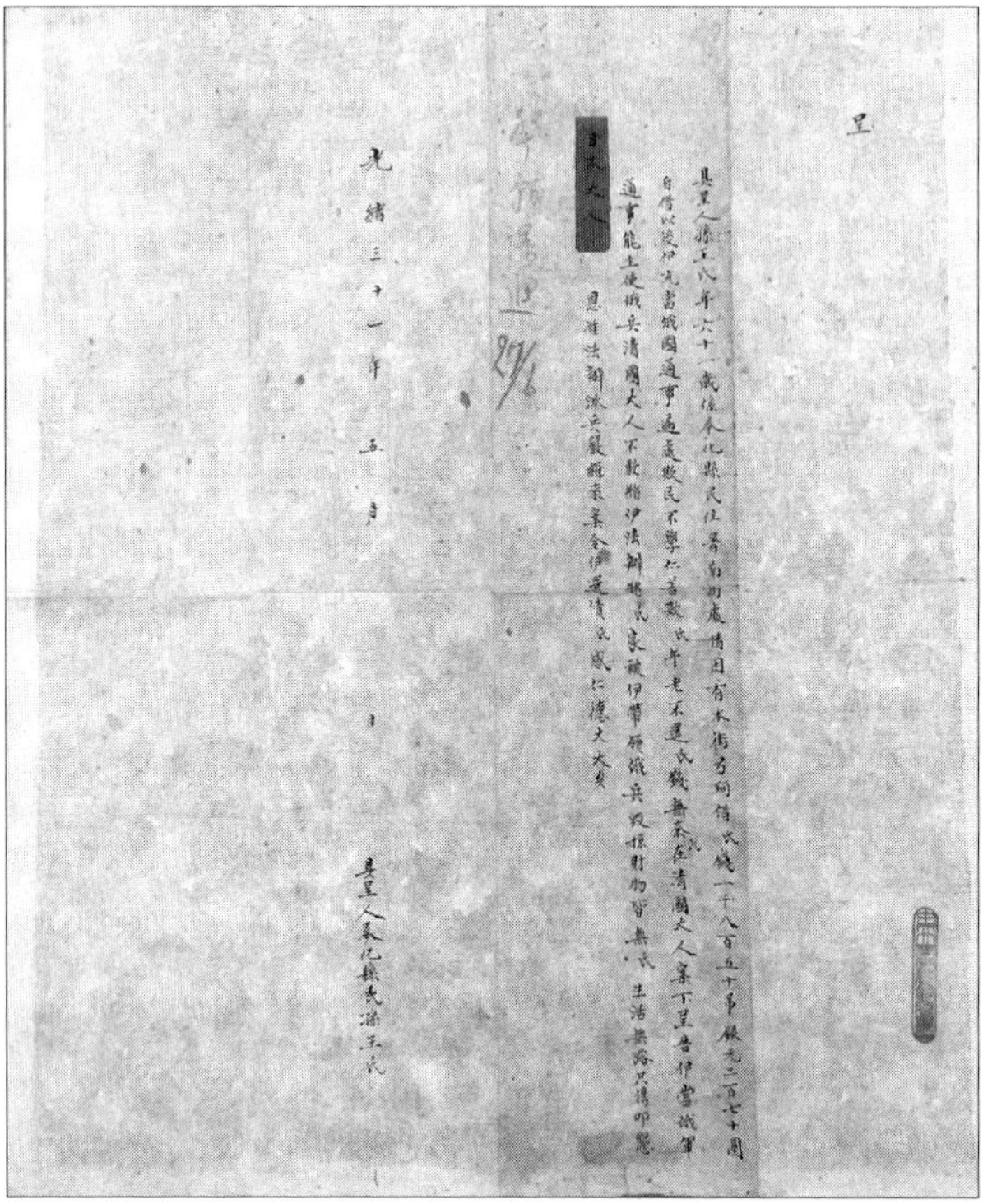

【写真②】 1F-44 呈［借金返済セザルニ付魯国通事弓珂処分方訴願］（中央大学図書館蔵『小山秋作氏旧蔵奉天軍政署関係史料』）

『小山秋作氏旧蔵奉天軍政署関係史料』所収の「呈」では、無地・無染色の大判の紙が用いられ、その用紙は縦に四つ折り、ついで天地中央で横に折りたたまれている。用紙の右上が表紙となり、その中央上方に「呈」と墨書され、用紙を四つ折りにした右から二列目に本文、三列目に日付と提出者の名が書かれるのが基本形である。本文では軍政委員を示す1F-07「大老爺」、1F-16「貴署大人」、1F-44「日本大人」等の字句が、紅紙の紙片に記され、擡頭書きとなるよう用紙に貼付されているのが書式状の特徴となっている。なお、写真②は後に取り上げる1F-44呈［借金返済セザルニ付魯国通事弖珂処分方訴願］で、そこでは天地四十二センチ、幅四十センチほどの紙が用いられている。

以下、まず日付の確認できるもののうち、最も早期の1F-07呈「為共請戦壕可平与否懇恩賞示以便遵行免悞春耕事」を紹介する。

具聯名懇呈。保長劉徳礼・馬魁庭・会首李景奎・李文善・沈謙、均住城西北七十里煙台子。為共請戦壕可平与否懇恩賞示以便遵行免悞春耕事。窃身屯自去秋八月間、日俄交戦之時、即受兵燹、苦不可言。禾稼甚至有顆粒未得者。迨至今正日軍又在本屯周囲挖修戦壕・地窖。将村内樹木全行砍伐、俱植壕辺、用鉄絲作為絆馬之鎖。且将衆戸門窓蓋於地窖。以上及二月間俄兵敗走、日軍亦皆追逐前去。戦壕・地窖雖未留兵看守、身等亦未敢擅自平毀。但此時正値耕種之際、周囲有此戦壕・地窖、衆民実難行犂。欲待平毀、又恐日軍見罪。身等既為保長・会首、若不懇乞仁天賞示可平与否、難免咎過。是以不揣冒昧、聯名叩乞仁明大老爺恩准賞示可平与否。並請諭帖、以便遵行耕種、則本屯老幼均感大徳無涯矣。光緒三十一年三月廿一日。具聯名懇呈保長劉徳礼・馬魁庭・会首李景奎・李文善・沈謙。

本件は、遼陽城西北の煙台子という村落の保長・会首らによる陳情で、日本軍が作った塹壕や地下室が、耕作等の支障となっているので、これを埋め戻す許可が欲しいと申し出てきたものである。

じつは、本件は元々奉天軍政署に宛てて出されたわけではなく、はじめ遼陽軍政署に提出されたが、管轄外として奉天軍政署に回されてきたものであった。本件にはそのことを示す遼陽軍政署からの書状も添付されており、そこには、次のように記されている。

明治三十八年五月三日

奉天軍政署御中

遼陽軍政署

劉徳礼

李景魁《ママ》

右者別紙ノ通リ願出候得ドモ、当遼陽洲ノ管内ナルモ、当署ノ管轄外ニ有之候間、貴署ニ於テ可然御取計相成度、

本人差出候也。

そして、前引の「呈」本体には、鉛筆書きで「五月十三日、第三軍系課長ノ許可アリ。撤裁ヲ許可セリ」と、この申請が関係部局の了承を得た上で許可されたことが記されている。本件からは、この時期の軍政署が他の軍政署や関係部局との連絡を取りながら、現地住民からの陳情にしかるべく対応しようとしていた様子を見て取ることができる。また、現地住民からの「呈」の提出と、軍政署での受理が、奉天のみの特例ではなく、遼陽（そしておそらくは他地域の軍政署）でも行われていたことを示す一例としても貴重な史料となっている。

さて、右の一件はそもそも遼陽軍政署宛ての陳情であり、その提出主体は村役の連名であった。そこで、次は奉天軍政署に宛てて個人が提出した「呈」を取り上げることとしたい。以下に原文を掲げるのは、1F-16呈［戦死者墓地ニ関スル届］である。

具呈孀婦金高氏、係漢軍鑲藍旗人、年四十五歳、住城西南三十里寧官屯。為呈請事。窃氏家年前移在城内避乱。茲蒙出示回屯安業、至家見有貴国兵屍一名掩埋院内、有木牌標記。不知何日被狗扒開。現在派人看守。是以拠情

呈明、可否飭差前往、移出院内、送至官場埋葬。而免穢気薫蒸、又免屍骸暴露。氏不敢擅動。拠情呈明、伏乞貴署大人批示、遵行。光緒三十一年四月　日具。

奉天城外の寧官屯なる村落に暮らしていた金高氏は、戦乱を避けて一時城内に避難していたが、奉天会戦後、自宅に戻ってみると、中庭に日本兵が埋葬されており、しかもその墓が犬に掘り起こされていたという。そこでこれを搬出して欲しいと、軍政署に訴え出てきたというのが右の「呈」の要旨である。そして、本件に対しても鉛筆書きでの指示が、「木牌標記ノ報明ヲ命ス」と書き付けられており、本件にはこれを受けた復命報告と思われる「ホノ一七ノ二佐藤松次郎、ホノ五ノ一二荒木安右衛門、明治三十八年三月九日健《ママ》之、之墓」と記された紙片が添付されている。金高氏は日本兵一名と述べていたが、実際には二名が埋葬されていたのであろう。その後、この両名の遺体がどう扱われたかという点までは、この史料は語っていないが、常識的に考えて日本側が引き取って改葬したものと思われる。

以上に紹介した二件は、いずれも日本軍や日本兵にかかわる案件であり、遼陽会戦から奉天会戦にかけての一連の戦役の事後処理とも言うべき事柄である。そして『小山秋作氏旧蔵奉天軍政署関係史料』の「呈」には、これ以外にも戦闘時および占領時における土地・家屋の占有に関するもの、あるいは日本兵による被害に関するものが多く含まれている。基本的には、何らかのかたちで「日本軍」が当事者として関わるような案件がその大半を占めており、これは「人民ト軍隊トノ中間ニ立ツ[42]」という軍政委員の立ち位置が、現地住民にも一定程度理解されていたことを示している。しかしながら奉天軍政署には、やがて日本軍が当事者とはならないような訴願も持ち込まれるようになった。次に引くのは、そうした事例の一つ1F-44呈［借金返済セザルニ付魯国通事弓珂処分方訴願］である。

具呈人孫王氏、年六十一歳、係奉化県民、住署南街処。情因有本街弓珂借氏銭一千八百五十吊、銀元二百七十円。自借以後、伊充当俄国通事、遍処欺民、不学仁善。欺氏年老、不還氏銭無奈。氏在清国大人案下呈告、伊当俄軍通事、能主使俄兵、清国大人不敢将伊法辧。将氏家被伊帯領俄兵毀掠財物皆無、氏生活無路。只得叩懇日本大人恩准法辧、派兵厳緝来案、令伊還債、氏感仁徳大大矣。光緒三十一年五月　日。具呈人奉化県民孫王氏。

この一件は、先に拙稿「清末の奉天で日本人が受け取った呈と稟」でも取り上げ、寸評を付したことがあるので、以下これを再掲したい。

この訴えは前引の通り、奉天の清国人間の借金をめぐるもので、本来日本の軍政機関が関与する性格のものとは考えがたい。訴状によると、原告の孫王氏は先に清国大人（奉化知県か）に呈告したが、ロシア軍の通事を勤め、その威勢を借りていた被告弓珂に対し、当局は積極的には動かなかったとのことである。清朝当局への訴えが不調に終わった孫王氏側は、奉天会戦後のロシア軍の撤退と日本軍の進駐という情勢の転換を捉え、日本の出先機関である軍政署に働きかけて事態の打開を図ったものと思料される。

この孫王氏による訴えが、その後どのような決着を見たのかは定かでないが、この「呈」の本文と日付の間には、青鉛筆書きで「警務課廻　24／6」との書き込みが見える。「警務課廻」は本件に対する軍政委員の指示（いわば批）、「24／6」はその指示を下した日付（この場合は明治三十八年六月二十四日＝光緒三十一年五月二十二日）をそれぞれ表しており、ひとまず訴えは軍政署に取り上げられる運びとなったことが知られる。軍政署の職分をやや越えているようにも思われるが、被告の「俄國通事」「俄軍通事」という肩書きが、とくに日本の軍政署側の注意・警戒を呼び、これを動かしたのではないだろうか[43]。

このようなケースは、次節で紹介する「稟」の中にも確認される。ひとまず「呈」と並ぶ訴願の書式である「稟」について見てゆくこととしよう。

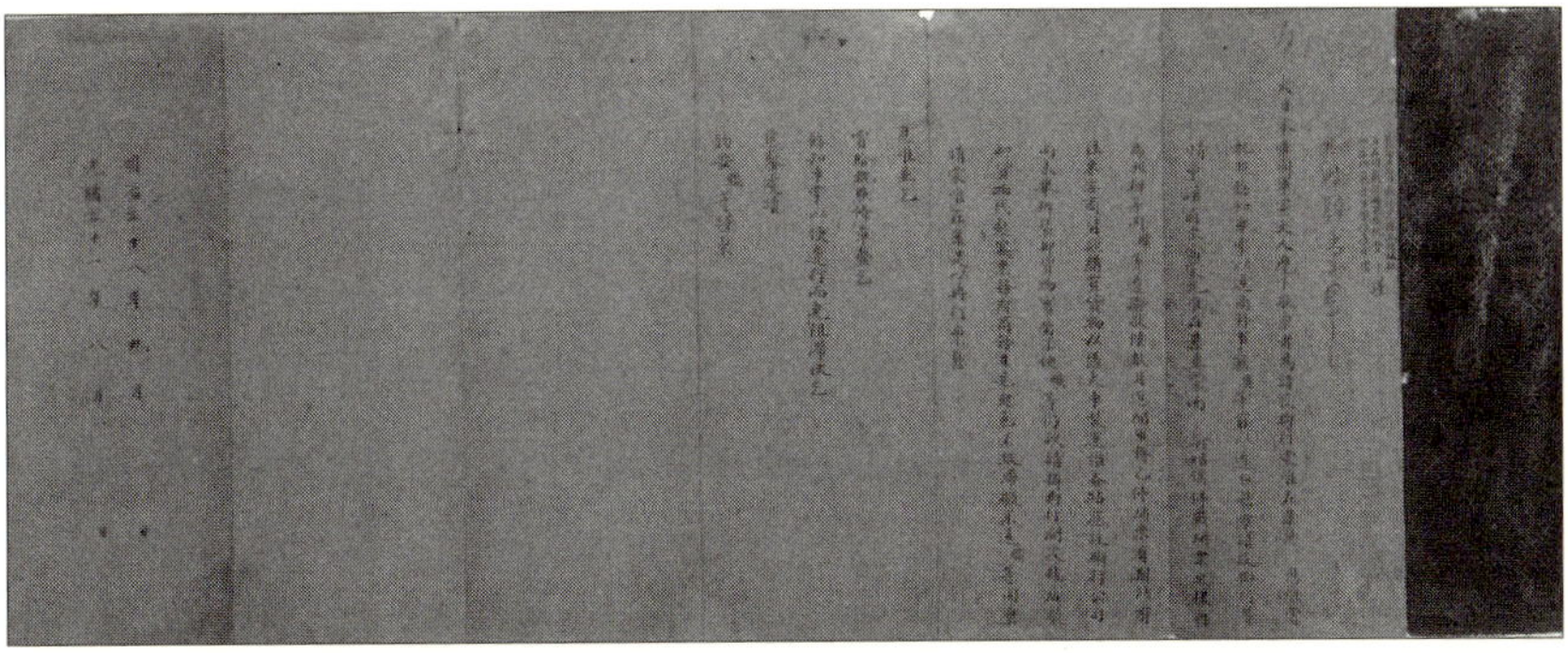

【写真③】　1F-60 稟［為請設脚行蒙准在案墾恩准賞執照飭知車掌以通商務事］（中央大学図書館蔵『小山秋作氏旧蔵奉天軍政署関係史料』）

（2）「稟」

先行研究では、清代、主に郷紳など一定の地位ある者が官になにがしかを申し立てる際の書式として「稟」というものが用いられたと指摘している[44]。そして『小山秋作氏旧蔵奉天軍政署関係史料』中の「稟」も、その多くは何らかの肩書きを持つ者が提出主体となっており、同史料には前節の「呈」を上回る四十六件の「稟」が含まれている。

『小山秋作氏旧蔵奉天軍政署関係史料』の「稟」では、高さ二十四・五センチの幅広の用紙が用いられている。これをおよそ九・五センチの幅に折り畳み、黒色の表紙と裏表紙を貼付するのが基本形である。表紙の中央やや上方には「稟」と墨書した紙片が貼付される。本体の用紙には、紅染めにした用紙が使われる場合（写真③参照）と、無染色の用紙が使われる場合がある。

その内容は、「呈」と同様に日本軍絡みの訴願も含まれるが、1F-03 稟［採用志願書］や 1F-21 稟［施政ニ関スル意見書］のように、より積極的に軍政に関わろうとするものや、都市での商業活動の許認可を得ようとするもの（後述の 1F-60 など多数）があり、「呈」に比べ多彩である。まずは、軍政署の施政に具体的な提案をする 1F-21 稟［施政ニ関スル意見書］を紹介する。

大清国盛京廂紅旗漢軍花翎副将銜補用都司紳士李毓英、謹稟軍政大人、座前鈞安。敬稟者。竊紳系属旗譜、世居瀋陽。於光緒二十六年秋露兵進城、受其搶掠、残暴不堪言状。紳雖与露兵有戴天之讐、而力不足、弗敢触其威、只可飲泣呑声、困守家園已也。今幸逢大日本帝国不忍坐視満民踏於水火之中、急発仁義之師、而登満民於衽席之上。実満民昼夜焦思所想不及也。現在貴軍趨逐露兵於雪窖氷荒、以懲其残暴。奉天商民無不感戴貴国之恩。然奉天商民良莠不斉、貪図露兵財利者誠然不少。而安良守業者固属多多。今軍政大人栄莅奉省。紳仰慕英華、時深渇想、倘邀青眼相加、令紳面謁、徳儀耳聆諭誨、能使紳立於崇階、開辦房捐、以効啣環之報、則紳之頂感鴻恩無涯矣。是以不揣冒昧、謹擬五条、理合具稟。虔請勛安。伏祈電鑑批示、遵行。光緒三十一年四月　日。

謹将擬陳五条繕単呈閲。計開。

一、奉省宜辦理房捐也。分上中下三等房、議定毎間房租価多少。按租抽捐、発給執照、毎年可捐得奉銀拾万余元、以供餉需。

一、宜招募工程隊也。令其修理鉄路、搭蓋房間、毎月一名発給餉項拾余元、較比現僱工人発給工食省的大多。

一、宜議定奉省租房也。上等好房一間、毎月租価不得越四元、中等房一間、毎月租価不得越三元、下等房一間、毎月租価不得越二元。如将租房之価定準則、難民可以棲身生活、均感仁人大徳矣。現在奉省租房一間、毎月租価十二元者、誠然不少。此弊若不厳行定除、貧民無処棲身覓活。

一、宜招募游撃馬歩隊也。令其城屯廼緝奸細、厳拏盗匪、以静地方。

一、宜定街市貨物也。糧米柴草、不准高抬市価、以昭公允。

この「稟」の提出者李毓英は補用都司紳士と名乗っており、実職には就いていないが武官の都司に相当する官品を有する郷紳である。彼は「稟」の本文では慇懃な文章を認めつつ、添付の文書でかなり具体的な提案を並べている。その五ヶ条のうち一、三条目は家屋の賃貸料の安定・抑制と軍政署の収入源確保に関する提案、五条目は物価対策、二、四条目は雇用対策と地方の復興、治安維持を組み合わせたものと言えるであろう。日本軍進駐後の奉天で物価の騰貴が問題になったことは、すでに宮本高明氏による指摘があるが、[45]それは現地での兵站業務を円滑に進めるために「満州内地ニ於ケル民心ヲ鎮撫シ各其業ニ安セシムル」[46]ことを命じられていた軍政委員としては座視できない状況であった。そのことを知ってか知らずか、李毓英は地方指導層として地域経済を安定させるため、そしておそらくは自らと軍政の間に接点を構築するため、積極的に軍政署に働きかけ、右の提案を出したものと思われる。ただ、この史料については、軍政署側の指示は書き入れられておらず、本件がどのように受け止められたのかは定かでない。

さて、前述の通り『小山秋作氏旧蔵奉天軍政署関係史料』の「稟」には、商業活動の許認可を求めるものも少なからず含まれている。とくに候選県丞趙桂林ら[47]は、奉天での運送業（脚行）の営業許可を求める「稟」を二度、軍政署に提出している。その最初のものは前稿にて紹介したので、[48]ここでは彼等の二度目の申請となる1F-60稟「為請設脚行蒙准在案懇恩准賞執照飭知車掌以通商務事」を掲げることにする。

藍翎五品頂戴候選県丞趙桂林・五品頂戴候補驍騎校豊年・四品頂戴宗室営学長栄富謹稟大日本帝国軍憲大人麾下。敬稟者。為請設脚行蒙准在案懇恩准賞執照飭知車掌以通商務事。窃職等前以遵照旧章請設脚行等情、稟請前来、当蒙允准在案。並蒙面諭、姑俟停戦開票之後、再為核辦、等因。職等遵諭敬候数月、近聞軍務已停、開票有期。所有往来客商、皆欲購買貨物、以憑火車装運。惟各站応設脚行公司、尚未挙辦。装卸貨物、実属不便。職等仍欲請辦脚行、開設桟店、装卸貨物、代起客票、務期商務日見起色不致滞礙不通。職等因稟請蒙准在案、是以再行稟懇恩准、並乞賞給執照条章。曁乞飭知車掌、以便遵行、而免阻滞。伏乞慈鑑。虔請鈞安。職等謹稟。明治三十八年九月　日。光緒三十一年八月　日。

趙桂林らの最初の「稟」は、明治三十八年五月（光緒三十一年五月）付で提出されており、その内容は「奉天車站で運送業（脚行）と宿（桟店）を経営していた趙桂林らが、日露戦争のあおりで鉄道が使えなくなり、休業状態に追い込まれていたのを再開したいと訴願してきたもの[49]」であった。そして、右の明治三十八年九月（光緒三十一年八月）付の「稟」によると、この一回目の請願は「職等前以遵照旧章請設脚行等情、稟請前来、当蒙允准在案」と軍政署から一応の理解を得たものの、「並蒙面諭、姑俟停戦開票之後、再為核辦」と、停戦後に改めて検討すると伝えられ、ただちに営業を再開するにはいたらなかった。そこで、趙桂林らは一九〇五年（明治三十八年）九月五日のポーツマス条約調印による日露講和の報に接した（近聞軍務已停）ところで、この二度目の申請を出してきたのである。しかしこの申請に対しても、軍政署は即時の営業再開を認めなかった。すなわちこの「稟」には、「28／9　時期尚ホ早シ」との軍政委員の鉛筆書きの指示が書き付けられており、軍政署は趙桂林らの再申請に対して、なお時期尚早という判断を下したのである。その背景には、この趙桂林らが日露戦争以前、すなわちロシア占領期における奉天の運送業や旅館経営のほか、劇場経営にも関与するなど手広く事業を展開しており[50]、彼らは奉天実業界の実力者であると同時に、ロシアとの関係も想起される人物であったことが、軍政署の対応を慎重にさせていたのではないかと思われる。さらには、宮本高明氏や川島淳氏の先行研究でも指摘されてきたように、軍政署・軍政委員には満洲における日本の権益扶植の使命も課されており、その観点からも鉄道利権に絡む案件には一層の慎重さを重ねる姿勢で臨んでいたのであろう。

以上で取り上げた二件は、軍政署の施政に対する現地郷紳からの提案、および日本の管理下に置かれていた鉄道に関連する案件で、いずれも軍政署に対する「稟」として不自然なものではなかった。しかし、前節で引いた1F-44呈「借金返済セザルニ付魯国通事弓珂処分方訴願」と同じく、『小山秋作氏旧蔵奉天軍政署関係史料』の「稟」の中には、日本軍や日本人に直接関係しない案件も含まれている。次に紹介する1F-73稟「為覇呑車価狡抗償叩恩伝追給領以免賠累事」はそのような事例の一つである。

具稟。番衣僧宝善稟。為覇呑車価狡抗不償叩恩伝追給領以免賠累事。窃以趙洛国為俄人辦買車馬。去年十月間、趙洛国買僧騾馬・大車五輛、議価洋銀伍千元。不意将車馬趕去之後、輾転支吾、抗価不給。延至今年二月俄人敗逃、趙洛国将賬目全行焼毀、竟自狡抗分文不給。実係莫可伊何致僧賠累不堪。迫不得已、叩乞司令太君恩准伝追施行、是為徳便。光緒三十一年　月　日呈。

本件の本文では月日が空白のままとなっているが、軍政署側での受理日時を示す「24／12」「25／12」といった書き付けから、一九〇五年十二月下旬（光緒三十一年十一月末頃）に提出されたものとみられる。前節の1F-44と同じく、本件もまた現地住民間の金銭トラブルが軍政署に持ち込まれたものであるが、原告が喇嘛（番衣僧）を名乗っており、一般人とは立場が異なるため、ここでは「稟」の形式が選択されている。

本件と1F-44の明らかな共通点は、原告がそれぞれの申し立ての中で、被告とロシアの関係に言及していることである。軍政署は各管轄地域でのロシアの間諜の捜索・摘発を、その任務の一つとしており[51]、さらに日本の権益扶植の地ならしという観点からも、ロシアの影響力を満洲から一掃することは急務であった。軍政署はロシアの間諜とみなされた人物に対して刑罰も行使しており、佐藤三郎氏によると、鉄嶺軍政署では一九〇五年（明治三十八年）三月から九月までの半年間に九十六名の間諜嫌疑者の取り調べを行い、内十五名を死刑、十四名を監禁、四名を現地地方官に送致したという[52]。奉天でも同様のことが行われたことは想像に難くない。実際に奉天軍政署では、その開設直後の一九〇五年（明治三十八年）三月十九日に、親露派と目された官僚十八名の一斉逮捕を断行しており（同月二十三日に恩赦を与え釈放）[53]、奉天市民に相当強い印象を植え付けていた。かかる状況下で、紛争を抱える現地住民の中には、そのもめ事を本来の受訴機関である清朝の地方官衙ではなく、ロシアの間諜や親露派の摘発に躍起となっていた軍政署に持ち込むことで、自己に有利な方向での紛争解決を目指す意図が働いたものと考えられる。「呈」にせよ、「稟」にせよ、原告の言い分しか記されないため、事の真偽を見定めることはできないが、当時の現地住民の中には、紛争相手をロシアの協力者であると言い立てれば、日本の軍政署が事件を取り上げてくれるとの期待が広がっていたのである。

おわりに

以上、本稿では『小山秋作氏旧蔵奉天軍政署関係史料』に含まれる「照会」と「呈」および「稟」を紹介してきた。これらの文書は、日露戦争期に日本が満洲に置いた軍政署に、現地の清朝官民が何を訴え、どのように働きかけたかを伝える貴重な史料であり、日本による満洲経営の発端にかかわる記録としても注目すべきものである。本稿ではその一部の紹介と初歩的な分析に止まったが、ここまでの検討で明らかになったことをまとめ、結びにかえたい。

まず本稿では、奉天交渉局より奉天軍政署に送られた「照会」九件を取り上げたが、その中には、奉天城内やその近郊の事案だけではなく、北は開原・昌図、西は広寧など、盛京全域にまたがる事柄が含まれており、これらの事案は交渉局を通じて奉天軍政署に送達されていた。この交渉局との折衝業務に応ずるため、奉天軍政署は、他地域に置かれた軍政署に比べ、外交的性格をより強く備えるようになった。そして、交渉局が送った「照会」の内容は当然、清朝の公務に関わるものが中心であったが、民間人に関わる事柄が交渉局を通して届けられることもあった。

しかし、現地の一般人民や郷紳等の指導層からの訴願は、第三章で見たように「呈」や「稟」といった形式で直接軍政署に提出されることが多かった。軍政署はこれら現地住民の持ち込む文書を一律に門前払いにすることはなく、ひとまず受け取った上で、相応の対応を試みていた。そして、この訴願の提出と受領は、奉天のみの特例ではなく、遼陽軍政署に提出された「呈」の存在などを踏まえると、他の軍政地域でも行われていたと考えられる。なお、現地指導層のなかには、単なる告訴や陳情の枠を越えて、日本の軍政に積極的に関わっていこうとする動きもあり、自身の売り込みや具体的な政策の提案をする者もいた。また「呈」や「稟」の大半は、何らかの形で「日本」に関わる事柄を取り上げたものであり、その意味では現地の住民たちも「人民ト軍隊トノ中間ニ立ツ」軍政署の位置を概ね正確に把握していたことになるが、一部には現地住民どうしの紛争が軍政署に持ち込まれるケースも見受けられた。それは親露派勢力の一掃に努める軍政署の動きを察知した人々が、自己の紛争解決のためにこれを利用しようとした行動であったと考えられる。

本稿では「照会」を受けた軍政署側の対応、「呈」「稟」を通じて現地住民の声に触れた軍政署の反応など、清朝官民からの働きかけが日本の軍政にどのような影響を及ぼしたのかといった点については、充分論及することができなかった。今回紹介し得なかった文書類の紹介とともに、後日稿を改めて論ずることとしたい。

註

（1）新村出編『広辞苑〔第六版〕』（岩波書店、二〇〇八年）八五〇頁。

（2）同右及び秦郁彦編『日本陸海軍総合事典〔第二版〕』（東京大学出版会、二〇〇五年）七二五頁。

(3)檜山幸夫「日清戦争における民政庁設置問題」(『歴史学論文集:日本大学史学科五十周年記念』日本大学史学科創立五十周年記念事業実行委員会、一九七八年)、大山梓「日清戦争と占領地行政」(『国際法外交雑誌』第八十巻第六号、一九八二年)。
(4)大山梓「北清事変と占領軍政」(広島大学政経学会『政経論叢』第二五巻第六号、一九七六年)。
(5)日露戦争期に満洲に置かれた軍政署は、戦闘の進展による日本軍占領地の拡大と日清間の外交交渉の展開によって増減したが、後年、関東都督府陸軍部が編纂した『明治三十七八年戦役満洲軍政史』は、安東・鳳凰城・大孤山・岫巖・金州・大連・旅順・復州・蓋平・瓦房店・営口・遼陽・海城・奉天・鉄嶺・法庫門・開原・昌図の十八軍政署と、実質的には軍政署としての機能を果たした新民府軍務署について編を立て、記録をまとめている。
(6)宮本高明「日露戦争期における「軍政」の研究:主に奉天軍政署を中心として」(中央大学大学院文学研究科一九八六年度修士論文)、川島淳「日露戦争下の満州占領地軍政:満州軍政委員派遣当初を中心として」(駒澤大学大学院史学会『史学論集』第三〇号、二〇〇〇年)。
(7)栗原健『対満蒙政策史の一面』第一章(原書房、一九六六年)、大山梓『日露戦争の軍政史録』(芙蓉書房、一九七三年)、多胡圭一「一九〇五年日清条約締結直後の満州経営の一斑について(一)」(『阪大法学』第一〇二号、一九七七年)。
(8)大山前掲『日露戦争の軍政史録』。佐藤三郎「日露戦争における満州占領地に対する日本の軍政について:近代日中交渉史上の一齣として」(『山形大学紀要(人文科学)』第六巻第二号、一九六七年)。寺本康俊「満州占領地軍政への清国官民の抗議と日本の対応」(『政治経済史学』第二四一号、一九八六年)。川島前掲「日露戦争下の満州占領地軍政」。このほか軍政署に関わる史料紹介として、大山梓「関東総督府「軍政実施要領」」(『国際政治』第二八号、一九六五年)、同「日露戦争の営口軍政資料」(『帝京法学』第一三巻第一号、一九八二年)、原清士「史料紹介「奉天考」」(『軍事史学』第二〇巻第四号、一九八五年)がある。
(9)関東都督府陸軍部編『明治三十七八年戦役満洲軍政史』全一九冊(小林英夫監修、ゆまに書房、一九九九、二〇〇二年)。
(10)宮本前掲「日露戦争期における「軍政」の研究」。
(11)以下、小山の経歴については、黒龍会編『東亜先覚志士記伝』下巻(原書房、一九六六年復刻)五六三~五六五頁、

東亜同文会編『対支回顧録』下巻（原書房、一九六八年復刻）五九二～五九七頁を参照。

（12）黒龍会編『東亜先覚志士記伝』下巻五六三頁。

（13）原前掲「史料紹介「奉天考」」一九頁。

（14）http://www.nids.go.jp/military_archives/catalog.html（二〇一五年十月一日閲覧）。

（15）拙稿「義和団事件後の参謀本部と南清官僚：一九〇一年における福島安正の南清旅行をめぐって」（『山根幸夫教授追悼記念論叢：明代中国の歴史的位相』下巻、汲古書院、二〇〇七年）。

（16）川島真「小山秋作関係文書所収王徳標関係史料について：一八九五年の台湾防衛線への一考察」（檜山幸夫編『帝国日本の展開と台湾』創泉堂出版、二〇一一年）。

（17）宮本前掲「日露戦争期における「軍政」の研究」付一一頁。

（18）史料の全容については、拙編『小山秋作氏旧蔵奉天軍政署関係史料目録〔改訂版〕』（中央大学図書館、一九九八年）を参照されたい。

（19）拙稿「中央大学図書館蔵『清国通商綜覧第二編』稿本について」（白東史学会『会報』第三〇号、二〇〇五年）、前掲拙稿「義和団事件後の参謀本部と南清官僚」。

（20）日清貿易研究所と参謀本部の関係については、小林一美『増補義和団戦争と明治国家』（汲古書院、二〇〇八年）六〇一～六〇二頁。小山はこの研究所の幹事として、その運営に深く関わっており、『東亜先覚志士記伝』と『対支回顧録』の小山の伝は、いずれも彼が研究所の維持・運営に重要な働きをしたことを特筆している。

（21）防衛省防衛研究所「公開史料目録」支那・参考資料・一七九―一八二「清国通商総覧」、『小山秋作氏旧蔵奉天軍政署関係史料』2A-01「清国通商綜覧第二編」。

（22）大山前掲『日露戦争の軍政史録』一〇五、一六五頁、宮本前掲「日露戦争期における「軍政」の研究」三八九頁。

（23）川島前掲「日露戦争下の満州占領地軍政」一一二頁。

（24）『明治三十七八年戦役満洲軍政史』第十五編「奉天軍政史」二四―五〇頁。『対支回顧録』下巻五九五頁。

（25）劉子楊『清代地方官制考』（紫禁城出版社、一九八八年）二八六―二八七、三〇三―三〇五頁。なお、駐防将軍の職名

は清代前期にいくらかの変遷があり、鎮守盛京等処将軍に定まったのは一七四七年（乾隆十二年）である。

（26）『明治三十七八年戦役満洲軍政史』第十五編「奉天軍政史」第五章「交渉」は百六十頁に及んでいる。これに次ぐのは「昌図軍政史」の約八十頁、「営口軍政史」の約五十頁で、そもそも「交渉」の章が設けられない軍政署も多い。また、日清間の交渉で争点化した新民府軍務署についても、「交渉」の章は約百頁である。

（27）原前掲「史料紹介「奉天考」」二七─二八頁。

（28）同右、三三頁。

（29）『小山秋作氏旧蔵奉天軍政署関係史料』には、「照会」以外の形式で軍政署に送られた文書として「啓」二件（「照会」に比べ、略儀な伝達に使われたと思われる）、および打電の依頼文書（当時は電信施設を日本が接収していたため、清朝の奉天当局は軍政署を介して北京その他の地域に電報を送っていた）なども含まれるが、交渉的性格の強い案件については、「照会」の書式によるのが原則であった。

（30）植田捷雄等編著『中国外交文書辞典（清末編）』（学術文献普及会、一九五四年）五八頁。「照会」については、このほか雷栄広・姚楽野『清代文書綱要』（四川大学出版社、一九九〇）一二六─一二七頁、秦国経『清代文書档案制度』（中国档案出版社、二〇一〇）一〇二─一〇三頁も参照。

（31）秦国経『中華明清珍档指南』（人民出版社、一九九四）一四七頁。

（32）宮本前掲「日露戦争期における「軍政」の研究」第二章第二節一。

（33）防衛省防衛研究所・陸軍関係史料の戦役・日露戦役・九六「奉天交渉事務総局公文透至」に光緒三十二年三月十七日より四月三日までの照会六件、戦役・日露戦役・一一四「交渉局からの照会書類」に光緒三十二年正月二十三日より二十七日までの照会三件が含まれる。

（34）JACAR（アジア歴史資料センター）Ref.C13110439700～40500「奉天交渉事務総局公文透至」、Ref.C13110447100～500「交渉局からの照会書類」。

（35）以下、第二章と第三章に掲出する史料の分類番号と標題は、前掲『小山秋作氏旧蔵奉天軍政署関係史料目録〔改訂版〕』による（標題の明らかな誤字については訂正した）。

(36) 本件にはこの清単も添付されるが、ここでは省略する。
(37) 本件には原文と訳文のほか、光緒三十一年十一月二十三日付の呈［中山義輝一行遼西地方遊歴一件ニ付広寧県ヨリ申達］、十二月二十八日付の［昌図税務広寧游歴事件原稟送状］の二件も添付されるが、ここでは省略する。
(38) 前掲注(33)、(34)参照。なお、一九〇六年四月二十六日は、小山が病気療養のために奉天を出立したとされる四月十六日(『明治三十七八年戦役満洲軍政史』四六頁)以降の日付となる。引き継ぎ等の事情によって、実際の出立が『明治三十七八年戦役満洲軍政史』の記載より遅れた可能性、あるいは文書類を含む彼の荷物が本人より後に発送され、そこにこの文書が竄入した可能性などが考えられるが、今はこれを詳らかにしえない。この点については後考に俟つこととしたい。
(39) 「呈」「稟」等のいずれであるかを言明していないもの、および訳文のみが残っており原文書が失われているもの。
(40) 拙稿「清末の奉天で日本人が受け取った呈と稟」(『東洋法制史研究会通信』第二八号、二〇一五年。二〇一五年九月現在、http://www.terada.law.kyoto-u.ac.jp/tohoken/28_tkt.htm にて閲覧可能)。
(41) 滋賀秀三『続・清代中国の法と裁判』(創文社、二〇〇九年)二八—三四頁。
(42) 川島前掲「日露戦争下の満州占領地軍政」一一五頁。
(43) 前掲拙稿「清末の奉天で日本人が受け取った呈と稟」八頁。
(44) 滋賀前掲『続・清代中国の法と裁判』三四—三六頁。「稟」については、このほか張我徳・楊若荷・裴燕生編著『清代文書』(中国人民大学出版社、一九九六年)一六六—一六八頁、秦前掲『清代文書档案制度』九九頁も参照。
(45) 宮本前掲「日露戦争期における「軍政」の研究」三一七—三二〇頁。なお、宮本氏はここで紹介した李毓英の提案などを踏まえ、「軍政署に対し政策効果を清国人民は求めていた」と指摘されている。
(46) 川島前掲「日露戦争下の満州占領地軍政」一一三頁。
(47) この趙桂林もまた官品を有しているが実職には就いていない(候選は選任を候つの意)。
(48) 前掲拙稿「清末の奉天で日本人が受け取った呈と稟」八—一〇頁。
(49) 同右九頁。なお、この「稟」の原文は以下の通り。

「藍翎五品銜候選県丞趙桂林・五品頂戴候補驍騎校豊年・宗室営委学長栄富、謹稟大日本帝国軍憲大人麾下。敬稟者為遵照旧章請設脚行懇恩准賞執照飭知鉄路司員以通商務而得報効事。竊職等素以開設生理為業。前曽在奉天車站設立脚行、開設桟店。嗣因露兵滋擾、鉄路不通、生理遂作中止、賠累若干、不勝其苦。茲幸貴軍方至、彼醜已逃。職等仍欲招集商股、擬在奉天車站等処請設脚行。仿照直隷旧章、装卸貨物、代起客票。如時下無有貨物、甘願投効傭用脚夫、装卸貴国軍需等項、利商便民公私両済。日後凡火車能到之処、脚行亦即随処而設、務期商務日見起色、不致滞礙不通。職等原為通商便民利私済公起見。為此粛稟呈、明叩懇恩准。即乞批示、並乞賞発執照、飭知鉄路司員俾得報効以便遵行、均感鴻慈万代矣。明治三十八年五月　日・光緒三十一年五月　日」。

（50）趙桂林は、劇場の開業申請である『小山秋作氏旧蔵奉天軍政署関係史料』1F-35 稟「為不給戯資反行攪擾懇請恩准派隊験票以重商務事」、1F-57 呈「為請演戯劇業蒙允准懇恩准飭交渉以便開演而免遅延事」、および奉天の運送業に対する管理・検査方法についての施政提案 1F-70 稟「為遵照成章請理車務懇恩准給執照設立局以査私貨匪人而得収款報効事」の提出者としても名を連ねている。

（51）佐藤前掲「日露戦争における満州占領地に対する日本の軍政について」三〇頁、川島前掲「日露戦争下の満州占領地軍政」一二一頁。

（52）佐藤前掲「日露戦争における満州占領地に対する日本の軍政について」三〇頁。

（53）『明治三十七八年戦役満洲軍政史』第十五編「奉天軍政史」一一九～一三〇頁。

跋語

森正夫・野口鐵郎・濱島敦俊・岸本美緒・佐竹靖彦編『明清時代史の基本問題』が汲古書院から刊行されたのは、一九九七年十一月のことであった。これは基本問題シリーズ四巻のうちの一冊である。本書は、明清史時代に横たわる様々な問題を輪切りして専門家によって論述された論攷が収載されている。私も執筆者の末席に連なり、「明代軍事史研究に関する研究状況をめぐって」という一文を草した。この中で、戦後五十年の間に蓄積された厖大な明清時代史研究の中での軍事史研究の位置づけと今後の軍事史研究の方向性と可能性についていささか鄙見を述べた。小説家・中野重治の評論『芸術に関する走り書き的覚え書き』（岩波文庫、一九七八年）になぞらえるのは僭越にして烏滸がましいが、題名の一部の文言だけを借用すれば、私の鄙見はまさに「走り書き的」な眇なる見解であった。そこで言及したことの一つは、「戦乱史研究」というものの可能性についてであった。二〇〇九年十二月刊行の『東国史学』（韓国・東国史学会）第四七号に寄稿した「様々なる変乱と衛選簿―明代軍事史研究の新階梯―」は、明代に起きた様々な変乱を明朝档案に含まれる衛選簿を活用して解明する方法の一端について論じたものである。『明清時代史の基本問題』が刊行された一九九七年を挟んで、一貫して藍玉党案・靖難の役・土木の変・曹欽の乱・倭寇等の変乱を研究対象にしてきたことは、土木の変を学部の卒業論文に取り上げて以来、その尾っぽを引きづってきた結果といえないこともない。

二〇〇四年二月、私は『明清史論集―中央大学川越研究室二十周年記念―』（国書刊行会）を編んだ。これは私の大学院ゼミ出身者それぞれがその関心と嗜好に合う鉱脈を見つけて、その発掘に邁進した研究成果を持ち寄り、それをゼミの名称に因んで論集名としたものであった。

西晋の人である左思の「三都賦」の中の呉都賦の一節に「露往き霜来り、日月其れ除す」とあるように、あれから十年、月日は瞬く間に去って行き、私も中央大学に奉職して三十年が過ぎた。三十年目を迎えたとき、その歳月を記憶に留めるために、「変乱」を統一テーマに研究書を作りたいという構想を、出身大学は異なるがともに大学院生のころからの親友である奥山憲夫氏（国士舘大学教授）と私のゼミ出身者である荷見守義君（弘前大学人文学部教授）に打ち明けたのは、東北中国学会がはねたあと昼食をともにした鰻屋でのことであった。すぐに両氏から賛同を得て、大学院の授業で『明実録』中の詔勅・上奏文等をともに輪読した諸君と私が博士学位請求論文の主査を担当した学位請求者に呼びかけて、その統一テーマに沿った論攷を執筆して貰い、その研究成果によって、本書『様々なる変乱の中国史』は構成された。ここに収録された諸論攷を貫く強調符は、あくまでも個々の変乱の意義を広い文脈のなかに位置づけることに置かれてあり、その努力成果が一様に「変乱史」という水路に注ぎこまれていると信じている。

本書の出版を快く引き受けて頂いたのは汲古書院の石坂叡志前社長である。前社長は二〇一五年三月をもって勇退されたが、社長の椅子を引き継がれた三井久人氏のもと、柴田聡子氏に編集を担当していただいた。また組み版に関しては具羅夢の永田眞一郎氏に大変お世話になった。四氏に対し、心から篤く御礼申し上げる次第である。

二〇一六年正月吉日

川越泰博

包括各种变乱的中国史　目次

❖執筆者紹介

編者

川越泰博（かわごえ・やすひろ）
1946年生まれ。中央大学文学部教授。博士（史学）。『明代中国の軍制と政治』（国書刊行会、2001)、『明代長城の群像』（汲古書院、2003)、『モンゴルに拉致された中国皇帝　明英宗の数奇なる運命』（研文出版、2003）など。

執筆者（掲載順）

大原信正（おおはら・のぶまさ）
1983年生まれ。独立行政法人日本学生支援機構大阪日本語教育センター非常勤講師。中央大学人文科学研究所客員研究員。博士（史学)。「曹魏明帝政権史研究序説」(『中央大学アジア史研究』第34号、2010年)、「「魏大饗碑」について」（『中央大学大学院研究年報』第42号、文学研究科篇、2012年)、「曹丕の魏王即位と曹操の後継者問題」（『中央大学アジア史研究』第38号、2014）など。

前島佳孝（まえじま・よしたか）
1971年生まれ。中央大学・東北大学非常勤講師。中央大学人文科学研究所客員研究員。博士(史学)。『西魏・北周政権史の研究』(汲古書院、2013)、「畢沅校訂『長安志』における坊名の誤伝とその影響」（川越泰博編『明清史論集　中央大学川越研究室二十周年記念』国書刊行会、2004)、「西魏・北周・隋初における領域統治体制の諸相」（『唐代史研究』第15号、2012）など。

大室智人（おおむろ・ともひと）
1977年生まれ。東洋大学文学部非常勤講師。「北宋時代における西北辺の防御拠点について」(『中央大学アジア史研究』第30号、2006)、「儂智高討伐にみる北宋の騎兵について」（『中央大学アジア史研究』第32号、2008)、「中国南方における北宋軍の騎兵利用について」（『明清史研究』第10輯、2014）等など。

奥山憲夫（おくやま・のりお）
1947年生まれ。国士舘大学文学部教授。博士（史学）。『明代軍政史研究』（汲古書院、2003)、「明・宣徳朝の総兵官（一)」（『史朋』45、2012)、「明・宣徳朝の総兵官（二)」（『史朋』46、2013)、「明・宣徳朝の総兵官（三)」（『史朋』47、2014）など。

荷見守義（はすみ・もりよし）
1966年生まれ。弘前大学人文社会科学部教授。中央大学人文科学研究所客員研究員。博士(史学)。『明代遼東と朝鮮』（汲古書院、2014)、『越境者の世界史　奴隷・移住者・混血者』（共著、春風社、2013)、「送還と宗藩—明人華重慶送還をめぐって—」『東アジア海域叢書２　海域交流と政治権力の対応』（汲古書院、2011）など。

道上峰史（みちうえ・たかふみ）
1976年生まれ。日本女子体育大学非常勤講師。「明代貴州における改土帰流」（『山根幸夫教授追悼記念論叢 明代中国の歴史的位相』上、汲古書院、2007)、「明代の「南方長城」について」（『中國史研究』〔韓国〕第62輯、2009)、「明代貴州の郷試開科」（『明清史研究』第9号、2013）など。

塚瀬進（つかせ・すすむ）
1962年生まれ。長野大学環境ツーリズム学部教授。博士（史学）。『マンチュリア史研究』（吉川弘文館、2014）、『溥儀』（山川出版社、2015）、『満洲国』（吉川弘文館、1998）など。

西川和孝（にしかわ・かずたか）
1975年生まれ。国士舘大学、大東文化大学、東海大学、早稲田大学非常勤講師。東京外国語大学アジア・アフリカ言語文化研究所共同研究員。博士（史学）。『雲南中華世界の膨張―プーアル茶と鉱山開発にみる移住戦略』（慶友社、2015）、「明清時期雲南省石屏盆地における漢人移民の耕地開発―官による水利事業と科挙合格者の増加を中心として―」（『国立歴史民俗博物館研究報告』第162集、2011）、「清末民国期の雲南省普洱における漢人移民と茶山開発について―漢人の技術移転と市場開拓の視点から―」（『東洋学報』第93巻第2号、2011）など。

高遠拓児（たかとう・たくじ）
1973年生まれ。中京大学国際教養学部准教授。中央大学人文科学研究所客員研究員。「清代秋審制度と秋審条款―とくに乾隆・嘉慶年間を中心として―」（『東洋学報』第81巻第2号、1999）、「清代秋審制度の機能とその実際」（『東洋史研究』第63巻第1号、2004）、「清代秋審文書と「蒙古」―十八世紀後半～二十世紀初頭の蒙古死刑事案処理について―」（東京大学『東洋文化研究所紀要』第157冊、2010）など。

様々なる変乱の中国史

平成二十八年四月二十七日　発行

編　者　川越泰博
発行者　三井久人
組　版　具羅夢
印刷所　モリモト印刷

発行所　汲古書院
〒102-0072　東京都千代田区飯田橋二―五―四
電　話〇三（三二六五）九七六四
ＦＡＸ〇三（三二二二）一八四五

ISBN978-4-7629-6572-2　C3022